"十三五"普通高等教育规划教材

通用信息基础

Information Technology Basics

主　编　崔艳萍

副主编　高　英　彭　媛　汤　璇

上海交通大学出版社
SHANGHAI JIAO TONG UNIVERSITY PRESS

内容提要

本书内容主要包括信息技术探知、计算机维护、日常文档处理、高效数据处理、演示文稿设计、网络基础知识与维护六个教学情境,涵盖了日常办公、计算机与网络的使用与维护等常用功能模块。本书根据相关岗位创设相关情境,采用项目任务引导教学,注重技能训练,内容贴近工作岗位需求,同时每个任务设置了相关知识模块,介绍许多与本任务相关的知识点,每个教学情境设置了拓展与提高模块,介绍许多与本项目相关的拓展知识,便于学生自我提高,具有很强的实用性和可操作性。本书内容安排循序渐进、科学、合理,方便高效教学。

本书既可作为高等院校信息基础类课程的教材,也可作为开放大学、成人教育、自学考试和各级各类培训机构教材使用。

本书配有电子教学课件、任务相关电子素材(可联系上海交通大学出版社编辑邮箱 2577638296@qq.com获取),以及扫描二维码观看的知识点微视频和思考练习答案立体化多媒体资源。

图书在版编目(CIP)数据

通用信息基础/崔艳萍主编. —上海: 上海交通
大学出版社,2019
ISBN 978 - 7 - 313 - 21352 - 5

Ⅰ. ①通… Ⅱ. ①崔… Ⅲ. ①信息技术-高等学校-
教材 Ⅳ. ①G202

中国版本图书馆 CIP 数据核字(2019)第 111288 号

通用信息基础

主　编: 崔艳萍				
出版发行: 上海交通大学出版社		地　址: 上海市番禺路 951 号		
邮政编码: 200030		电　话: 021 - 64071208		
印　制: 常熟市文化印刷有限公司		经　销: 全国新华书店		
开　本: 889 mm×1194 mm　1/16		印　张: 18.75		
字　数: 521 千字				
版　次: 2019 年 6 月第 1 版		印　次: 2019 年 6 月第 1 次印刷		
书　号: ISBN 978 - 7 - 313 - 21352 - 5/G		ISBN 978 - 7 - 89424 - 183 - 2		
定　价: 39.80 元				

前　言

为顺应时代发展的需求,根据高等院校人才培养要求,结合信息技术课程教学的改革与深化,编者联系教学实践,精心设计情境任务,编写完成《通用信息基础》。

一、主要特点

1. 基于实际工作岗位精心创设教学情境

本书精心设计了信息技术探知、计算机维护、日常文档处理、高效数据处理、演示文稿设计、网络基础知识与维护六个教学情境,每个教学情境都凝练于日常工作,具有较强的生动性、直观性、科学性、真实性等特点,使课堂内容生活化、使课堂教学更贴近现实工作岗位,使学生如临其境。为学生的学习提供了认知停靠点,激发学生学习热情。非常适合作为高等院校教材。

2. 根据学生认知规律巧妙设置项目任务

本书在内容编写过程中,充分遵循学生的认知规律,融入工作过程系统化思想,结合对每个教学情境的知识特点,巧妙设计和编排项目与任务。以项目为导向,以任务为牵引,精心组织教学内容,每个项目、任务目标清晰明确,由任务入手,引出相关知识,通过操作任务提高岗位能力和分析问题解决问题的能力。体现学生不但"学会"还要"会学"的教学思路。

3. 任务设计注重内容的扩展性和系统性

本书共安排了六个大的教学情境,每个教学情境都是一个相对独立的知识模块。共设有13个项目,31个任务。每个项目、每个任务之间具有相对独立性,又具有很强的扩展性,前一个任务是后一个的基础,后一个任务是前一个的扩展,前后衔接,将零散的知识点融入任务中,教学内容由点到线,由线到面,覆盖范围广,体现教学内容的综合性和系统性。

4. 体例层次感较强,编写形式生动直观

为适应教学需求,构建了新的教材体例,根据不同知识模块设计不同的教学情境,根据不同的教学情境,选择不同的项目,根据项目需求,编制相应的任务。整体上设计了教学情境、项目、任务三个大的层次。每个任务设有任务描述、任务目标、任务实现、相关知识、任务总结等教学环节,其中,相关知识环节为相应任务中用到的重要知识点的解读及扩充。为便于学生拓宽视野、提高技能,每个学习情境配有拓展与提高和思考练习。

整本书的体例层次清晰,逻辑性强,科学合理。编写过程中引用了大量的图片、表格、流程图等,概念性、科普性的内容叙述简约,操作性的任务,步骤清晰明了,表现形式丰富,易读性强。

二、主要内容及作者

本书通过六个教学情境,主要介绍了信息及信息技术概述,计算机硬件组成及操作系统的安装与优化,Office 中 Word、Excel、PowerPoint 等常用办公软件的使用,计算机网络的基础知识、使用及维护等内容,涵盖了日常办公所需的常用知识模块。

参与本教材编写的作者都是长期从事高等院校计算机、网络、信息安全等相关课程教学的一线老师。本教材主编为崔艳萍,副主编为高英、彭媛、汤璇,参与编写的老师还包括王小巍、彭鹏、吴思、阎知知、黄龙(排名不分先后)。邵命山、张卫清、何乐对本教材内容进行了严格审核校对。在编写过程中,作者参考了大量的网上资料,在此,谨向这些作者表示感谢。

三、配套资源

为了便于教师教学和学生自学,本书配有电子教学课件、任务相关电子素材(可联系上海交通大学出版社编辑邮箱 2577638296@qq.com 获取),以及扫描二维码观看的知识点微视频和思考练习答案立体化多媒体资源。

由于编者水平有限,文中错漏在所难免,欢迎读者对本书提出批评与建议。

编　者

2019 年 5 月

目　录

学习情境一
信息技术探知

当今世界,信息技术的迅猛发展,对人类社会的进步起到了强大的推动作用,加速了社会的变革演化并以其前所未有的深度、广度、速度应用到社会的政治、经济、文化等各个领域,对人类的生产、生活、学习等方方面面产生了令人惊叹的影响。信息技术水平和信息化能力,已经成为衡量一个国家或地区综合实力、国际竞争力和现代化程度的重要标志。

◉ 项目　信息技术概述

从语言、文字的诞生到信息技术的不断涌现,信息和信息技术始终随着人类文明的进步而不断发展。进入 21 世纪,随着新的信息技术的飞速发展,人类进入了一个全新的信息社会。

🎯 项目目标

教学内容	● 信息的概念; ● 信息的属性和分类; ● 信息技术及其特征; ● 信息技术的发展。
教学目标	● 了解信息的相关概念; ● 能说出信息与数据的关系; ● 了解信息技术概念及其特点; ● 能说出信息技术的发展阶段; ● 了解信息技术对军事的影响。

任务一　认识信息

🖥 任务描述

我们身处信息社会,时时刻刻都在与信息打交道,自觉或不自觉地接受或传递着各种各样的信息。通过本任务的学习,大家会认识什么是信息,它有什么特征,是怎样分类的。

✒ 任务目标

● 了解信息的相关概念;

●能说出信息的特征及分类方式。

任务实现

一、什么是信息

尽管人类社会对信息的依赖不可离之须臾，但关于信息（information），至今并没有统一严格的定义。对于信息，日常生活中比较笼统和模糊的解释是：

(1) 语言、文字、图画、照片等表示的内容（如新闻、消息）。

(2) 读书、上课、交谈等所学习和了解的知识、方法、事实和情况。

(3) 做判断、制订计划或求解问题等所需要的数据、资料等。

图 1-1 所示为烽火台和历史巨著图，信息的解释之一。

烽火台 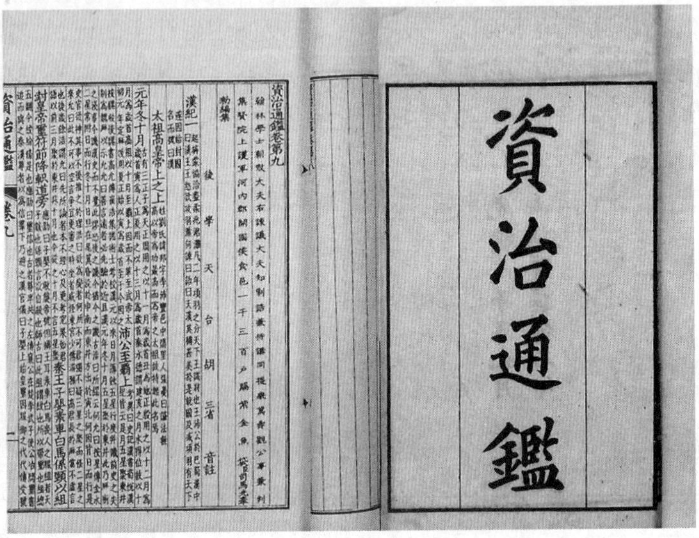　　　　　　　　　　　　　　　　历史巨著

图 1-1　烽火台和历史巨著

(一) 学术界的几种观点

1. 控制论观点

控制论是研究信息在机器的自动系统中及在人体和动物体内传递的一般性问题。控制论创始人诺伯特·维纳（见图 1-2）说过："信息就是信息，它既不是物质，也不是能量。"

2. 唯物论观点

世界的本质是物质的，是在人的意识之外，不依赖人的意志而客观存在的。世间一切事物都在运动，都具有一定的运动状态，这些运动状态都是按某种方式发生的，因而都产生信息。哪里有运动的事物，哪里就存在信息。这种观点包括以下三个要素：

(1) 事物：一切可能的研究对象（外部物质客体和主观的精神现象）。

(2) 运动：一切意义上的变化（机械、化学、思维、社会等）。

(3) 状态：事物的内部结构和外部联系。

站在客观事物立场上来看，信息是指事物运动的状态及状态变化的方式。因此，信息是极其普遍和广泛的，它作为人们认识世界、改造世界的一种资源，与人类的生存和发展有着密切的关系。

3. 认识论观点

认识论研究人类认识的来源、发展过程及认识与实践的关系。从认识论层次来看，信息是指认识主体所感知或主体所表述的事物运动的状态及状态变化的形式、内容和效用。

4. 信息论观点

信息是用来消除随机不确定性的东西。香农(见图1-3)被誉为信息论的创始人。

图1-2 诺伯特·维纳    图1-3 香农

（二）信息的定义

通常我们沿用美国信息管理专家霍顿给信息下的定义：信息是为了满足用户决策的需要而经过加工处理的数据。简单地说，信息是经过加工的数据，或者说，信息是数据处理的结果。

（三）信息与数据

根据信息的定义，可知信息是经过加工的数据，或者说信息是数据处理的结果。换一种说法，信息是对人有用的数据。这些数据可能影响到人的行为和决策。

也就是说，数据是对未经组织的事实、概念或指令的一种特殊表达形式，这种特殊的表达形式可以用人工的方式或者用自动化的装置进行通信、翻译转换或者加工处理。

数据与信息的区别在于数据仅涉及事物的表示形式，而信息则涉及这些数据的内容和解释。信息是一种有意义的数据。

从计算机科学的角度，信息包括两个基本含义：

（1）信息是经过计算机技术处理的资料和数据（文字、影像、图形等）。

（2）信息是经过科学搜集、存储、分类、检测等处理后的信息产品的集合。

二、信息的特征和分类

（一）信息的特征

信息作为经过加工处理的数据，具有以下特征：

1. 时效性

信息只有满足"价值"条件时，才具有时效性，信息的时效性有长与短之分。信息在某一特定时刻的状态，会随着时间的推移而变化（如交通信息、股市信息、天气预报等）。

2. 传输性

信息是可以传输的，其传输成本远远低于物质和能源的传输。信息的传输性加快了信息的交流。

3. 共享性

信息作为一种资源，通过交流可以让不同的个体或群体在同一时间或不同时间共享。

4．载体依附性

信息不能独立存在，需要依附于一定的载体，同一个信息可以依附于不同的载体。

5．增值性

用于某种目的的信息，随着时间的推移可能价值耗尽；但对于另一种目的，这些信息可能又显示出用途。信息的增值在量变的基础上可能产生质变，在积累的基础上可能产生飞跃。

除了以上这些特征，信息还具有价值性、价值相对性、可存储性、可转换性、可处理性、真伪性等特征。

（二）信息的分类

因分类依据不同，信息可以有多种分类方法。

按照信息的性质，可以分为语法信息、语义信息和语用信息。

按照信息的作用，可以分为有用信息、无用信息和干扰信息。

按照信息的逻辑意义，可以分为真实信息、虚假信息和不定信息。

按照信息的传递方向，可以分为前馈信息和反馈信息。

按照信息的应用领域，可以分为工业信息、农业信息、军事信息、政治信息、科技信息、文化信息、经济信息、市场信息和管理信息等。

按照信息的来源，可以分为语声信息、图像信息、文字信息、数据信息和计算信息等。

按照信息载体的性质，可以分为语声信息、图像信息、文字信息、电磁信息和光学信息等。

按照信息的生成领域，可以分为宇宙信息、地球自然信息和人类社会信息。

按照信息管理的层次，可以分为战略信息、战术信息和作业信息。

三、获取信息的途径

获取信息的途径一般有两种：直接获取和间接获取。两种方法的对比如表 1－1 所示。

表 1－1　获取信息途径对照表

获取途径	直　接　获　取	间　接　获　取
优　点	信息可靠性强	省时、省力
缺　点	费时、费力	信息可靠性不强
举　例	做科学研究、做调查等	报纸杂志、电视广播、计算机网络等

⚒ 任务总结

通过本任务的学习，大家了解了信息的定义、特点、分类，以及获取的途径，为后续内容的学习打下了理论基础。

任务二　认识信息技术

🖥 任务描述

当今世界，信息技术日新月异，其应用的普及深刻地改变了人们的工作、生活、学习方式，有力地推动着社会发展。信息技术水平和信息化能力，已经成为衡量一个国家或地区综合实力、国际竞争力和现代化程度的重要标准。通过本任务的学习，大家将会了解什么是信息处理、什么是信息技术，以及信息技术的发展及其影响。

1－2　认识
信息技术

任务目标

- 了解信息技术的相关概念；
- 能说出新信息技术对日常生活的影响。

任务实现

一、信息处理

信息处理是对信息的收集、加工、存储、传输、维护和使用的全过程。信息处理的本质是数据处理，信息处理的目标(目的)是获取有用的信息。信息处理已融入我们的日常工作和生活中。

具体来说，信息处理指的是与下列内容相关的行为和活动：

(1) 信息的收集，如信息的感知、测量、获取、输入等。

(2) 信息的加工，如信息的分类、计算、分析、转换等。

(3) 信息的存储，如书写、摄影、录音、录像等。

(4) 信息的传输，如邮寄、电报、电话等。信息传输理论最早是在通信中研究的，它一般遵守"香农"模型，如图 1-4 所示。

(5) 信息的维护，保证信息准确、及时、安全、保密。

(6) 信息的使用，如控制、显示等。

图 1-5 描述了人们获取信息、传递信息、加工(处理)信息，并按照信息加工结果通过手、脚等效应器官作用于事物客体的一个典型过程。

受人体条件的限制，人工信息处理存在算不快、记不住、传不远、看(听)不清等"先天不足"。

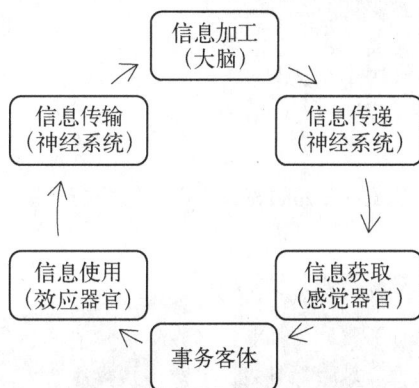

图 1-4　"香农"模型　　　　　图 1-5　人处理信息的过程

二、信息技术

信息技术(information technology，IT)是用来扩展人们信息器官功能，协助人们更有效地进行信息处理的一门技术。它极大地扩展了人类了解自然及征服自然的能力。表 1-2 为人的信息器官与信息技术对应表。

表 1-2　信息器官与信息技术对应表

人的信息器官	信 息 技 术	功 能 改 善
感觉器官	感测与识别技术	增强感知的范围、精度和灵敏度
神经系统	通信技术	消除交流的空间和时间障碍
思维器官(大脑)	计算(处理)与存储技术	增强信息加工处理和控制能力
效应器官	控制与显示技术	增强表现能力

（一）什么是信息技术

信息技术是指有关信息的收集、处理、传输、存储、表达和使用的技术。具体来说，信息技术包含微电子技术、通信技术、计算机技术和传感技术四种核心技术。

微电子技术是研究如何利用芯片内部的微观特性以及一些特殊工艺，在一个微小体积中制成具有一种或多种功能完整的电路或器件。图1-6为Intel 8008。

通信技术是传递信息的技术，主要包括卫星通信、微波通信、光纤通信等，极大地提高了信息传递的速度，扩展了人的神经系统传递信息的功能。图1-7所示为可视电话。

计算机技术是处理、存储信息的技术，是信息技术的核心，它扩展了人的思维器官处理信息和决策的功能，包括计算机硬件、软件技术，多媒体技术，虚拟仿真技术等。图1-8所示为计算机技术（动画制作）。

传感技术是对信息采集、传递的技术，包括热敏、嗅敏、味敏、光敏、磁敏、湿敏等敏感元件，扩展了人的感觉器官收集信息的能力。图1-9为传感技术的应用。

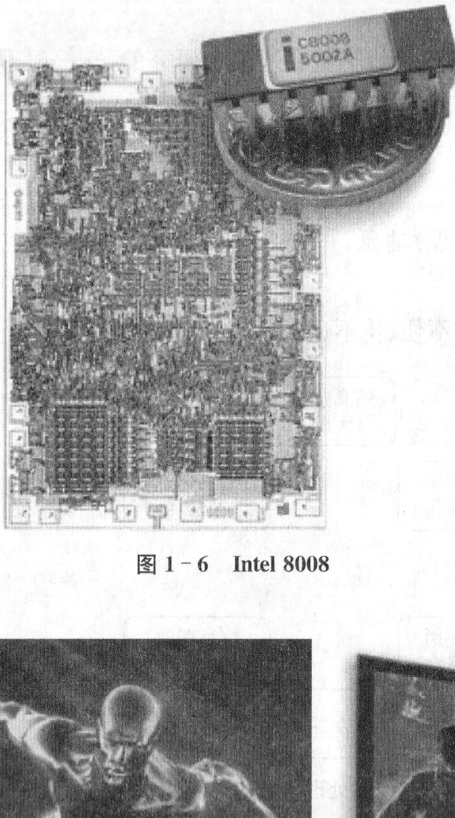

图1-6　Intel 8008

图1-7　可视电话

图1-8　计算机技术（动画制作）

图1-9　传感技术的应用

（二）信息技术的发展历程

在漫长的发展历史中，人类社会经历了语言的形成、造纸术和印刷术的应用、广播和电视的发明以及全球性电话网络的普及等,这些技术极大地提高了人们交流信息的水平。人类从诞生到现在,在信息技术方面经历了以下五次革命。

1. 第一次信息技术革命:语言的使用

在距今约 50 000 年前,类人猿经过劳动、演变、进化、发展为人,与此同时,语言也随着劳动产生,(见图 1-10)。语言的产生和使用是类人猿进化到人的重要标志。

2. 第二次信息技术革命:文字的创造

世界公认的最早的文字出现在我国的商朝。据考古发现,在我国商朝就已在龟甲或兽骨上用文字记载社会的生产状况和阶级关系,这些文字称为甲骨文(见图 1-11)。

图 1-10　劳动创造了语言

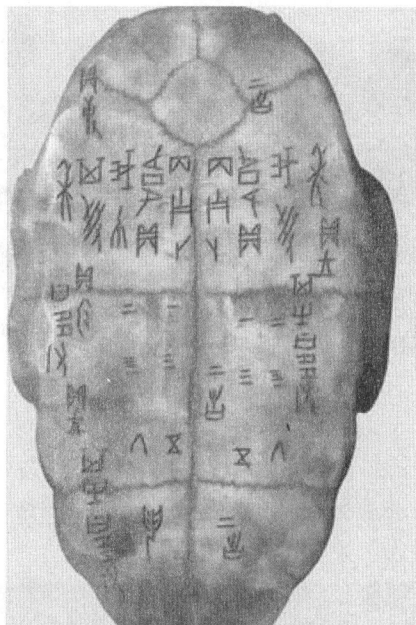

图 1-11　甲骨文

甲骨文的出现意味着信息第一次打破时间、空间的限制,文明得以传承,从此人类进入文明社会。

3. 第三次信息技术革命:印刷技术的发明

据考证,我国西汉时已开始了纸的制作,东汉蔡伦改进造纸术(见图 1-12),用树皮、麻头及敝布、渔网等植物原料,经过挫、捣、抄、烘等工艺制造纸,又称"蔡侯纸"。北宋庆历年间,毕昇发明活字印刷术(见图 1-13)。

图 1-12　蔡伦改进造纸术

图 1-13　毕昇发明活字印刷术

4. 第四次信息技术革命：电报、电话、广播、电视的发明

19 世纪中叶，随着电报、电话的发明及电磁波的发现，人类通信领域产生了根本性的变革，实现了利用金属导线上的电脉冲传递信息以及通过电磁波进行无线通信。

(1) 1837 年，美国人莫尔斯研制了世界上第一台有线电报机（见图 1-14）。

(2) 1875 年，美国人亚历山大·贝尔发明了世界上第一台电话机（见图 1-15），并于 1878 年在相距 300 多千米的波士顿和纽约之间进行了首次长途电话实验且获得成功。

图 1-14　莫尔斯发明的电报机

图 1-15　亚历山大·贝尔发明的电话机

(3) 1895 年，俄国人波波夫和意大利人马可尼分别成功地进行了无线电通信实验（见图 1-16）。

(4) 1895 年，电影问世。1925 年英国首次播映电视。图 1-17 为世界上第一台电视机。

图 1-16　无线电通信实验

图 1-17　世界上第一台电视机

5. 第五次信息技术革命：计算机和现代通信技术的应用

1946 年 2 月 14 日，美国工程师莫奇利和他的学生埃克特设计以真空管取代继电器的"电子化"计算机——ENIAC(electronic numerical integrator and calculator)。图 1-18 所示为莫奇利、埃克特和他们发明的 ENIAC 计算机。

20 世纪 50 年代中期，美国的半自动地面防空系统开始了计算机技术与通信技术相结合的尝试。世界上公认的、最成功的第一个远程计算机网络是在 1969 年由美国高级研究计划局组织研制成功的，该网络称为 ARPANET（见图 1-19），它是互联网(Internet)的前身。

图 1-18　莫奇利、埃克特和他们发明的 ENIAC 计算机

图 1-19　ARPANET 和它的发明团队

三、现代信息技术的发展

1980 年,美国学者托夫勒在其著作《第三次浪潮》(见图 1-20)中将人类社会进步的三次重大转折称为"三次浪潮"。随着现代微电子技术、光电子技术、通信技术、网络技术、感测技术、控制技术、显示技术等新信息技术的不断发展,人类社会真正进入了现代信息时代。

(一)现代信息技术的发展历程

1. 现代信息技术研究开发时期(3C 时期)

20 世纪 50 年代初至 70 年代中期,信息技术在计算机(computer)、通信(communication)和控制(control)领域有了突破。

2. 现代信息技术全面应用时期(3A 时期)

20 世纪 70 年代中期至 80 年代末期,信息技术在办公自动化(office automation)、工厂自动化(factory automation)和家庭自动化(house automation)领域有了很大的发展。

3. 数字信息技术发展时期(3D 时期)

20 世纪 80 年代末至今,信息技术在数字化通信(digital communication)、数字化交换(digital

图1-20   美国未来学家托夫勒和他的著作《第三次浪潮》

switching)、数字化处理(digital processing)技术领域有了重大突破。

（二）现代信息技术的发展趋势

1. 智能化

智能化是信息技术发展的一个重要趋势。智能化分为生物智能、人工智能和计算智能。新一轮的信息科技是以人工智能为代表的泛技术，在智慧时代扮演着关键角色，驱动社会各领域的发展。

2. 多媒体化

多媒体技术是一种以计算机为核心，集图、文、声、像多种媒体的处理、传输、显示为一体的综合性技术。它是计算机、通信和大众传媒日益紧密结合的产物。多媒体化主要表现在计算机的多媒体化、通信业务多媒体化，以及各种多媒体应用的诞生与普及。

3. 网络化

通信本身就是网络，其广度和深度在不断发展，计算机也越来越网络化。各个使用终端或使用者都被组织到统一的网络中。

4. 数字化

现在数字技术发展非常迅速，如数字化世界、数字化地球等。而数字化最主要的优点就是便于大规模综合应用。

另外，信息还具有综合化、并行化和集成化等发展趋势。

（三）信息技术对人类社会的影响

信息技术的快速发展，致使信息技术对当今人类社会产生了极大的影响，然而，它是一把双刃剑，在对社会产生巨大的积极促进作用的同时，也不可避免地产生了一系列的负面消极影响。

（1）积极方面：增加了政治的开放性和透明度；促进了世界经济的发展；造就了多元文化并存的状态；改善了人们的生活；推动信息管理进入了崭新的阶段。

（2）消极方面：知识产权侵权；虚假信息泛滥；信息污染成灾；信息安全问题凸显。

⚒ 任务总结

本任务为大家介绍了信息技术的概念，梳理了信息技术的发展历程，总结了信息技术的发展趋势，明确了信息技术对社会生活的积极和消极影响，使大家对信息技术认识更加深刻。信息技术发展迅速，日新月异，希望大家能持续关注其发展。

任务三　探知军事信息技术与信息化战争

任务描述

信息技术的迅猛发展和广泛应用推动了武器装备的发展和作战方式的演变,促进了军事理论的创新和编制体制的变革,由此引发新的军事革命。信息化战争最终取代机械化战争,成为现代战争的基本形态。通过本任务的学习,大家将会了解军事信息技术及其在军事领域的应用和对战争的影响。

任务目标

- 了解军事高技术等概念;
- 了解典型信息化战争案例分析;
- 知道现代信息化战争体现高信息技术性。

任务实现

一、军事高技术

军事高技术,是指应用于军事领域的高技术,是高技术的重要组成部分。一般认为,军事高技术是建立在现代科学技术成就的基础上,处于当代科学技术前沿,以信息技术为核心,在军事领域发展和应用的,对国防科技和武器装备发展起巨大推动作用的那部分高技术的总称。军事高技术包括信息技术、航天技术、海洋开发技术、生物技术、新材料技术、新能源技术六大技术群,这六大技术群之间相互渗透、相互交叉,不断涌现新的学科和技术,并且都被运用到军事上。

二、军事信息技术

军事信息技术是军事上用于信息获取、传输、处理、应用等技术的总称。它主要包括军事信息材料、器件、设备,以及系统的研究、设计、制造、综合集成和作战应用等方面的技术,是军事技术的重要组成部分。

信息技术在军事上的广泛应用催生出大量的信息化武器装备,从而改变着战争形态。

三、信息化战争

战争形态,是由主战武器、军队编制、作战思想和作战方式等战争要素构成的战争整体面貌。当信息技术运用于军事领域并成为战场上主导力量时,就标志着人类社会进入了信息化战争时代。《军语》定义:信息化战争是一种新的战争形态,它是以机械化战争的装备平台为载体,以大量使用信息化武器,以信息技术为支撑,以信息为主导,以能量为后盾,以网络为神经触角的战争形态。

（一）典型信息化战争案例分析

1. 海湾战争

战争背景:1990年8月2日,伊拉克入侵科威特并很快占领其全境。以美国为首的多国部队于1991年1月17日—2月28日在联合国安理会授权下,为恢复科威特领土从而发动海湾战争。

作战情况:海湾战争主要战斗包括历时42天的空袭和在伊拉克、科威特和沙特阿拉伯边境地带展开的历时100小时的陆战。多国部队以较小的代价取得决定性胜利,重创伊拉克军队。伊拉克最终接受联合国660号决议,并从科威特撤军。

战争分析:海湾战争是美军自越南战争后主导参加的第一场大规模局部战争。在战争中,美军首次将大量高科技武器投入实战,例如,动用了12类50多颗各种军用和商用卫星构成战略侦察网,为多国部队提供了 70% 的战略情报;战争期间发射战斧巡航导弹 288 枚,多国部队集结了 2 790 架现代化的固定翼飞机、1 700 多架旋翼飞机(其中 600 多架攻击直升机),出动飞机近 10 万架次,展示了压倒性的制空、制电磁优势;动用 6 500 余辆坦克装甲车辆以及大量自行火炮、火箭发射车、工程技术保障车辆等。

在海湾战争中,多国部队尤其是美军使用的高技术兵器几乎包括陆海空的各个方面,其中主要有军用卫星、全球定位系统、精确制导弹药、夜视器材、新型坦克、隐形飞机、巡航导弹、防空导弹系统、电子战武器、军用计算机、C^3I 系统(communication,command,control and intelligence systems,指挥自动化技术系统)等。高技术兵器的使用,使战争出现了许多前所未有的情况。

海湾战争展示了全新的信息化战争形态,特别是美军和多国部队所建立的战区通信网络是有史以来最大、最多、最全、最先进的,它运用卫星通信技术和数字化通信网络技术,把数十年来各国研制、生产和装备的各种战略、战区及战术通信网络和设备全面融合,综合为一体化的高效率的 C^3I 系统,以 98% 以上的高战备率确保白宫、五角大楼、后勤支援基地与中央总部、多国部队和基层作战部队之间的联系,以及不间断的持续通信和信息交换。

2. 阿富汗战争

战争背景:2001 年阿富汗战争是以美国为首的联军在 2001 年 10 月 7 日起对基地组织和塔利班的一场战争,该战争是美国对"9·11"恐怖袭击事件的报复,同时也标志着反恐战争的开始。

作战情况:与阿富汗作战的国家主要有美国以及英国、德国、波兰、捷克、斯洛伐克等北约国家,吉尔吉斯斯坦、日本、韩国、菲律宾等国为美军提供了后勤支援并在战后派遣军队驻扎阿富汗(驻阿韩军在 2007 年发生韩国人质被绑架事件后撤离阿富汗)。2014 年 12 月 29 日,美国总统奥巴马宣布耗时 13 年之久、逾两千名美国士兵为之阵亡的阿富汗战争正式结束。

战争分析:阿富汗战争期间,美军首次试验网络中心战和全球一体化指挥控制系统,在这种作战程序中,指挥机构的指挥员和参谋人员最主要的不再是听取下属发来的请示,也不再是拟制电报或下达话音指令,而是在 C^4ISR 系统(command,control,communication,computer,intelligence,surveillance and reconnaissance,指挥、控制、通信、计算机、情报、监视和侦察)的辅助指挥控制下,根据掌握敌我双方的情报,制订作战规划计划,部队自行协同,并进行战损评估。

(二) 现代信息化战争体现高信息技术性

信息、火力、机动,是构成现代军队作战能力的重要内容,而信息能力已成为衡量作战能力的首要标志。信息能力即信息技术能力,表现在信息获取、处理、传输、利用和对抗等方面,通过信息技术优势的争夺和控制加以体现。现代信息化战争体现高信息技术性集中表现在以下几个方面:

1. 武器系统信息化

武器系统的信息化就是通常所说的智能化。武器系统信息化是一个整体概念,其中包括硬杀伤、软杀伤和新概念武器三个方面。

(1) 硬杀伤——直接杀伤,以信息技术为依托破坏直至确保摧毁的精确制导武器与遥感武器(不是传统武器)。代表武器:激光等精确制导炸弹、军用无人机、新一代巡航导弹。图 1-21 为美国战斧巡航导弹,图 1-22 为美国宝石路激光制导炸弹。

(2) 软杀伤——对敌方信息化系统渗透、干扰、压制的手段,旨在破坏敌方的信源、信宿、信道,间隔敌方的通信和指挥系统,对敌方的精确制导武器致盲。代表武器:黑客武器和计算机病毒。

(3) 新概念武器——以新的毁伤机理为目的、以高新科技手段和信息技术为依托设计的不同于传统武器的全新作战单元。代表武器:定向高能粒子武器、动能电磁武器、微机电纳米武器和机器人等。

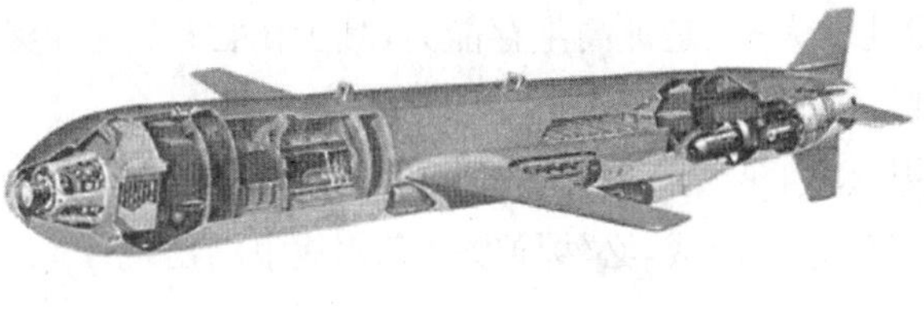

图 1-21 美国战斧巡航导弹

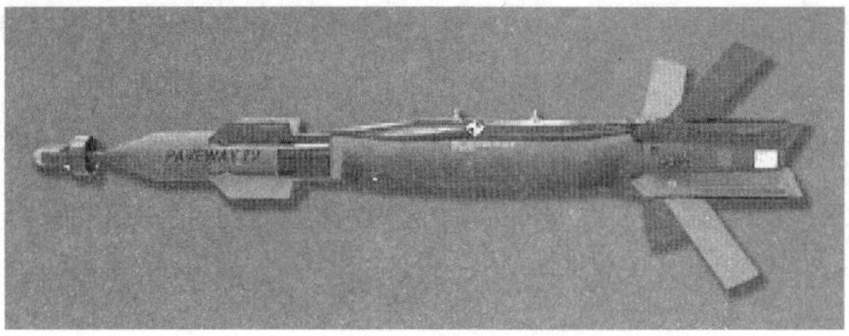

图 1-22 美国宝石路激光制导炸弹

2. 指挥自动化、实时化、一体化

拥有完善的 C^4ISR 甚至更高级别的系统,可以实时远程侦察和预警、及时快速更新情报、指挥网络化、即时化、一体战场控制等;作战命令可直达单兵作战单元,通信达到近乎无阻碍的标准,可全方位武器平台、单兵单元战场定位。以前宝塔式的逐级指挥体制将不复存在。

图 1-23 为美军宙斯盾系统指挥控制室,图 1-24 为美国网络战司令部。

图 1-23 美军宙斯盾系统指挥控制室

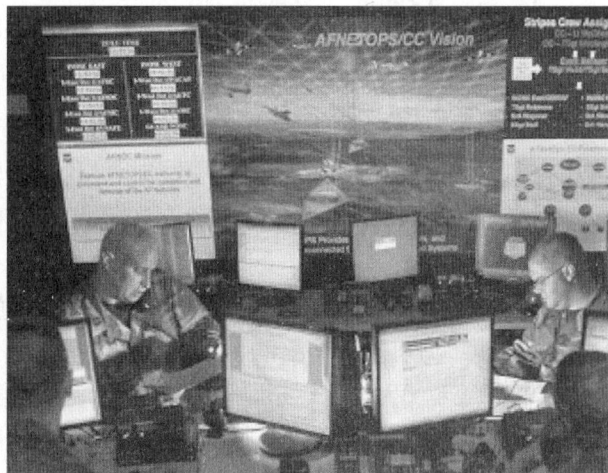

图 1-24 美军网络战司令部

3. 信息战场全维化、网络化

涵盖"海、陆、空、天、电","五位一体",数据链连接直至单兵,及时刷新单兵或基层指挥员作战系统战场资讯,方便明确地更新战场时态,确保直接指挥权在特殊情况下的传递,传统的作战地域概念和习惯已经不管用了。

美国为了应付网络黑客的攻击,防止出现网络"9·11"事件,2002 年布什总统发布了第 16 号"国家安全总统令",要求组建美军历史上也是世界上第一支网络黑客部队——网络战联合功能构成司令部(简称 JFCCNW)。在我国周边,日本、韩国、印度、俄罗斯等国家纷纷成立网络战部队。网络战的作战目的是干扰敌人的指挥和控制网络以及与军方有关的关键基础设施和武器设施。从此,网络战成为一种信息化战争的新的战争形态。

传统的"五位一体",加上网络战,形成新的信息化战争的"六位一体"战争模式。

4. 毁灭性武器的高技术化

信息作战不代表伤亡和战损小,而恰恰比传统战争更残酷,大量的毁灭性武器被高技术手段改造,作战意图更加明确,针对性更强,精度更高,毁伤性更大。

5. 非接触式成为一种新的作战模式

非接触式作战是美军首先提出的一种作战思想,并用于战争实践。非接触式作战的出现,是一体化的远程侦查信息系统和远程作战武器发展的必然结果。战争实践表明,非接触式作战具有许多优越性:一是能够充分发挥高技术武器的威力;二是战争的突然性增大;三是提高生存能力,减少伤亡;四是可实施全纵深同时攻击,增大作战效能;五是战争的政治风险小。

信息化战争是信息时代的产物,是信息时代经济、技术、生产力水平在战争领域的客观反映。信息时代战争工具的信息化、智能化和综合化,信息武器装备体系的形成,必然导致信息化战争的出现。

🔧 任务总结

本任务介绍了信息技术在军事领域的广泛影响,从军事高技术、军事信息技术,到信息化战争,信息技术渗透到现代战争的每一个环节。对典型信息化战争案例进行了分析,总结了现代信息化战争体现了高信息技术性,国防事业的发展少不了信息技术的助力、护航,希望大家能高度关注军事领域信息技术的发展。

● 拓展与提高

《中国制造 2025》部署全面推进实施制造强国战略,选择十大优势和战略产业作为突破点,"新一代信息技术产业"是其中之一。新一代信息技术中的"新"指的是网络互联的移动化和泛在化,信息处理的集中化和大数据化,信息服务的智能化和个性化。物联网、云计算、大数据、人工智能、区块链等新技术驱动网络空间从人人互联演进到万物互联,数字化、网络化、智能化服务无处不在。

一、云计算

2006 年 8 月 9 日,Google 首席执行官埃里克·施密特(Eric Schmidt)在搜索引擎大会(SES San Jose 2006)首次提出"云计算"(cloud computing)的概念。

美国国家标准与技术研究院(NIST)定义:云计算是一种按使用量付费的模式,这种模式提供可用的、便捷的、按需的网络访问,进入可配置的计算资源共享池(资源包括网络、服务器、存储、应用软件、服务),这些资源能够被快速提供,只需投入很少的管理工作,或与服务供应商进行很少的交互。

云计算中"云"指的是计算资源共享池中的各种服务资源,如同日常生活中用电用水一样,用户可以随时随地从"云"上获取服务。云计算借助 SaaS(软件即服务)、PaaS(平台即服务)、IaaS(基础设施即服务)等先进的商业模式把强大的计算能力分布到终端用户手中。图 1-25 为云计算示意图。

图 1-25　云计算示意

目前,华尔街风向标《Gartner 全球市场调查》显示,全球云计算市场中较强者是亚马逊、微软、阿里巴巴和谷歌。其中,以阿里巴巴和谷歌的势头最强劲,以超过 100% 的增长在追赶亚马逊的领先位置。

二、大数据

对于"大数据"(big data),研究机构 Gartner 给出的定义是:大数据是需要新处理模式才能具有更强的决策力、洞察发现力和流程优化能力来适应海量、高增长率和多样化的信息资产。

　　麦肯锡全球研究所给出的定义是：一种规模大到在获取、存储、管理、分析方面大大超出了传统数据库软件工具能力范围的数据集合，具有海量的数据规模、快速的数据流转、多样的数据类型和价值密度低四大特征。

　　百度百科给出的定义是：指无法在一定时间范围内用常规软件工具进行捕捉、管理和处理的数据集合，是需要新处理模式才能具有更强的决策力、洞察发现力和流程优化能力的海量、高增长率和多样化信息资产的。图1-26为大数据示意图。

　　随着大数据技术的不断发展，大数据呈现出海量的数据规模（volumn），数据类型繁多（variety），数据流转速度极快（velocity）以及价值密度较低（value）等特点。

　　大数据的价值在于从海量的数据中挖掘出有用信息。它的应用已渗透到物联网、医疗、保险、教育、社会管理、电力、军事等很多领域。大数据未来发展前景广阔，同时也面临个人隐私泄露、个人信息安全等问题。

图1-26　大数据示意

图1-27　物联网示意

三、物联网

　　国际电信联盟（ITU）发布的《ITU互联网报告》，对物联网做了如下定义：通过二维码识读设备、射频识别（RFID）装置、红外感应器、全球定位系统和激光扫描器等信息传感设备，按约定的协议，把任一物品与互联网相连接，进行信息交换和通信，以实现智能化识别、定位、跟踪、监控和管理的一种网络。物联网的英文名称为"the Internet of things"。通俗地讲，物联网就是"物物相连的互联网"，它拉近了物与物，物与人，人与人之间的联系，实现了万物之间的沟通。

　　物联网技术架构一般分为三层，分别是感知层、网络层、应用层。感知层主要指前端数据的获取，比如利用RFID获得电子标签，利用北斗获得经纬度，还有利用环境监测的传感器获得二氧化碳等信息；网络层是指通过电信网、互联网等将信息传送的后台服务器；应用层把前端感知层得到的信息进行处理，并实现具体的应用，比如自动驾驶、环境监测、健康管理等实际的应用。物联网具有全面感知、可靠传输、智能处理三大特征。图1-27为物联网示意图。

四、人工智能

　　人工智能（artificial intelligence），英文缩写为AI，是指使用机器代替人类实现认知、识别、分析、决策等功能，其本质是对人的意识和思维过程的模拟。

　　进入信息时代，在物联网、大数据、云计算、脑科学等新理论和社会发展强烈需求的驱动下，人工智能迅猛发展，呈现出深度学习、跨界融合、人机协同、群智开放、自主操控等特征。为提高信息利用效率和生产率，语音识别技术、体感识别技术、脑电波操控等人机交互技术得到广泛应用，如科大讯飞语音输

图 1-28　为人机对话

人、体感手环、脑电波操控的轮椅等,图 1-28 为人机对话图。

人工智能的发展目标是,能够有更加具有智慧的机器为人类服务。机器人只是属于人工智能范畴之内的一个分支。人工智能有望成为未来 IT 产业发展的焦点。2017 年 7 月 20 日,国务院发布《新一代人工智能发展规划》,提出"到 2020 年我国人工智能总体技术和应用于世界先进水平同步;到 2025 年,人工智能基础理论实现重大突破,部分技术与应用达到世界领先薯片,人工智能成为带动我国产业升级和经济转型的主要动力;到 2030 年,人工智能理论、技术与应用总体达到世界领先水平,成为世界主要人工真创新中心"。

五、区块链

区块链的主要作用是存储信息,区块链不是新发明的一种技术,而是一系列技术的集成,包括非对称加密技术、时间戳、共识机制等,是去中心化的分布式数据库。

狭义地讲,区块链是一种按照时间顺序将数据区块以顺序相连的方式组合成的一种链式数据结构,并以密码学方式保证的不可篡改和不可伪造的分布式账本。

广义地讲,区块链技术是利用块链式数据结构来验证与存储数据、利用分布式节点共识算法来生成和更新数据、利用密码学的方式保证数据传输和访问的安全、利用由自动化脚本代码组成的智能合约来编程和操作数据的一种全新的分布式基础架构与计算方式。图 1-29 区块链示意图。

通俗地讲,区块链就是指一种全民参与记账的方式。目前,区块链分为三类,即公有链、专有链、联盟链。区块链具有去中心化、开放性、自治性、匿名性、信息不可篡改等特点,它作为一种通用技术,已经渗透到各行各业,如共享经济、供电市场、房地产、证券交易、金融等领域。

图 1-29　区块链示意

图 1-30　马云展示刷脸技术

六、生物信息技术

生物技术(biotechnology)是以生命科学为基础,利用生物(或生物组织、细胞及其他组成部分)的特性和功能,设计、构建具有预期性能的新物质或新品系,以及与工程原理相结合,加工生产产品或提供服务的综合性技术。信息技术和生物技术都是高新技术,二者在新经济中并非是此消彼长的关系,而是相辅相成。

进入移动互联时代,移动支付日渐普及。生物特征识别技术利用人体生理特征和行为特征来进行身份鉴定,提供了更安全的网络服务。生物特征识别主要关系计算机视觉、图像图例与模式识别、计算机听觉、语音处理、多传感器技术虚拟现实、计算机图形学、可视化技术、计算机服装设计和智能机器人感知系统等相关技术。已经用于生物识别的生物特征有手形、指纹、脸形、虹膜、视网膜、脉搏和耳郭等,行为特征有签字、声音和按键力度等。图 1-30 为马云展示刷脸技术。

　　生物计算机、DNA 计算机、DNA 互联网都已成为近年来的热门学科。

思考练习

一、选择题

(1) 下列叙述正确的是( )。

　　A. 信息技术就是现代通信技术

　　B. 信息技术是有关信息的获取、传递、存储、处理、交流、表达和应用的技术

　　C. 微电子技术和信息技术是两个互不关联的技术

　　D. 信息技术是处理信息的技术

(2) 信息技术主要包括通信技术、传感技术、微电子技术和( )。

　　A. 医疗技术　　　　B. 勘探技术　　　　C. 计算机技术　　　　D. 生物工程技术

(3) "才高八斗,学富五车"是形容一个人的知识非常多,家中的书多的以至于搬家时要用车来拉,因为当时的书是笨重的竹简。从而使得知识的积累和传播极为不便,从信息技术革命的发展历程来看,这应该是属于( )以前的事。

　　A. 第一次信息技术革命　　　　　　　　B. 第二次信息技术革命

　　C. 第三次信息技术革命　　　　　　　　D. 第四次信息技术革命

(4) 交通广播台中的实时路况信息会不断地发生变化,这体现了信息的( )。

　　A. 必要性　　　　B. 时效性　　　　C. 共享性　　　　D. 载体依附性

(5) 关于信息的说法,以下叙述中正确的是( )。

　　A. 收音机就是一种信息　　　　　　　　B. 一本书就是信息

　　C. 一张报纸就是信息　　　　　　　　　D. 报上登载的足球赛的消息是信息

(6) 机器人通过各种传感器来感知外部世界,这属于信息技术的( )方面。

　　A. 感测技术　　　　B. 通信技术　　　　C. 计算机技术　　　　D. 网络技术

(7) 关于信息的说法正确的是( )。

　　A. 信息不可以脱离载体而存在　　　　　B. 信息都不能保存

　　C. 过时的信息不属于信息　　　　　　　D. 信息都是真实的

(8) 我们常说的 IT 指的是( )。

　　A. 信息技术　　　　B. 计算机技术　　　　C. 网络技术　　　　D. 通信技术

(9) 医生用听诊器为病人听诊属于信息处理过程中的( )。

　　A. 信息的传递　　　B. 信息的处理　　　C. 信息的收集　　　D. 信息的应用

(10) 下列不属于信息传递方式的是( )。

　　A. 听音乐　　　　B. 谈话　　　　C. 看书　　　　D. 思考

二、概念描述

信息	信息技术	军事信息技术	区块链
人工智能	云计算	物联	网大数据

思考练习
答案 1

三、简答题

(1) 信息与信息技术的关系。

(2) 新一代信息技术包括哪些？

(3) 信息技术对人类社会的影响有哪些？

学习情境二
计算机维护

计算机维护是指对计算机的性能等进行的维护措施,是提高计算机使用效率和延长计算机使用寿命的重要措施。计算机维护主要体现在两个方面:一是硬件的维护;二是软件的维护。

◉ 项目一　计算机技术

随着计算机应用技术的迅速发展,计算机已成为各行各业最基本的工具之一,社会的进步和经济的发展对计算机的依赖程度越来越大,作为国家经济信息化的核心——计算机技术,将密切地同社会经济和文化生活联系在一起。计算机技术带动的高新技术正在不断地改变人们的工作方式、学习方式和思维方式。掌握和对计算机相应知识的应用已成为现代人必不可少的基本技能。

项目目标

教学内容	● 微型计算机主要硬件及外部设备; ● 组装计算机。
教学目标	● 了解微型计算机各部件的功能; ● 了解组装计算机所需的准备工作; ● 能规范组装一台计算机。

任务一　认识计算机部件

任务描述

现如今,计算机已经是人们工作生活中不可缺少的工具了,它虽然集成度很高,但还是会经常出现各种故障而导致不能工作,影响工作、学习。如果能够认识计算机的各个部件以及了解其简单原理,就可以具备一定的计算机技能来改善这种情况。所以在配置一台适合自己的主流微型台式计算机前,了解常见计算机的各个部件及其功能是首要的任务。

任务目标

● 认识微型计算机主要硬件及其外部设备;
● 了解微型计算机各部件的功能;

● 掌握微型计算机各部件技术指标及市场主流产品。

任务实现

通过了解计算机的硬件结构和性能比较,列出一台计算机的配置清单,如表2-1所示。

表2-1　微型计算机配置清单

配　　置	品　牌　型　号
CPU	Intel Core i7 9 700 K(搭配 VTG 一体式水冷散热)
内存	金士顿 FURY 16 GB DDR4
机械硬盘	西部数据 1TB 7 200 转 64 MB SATA3 黑盘(WD1003FZEX)
固态硬盘	Intel 760P M. 2 2280(256 GB)
显卡	七彩虹(Colorful)iGame1060 烈焰战神 S-6GD5
主板	华硕 PRIME Z370-P
机箱	酷冷至尊开拓者 U3 普及版(RC-P100-KKN4)
电源	航嘉 Jumper450B
光驱	先锋 BDR-S09XLB
显示器	三星 U28E590D
键鼠	雷蛇(Razer)萨诺狼蛛+雷蛇炼狱蝮蛇 2000 键鼠套装

一、认识 CPU

(一) CPU 概述

CPU(central processing unit)是计算机的核心,一般形象地将其比喻为计算机的大脑,计算机所有的信息都要经过它来处理,CPU 的性能高低直接影响着计算机的性能,CPU 负责微机系统中数值运算、逻辑判断、控制分析等核心工作。其外观如图 2-1 所示。

在主板上我们往往不能直接看到 CPU,因为 CPU 的发热量很大,为了使 CPU 能稳定地运行,通常会为 CPU 配置带散热风扇的散热片。因此,在安装好 CPU 的主板上只会看到风扇,取下风扇后,才可以看到 CPU 的真面目。

(a)　　　　　　　　(b)

图 2-1　CPU 的外观

(a) 正面　(b) 反面

（二）CPU 的性能指标

CPU 的性能大致上能反映出它所配置微机的性能，因此 CPU 的性能指标十分重要。下面简单介绍一些 CPU 常用的技术指标，使大家能对 CPU 有进一步的了解。

1. 主频、外频和倍频

主频也称为时钟频率，是 CPU 的核心工作频率。主频越高，CPU 在一个时钟周期里所能完成的指令数也就越多，CPU 的运算速度也就越快。CPU 主频与 CPU 的外频和倍频的关系是：主频＝外频×倍频。

外频是 CPU 的基准频率，即主板上时钟发生器产生的频率，单位是 MHz。外频是 CPU 与主板之间同步运行的速度。

倍频就是 CPU 的核心工作频率与外频之间的倍数，在相同的外频下，倍频越高，CPU 的工作频率也就越高。实际上，在相同外频的前提下，高倍频的 CPU 本身意义并不大。单纯地一味追求高倍频而使得到高主频的 CPU 出现明显的"瓶颈"效应，这无疑是一种浪费。

2. 字长

字长是 CPU 一次能够直接处理的二进制数据的位数。字长值越大，CPU 的工作速度越快。

3. 前端总线

前端总线 FSB(front side bus)是 CPU 与主板北桥芯片之间连接的通道，而前端总线频率就是该通道"运输数据的速度"，频率的高低直接影响 CPU 访问内存的速度。

4. 缓存

CPU 缓存(cache memory)是位于 CPU 与内存之间的临时存储器，它的容量比内存小得多，但是交换速度却比内存要快得多。缓存的出现主要是为了解决 CPU 运算速度与内存读写速度不匹配的矛盾。在缓存中的数据是内存中的一小部分，但这一小部分是短时间内 CPU 即将访问的，当 CPU 调用大量数据时，就可避开内存直接从缓存中调用，从而加快读取速度。

按照数据读取顺序和与 CPU 结合的紧密程度，CPU 缓存可以分为一级缓存(L_1)和二级缓存(L_2)，部分高端 CPU 还具有三级缓存(L_3)，每一级缓存中所储存的全部数据都是下一级缓存的一部分，这三种缓存的技术难度和制造成本是相对递减的，所以其容量是相对递增的。当 CPU 要读取一个数据时，首先从一级缓存中查找，如果没有找到再从二级缓存中查找，如果还是没有找到就从三级缓存或内存中查找。L1、L2、L3 集成在 CPU 中。

任务中选用的 Intel Core i7 9700K 性能如下：

● 插槽类型：LGA 1151
● CPU 主频：3.6 GHz
● 制作工艺：14 nm
● 三级缓存：12 MB
● 核心数量：八核心，八线程
● 内存控制器：双通道 DDR4 2666

八核指的是基于单个半导体的一个处理器上拥有八个一样功能的处理器核心。换而言之，将八个物理处理器核心整合入一个核中。一般来说，核越多数据处理越快，例如，四核与双核的区别在于对多任务处理上，四核心的 CPU 开四个程序要比双核心 CPU 开四个程序要快，再就是多核心在进行大数据量运算时优势更大。

（三）CPU 常见品牌

CPU 的常见品牌有 Intel、AMD 等。

二、认识内存

（一）内存概述

在计算机的组成结构中，有一个很重要的部分，就是存储器。存储器是用来存储程序和数据的部件，对于计算机来说，有了存储器，才有记忆功能，才能保证正常工作。存储器的种类很多，按其用途可分为主存储器和辅助存储器，主存储器又称内存储器。

内存是计算机中重要的部件之一，它是与CPU进行沟通的桥梁。计算机中所有程序的运行都是在内存中进行的，因此内存的性能对计算机的影响非常大。内存（memory）也被称为内存储器，其作用是用于暂时存放CPU中的运算数据，以及与硬盘等外部存储器交换的数据。只要计算机在运行中，CPU就会把需要运算的数据调到内存中进行运算，运算完成后CPU再将结果传送出来，内存的稳定运行也决定了计算机的稳定运行。内存是由内存芯片、电路板、金手指等部分组成的，如图2-2所示。

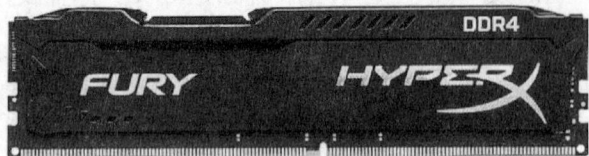

图 2-2　金士顿 FURY 16 GB DDR4 内存条

内存又称主存，是CPU能直接寻址的存储空间，由半导体器件制成。内存的特点是存取速率快。内存是相对于外存而言的。我们平常使用的程序，如Windows操作系统、打字软件、游戏软件等，一般都是安装在硬盘等外存上的，但仅此是不能使用其功能的，必须把它们调入内存中运行，才能真正使用其功能，我们平时输入一段文字，或玩一个游戏，其实都是在内存中进行的。就好比在一个书房里，存放书籍的书架和书柜相当于计算机的外存，而我们工作的办公桌就是内存。通常我们把要永久保存的、大量的数据存储在外存上，而把一些临时的或少量的数据和程序放在内存上，当然内存的好坏会直接影响计算机的运行速度。

（二）内存的性能指标

1. 内存容量

内存容量以MB作为单位，可以简写为M。内存的容量一般都是2的整次方倍，比如64 MB、128 MB、256 MB等，一般而言，内存容量越大越有利于系统的运行。进入21世纪初期，台式机中主流采用的内存容量为8 GB或16 GB，512 MB、1 GB的内存已较少采用。系统对内存的识别是以Byte（字节）为单位，每个字节由8位二进制数组成，即8 bit（比特，也称"位"）。按照计算机的二进制方式，1 Byte=8 bit，1 KB=1 024 Byte，1 MB=1 024 KB，1 GB=1 024 MB，1 TB=1 024 GB。

2. 内存主频

内存主频和CPU主频一样，习惯上被用来表示内存的速度，它代表着该内存所能达到的最高工作频率。内存主频是以兆赫（MHz）为单位来计量的。内存主频越高在一定程度上代表着内存所能达到的速度越快。内存主频决定着该内存最高能在什么样的频率下正常工作。目前较为主流的内存频率是1 600 MHz的DDR3内存条及凭借新的电路架构最高可达3 200 MHz的DDR4内存条。

（三）内存常见品牌

内存条的常见品牌有金士顿、威刚、海盗船、影驰、宇瞻、三星等。

三、认识硬盘

（一）硬盘概述

硬盘是集精密机械、微电子电路、电磁转换为一体的电脑存储设备，它存储着电脑系统资源和重要的信息及数据，这使得硬盘在PC机中成为最为重要的一个硬件设备之一。

硬盘有固态硬盘（SSD）、机械硬盘（HDD）、混合硬盘（HHD—一块基于传统机械硬盘诞生出来的新硬盘）；SSD采用闪存颗粒来存储，HDD采用磁性碟片来存储，混合硬盘是把磁性硬盘和闪存集成到一起的一种硬盘。

1. 机械硬盘

机械硬盘存储器是一种涂有磁性物质的金属圆盘,通常由若干片硬盘片组成盘片组。硬盘通常与磁盘驱动器封装在一起,不能移动,由于一个硬盘往往有几个读写磁头,因此,在使用的过程应注意防止剧烈震动。在第一次使用硬盘时,也必须进行分区和格式化。我们在装机时采用了西部数据 1 TB 7 200 转 64 MB SATA3 黑盘的机械硬盘,如图 2-3 所示。

图 2-3　西部数据 1 TB 7 200 转 64 MB SATA3 黑盘硬盘及内部构造

2. 固态硬盘

固态硬盘是如今新兴的硬盘,简称固盘,具有很多传统机械硬盘不可取代的优点,是用固态电子存储芯片阵列而制成的硬盘,其芯片的工作温度范围很宽,商规产品(0～70℃)工规产品(－40～85℃)。虽然成本较高,但也正在逐渐被普及到 DIY 市场。

固态硬盘的存储介质分为两种,一种是采用闪存(FLASH 芯片)作为存储介质,另外一种是采用 DRAM 作为存储介质。

采用 FLASH 芯片作为存储介质,这也是通常所说的 SSD。它的外观可以被制作成多种模样,例如笔记本硬盘、微硬盘、存储卡、U 盘等样式。这种 SSD 固态硬盘最大的优点就是可以移动,而且数据保护不受电源控制,能适应于各种环境,但是使用年限不高,适合于个人用户使用。

考虑到价格因素,我们为了提高计算机的整体性能,采用了固态硬盘搭载机械硬盘的装机方式,图 2-4 为装机中采用的 Intel 760P M. 2 2280(256 GB)固态硬盘。

图 2-4　Intel 760P M. 2 2280(256 GB)固态硬盘

(二)硬盘的性能指标

机械硬盘的主要性能参数有容量、转速、缓存。

作为计算机系统的数据存储器,容量是硬盘最主要的参数。

硬盘的容量以兆字节（MB/MiB）、千兆字节（GB/GiB）或百万兆字节（TB/TiB）为单位，而常见的换算式为：1 TB＝1 024 GB，1 GB＝1 024 MB 而 1 MB＝1 024 KB。硬盘厂商通常使用 1 G＝1 000 MB 换算，而 Windows 系统，依旧以"GB"字样来表示"GiB"单位（1 024 换算的），因此我们在 BIOS 中或在格式化硬盘时看到的容量会比厂家的标称值要小。容量是表示硬盘能够存储多少数据，通常以 GB 为单位。目前主流的硬盘容量为 500 GB、1 TB(1 TB＝1 024 GB)和 2 TB。

转速是指硬盘主轴电机的转动速度。转速越高，存取数据的速度越快，目前主流硬盘的转都为 7 200 r/s。

高速缓存是焊接在硬盘控制器电路板上的一块 DRAM 内存，缓存越大，计算机整体速度越快，主流硬盘有 16 MB、64 MB 缓存。

固态硬盘的主要性能包括有容量以及缓存。

（三）硬盘常见品牌

目前市场上主流的硬盘品牌有希捷、西部数据、日立、东芝等。

四、认识显卡

（一）显卡概述

显卡全称显示接口卡，又称显示适配器或显示器配置卡，是计算机最基本的配置之一。显卡负责将 CPU 送来的影像数据处理成显示器可以理解的格式，再送到屏幕上形成图像。显卡是连接显示器和个人计算机主板的重要元件，是"人机对话"的重要设备之一。

1. 显卡的分类

显卡主要分为核芯显卡、集成显卡、独立显卡三种。

核芯显卡就是指集成在 CPU 内部的显卡，如 i3、i5、i7 中集成的显卡。配主板时只要主板支持 CPU 核芯显卡就可以直接把视频接口连在主板上，而实际上主板上并没有集成显卡。与上一代产品的区别就在于把显卡从主板上转移到 CPU 上。

集成显卡，顾名思义，就和在主板上集成声卡、网卡一样，又称为板载显卡。英特尔(Intel)公司生产过的 G31 与 G41 芯片组就是这样，CPU 就单纯是 CPU，但是主板上带一个小的显卡，不过显卡性能都非常差，普及率很低。集成显卡适用于不玩游戏的办公用户或是对游戏性能要求不高的用户，这样整机购置预算可下降。

独立显卡就是有独立的显示芯片，各种性能也较集成显卡要好得多。我们在装机的过程中选用的就是独立显卡七彩虹(Colorful)iGame1060 烈焰战神 S－6GD5，如图 2－5 所示。

图 2－5   七彩虹(Colorful)iGame1060 烈焰战神 S－6GD5 独立显卡

2. 显卡的组成

显卡的主要组成部分有显示芯片(GPU)、显存等。

GPU(graphic processing unit)即图形处理器。NVIDIA 公司在发布 GeForce 256 图形处理芯片时最先提出的概念。GPU 使显卡减少了对 CPU 的依赖,并进行部分原本 CPU 的工作,尤其是在 3D 图形处理时。

显存与内存的功能一样,只是它们负责的区域不同,显存用来暂存 GPU 处理的数据,而内存用来暂存 CPU 处理的数据。显卡达到的分辨率越高,在屏幕上显示的像素点也就越多,对显存的容量要求也越大。

3. 显卡的接口

显卡的接口一般都在机箱背面,分为下面三类:

(1) VGA 接口,模拟输出接口,如图 2-6 所示。

(2) DVI 接口,数字视频接口,是未来一段时间内显卡的标准输出接口,可使显卡中的数字信号直接传输到液晶显示器中,从而显示出来的图像更加真实自然,如图 2-7 所示。

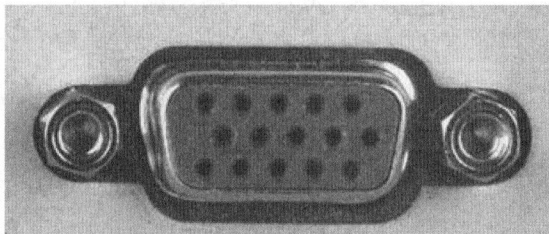

图 2-6　VGA 接口

(3) HDMI 接口,高清晰度多媒体接口,是目前最新的显卡接口,它可提供高达 5 Gbit/s 的数据传输带宽,可以保证最高质量的影音信号,如图 2-8 所示。

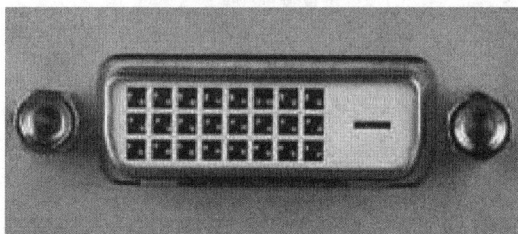

DVI-D接口

DVI-I接口

图 2-7　DVI 接口

图 2-8　HDMI 接口

(二) 显卡的性能指标

对于同样核心的显卡来说,显存工作频率越高性能越好,而显存的速度(ns)数值越小的显存能跑更高的频率,所以显存的速度被认为是显卡常见品牌的关键性能之一。显卡和主板上都有"内存",主板上被称为内存条,而显卡上的被称为显存。目前为止,显存与系统内存用的都是完全相同的技术。不过高端显卡需要比系统内存更快的存储器,所以越来越多显卡厂商转向使用第四代 DDR4 和第五代 DDR5 技术。

显存全称显示内存,和我们计算机里的内存功能基本相同。其主要功能是用于负责存储显示芯片所处理的各种数据,其容量越大贴图精度也会越高,因而从某种意义上来讲显存增大计算机性能也会得到显著提升。但对于普通用户而言一味地追求大容量显存只会增加开支,所以在选择的时候应该结合计算机用途。

(三) 显卡常见品牌

显卡的常见品牌有七彩虹、影驰、蓝宝石、技嘉、华硕、微星等。

五、认识主板

(一)主板概述

主板又称系统板或母板,是计算机系统中最基本也是最重要的部件之一。主板的类型和档次决定着整个计算机系统的类型和档次,主板的性能影响着整个计算机系统的性能。

主板上分布着众多的电容、电阻和电感等元件,BIOS(basic input output system,基本输入输出系统)和主板芯片组等芯片,键盘、鼠标和 USB 等接口,CPU 插座、内存和 PCI 等插槽以及其他各种外部接口等,后面装机讲解中选用的主板是华硕 PRIME Z370-P,如图 2-9 所示。性能如表 2-2 所示。

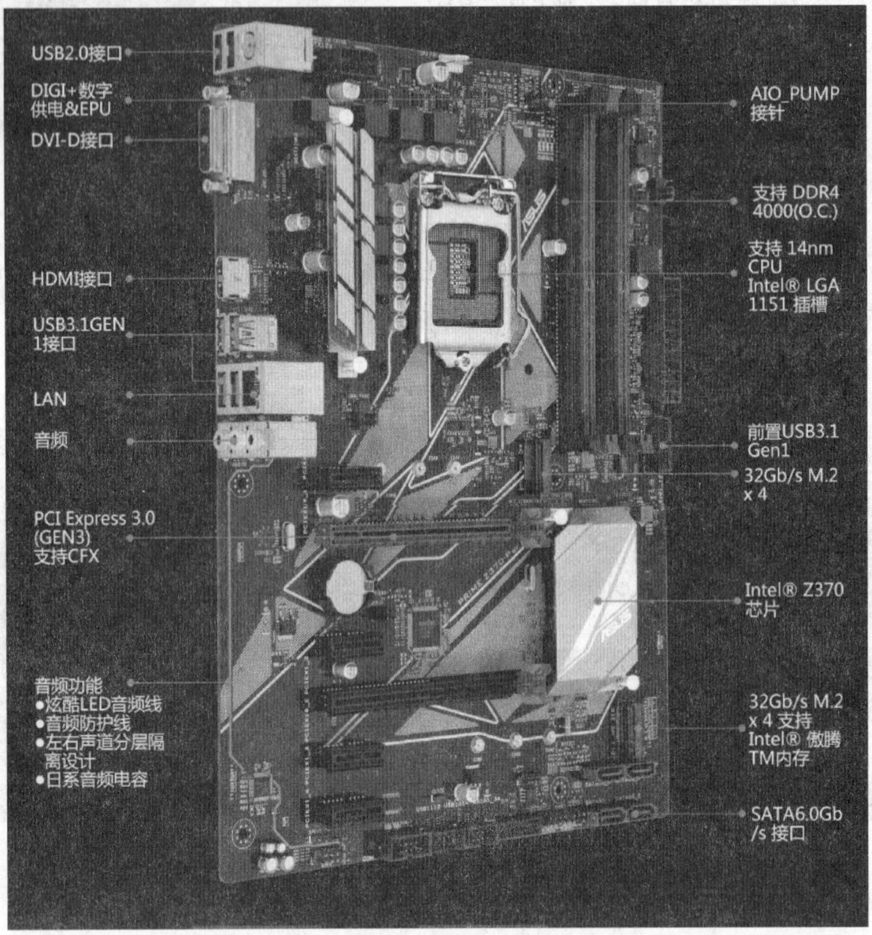

图 2-9 华硕 PRIME Z370-P 主板

表 2-2 华硕 PRIME Z370-P 主板性能

主板芯片	集成芯片	声卡/网卡
	主芯片组	Intel Z370
	芯片组描述	采用 Intel Z370 芯片组
	显示芯片	CPU 内置显示芯片(需要 CPU 支持)
	音频芯片	集成 Realtek ALC887 8 声道音效芯片
	网卡芯片	板载 Realtek RTL8111H 千兆网卡
处理器规格	CPU 类型	第八代 Core i7/i5/i3/Pentium/Celeron
	CPU 插槽	LGA 1151

	内存类型	4×DDR4 DIMM
内存规格	最大内存容量	64 GB
	内存描述	支持双通道 DDR4 内存
	PCI-E 标准	PCI-E 3.0
存储扩展	PCI-E 插槽	2×PCI-E X16 显卡插槽,4×PCI-E X1 插槽
	存储接口	2×M.2 接口,4×SATA III 接口
	USB 接口	8×USB3.1 Gen1 接口(4 内置+4 背板),6×USB2.0 接口(4 内置+2 背板)
I/O 接口	视频接口	1×DVI 接口,1×HDMI 接口
	电源插口	一个 8 针,一个 24 针电源接口
	其他接口	1×RJ45 网络接口,3×音频接口,1×系统面板接口,1×PS/2 键鼠通用接口
板型	主板板型	ATX 板型
	外形尺寸	30.5 cm×22.6 cm
软件管理	BIOS 性能	128 Mb Flash ROM, UEFI AMI BIOS, PnP, DMI3.0, WfM2.0, SM BIOS 3.0, ACPI 6.0, 多国语言 BIOS, ASUS EZ Flash 3, CrashFree BIOS 3, F11 EZ Tuning Wizard, F6 Qfan Control, F3 收藏夹, 历史记录, F12 截屏, 及 ASUS DRAM SPD (Serial Presence Detect)内存信息

1. 主板接口

主板上的接口主要有三种,分别为 IDE 接口、SATA 接口和外部接口,分别如图 2-10～图 2-12 所示,其外形和功能介绍如下。

图 2-10 IDE 接口

图 2-11 SATA 接口

IDE(integrated drive electronics)接口即电子集成驱动器,也称为 ATA 接口。一块主板上一般有两个 IDE 接口。IDE 接口一般用来连接硬盘、光驱、刻录机等存储设备。现在很多主流主板逐渐取消了 IDE 接口,转而使用 SATA 接口。我们任务中用到的就是没有 IDE 接口的华硕 PRIME Z370-P 主板。

SATA 接口即 Serial ATA 接口,又称为串行接口。SATA 以连续串行的方式传送数据,与传统的

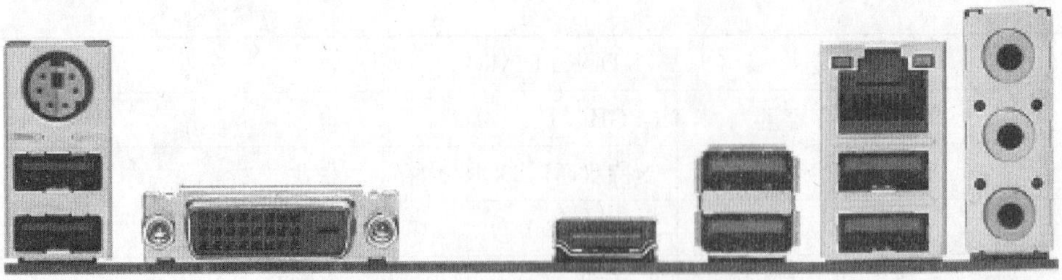

图 2-12 主板外部接口

并行 ATA 硬盘相比具有非常明显的优势：首先是 SATA 的传输速度快，除此之外，SATA 硬盘还具有安装方便、容易散热、支持热插拔等诸多优点，这些都是并行 ATA 硬盘无法与之相比的。正因如此，SATA 硬盘已成为目前硬盘的主流接口。SATAII 传输率为 300 MB/s，SATAIII 传输率大约为 600 MB/s。

主板上的外部接口有用于连接鼠标和键盘的 PS/2 接口、用于连接各种 USB 设备的 USB 接口，另外还有主板集成的声卡、网卡、显卡接口。

2. 主板插座

主板上的插座主要有 CPU 插座和电源插座两种，其中 CPU 插座分为 AMD 和 Intel 两种类型，分别如图 2-13 和图 2-14 所示，其外观和功能介绍如下。

图 2-13 AMD CPU 插座

图 2-14 Intel CPU 插座

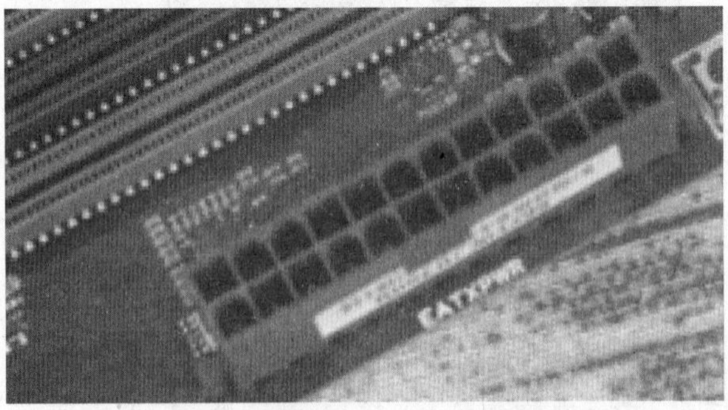

图 2-15 主板 24 针电源插座

CPU 插座就是用于安装 CPU 的插座，是按照 CPU 的接口类型制作的。根据主板支持的 CPU 接口的差异，CPU 的插座也各不相同，主要表现在 CPU 针脚数目不同。

电源插座是电源向主板供电的接口，通常是 24 针插座，如图 2-15 所示。

3. 主板插槽

(1) PCI-E 插槽。PCI-Express 简称 PCI-E 接口，如图 2-16 所示。PCI-E 接口是 Intel 公司为了提高显卡总线速率发明，用于替换原来的 AGP3.0 规范接口。PCI-E 的接口根据总线位宽不同而有所差异，包括 X1、X4、X8 及 X16，其中 PCI-EX16 是专为显卡所设计的部分，PCI-EX1 可插独立声卡、电视卡、采集卡等。

图2-16　PCI-E插槽

图2-17　内存插槽

（2）内存插槽。内存插槽是主板上用来放置内存的地方，主要有 DDR3、DDR4，如图2-17所示。不同内存插槽的引脚、电压和性能都不尽相同。

4.主板芯片组

CPU 通过主板芯片组控制和管理主板上各个部件的运行，可以说，主板芯片组就是整块主板的灵魂所在。传统的主板芯片组是由北桥芯片和南桥芯片组成，北桥芯片提供对 CPU 类型和主频、内存的类型和最大容量、显卡插槽规格，PCI 和 AGP 插槽等的支持。南桥芯片负责 I/O 总线之间的通信，如 PCI 总线、USB、LAN、ATA、SATA、音频控制器、键盘控制器、实时时钟控制器、高级电源管理等。如图2-18所示。

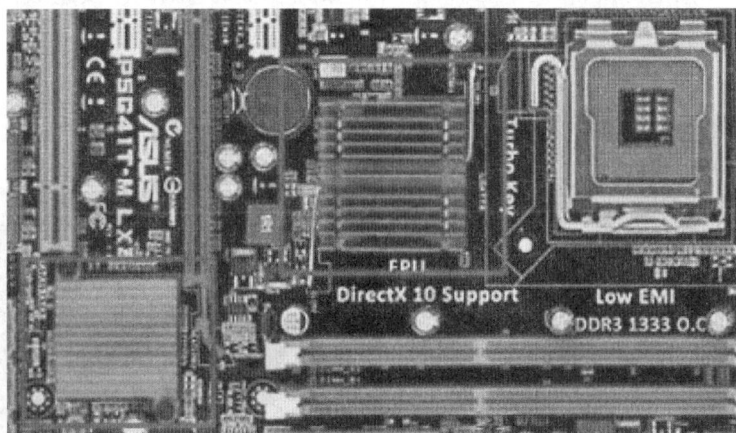

图2-18　主板芯片组

不过现如今的大部分主板都将北桥芯片集成到 CPU 内了，并用 PCH 代替南桥芯片的大部分功能，所以现在主流的主板一般都只有一个芯片组。

（二）主板的性能指标

作为连接不同硬件的核心，主板的作用也是非常重要的，主板不仅提供整机的兼容性，还为硬件性能的发挥提供重要的支持，我们在选用主板的时候也不能随便买一款，更不能直接买最便宜的，而是需要利用一些技巧来选择适合自己的主板。

首先要确定的是主板的芯片组。我们都知道一款 CPU 设计一种针脚，那么 CPU 对应的芯片组就是固定的几种，而芯片组则决定了主板的定位，也几乎决定了主板的全部功能。一般来说，入门级的主板最便宜,功能和扩展性也最为有限,而具备了 M. 2 SSD 和 SATA 3.0 的入门主板很可能就无法兼顾 USB 3.1 了,所以硬件较多或要求高的用户还是需要选择高端的芯片组,来保障不同硬件的性能发挥。

需要注意的是,不同芯片组的主板并不会影响 CPU 的性能,也就是说,同一个 CPU 在不同主板上的性能表现是一样的,不会有明显的差距。当然,像有些芯片组是有超频功能的,可以为不锁倍频的 CPU 超频,性能也会有相应的提升。

另外,主板上的声卡芯片,网卡芯片和电源管理芯片等从另一个方面反映主板的做工和用料,其多声道及高速联网功能也是关系到使用计算机的体验部分。

确定了主板的芯片组,接下来看的就是主板的兼容性和扩展性。前面说的不同芯片组有不同的扩展功能,主要就体现在这里,如果确定了硬件,就要考虑主板对硬件的兼容支持。一般来说,不同芯片组的主板能够提供的功能是有限的,由于芯片组 PCI – E 总线的限制,入门级的主板无法兼顾到很多功能,因此兼容性会受到影响。

(三) 主板常见品牌

目前生产主板的厂商主要有华硕、技嘉、微星、七彩虹等。

六、认识机箱及电源

(一) 机箱及电源概述

机箱一般包括外壳、支架、面板上的各种开关、指示灯等,任务中选用的酷冷至尊开拓者 U3 普及版机箱如图 2 – 19 所示。机箱作为电脑配件中的一部分,用来放置和固定各电脑配件,起到一个承托和保护作用。此外,电脑机箱具有屏蔽电磁辐射的重要作用。虽然在 DIY 中不是很重要的配置,但是使用质量不良的机箱容易让主板和机箱短路,使电脑系统变得很不稳定。

机箱中的电源是把 220 伏(V)交流电转换成直流电,并专门为电脑配件如 CPU、主板、硬盘、内存条、显卡、光盘驱动器等供电的设备,是电脑各部件供电的枢纽,是电脑的重要组成部分。目前电脑电源大都是开关型电源,航嘉 Jumper450B 如图 2 – 20 所示。

图 2 – 19   酷冷至尊开拓者 U3 普及版机箱整体外观

图 2 – 20   航嘉 Jumper450B 电源外观

1. 机箱及电源的性能指标

机箱一般包括外壳、支架、面板上的各种开关、指示灯等。外壳用钢板和塑料结合制成,硬度高,主要起保护机箱内部元件的作用。支架主要用于固定主板、电源和各种驱动器。

机箱有很多种类型。现在市场比较普遍的是 AT、ATX、Micro ATX 以及最新的 BTX – AT。主要应用到只能支持安装 AT 主板的早期机器中。ATX 机箱是目前最常见的机箱,支持现在绝大部分类型的主板。Micro ATX 机箱是在 AT 机箱的基础之上建立的,为了进一步地节省桌面空间,因而比 ATX

机箱体积要小一些。各个类型的机箱只能安装其支持的类型的主板,一般是不能混用的,而且电源也有所差别。

PC 系统里的每个部件的电能都有同一个来源——电源。电源必须为所有的设备不间断地提供稳定的、连续的电流。如果电源过量或不足,所连接的设备就有可能不能正常运作。比如,内存不能刷新,造成数据丢失(导致软件错误);而 CPU 可能死锁,或随机地重启动;硬盘可能不转,或更奇怪——硬盘虽转动但不能正常处理控制信号。既然这么多的设备都与电源息息相关,那把电源看作 PC 硬件系统里最重要的部件之一就毫不过分。

(1) 输出接口。电源的主要输出接口是指电源给主板、显卡、硬盘、光驱、软驱等设备提供了供电接口。首先是主板上的主供电接口,以前主板的主供电接口是 20 针的,而从 ATX 12 V 2.0 规范开始,很多主板开始使用 24 针的主供电接口,显然购买带有 24 针主供电接口的电源更合适。

(2) 电源规范。ATX 规范是 1995 年 Intel 公司制定的主板及电源结构标准,ATX 是英文 advanced technology extend 的缩写。选购电源的时候应该尽量选择更高规范版本的电源。首先高规范版本的电源完全可以向下兼容。其次高规范版本的电源 12 V、5 V、3.3 V 等输出的功率分配通常更适合当前计算机配件的功率需求,例如,ATX 12 V 2.0 规范即使在总功率相同的情况下,将更多的功率分配给 12 V 输出,减少了 3.3 V 和 5 V 的功率输出,更适合最新的计算机配件的需求。此外高规范版本的电源直接提供了主板、显卡、硬盘等硬件所需的电源接口,无须额外的转接。

(3) 额定功率。额定功率是电源厂家按照 Intel 公司制定的标准标出的功率,可以保证电源工作的平均输出,单位是瓦特,简称瓦(W)。额定功率越大,电源所能负载的设备也就越多。

电源的功率有多种表示方法,除了额定功率和峰值功率之外,还有输出功率的说法。输出功率是指在一定条件下电源长时间稳定输出的功率。电源实际工作时,输出功率并不一定等同于额定功率,按照 Intel 公司的标准,输出功率会比额定功率大一些,例如,大 10% 左右。需要说明的是,在多种功率的标称方式中,额定功率是按照 Intel 公司标准制订的,是电源功率最可靠的标准,选购电源时建议以额定功率作为参考和对比的标准。

(二)机箱及电源常见品牌

机箱的常见品牌为金河田、航嘉、aigo、GAMEMAX 等。

台式机开关电源的常见品牌为德利仕、山特、APC、科士达等。

七、认识光驱

(一)光驱概述

装载数据信息的载体被称为光盘,向光盘读取或写入数据的设备叫光盘驱动器,这也是在台式机和笔记本便携式电脑里比较常见的一个部件。任务中选用的光驱是先锋 BDR - S09XLB,如图 2 - 21 所示。随着多媒体的应用越来越广泛,使得光驱在计算机诸多配件中已经成为标准配置。光驱可分为 CD - ROM 驱动器、DVD 光驱(DVD - ROM)、康宝(COMBO)、蓝光光驱(BD - ROM)和刻录机等。

光盘的特点有容量大、成本低廉、稳定性好、使用寿命长、便于携带。光盘驱动器简称光驱是一个结合光学、机械及电子技术的产品。在光学和电子结合方面,激光光源来自一个激光二极管,它可以产生波长约 0.54 微米～0.68 微米的光束,经过处

图 2 - 21　先锋 BDR - S09XLB 光驱

理后光束更集中且能精确控制,光束首先打在光盘上,再由光盘反射回来,经过光检测器捕捉信号。光盘上有两种状态,即凹点和空白,它们的反射信号相反,很容易经过光检测器识别。

1. 光驱的性能指标

很多人认为光驱的速度越快,其性能就越高。其实,光驱的速度只是指其驱动电机的转速而言,而要真正衡量其性能高低,还要看下面几个指标:

(1) 传输速率。数据传输速率(sustained data transfer rate)是 CD-ROM 光驱最基本的性能指标,该指标直接决定了光驱的数据传输速度,通常以 KB/s 来计算。最早出现的 CD-ROM 的数据传输速率只有 150 KB/s,当时有关国际组织将该速率定为单速,而随后出现的光驱速度与单速标准是一个倍率关系,比如 2 倍速的光驱,其数据传输速率为 300 KB/s,4 倍速为 600 KB/s,8 倍速为 1200 KB/s,12 倍速时传输速率已达到 1 800 KB/s,依此类推。

(2) CPU 占用时间。CPU 占用时间(CPIU loading)指 CD-ROM 光驱在维持一定的转速和数据传输速率时所占用 CPU 的时间。该指标是衡量光驱性能的一个重要指标,从某种意义上讲,CPU 的占用率可以反映光驱的 BIOS 编写能力。优秀产品可以尽量减少 CPU 占用率,这实际上是一个编写 BIOS 的软件算法问题,当然这只能在质量比较好的盘片上才能反映。如果碰上一些磨损非常严重的光盘,CPU 占用率自然就会直线上升,如果用户想节约时间,就必须选购那些读"磨损严重光盘"的能力较强、CPU 占用率较低的光驱。从测试数据可以看出,在读质量较好的盘片时,最好的与最差的成绩相差不会超过两个百分点,但是在读质量不好的盘片时,差距就会增大。

(3) 高速缓存。这个指标通常会用 Cache 表示,也有些厂商用 Buffer Memory 表示。它的容量大小直接影响光驱的运行速度。其作用就是提供一个数据缓冲,它先将读出的数据暂存起来,然后一次性进行传送,目的是解决光驱速度不匹配问题。

(4) 平均访问时间。平均访问时间(average access time)即"平均寻道时间",作为衡量光驱性能的一个标准,是指从检测光头定位到开始读盘这个过程所需要的时间,单位是 ms,该参数与数据传输速率有关。

(5) 稳定性。稳定性是指一部光驱在较长的一段时间(至少一年)内能保持稳定的、较好的读盘能力。

(二) 光驱常见品牌

光驱的常见品牌有华硕、先锋、LG、三星、联想等。

八、认识显示器

(一) 显示器概述

显示器(display)通常也被称为监视器。显示器是属于电脑的 I/O 设备,即输入输出设备。它是一种将一定的电子文件通过特定的传输设备显示到屏幕上再反射到人眼的显示工具。从早期的黑白世界到色彩世界,显示器走过了漫长而艰辛的历程,随着显示器技术的不断发展,显示器的分类也越来越明细。根据制造材料的不同,可分为阴极射线管显示器(CRT)、等离子显示器 PDP、液晶显示器 LCD 等。

1. CRT

CRT 是一种使用阴极射线管(cathode ray tube)的显示器,阴极射线管主要有五部分组成:电子枪(electron gun)、偏转线圈(deflection coils)、荫罩(shadow mask)、荧光粉层(phosphor)及玻璃外壳。它是早期应用最广泛的显示器之一,CRT 纯平显示器具有可视角度大、无坏点、色彩还原度高、色度均匀、可调节的多分辨率模式、响应时间极短等 LCD 显示器难以超过的优点。

2. LCD

LCD 显示器即液晶显示器,优点是机身薄,占地小,辐射小。LCD 液晶显示器的工作原理,在显示器内部有很多液晶粒子,它们有规律地排列成一定的形状,并且它们的每一面的颜色都不同,分为红色、绿色、蓝色。这三原色能还原成任意的其他颜色,当显示器收到电脑的显示数据的时候会控制每个液晶粒子转动到不同颜色的面,来组合成不同的颜色和图像。也因为这样液晶显示屏的缺点是色彩不够艳、可视角度不高等。

3. LED

LED显示屏(LED panel):LED就是light emitting diode,发光二极管的英文缩写,简称LED。它是一种通过控制半导体发光二极管的显示方式,用来显示文字、图形、图像、动画、行情、视频、录像信号等各种信息的显示屏幕。

LED的技术进步是扩大市场需求及应用的最大推动力。最初,LED只是作为微型指示灯,在计算机、音响和录像机等高档设备中应用,随着大规模集成电路和计算机技术的不断进步,LED显示器正在迅速崛起,逐渐扩展到证券行情股票机、数码相机、PDA以及手机领域。

LED显示器集微电子技术、计算机技术、信息处理于一体,以其色彩鲜艳、动态范围广、亮度高、寿命长、工作稳定可靠等优点,成为最具优势的新一代显示媒体,LED显示器已广泛应用于大型广场、商业广告、体育场馆、信息传播、新闻发布、证券交易等,可以满足不同环境的需要。

4. 3D

3D显示器一直被公认为显示技术发展的终极梦想,多年来有许多企业和研究机构从事这方面的研究。日本、欧美、韩国等发达国家和地区早于20世纪80年代就纷纷涉足3D显示技术的研发,于20世纪90年代开始陆续获得不同程度的研究成果,现已开发出需佩戴立体眼镜和不需佩戴立体眼镜的两大立体显示技术体系。传统的3D电影在荧幕上有两组图像(来源于在拍摄时的互成角度的两台摄影机),观众必须戴上偏光镜才能消除重影(让一只眼只受一组图像),形成视差(parallax),产生立体感。

5. 等离子

PDP(plasma display panel,等离子显示器)是采用了近几年来高速发展的等离子平面屏幕技术的新一代显示设备。

成像原理:等离子显示技术的成像原理是在显示屏上排列上千个密封的小低压气体室,通过电流激发使其发出肉眼看不见的紫外光,然后紫外光碰击后面玻璃上的红、绿、蓝三色荧光体发出肉眼能看到的可见光,以此成像。

等离子显示器的优越性:厚度薄、分辨率高、占用空间少且可作为家中的壁挂电视使用,代表了未来电脑显示器的发展趋势。

在装机中我们选用的显示器类型是LED,是现在市场上的主流类型,型号是三星U28E590D,如图2-22所示。

(二)显示器的性能指标

显示器的主要技术指标包括以下几个方面:

1. 分辨率

分辨率是指屏幕水平方向和垂直方向所显示的像素点总数。它由屏幕行、列上的像素点数的乘积表示,如1 024×

图2-22　三星U28E590D显示器

768、1 280×1 024等。其中,1 024×768中的"1 024"指屏幕水平方向的点数,"768"指屏幕垂直方向的点数,分辨率越高,图像越清晰。

2. 刷新频率

刷新频率是指屏幕刷新的速度。刷新频率越低,图像闪烁和抖动就越厉害。一般采用75 Hz以上的刷新频率时可基本消除闪烁。因此,75 Hz的刷新频率是显示器稳定工作的最低要求,即每秒钟重画图像75次,才能获得无闪烁感的稳定画面。

（三）显示器常见品牌

CRT显示器现已逐渐被淘汰，LED显示器已成为市场主流，显示器的主要品牌有三星、冠捷、明基、飞利浦、华硕、LG、优派等。

九、认识键盘及鼠标

（一）键盘及鼠标概述

键盘是用于操作设备运行的一种指令和数据输入装置，也指经过系统安排操作一台机器或设备的一组功能键（如打字机、电脑键盘）。键盘是最常用也是最主要的输入设备之一，通过键盘可以将英文字母、数字、标点符号等输入到计算机中，从而向计算机发出命令、输入数据等。还有一些带有各种快捷键的键盘，起初这类键盘多用于品牌机，并曾一度被视为品牌机的特色。随着时间的推移，渐渐的市场上也出现独立的具有各种快捷功能的产品单独出售，并带有专用的驱动和设定软件，在兼容机上也能实现个性化的操作。

鼠标，计算机的一种输入设备，也是计算机显示系统纵横坐标定位的指示器，因形似老鼠而得名。其标准称呼应该是"鼠标器"，英文名"Mouse"，鼠标的使用是为了使计算机的操作更加简便快捷，来代替键盘那烦琐的指令。

在装机中我们所选择的是雷蛇（Razer）萨诺狼蛛＋雷蛇炼狱蝮蛇2000键鼠套装，如图2-23所示。

图2-23　雷蛇2000键鼠套装

（二）键盘及鼠标的性能

1. 键盘的性能

（1）键盘的触感。作为日常接触最多的输入设备，触感毫无疑问是键盘最重要的性能。触感主要是由按键的力度阻键程度来决定的。判断一款键盘的触感如何，会从按键弹力是否适中、按键受力是否均匀、键帽是否松动或摇晃以及键程是否合适这几方面来测试。虽然不同用户对按键的弹力和键程有不同的要求，但一款高质量的键盘应该在这几方面都能符合绝大多数用户的使用习惯，按键受力均匀和键帽牢固必须保证，否则就可能导致卡键或者让用户感觉疲劳。

（2）键盘的做工。键盘的成本较低，但并不代表就可以马虎应付。好键盘的表面及棱角处理精致细腻，键帽上的字母和符号通常采用激光刻入，手摸上去有凹凸的感觉，选购的时候认真检查键位上所印字迹是否刻上去的，不是那种直接用油墨印上去的，因为这种键盘的字迹用不了多久就会脱落。键盘的角不要尖锐的。常规键盘具有CapsLock（字母大小写锁定）、NumLock（数字小键盘锁定）和ScrollLock三个指示灯。

（3）键盘键位布局。键盘的键位分布虽然有标准，但是在这个标准上各个厂商还是有回旋余地的。一流厂商可以利用经验把键盘的键位排列的更体贴用户；小厂商就只能沿用最基本的标准，甚至因为品质不过关而做出键位分布极差的键盘。

（4）键盘的噪声。相信所有用户都很讨厌敲击键盘所产生的噪声，尤其是那些深夜还在工作、游戏、上网的用户，因此，一款好的键盘必须保证在高速敲击时也只产生较小的噪声，不影响到别人休息。

（5）键盘的键位冲突问题。日常生活中，我们或多或少玩一些游戏，在玩游戏的时候，就会出现某些组合键的连续使用，那么这就要求这些键盘具备这些游戏键不冲突。

（6）键盘的长、宽、高问题。当我们购置键盘时，先量一量电脑桌放置电脑键盘的长、宽、高是多少，再购买。

2. 鼠标的性能

（1）质量可靠。这是选择鼠标最重要的一点，无论它的功能有多强大、外形多漂亮，如果质量不好，那么一切都不用考虑了。一般名牌大厂的产品质量都比较好,但要注意也有假冒产品。识别假冒产品的方法很多,主要可以从外包装、鼠标的做工、序列号、内部电路板、芯片,甚至是一颗螺钉、按键的声音来分辨。

（2）接口。有线鼠标一般有两种接口,分别是 PS/2 口和 USB 口。USB 接口是如今的主流方向,但价格有些贵,如果对价格不在乎的话,可以考虑这种鼠标;同一种鼠标一般都有串口和 PS/2 两种接口,价格也基本相同,在这种情况下建议购买 PS/2 的鼠标,因为一般主板上都留有 PS/2 鼠标的接口位置,省了一个串口还可为今后主板升级做准备。

无线接口主要为红外线、蓝牙(Bluetooth)鼠标,无线套装比较多,但价格高,损耗也高(有线鼠标是无损耗的),若为了便捷可以考虑购买。

（3）手感好。手感在选购鼠标中也很重要,需要适合手形,握上去贴切。

键盘和鼠标是计算机中最基本的输入、控制装置,是我们使用最频繁的两样东西,所以在选购时一定要好好考虑。

（4）功能。标准鼠标:一般标准 3/5 键滚轮滑鼠。办公鼠标:标软、硬体上增加 Office/Web 相关功能或是快速键的滑鼠。游戏鼠标:专为游戏玩家设计,能承受较强烈操作,解析度范围较大,特殊游戏需求软硬件设计。

（三）键盘及鼠标的常用品牌

主流的键盘和鼠标一般都以套装进行售卖,常见的品牌有罗技(Logitech)、微软(Microsoft)、双飞燕、雷蛇(Razer)、雷柏(Rapoo)等。

相关知识

计算机是 20 世纪人类最伟大的发明之一。自 1946 年第一台电子计算机诞生以来,计算机科学日新月异地飞速发展,无疑已经使计算机成为 20 世纪发展最快的学科之一。尤其是微型计算机的出现和计算机网络的发展,使得计算机的应用渗透到社会的各个领域。

一、现代计算机

现代计算机也称为计算机或电子计算机,是指一种能够存储程序和数据、自动执行程序、快速而高效地完成对各种数字化信息处理的电子设备。

在计算机出现之前的计算器虽然也能进行加、减、乘、除等运算,但无存储程序或运算中间结果的能力,不能自动完成用户需要的数据处理工作。这正是计算机区别于计算器的地方。

计算机孕育于英国,诞生于美国。在现代计算机的发展过程中,最杰出的代表人物是英国的图灵和美籍匈牙利人冯·诺依曼。

图灵的主要贡献:一是建立了图灵机(Turing machine,TM)的理论模型,对数字计算机的一般结构、可实现性和局限性产生了意义深远的影响,奠定了计算理论的基础;二是提出了定义机器智能的图灵测试,奠定了"人工智能"的理论基础。因此,图灵被公认为计算机科学的奠基人。为纪念图灵的理论成就,美国计算机协会在 1966 年开始设立了"图灵奖",每年颁发给计算机学术界的领先研究人员,该奖项也号称"计算机业界和学术界的诺贝尔奖"。

另一位被称为"计算机之父"的冯·诺依曼,首先提出了在计算机内"存储程序"的概念,并使用单一处理部件来完成计算、存储及通信工作。冯·诺依曼和他的同事们研制了人类第二台计算机 EDVAC,对后来的计算机在体系结构和工作原理上具有重大影响。几十年来,无论计算机如何发展,其基本结构都没有改变,都属于冯·诺依曼计算机。有着"存储程序"的计算机成了现代计算机的重要标志。

二、电子计算机的问世及发展

美国于 1946 年 2 月 14 日正式通过验收名为 ENIAC（电子数字积分计算机的简称，英文全称为 electronic numerical integrator and calcula）的电子数值积分计算机，宣告了人类第一台电子计算机的诞生，如图 2 - 24 所示。这台计算机的功率为 150 kW，用了 18 000 多只电子管、10 000 多只电容器、70 000 只电阻、1 500 多个继电器，占地 160 m², 重达 30 t。

图 2 - 24　人类第一台电子计算机 ENIAC

虽然 ENIAC 仍存在着不能存储程序、使用的是十进制数且在机外用线路连接的方法来编排程序等严重缺陷，但是它使用了电子管和电子线路，大大地提高了运算速度，每秒可以完成 5 000 次加减运算。这在当时来说已是一件了不起的事情。所以，ENIAC 的问世具有划时代的意义，它宣告了计算机时代的到来。在其问世后的半个多世纪里，计算机技术以惊人的速度发展。在人类的科技史上，没有任何一个学科可以与它的发展速度相比拟。

人类第一台具有内部存储程序功能的计算机 EDVAC（离散变量自动电子计算机的简称，英文全称为 electronic discrete variable automatic computer）。是根据冯·诺依曼的构想制造成功的，并于 1952 年正式投入运行。EDVAC 采用了二进制编码和存储器，其硬件系统由运算器、逻辑控制装置、存储器、输入和输出设备五个部分组成。EDVAC 将指令存入计算机的存储器，省去了在机外编排程序的麻烦，保证了计算机能够按照事先存入的程序自动地进行运算。

人们根据电子计算机采用的主要物理元器件的不同，将电子计算机的发展分为四代。

（一）第一代电子计算机

第一代电子计算机出现的时间大约为 1946～1958 年，它的主要电子元件是电子管，因而第一代计算机也称为电子管计算机。

第一代电子计算机体积庞大、功耗大、运行速度低、可靠性差、造价高及软件编写困难等缺陷，使得用得起或会用计算机的人少得可怜。但是，第一代计算机所采用的基本技术和基本理论却为现代计算机技术的发展奠定了坚实的基础。第一代电子计算机的应用仅限于军事和科学研究领域。

（二）第二代电子计算机

第二代电子计算机出现的时间大约为 1959～1965 年，这是电子元件的晶体管时代，因而第二代计算机很自然地将晶体管作为逻辑电路元件。

第二代电子计算机与第一代电子计算机相比,体积缩小了,速度提高了,价格降低了,功能增强了,可靠性也大大提高了。软件的创新与改进,使计算机除了用于科学计算外还用于数据处理和事务处理。

（三）第三代电子计算机

第三代电子计算机出现的时间大约为 1965~1971 年,这是电子元件的集成电路时代,这一时代的计算机用集成电路作为主要电子逻辑元件,所以这一时代的计算机也称为集成电路计算机。此时的集成电路工艺可以在几平方毫米的单晶硅片上集成由十几个甚至上百个电子元件组成的逻辑电路。

第三代电子计算机的运算速度可达每秒几十万次,体积更小,价格低,软件逐渐完善,计算机向标准化、多样化、通用化、机种系列化发展。计算机开始被广泛应用于各个领域。

（四）第四代电子计算机

第四代电子计算机出现时间大约为 1971 年,这是电子元件的大规模集成电路时代,20 世纪 70 年代以来,计算机逻辑器件采用大规模集成电路 LSI(large scale integration)和超大规模集成电路 VLSI(very large scale integration)技术,在硅半导体上可集成 1 000~100 000 个以上的电子元件。

集成度较高的半导体代替了服役 20 多年之久的磁芯存储器。外存储器采用大容量的软、硬盘,并开始引入光盘。操作系统不断发展和完善,同时发展了数据库管理系统、通信软件等。计算机的发展进入了以计算机网络为特征的时代。计算机的运行速度可达几千万次/秒、几千亿次/秒,甚至几万亿次/秒。

在这一时期,计算机的主存储容量由几千字节到几百兆字节,外存储器的容量也由几百千字节到几十吉字节。这一时期计算机的类型除小型机、中型机、大型机外,开始向巨型机和微型机(PC 机)两个方向发展。

20 世纪 70 年代计算机发展中最重大的事件莫过于微型机的诞生和迅速普及。1971 年 Intel 公司制成了第一批微处理器 4004,这一芯片集成了 2 250 个晶体管组成的电路,其功能相当于 ENIAC,使得个人计算机(personal computer,PC)应运而生并迅猛发展。

目前的"奔腾"(Pentium)芯片集成了 7.2 亿多个晶体管,Pentium 4 每秒可执行 22 亿条指令,PC 的主存扩展到 1 GB 以上,一张普通光盘的容量可达 650 MB,50 倍速的光驱早已面市。随着计算机性能的不断提高,体积逐渐缩小,价格不断下降,计算机普及到寻常百姓家。

自 1995 年开始,计算机网络也逐步进入普通家庭。近 20 年来计算机出现了奇迹般的发展,特别是微型计算机以其排山倒海之势形成了当今科技发展的潮流。所以今天也有人把计算机的发展称为进入了计算机网络时代。

三、冯·诺依曼原理

在 ENIAC 研制的同时,美籍匈牙利数学家冯·诺依曼研制了 EDVAC 计算机,他提出了一个重要的设计思想,这个思想被后人称为冯·诺依曼原理。60 多年来,虽然现在的计算机系统从性能指标、运算速度、工作方式、体积、形状、价格和应用领域等方面与当时的计算机有天壤之别,但基本结构没有变,都属于冯·诺依曼计算机,其结构如图 2-25 所示。图中实线为数据流,虚线为控制流。

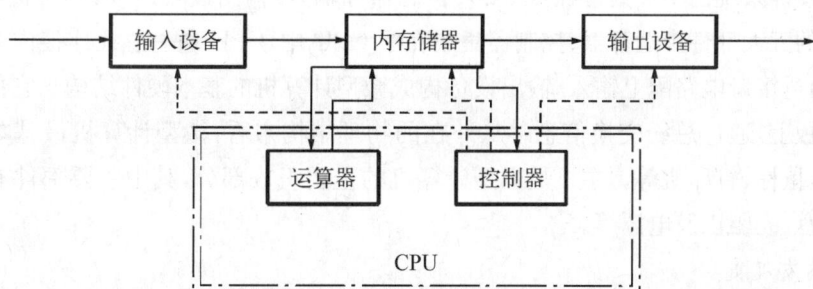

图 2-25 计算机的基本结构

冯·诺依曼原理表述如下：

（1）计算机由五个基本部分组成：运算器、控制器、存储器、输入设备和输出设备。

（2）采用存储程序的方式，程序和数据放在存储器中，存放的位置由地址确定。

（3）控制器根据存放在存储器中的指令序列（程序）进行工作，并由一个程序计数器控制指令的执行。控制器具有判断能力，能以计算结果为基础选择不同的工作流程。

冯·诺依曼原理的五个基本部分分别对应着不同的硬件，在下面"计算机系统的组成"里面进行了详细的介绍。其中运算器、控制器集成在了 CPU 中，而存储器分为了内存储器和外存储器，常见的输入设备有键盘、鼠标、扫描仪、数码相机等，输出设备有打印机、显示器等。

四、计算机系统的组成

计算机系统由硬件和软件两部分组成，它们共同决定计算机的工作能力。计算机的硬件不能独立工作，它必须运行相关的软件才能工作。计算机软件是指挥计算机自动运行的系统程序、相关的数据及文档。软件是管理和使用计算机的技术，起着充分发挥硬件功能的作用。计算机是通过软件驱动硬件工作的。

如果说计算机硬件的性能决定了计算机软件的运行速度、显示效果等，那么计算机软件则决定了计算机可进行的操作。因此，可以这样说，硬件是计算机系统的躯体，软件是计算机的头脑和灵魂，只有将两者有效地结合起来，计算机系统才能成为有生命、有活力的系统。计算机硬件和计算机软件既相互依存，又互为补充。

计算机系统的构成如图 2-26 所示。

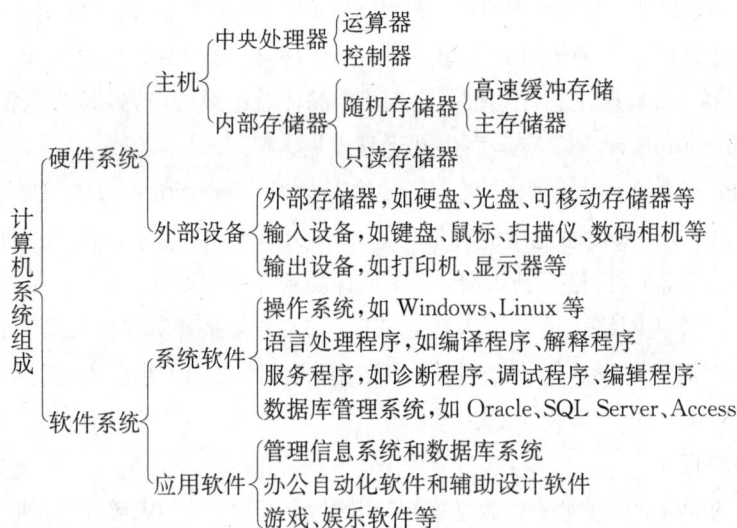

图 2-26　计算机系统的组成

五、微型计算机硬件系统

微型计算机硬件系统由中央处理器（CPU）、存储器和输入/输出设备组成，其中核心部件是 CPU。冯·诺依曼原理的五大部件中运算器、控制器集成在了 CPU 中，CPU 通过总线连接内存储器构成计算机的主机，主机通过接口电路配上输入/输出设备构成微型计算机的基本硬件结构。它们通常按照一定方式连接在主机板上，通过总线交换信息。从外在的物理结构来看，微型计算机最基本的部件包括主机、显示器、键盘、鼠标、打印机等。主机是微型计算机的主要组成部分，其中主要部件有主板、CPU、内存、接口板卡、硬盘、光驱以及电源等。

（一）CPU 的发展史

CPU 从诞生至今，经历了漫长的发展历程，下面将对其发展过程中的几个划时代的阶段进行简要说明。

1. 诞生

1971 年,Intel 公司推出了世界上第一只微处理器 4004,如图 2-27 所示。4004 在一块芯片上集成了 2 300 个晶体管,是 4 位的微处理器。4004 的诞生预示着微处理器时代的到来,在以后的几年里,Intel 又陆续设计出 8008 和 8080 等 8 位的微处理器,如图 2-28 所示。

图 2-27　Intel 4004

图 2-28　Intel 8080

2. 16 位处理器

1978 年 Intel 公司首次生产出 16 位的微处理器,并将其命名为 i8086,如图 2-29 所示。1979 年 Intel 公司推出了另一款 16 位微处理器 8088。1981 年 8088 芯片首次用于 IBM 研制的个人计算机中。

3. 32 位处理器

1985 年,Intel 公司生产出具有划时代意义的产品——80386,如图 2-30 所示。其内部与外部数据总线和地址总线均为 32 位,标志着 CPU 进入了 32 位时代,性能的提高也使计算机被应用到各种领域。

图 2-29　Intel i8086

图 2-30　Intel 80386

4. 64 位处理器

2003 年,AMD 公司生产出第一款 64 位处理器——Athlon64,它不仅支持 64 位代码,同时还提供了对 32 位和 16 位的兼容,CPU 的性能也得到了极大提升。

(二)国产 CPU

1. 龙芯

龙芯是中国科学院计算所自主研发的通用 CPU,采用 RISC 指令集,类似于 MIPS 指令集。龙芯 1 号的频率为 266 MHz,最早在 2002 年开始使用。龙芯 2 号的频率最高为 1 GHz。龙芯 3A 是首款国产商用 4 核处理器,其工作频率为 900 MHz～1 GHz。龙芯 3A 的峰值计算能力达到 16 GFLOPS。龙芯 3B 是首款国产商用 8 核处理器,主频达到 1 GHz,支持向量运算加速,峰值计算能力达到 128 GFLOPS,具有很高的性能功耗比。

随着十几年的发展和不断钻研,2015 年 3 月 31 日中国发射首枚使用"龙芯"的北斗卫星。2017 年,龙芯 3A3000/3B3000 系列处理器问世。四核 64 位处理器,1.35 GHz～1.5 GHz 的主频,虽然性能依然落后于国际厂商,但是已经在中国航天、歼 20 歼击机等高度依赖自主化平台的领域应用,也彻底打破了国外芯片处于技术垄断的地位。现最新的产品为龙芯 3B1500。龙芯 3B1500 是国产商用 32 纳米 8 核处理器,最高主频可达 1.5 GHz,支持向量运算加速,最高峰值计算能力达到 192 GFLOPS,具有很高的性能功耗比。龙芯 3B1500 主要用于高端桌面计算机、高性能计算机、高性能服务器、数字信号处理等领域,其性能如表 2-3 所示。

表 2-3　龙芯 3B1500 性能

主频	1.2 GHz～1.5 GHz
微体系结构	集成 8 个 64 位超标量处理器核,每个处理器核具有如下特点: 支持 MIPS64 指令集及龙芯扩展指令集; 9 级超流水线结构; 四发射乱序执行结构; 2 个定点单元、2 个浮点单元和 1 个访存单元; 每个浮点单元支持 256 位向量运算; 采用交叉开关进行核间互连; 通过 HT 接口进行片间可伸缩互连
高速缓存	64 KB 私有一级指令 cache 和数据 cache 128 KB 私有二级 cache 8 个处理器核共享 8 MB 的三级 cache
内存控制器	集成两个 72 位 DDR2/3 控制器,支持 ECC 校验
高速 I/O	集成两个 HyperTransport2.0 控制器
其他 I/O	集成 PCI 控制器以及 LPC、SPI、UART、GPIO 等 I/O 控制器
制造工艺	32 nm CMOS 工艺
封装	40 mm * 40 mm BGA 封装,1 121 个引脚,与龙芯 3A 功能引脚兼容,电源引脚部分有差异
功耗	30 W@1.2 GHz 典型工作模式; 40 W@1 GHz 向量工作模式

图 2-31　龙芯笔记本

由于架构的不同,龙芯始终无法直接兼容 Windows 系统,只能应用于跨平台的 Linux,因此在个人消费电子领域,我们或许很少见到龙芯的身影。龙芯在 2017 年 4 月举办了一场发布会,除了带来了前面说到的龙芯 3 号处理器之外,还有一台定位于个人的笔记本产品,如图 2-31 所示。

这是一台来自龙芯的概念机产品,使用了国产化的中标麒麟操作系统,内置了 WPS 办公软件。令人惊喜的是,这台笔记本和戴尔 XPS 有些相像的超窄边框设计。可见,完全国产化的消费类笔记本或许不再只是梦想。

龙芯芯片的研发成功在我国计算机发展史上具有里程碑式的意义，是我国研制自主知识产权的高性能通用CPU的典范之作，将为国家安全和国防事业发挥重大的、不可替代的作用。

首先，龙芯的研发成功增强了国人的自信心，向世界证明了中国人也可以自己做芯片。龙芯已经被写入九年制义务教育的教科书，记录了龙芯历史性贡献。另外，龙芯也被写入普通高等教育《大学计算机基础》教材，在教授计算机文化时，龙芯已经和Intel一样，成了授课内容。

其次，龙芯对于国家安全保障的作用也得到了充分体现。龙芯开始进行产业化伊始，就是面向国家的信息安全需要，这也是龙芯最根本的使命。目前，龙芯在安全领域的应用已经全面展开。

再次，龙芯对整个信息产业起着支撑作用。通用CPU就好比工业的钢铁、石油。没有钢铁和石油，工业就谈不上存在。信息产业也一样——没有自主的CPU，就谈不上信息产业体系。但是，CPU与钢铁、石油不同之处，在于它的创新性要求很强。而且，CPU是一个很庞大的体系。另外，CPU非常依赖产业内的"生态环境"，同时又可以控制这个"生态环境"。如今，我国80%的信息产业都是建立在他人的芯片平台基础上的，而龙芯的诞生，特别是龙芯正在进行的规模产业化的建设，将为我国自主可控的信息产业发展起到强有力的支撑作用。

2. 兆芯

不同于龙芯的上海兆芯集成电路有限公司，曾用短短四年的时间，研发出了我国第一块可通用的X86架构处理器，根据公开资料显示，兆芯开先KX-5000系列处理器在架构、核心方面都是自主研发，并且也是国内首款支持双通道DDR4内存的CPU。图2-32为兆芯处理器序列展示。

图 2-32　兆芯的处理器序列

虽说X86架构被国外垄断，兆芯的X86架构又是哪里来的？这就不得不提及曾经可以和AMD、Intel同台竞争的台湾威盛VIA。威盛作为世界第三大X86处理器厂商，为兆芯提供了X86架构的专利。

虽然存在技术授权，但是兆芯的问世，意味着这块CPU从里到外，核心技术都可以在我们国人手中，安全可控。也可以与国际上其他厂商同台竞争，虽然性能相对较低，但是应用于办公领域却绰绰有余。

兆芯开先KX-5000处理器采用了目前比较成熟稳定的28 nm制造工艺，主频最高可达2.4 GHz，并且据报道称，这款处理器的性能已经接近7代i3处理器的水准，不得不说这是国内自主研发处理器的一个质的跨越。

由于兆芯处理器单芯片集成了CPU、GPU、高清视频解码器、内存控制器、PCIE及其他高速数据接口，并且采用国际流行的SoC设计，因此具有高度集成化的特点，也就具备与国际上其他同类产品展开竞争实力，或许在不久的将来，我们的笔记本或者台式机上，很可能就会使用到兆芯的处理器。

毕竟,中央处理器不仅是电脑最为关键的核心元器件,也是整机中价值和利润最高的部分。而目前整个市场却几乎都是 Intel 和 AMD 的天下,我国每年在 CPU 相关产品的进口费用高达 550 亿～600 亿美元。如今,这个市场裂口正在逐渐被打开。

不管是从里到外都拥有自主知识产权的龙芯也好,还是研发了国内首款 X86 架构的兆芯也好,都代表了我国在与国际半导体厂商市场竞争上,逐渐有了筹码,不会再让我们因为这么一块"芯"而受制于他人。

(三) 存储器

存储器是用来存放程序和数据的部件,其容量大小、存取数据速度的快慢将直接影响微型计算机系统性能的高低。存储器分为许多小的单元,称为存储单元。每个存储单元可存放 8 位二进制数,一个二进制位可存放一个 0 或 1。通常,向存储器存入数据,称为"写";从存储器中取出数据,称为"读"。"读""写"时一般以字节为单位。

存储器分为内存储器和外存储器。内存一般采用半导体存储单元,包括随机存储器(RAM)、只读存储器(ROM)及高速缓存(CACHE)。外存即外存储器,是指除计算机内存及 CPU 缓存以外的储存器,此类储存器一般断电后仍然能保存数据。常见的外存储器有硬盘、光盘、U 盘等。

1. RAM

RAM 表示随机存储器(random access memory),既可以从中读取数据,也可以写入数据。RAM 用来存放正在运行的程序和数据,当机器电源关闭时,存于其中的数据就会丢失。我们通常购买或升级的内存条就是用作计算机的内存,内存条就是将 RAM 集成块集中在一起的一小块电路板,它插在计算机中的内存插槽上,以减少 RAM 集成块占用的空间,如图 2-33 所示。

图 2-33　内存条

2. ROM

ROM 表示只读存储器(read only memory),在制造 ROM 的时候,信息(数据或程序)被存入并永久保存。这些信息只能读出,即使机器停电,数据也不会丢失。ROM 一般用于存放计算机的基本程序和数据,如 BIOS ROM。

3. 硬盘

硬盘是电脑主要的存储媒介之一,由一个或者多个铝制或者玻璃制的碟片组成。碟片外覆盖有铁磁性材料。

硬盘有固态硬盘(SSD 盘,新式硬盘内有 sata 固态、m.2 固态、pci-e 固态,而 m.2 固态又有 nvme 的 m.2 和 sata 的 m.2)、机械硬盘(HDD 传统硬盘内有 32 寸、64 寸的,还有 4 300 转和 7 200 转)、混合硬盘(HHD 一块基于传统机械硬盘诞生出来的新硬盘)。SSD 采用闪存颗粒来存储,HDD 采用磁性碟片来存储,混合硬盘(HHD: hybrid hard disk)是把磁性硬盘和闪存集成到一起的一种硬盘。绝大多数硬盘都是固定硬盘,被永久性地密封固定在硬盘驱动器中。

4. 光盘

光盘以光信息作为存储物的载体,用来存储数据的一种物品。根据其制造材料和记录信息方式的不同,光盘一般分为三类:只读光盘、一次性写入光盘和可重写光盘。

只读光盘(CD-ROM)是目前应用最广泛的一种光盘,如图2-34所示。它是生产厂家在制造的时候根据用户的需求将信息写入到盘上,信息一旦被写入就永久不变。用户只能通过光盘驱动器读出信息,光盘驱动器是光盘的配套使用设备。衡量光盘驱动器数据传输速率的一个重要指标称为倍速,1倍速的数据传输速率是150 KB/s,40倍速CD-ROM的数据传输速率为6 MB/s。CD-ROM的标准存储容量为650 MB。

图2-34　CD-ROM光盘

一次性写入光盘(CD-R)可以由用户写入信息,但只能写一次,写入信息的时候需用专用的刻录机。

可重写光盘(CD-RW)可以由用户自己多次进行信息的擦写和写入操作,就像使用磁盘一样反复使用。

DVD是CD的后继产品,DVD盘片的尺寸与CD盘片完全一致,集计算机技术、光学记录技术和影视技术等为一体,是数字多用途的光盘,满足了人们对大存储容量、高性能的存储媒体的需求。一般一张DVD存储4.7 GB数据。

图2-35　U盘

蓝光光碟(blu-ray disc,BD)是DVD之后的下一代光盘格式之一,用以存储高品质的影音及高容量的数据存储。蓝光光碟的命名是由于其采用波长405 nm的蓝色激光光束来进行读写操作(DVD采用650 nm波长的红光读写器,CD则是采用780 nm波长)。一个单层的蓝光光碟的容量为25 GB或是27 GB,足够存储一个长达4小时的高解析影片。

5. U盘

U盘也叫闪存,是一种新型的随身型移动存储设备。它通过USB接口与计算机交换数据,支持即插即用,如图2-35所示。目前,U盘容量以8 GB、16 GB、32 GB、64 GB为主,呈现向大容量存储发展的趋势。

(四)输入设备

输入设备是向计算机输入程序、数据和命令的部件。常见的输入设备有键盘、鼠标、扫描仪、摄像头、数码相机等。

1. 键盘

键盘是计算机所配置的标准的输入设备。它可以将英文字母、汉字、数字符号等输入到计算机中,从而向计算机输入数据、文本、程序和命令。键盘通过其连线插入主板上的键盘接口与主机相连,如图2-36所示。根据构造不同,键盘可以分为薄膜键盘、机械键盘和静电容式键盘三类。

2. 鼠标

鼠标也是一种常见的输入设备,是计算机显示系统纵横坐标定位的指示器,因形似老鼠而得名"鼠标"。

鼠标是1964年由加州大学伯克利分校道格拉斯·恩格尔巴特(Douglas Engelbart)博士发明的,当时道格拉斯·恩格尔巴特在斯坦福研究所(SRI)工作,该研究所是斯坦福大学赞助的一个机构,道格拉斯·恩格尔巴特很早就在考虑如何使电脑的操作更加简便,用什么手段来取代由键盘输入的烦琐指令。

鼠标按其内部构造分为机械鼠标、光电鼠标、激光鼠标,按其接口分为PS/2鼠标、USB鼠标,如图2-37和图2-38所示。

图 2-36　键盘　　　　图 2-37　PS/2 鼠标　　　图 2-38　USB 鼠标

3. 扫描仪

扫描仪是一种捕捉图像并将其转化为计算机可以显示、编辑、储存和输出格式的数字化输入设备。常见的扫描仪有平板式扫描仪、手持式扫描仪,分别如图 2-39 和图 2-40 所示。

图 2-39　平板式扫描仪　　　图 2-40　手持式扫描仪　　　图 2-41　摄像头

4. 摄像头

摄像头又称为电脑相机、电脑眼、电子眼等,是一种视频输入设备,被广泛地运用于视频会议、远程医疗及实时监控等方面,如图 2-41 所示。人们也可以彼此通过摄像头在网络进行有影像、有声音的交谈和沟通。另外,人们还可以将其用于当前各种流行的数码影像、影音处理。

5. 数码相机

数码相机是以数字形式存取图像的相机,如图 2-42 所示。利用数码相机可以较便捷地将外面的图片或景色放入计算机中进行永久保存,数码相机和光学相机在原理上的最大区别是:数码相机输出的图像是数字的,光学相机输出的图像是模拟的;数码相机用电荷耦合器件成像,存储在半导体器件上,光学相机用卤化银胶片感光成像。

6. 数码摄像机

数码摄像机(digital video,DV)如图 2-43 所示,其英文命名译成中文就是"数字视频"的意思,它是由索尼、松下、胜利、夏普、东芝和佳能等多家著名公司联合制定的一种数码视频格式。在绝大多数场合 DV 代表数码摄像机。

图 2-42　数码相机　　　　　　　图 2-43　数码摄像机

（五）输出设备

输出设备是指将计算机运算或处理后所得到的结果，以字符、数字、图形等人们能够识别的形式输出的设备。常见的输出设备有显示器、打印机、投影仪、绘图仪等。

1. 显示器

显示器是计算机最主要的输出设备，可以显示键盘输入的命令和数据，也可以将计算结果以字符、图形或图像的形式显示出来。显示器分为液晶（LCD）显示器和阴极射线管（CRT）显示器，分别如图 2-44 和图 2-45 所示。

图 2-44　液晶显示器　　　　　图 2-45　阴极射线管显示器

2. 打印机

打印机是一种常用的办公输出设备，通过它可以将计算机处理的文件、数据和图片打印出来。打印机按工作方式可分为三种类型，即针式打印机、喷墨打印机和激光打印机。

针式打印机是早期的机械式打印机，打印噪声大，现在一般只用来打印凭证或单据，如图 2-46 所示。

喷墨打印机比针式打印机速度快，噪声小，价格相对激光打印机要便宜，但其打印速度相比激光打印机慢许多，目前已逐渐被激光打印机取代，如图 2-47 所示。

图 2-46　针式打印机　　　　　图 2-47　喷墨打印机

激光打印机是目前应用最广泛的打印机，打印的速度快且噪声小，耗材便宜，如图 2-48 所示。

3. 声卡

声卡是多媒体技术中最基本的组成部分，是实现声波/数字信号相互转换的一种硬件。声卡的基本功能是把来自话筒、磁带、光盘的原始声音信号加以转换,输出到耳机、扬声器、扩音机、录音机等声响设备,或通过音乐设备数字接口(MIDI)使乐器发出美妙的声音。目前绝大部分的主板都集成了声卡,不需要再单独购买一块外置声卡了。

4. 音箱

音箱是可将音频信号变换为声音的一种设备,如图2-49所示。通俗地讲,音箱就是指音箱主机箱体或低音炮箱体内自带功率放大器,对音频信号进行放大处理后由音箱本身回放出声音,使其声音变大。

图 2-48   激光打印机   图 2-49   音箱

一般立体声音箱分为主音箱和副音箱,主音箱的背后有电源线、音箱开关和连接主机箱上的声卡插孔。根据声道数的不同,其副音箱的个数也不同,当然,副音箱越多,其后面的连接插孔也越多。

🔧 任务总结

通过本任务,应该了解计算机主要硬件组成部件及其主要性能指标,能够根据实际需要选购适合的计算机部件。选购计算机部件时应该注意以下两点。

(1) 主板与CPU的搭配。在选购主板与CPU时,要注意两者搭配。一般先选CPU,再选主板。主板CPU插槽类型要与CPU接口类型一致。

(2) CPU与内存的搭配。在配置计算机的过程中,CPU和内存的速率要相互匹配,否则将严重影响计算机的性能。内存主频要与CPU和主板支持的内存频率一致。

总之,硬件选配的顺序一般是先选定CPU,再根据CPU选主板,通过CPU及主板决定选购内存,其他硬件的选购基本上是通过预算来决定。总之,实用才是最根本的原则。

任 务 二   组 装 计 算 机

🖥 任务描述

在任务一中我们已经认识并了解了计算机的各个部件及其功能,接下来我们需要按照规范将这些部件组装到一起,完成计算机硬件的组装,并为安装操作系统和应用软件打好基础。

📐 任务目标

● 了解组装计算机所需的准备工作;

● 能规范组装一台计算机;

● 了解组装计算机中的注意事项。

任务实现

一、任务准备

在组装计算机前,我们必须先做好准备工作,主要有以下三点:

（一）装机配件

装机所需的配件:CPU、内存、硬盘、主板、显卡、光驱、机箱、电源、鼠标、键盘、显示器、连线、螺钉、导热硅脂。

（二）装机工具

1. 十字形螺丝刀

组装计算机时所使用的螺丝钉(也称为螺丝、螺钉)都是十字形的,准备好带磁性的螺丝刀,方便吸取螺丝钉。

2. 尖嘴钳子

尖嘴钳子可以用来折断一些材质较硬的机箱后面的挡板,也可以用来夹一些细小的螺丝钉、螺帽、跳线帽等小零件。

（三）注意事项

1. 防静电

组装计算机的配件比较娇贵,人体带的静电会对它们造成很大的伤害,如内部短路、损坏。在组装计算机之前,应该用手触摸一下良好接地的导体,把人体自带的静电导出,或是戴上绝缘手套进行安装。

2. 防潮湿

在装机时严禁液体进入计算机内部的板卡上,因为这些液体很有可能造成短路而导致器件损坏。

3. 勿用力过猛

在组装计算机时一定要防止粗暴的动作。计算机配件的许多接口都具有防插反的防呆式设计,如果安装位置不到位,再加上用力过猛,就有可能引起配件的折断或变形。

二、安装步骤

组装计算机时最好事先制定一个组装流程,使自己明确每一步的工作,从而提高组装的效率。组装一台计算机的流程不是唯一的,图2-50所示为常见的组装步骤。

（一）安装CPU和CPU风扇

（1）打开主板包装,取出主板,放在一块绝缘泡沫或海绵垫上。

（2）将主板上CPU插座旁的固定拉杆拉起,如图2-51所示。

（3）将处理器的盖子提起,如图2-52所示。

（4）将CPU的缺口对准CPU插座的缺口后缓慢地插入,确认CPU完全插入插座之后把固定拉杆压下,如图2-53所示。

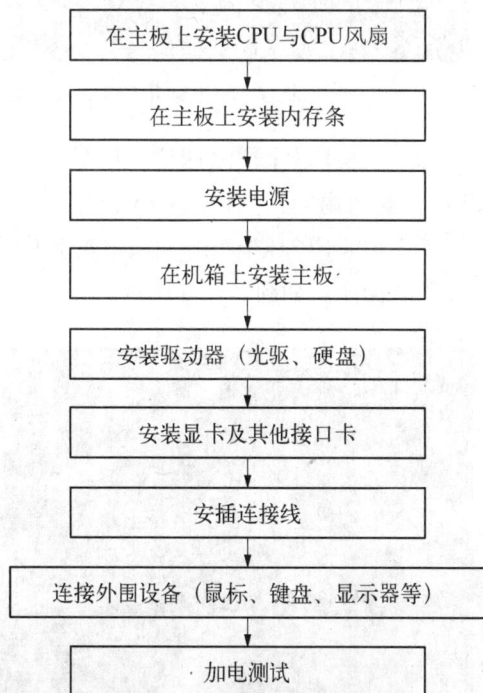

在主板上安装CPU与CPU风扇
↓
在主板上安装内存条
↓
安装电源
↓
在机箱上安装主板
↓
安装驱动器（光驱、硬盘）
↓
安装显卡及其他接口卡
↓
安插连接线
↓
连接外围设备（鼠标、键盘、显示器等）
↓
加电测试

图2-50　常见的装机步骤

图 2-51　拉起拉杆

图 2-52　提起盖子

图 2-53　安装 CPU

图 2-54　安装 CPU 风扇

（5）在 CPU 上面涂抹适量的硅胶，将 CPU 散热风扇放在 CPU 表面，确认和 CPU 接触良好，将 CPU 散热风扇的扣具扣在 CPU 的插座上面，如图 2-54 所示。

（6）将 CPU 风扇电源插入主板上 CPU 风扇的电源插座，其位置非常好找，一般主板上都有"CPU FAN"的标注。如图 2-55 所示。

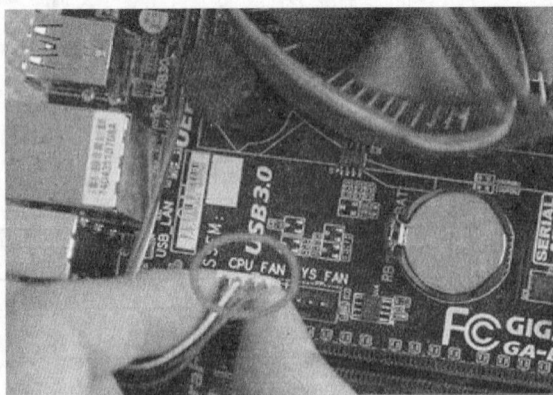

图 2-55　连接 CPU 风扇电源线

图 2-56　内存插槽

（二）安装内存条

在内存成为影响系统整体性能的最大瓶颈时，双通道的内存设计大大解决了这一问题。提供 Intel

64 位处理器支持的主板目前均提供双通道功能,因此建议大家在选购内存时尽量选择两根同规格的内存来搭建双通道。主板上的内存插槽一般都采用两种不同的颜色来区分双通道与单通道。如图 2-56 所示,将两条规格相同的内存条插入到相同颜色的插槽中,即打开了双通道功能。

（1）将需要安装内存条的内存插槽两侧的扣具往外侧扳动,打开扣具。

（2）将内存条下边金手指部分的缺口对准内存插槽内的凸起部分。

（3）均匀用力向下压,使插槽两侧的锁扣紧扣住内存条,如图 2-57 所示。

图 2-57　安装内存条

（三）安装电源

（1）将电源置入机箱内,放在机箱固定架上,如图 2-58 所示。

（2）依次使用 4 个螺钉将电源固定在机箱的后面板上,注意第一次不要拧得太紧,等螺钉全部按上后再将 4 个螺钉依次拧紧。

（四）安装主板

目前,大部分主板板型为 ATX 或 MATX 结构,因此机箱的设计一般都符合这种标准。

（1）将机箱提供的主板垫脚螺母安放到机箱主板托架的对应位置（有些机箱购买时就已经安装）,如图 2-59 所示。

图 2-58　把电源放在机箱固定架上

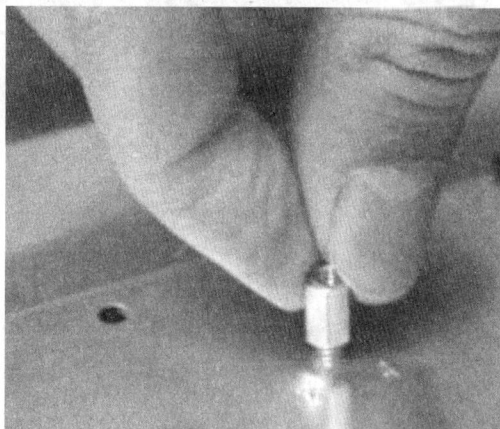

图 2-59　将螺母安装到机箱相应位置

（2）双手托住主板,将主板放入机箱中。

（3）将主板上的键盘口、鼠标口、串并口等和机箱背面挡片的孔对齐,确保主板安放到位,如图 2-60 所示。

（4）使所有螺钉对准主板的固定孔,依次将螺钉安装好,如图 2-61 所示。在装螺钉时,注意每颗螺钉不要一次性拧紧,等全部螺钉安装到位后,再将其依次拧紧,这样做的好处是随时可以对主板的位置进行调整。

（五）安装硬盘

将硬盘放入机箱的硬盘托架上,拧紧螺钉使其固定即可,如图 2-62 所示。

（六）安装光驱

（1）拆除机箱正面的光驱外置挡板,如图 2-63 所示。

（2）将光驱由外向内放入到机箱内,并拧紧机箱两侧螺钉将其固定。

图 2－60　将主板接口与机箱背部挡板相应孔对齐

图 2－61　拧紧螺钉

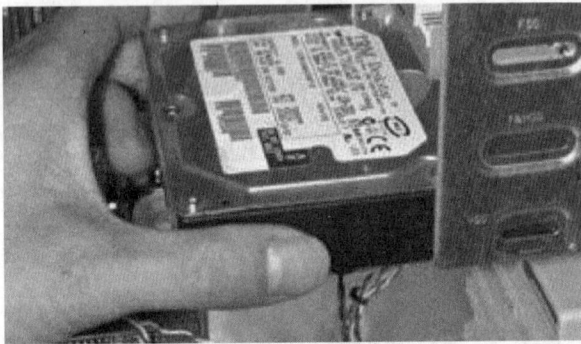

图 2－62　将硬盘装进机箱

图 2－63　拆除机箱光驱挡板

（七）安装显卡

目前，PCI－E 显卡已经成为市场的主力军，市场上 AGP 基本上见不到了，因此在选择显卡时 PCI－E 绝对是必选产品。图 2－64 所示为主板上的 PCI－E 插槽。

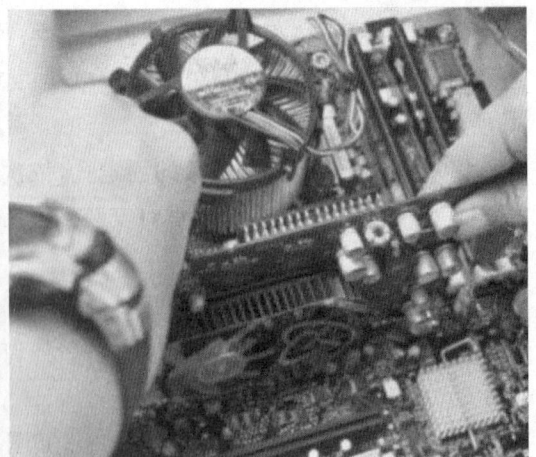

用手轻握显卡两端，垂直对准主板上的显卡插槽，向下轻压到位后，再用螺钉固定即完成了显卡的安装，如图 2－65 所示。

图 2－64　主板上的 PCI－E 插槽

图 2－65　安装显卡

（八）安插连接线

1. 连接主板电源线

连接主板电源线时，要在捏住电源插头上的塑料卡后，将电源插头上的塑料卡对准电源插座上的凸起，然后平稳地下压电源插头，当听见"咔"的声音时，说明电源插头已经安装到位，如图 2-66 所示。

2. 连接 CPU 电源线

为了给 CPU 提供更强更稳定的电压，目前主板上均提供一个给 CPU 单独供电的接口（有 4 针、6 针和 8 针三种），如图 2-67 所示。

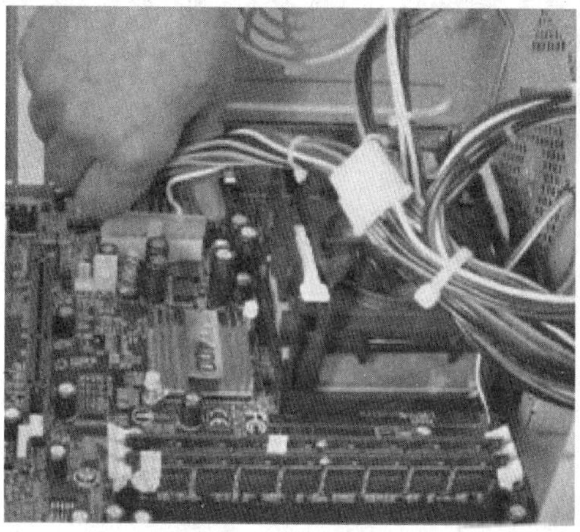

图 2-66　连接主板电源线

图 2-67　主板上的 CPU 供电接口

电源上给 CPU 供电的线也有 4 针、6 针、8 针三种，如图 2-68 所示，选择与主板搭配的 CPU 电源线，将其插入主板 CPU 电源接口，如图 2-69 所示。

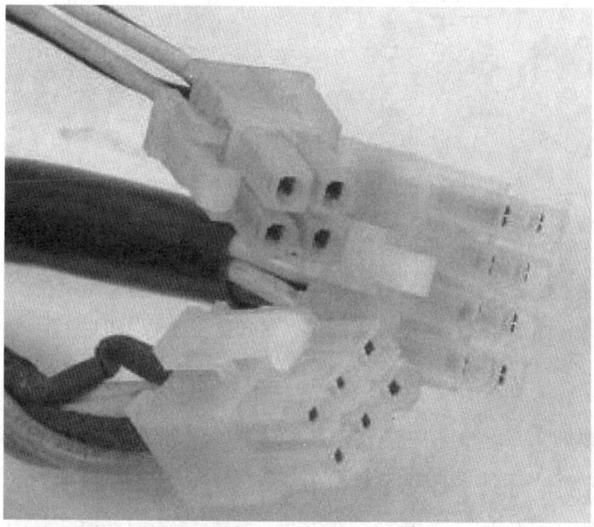

图 2-68　电源上给 CPU 供电的 4 针、6 针、8 针接口

图 2-69　连接 CPU 电源线

3. 连接硬盘电源线和数据线

图 2-70 所示是一块 SATA 硬盘，右边红色的为数据线，黑黄红交叉的是电源线，安装时将其按入即可。将 SATA 数据线的另一端连接至主板 SATA 接口，如图 2-71 所示。接口全部采用防呆式设计，避免反方向插入。

图 2-70 连接硬盘电源线与数据线

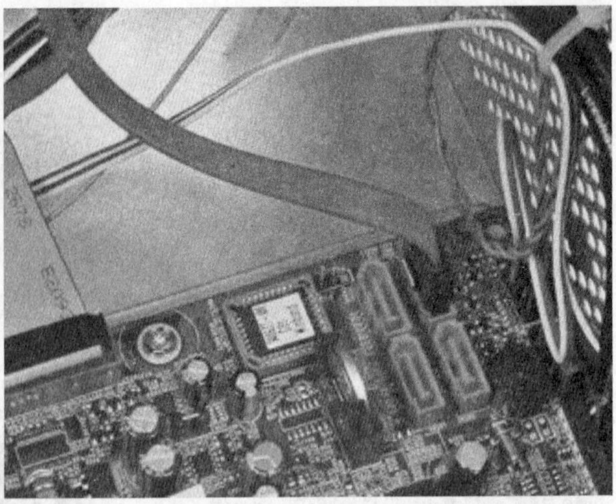

图 2-71 连接硬盘数据线另一端至主板 SATA 接口

4. 连接光驱电源线和数据线

图 2-72 所示是 IDE 数据接口和普通四针梯形供电接口的光驱,目前,新型的光驱多采用 SATA 接口,安装方法和 SATA 硬盘相同。

光驱数据线安装,均采用防呆式设计,安装数据线时可以看到 IDE 数据线的一侧有一条蓝或红色的线,这条线位于电源接口一侧,安装时将其按入即可,如图 2-72 所示。将 IDE 数据线的另一端连接至主板 IDE 接口,如图 2-73 所示。

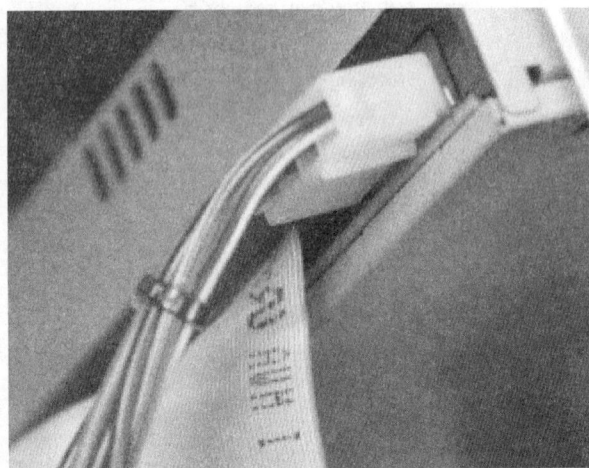

图 2-72 连接光驱电源线和数据线

图 2-73 连接光驱数据线另一端至主板 IDE 接口

5. 安装前置面板线

机箱内的引出线如图 2-74 所示(包括 PC 喇叭信号线 SPEAKER、机箱电源指示灯信号线 POWER LED、电源开关信号线 POWER SW、复位启动信号线 RESET SW 和硬盘指示灯信号线 H. D. D. LED、前置 USB 接口线等),把这些引出线连接到主板的相应位置上,如图 2-75 所示。不同的主板这些线的位置也不尽相同,我们在安装时要参照主板说明书。

至此,机箱内的设备已经安装完毕,将电缆线整理一下,然后把机箱盖上,用螺钉拧紧即可。

(九) 连接主机与外设

主机安装完成以后,还要把键盘、鼠标、显示器、音箱等外设同主机连接起来,具体操作步骤如下。

图 2-74 机箱信号线

图 2-75 连接信号线至主板

（1）将键盘插头接到主机的 PS/2 插孔上,注意接键盘的 PS/2 插孔是靠向主机箱边缘的那一个插孔,紫色的,如图 2-76 所示。

（2）将鼠标插头接到主机的 PS/2 插孔中,鼠标的 PS/2 插孔紧靠在键盘插孔旁边,绿色的。如果是 USB 接口的键盘或鼠标,则更容易连接了,只需把该连接口对着机箱中相对应的 USB 接口插进去即可,如果方向反了则无法插进去,如图 2-77 所示。

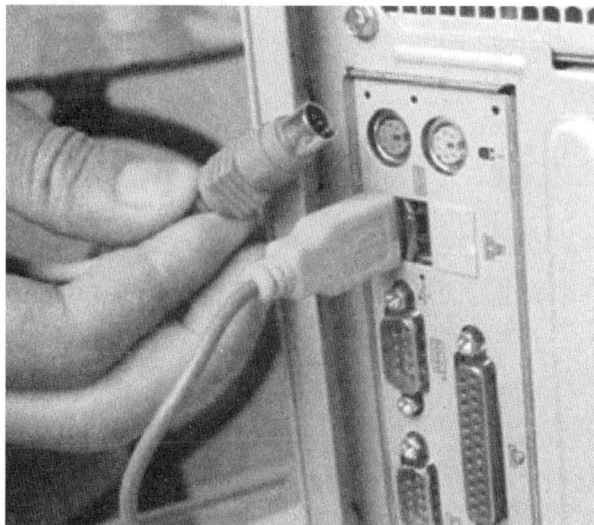

图 2-76 连接键盘

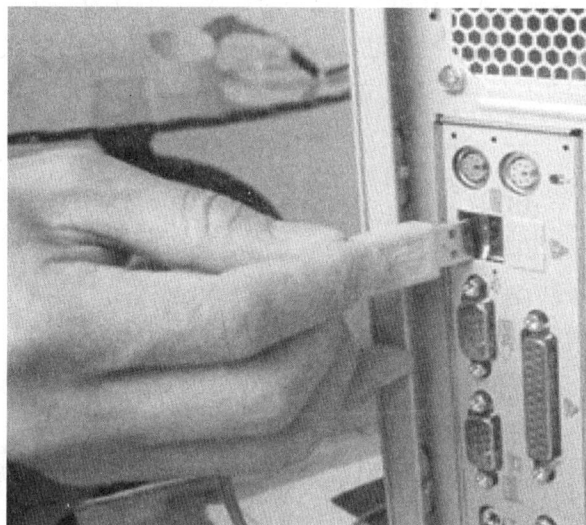

图 2-77 连接鼠标

（3）连接显示器的数据线,信号线的接法也有方向,接的时候要和插孔的方向保持一致,如图 2-78 所示。

注意：在连接显示器的信号线时不要用力过猛,以免弄坏插头中的针脚,只要把信号线插头轻轻插入显卡的插座中,然后拧紧插头上的两颗固定螺栓即可。

（4）连接显示器的电源线。根据显示器的不同,有的将电源连接到主板电源上,有的则直接连接到电源插座上。

（5）连接主机的电源线,如图 2-79 所示。

另外,还有音箱的连接,该连接有两种情况。通常有源音箱接在"LOUT"口上,无源音箱则接在"SPK"口上。

现在,所有的设备都已经安装好了,可以启动计算机了。启动计算机后,可以听到 CPU 风扇和主机

图 2 - 78　连接显示器 　　　　　　　　　图 2 - 79　连接电源线

电源风扇转动的声音,还有硬盘启动时发出的声音。显示器开始出现开机画面,并且进行自检。

三、加电测试

计算机组装完成后,接上电源,启动计算机对硬件进行调试。加电后,计算机会进行加电自检,如果听到"滴"的一声,说明计算机一切正常。我们可以进行下一步工作了。如果计算机启动后没有任何反应,说明我们在组装过程中有错误,这时就需要我们打开机箱,对硬件的组装重新检查,看是否有插错的地方、是否有些硬件没有安装到正确的位置等。经过一番仔细检查后,再次加电,如果听到"滴"的一声,说明计算机安装正确。

相关知识

在组装计算机的时候难免会遇见硬件故障。硬件故障最直接有效的方法就是替换法,如不具备此条件,就只能多从几个侧面去分析,多做几个检查步骤来缩小范围。找出问题后解决的方法很多,可更换或自己维修。

故障一

故障现象:打开电源,按下开机按钮后,电脑无任何动静。

故障分析:此时电源应向主板和各硬件供电,无任何动静说明是供电部分出了问题(包括主板电源部分)。

故障排除:

(1) 市电电源问题,请检查电源插座是否正常,电源线是否正常。

(2) 机箱电源问题,请检查是否有 5 伏待机电压,主板与电源之间的连线是否松动,如果不会测量电压可以找个电源替换一下试试。

(3) 主板问题,如果上述两个都没有问题,那么主板故障的可能性就比较大。首先检查主板和开机按钮的连线有无松动,开关是否正常。可以将开关用电线短接一下试试。如不行,只有更换一块主板尝试下(注意:应尽量找型号相同或同一芯片组的板子,因为别的主板可能不支持你的 CPU 和内存)。

故障二

故障现象:按下开机按钮,风扇转动,但显示器无图像,电脑无法进入正常工作状态。

故障分析:风扇转动说明电源已开始供电,显示器无图像,电脑无法进入正常工作状态,说明电脑未通过系统自检,主板 BIOS 设定还没输出到显示器,故障应出在主板,显卡和内存上。但有时劣质电源和显示器损坏也会引起此故障。

故障排除：

如果有报警声，说明自检出了问题。报警声是由主板上的 BIOS 设定的。BIOS 主要有两种，分别为 AMI 和 AWARD。大多数主板都是采用 AWARD 的 BIOS，具体故障问题如下表 2-4 所示。

表 2-4　BIOS 故障问题表

BIOS 分类	故障现象	故障问题
AWARD	长声不断响	内存条问题。检测不到内存；没有内存或接触不良
	一短	系统正常启动
	两短	CMOS 设置错误，需重新设置
	一长一短	内存或主板错误
	一长两短	显示器或显卡错误
	一长三短	键盘控制器错误
	一长九短	主板 BIOS 的 FLASH RAM 或 EPROM 错误
AMI	一短	内存刷新故障
	两短	内存 ECC 校验错误
	三短	系统基本内存检查失败
	四短	系统时钟出错
	五短	CPU 出现错误
	六短	键盘控制器错误
	七短	系统实模式错误
	八短	显示内存错误
	九短	BIOS 芯片检验错误
	一长三短	内存错误
	一长八短	显示器数据线或显卡未插好

如果没有报警声，可能是喇叭坏了，请按下列步骤进行检查：

（1）检查内存，将内存条取出用橡皮将插脚擦干净，换个插槽插实后试机。如果有两根以上的内存共用的，请只用一根内存条试机。

（2）检查显卡，检查显卡是否插实，取出后用橡皮将插脚擦干净安装到位后再试机。然后将显卡与显示器连线拔掉再试机，看是否进入下一步自检。如有可能更换一个显卡试试。

（3）检查主板，首先将主板取出放在一个绝缘的平面上（如书或玻璃），因为有时机箱变形会造成主板插槽与板卡接触不良。检查主板各插槽是否有异物，插齿有没有氧化变色，如果你发现其中的一两个插齿和其他的插齿颜色不一样，那肯定是氧化或灰尘所致，请用小刀将插齿表面刮出本色，再插上板卡后试机。然后检查主板和按钮之间的连线是否正常，特别是热启动按钮。最后，用放电法将 BIOS 重置试试。方法是将主板上的纽扣电池取下来，等五分钟后再装上，或直接将电池反装上两秒钟再重新装好，然后试机看是否正常。如果有条件可以更换一块主板试试。

（4）检查 CPU，如果是 CPU 超频引起的故障，那么将 BIOS 重置应该会解决这个问题，如果没超频那么检查风扇是否正常，实在不行更换 CPU 试一下。

（5）电源不好也会出现这种现象，有条件更换电源试试。

（6）如果上述方法仍无法解决问题，请将除 CPU、主板、电源、内存、显卡之外的硬件全部拔下，然后试机看是否正常。如果正常，在排除电源和主板出现问题的可能性之后，用下面故障四的方法解决。如果试机不正常，那么将这几个元件分别更换试试。

故障三

故障现象：开机后，显示器无图像，但机器读硬盘，通过声音判断，机器已进入操作系统。

故障分析：这一现象说明主机正常，问题出在显示器和显卡上。

故障排除：检查显示器和显卡的连线是否正常，接头是否正常。如有条件，更换显卡和显示器试试。

故障四

故障现象：开机后已显示显卡和主板信息，但自检过程进行到某一硬件时停止。

故障分析：显示主板和显卡信息说明内部自检已通过，主板、CPU、内存、显卡、显示器应该都已正常（但主板 BIOS 设置不当，内存质量差，电源不稳定也会造成这种现象）。问题出在其他硬件的可能性比较大（一般来说，硬件坏了 BIOS 自检只是找不到，但还可以进行下一设备自检，如果是因为硬件的原因停止自检，说明故障比较严重，硬件线路可能出了问题）。

故障排除：

（1）解决主板 BIOS 设置不当可以用放电法，或进入 BIOS 修改，或重置为出厂设置（查阅主板说明书就会找到操作步骤）。关于修改 BIOS 方面有一点要注意，BIOS 设置中，键盘和鼠标报警项如设置为出现故障就停止自检，那么键盘和鼠标坏了就会出现这种现象。

（2）如果能看懂自检过程，那么一般来说，BIOS 自检到某个硬件时停止工作，那么这个硬件出故障的可能性较大，可以将这个硬件的电源线和信号线拔下来，开机看是否能进入下一步自检，如可以，那么就是这个硬件的问题。

（3）如果看不懂自检过程，请将软驱、硬盘、光驱的电源线和信号线全部拔下来，将声卡、调制解调器、网卡等板卡全部拔下（显卡内存除外）。将打印机、扫描仪等外置设备全部断开，然后按硬盘、软驱、光驱、板卡、外置设备的顺序重新安装，安装好一个硬件就开机试，当接至某一硬件出问题时，就可判定是这一硬件引起的故障。

故障五

故障现象：通过自检，但无法进入操作系统。

故障分析：这种现象说明是找不到引导文件，如果不是硬盘出了问题那就是操作系统坏了。

故障排除：

（1）检查系统自检时是否找到硬盘，如看不懂自检可以用启动盘重试，放入带光碟启动功能的光盘或启动软盘，将 BIOS 内设置改为由光驱（软驱）引导。重新开机进入 A 盘后，输入"C："回车。

（2）如能进入 C 盘，说明操作系统出问题，重新安装操作系统。

（3）如不能进入 C 盘，说明硬盘或者分区表损坏。用分区软件判断是否可以分区，如不可以分区则说明硬盘坏了，反之是分区表损坏。重新分区可以解决故障。

故障六

故障现象：进入操作系统后不久便死机。

故障分析：进入操作系统后死机的原因很多，这里只探讨硬件问题，从硬件方面考虑。问题应出在内存、电源、CPU 和各个硬件的散热这几个方面。

故障排除：

（1）打开机箱，观察显卡，CPU电源的风扇是否正常转动，散热片上是否灰尘较多，机箱内是否较脏（如果清理灰尘，一定要停电进行）。用手摸硬盘是否较热，正常状态比手微热。如果烫手，可以确定硬盘有问题。

（2）如CPU超频，请降频使用。

（3）电源、内存和主板质量不好引起的故障只能通过分别调换后试机来确定。

任务总结

本次任务讲解了计算机硬件安装基本方法与步骤，不仅对任务一的硬件知识进行了理解吸收并梳理，同时通过理论联系实际的实践操作锻炼动手能力，使我们不仅仅能组装计算机，更能采取合理和更优的方式组装计算机。能在遇到的各种硬件的故障处理中，自己动手和动脑、掌握基本的处理方法，积累一定的经验。

项目二 安装维护操作系统

操作系统（operating system，OS）是系统软件的核心组成部分，管理计算机硬件与软件资源的计算机程序，也是计算机系统的内核。操作系统需要处理比如管理与配置内存、决定系统资源供需的优先次序、控制输入与输出设备、操作网络与管理文件系统等基本事务。操作系统提供一个让用户与系统交互的操作界面。

项目目标

教学内容	● 安装 Windows 7 操作系统； ● 安装驱动程序、更新系统补丁； ● 备份与还原操作系统。
教学目标	● 掌握安装 Windows 7 操作系统的一般步骤； ● 掌握操作系统的备份与还原。

任务一 安装操作系统

任务描述

将计算机硬件组装完毕后，这种只有硬件的计算机称为"裸机"。计算机只有硬件是不能运行的，必须安装操作系统才能正常工作。下面我们就来学习如何安装 Windows 7 操作系统及更新系统补丁。

2-2-1
安装 Win 7
操作系统

任务目标

● 掌握安装 Windows 7 操作系统的常用方法及步骤；
● 安装驱动程序、更新系统补丁等。

任务实现

常用安装 Windows 7 操作系统有光盘安装法和 U 盘安装法。

一、光盘安装法

（一）设置 BIOS 启动项

一台计算机安装操作系统存在多种启动方式，如硬盘启动、光驱启动、U 盘启动等，用户可以根据实际情况选择系统的启动方式。

（1）开机时按 Delete 键，进入 BIOS 设置界面，如图 2-80 所示。

图 2-80　BIOS 设置界面

（2）使用方向键选择 Boot 选项卡，图 2-81 显示 Boot 选项卡中的各项设置。

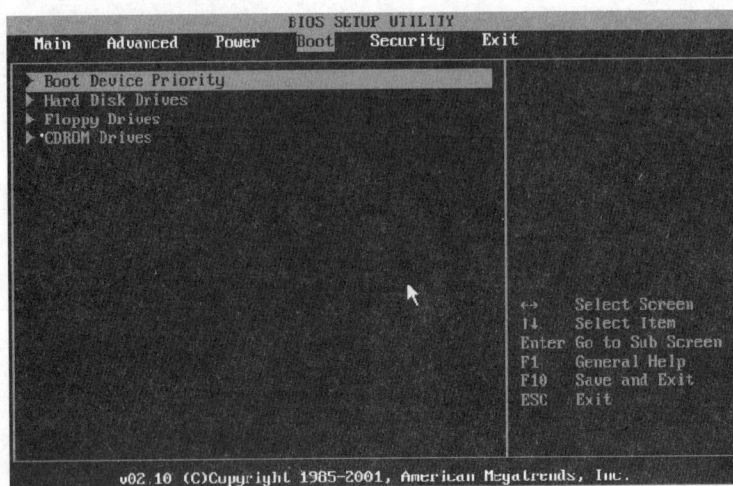

图 2-81　显示 Boot 选项卡中的各项设置

（3）选择"Boot Device Priority"，各参数保持默认选项，按 Enter 键，进入启动设置界面，如图 2-82 所示。

（4）按 Enter 键，使用上下方向键，选择对应的启动选项。本任务中选择"CDROM"启动，如图 2-83 所示。

（5）设置完成后，按 F10 保存退出。之后计算机会重新启动，启动方式将按照所设置的执行。

（二）光盘引导安装 Windows 7

（1）把 Windows 7 系统安装光盘放入光驱，重启计算机，计算机将自动从光盘启动，进入系统安装状态，如图 2-84 所示。

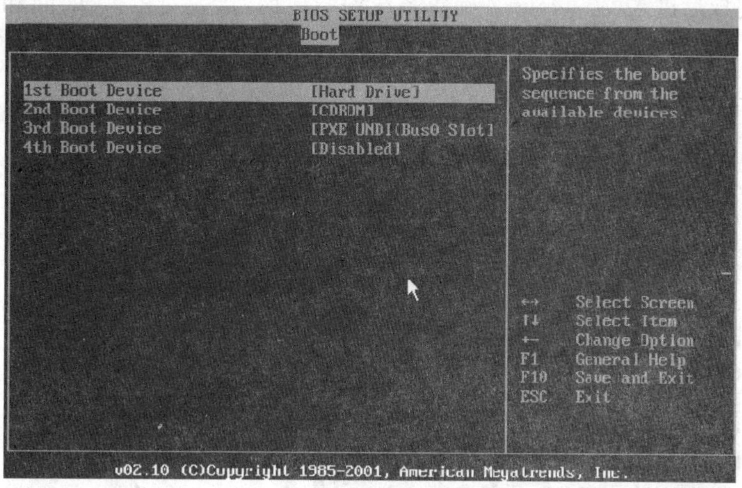

图 2-82　启动设置界面

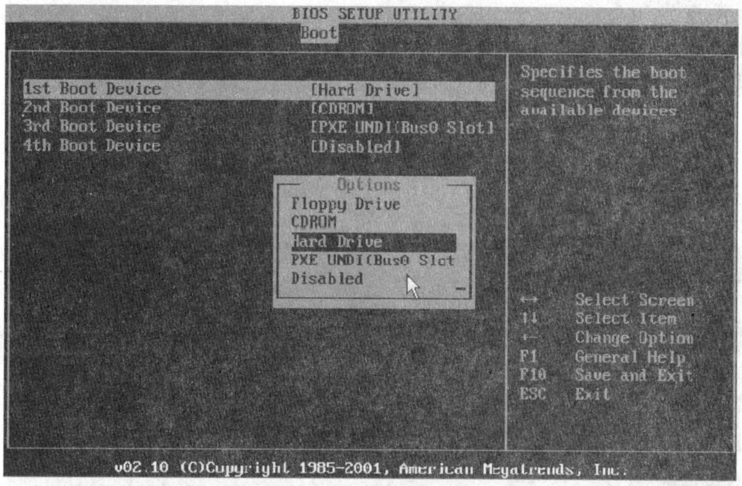

图 2-83　选择启动选项

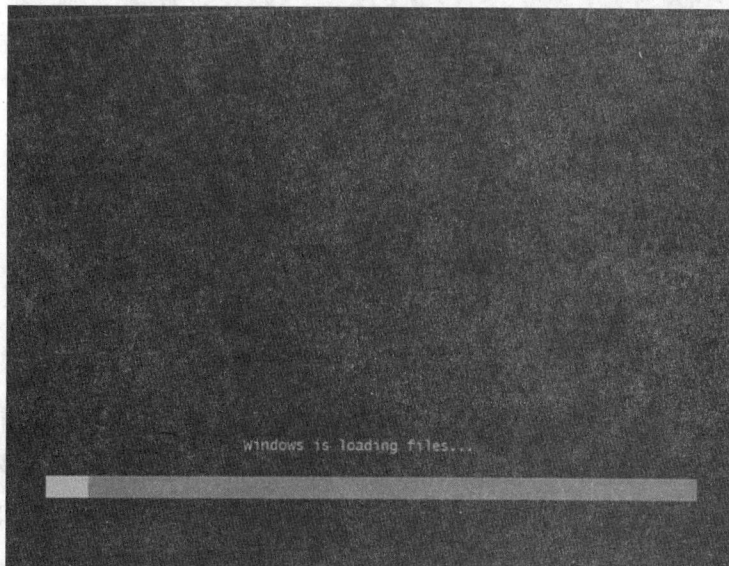

图 2-84　光盘启动界面

（2）光盘启动完成后进入 Windows 7 操作系统安装界面，首先对语言、时间和输入方法等进行设置，如图 2-85 所示。

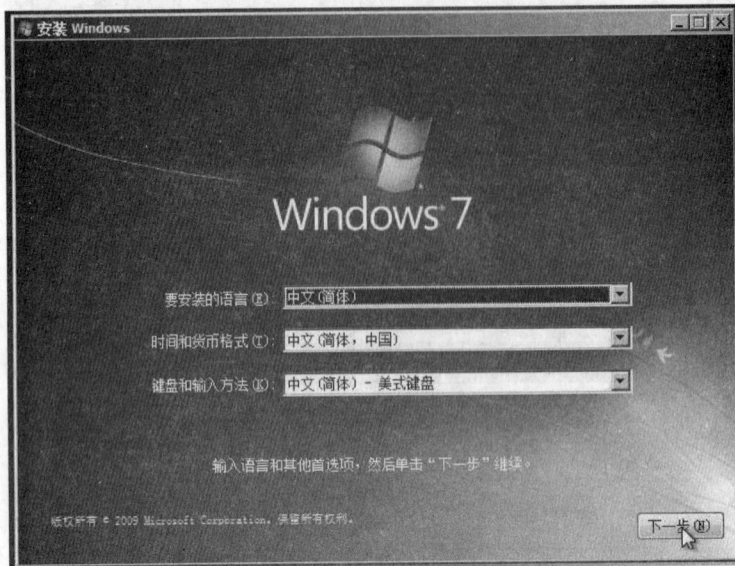

图 2-85　设置语言、时间和输入方法等

（3）单击"下一步"按钮，进入开始安装界面，如图 2-86 所示。

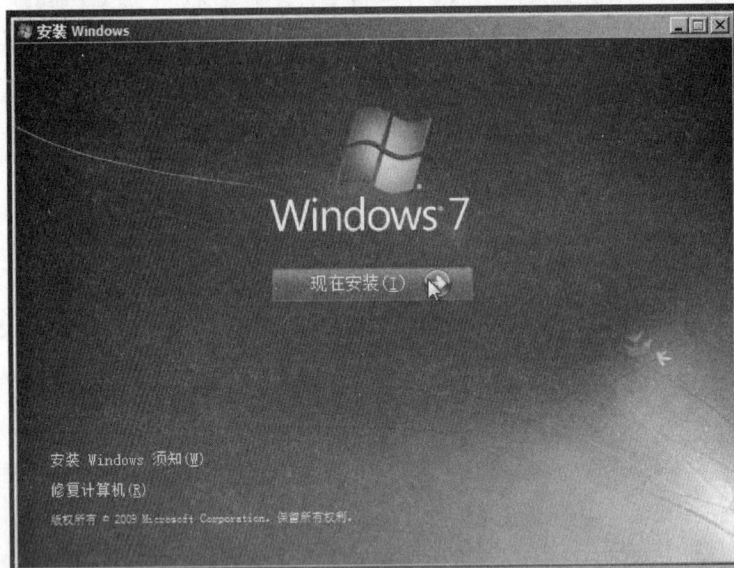

图 2-86　开始安装界面

（4）单击"现在安装"按钮，将进入启动安装程序，如图 2-87 所示。

（5）启动完成后进入许可条款界面，如图 2-88 所示。

（6）勾选"我接受许可条款"复选框，单击"下一步"按钮，进入安装类型的选择界面，如图 2-89 所示。

注意：Windows 7 的安装类型有升级安装和自定义安装，其中升级安装为计算机在安装了 Windows Vista 或 Windows 7 的早期版本的基础上，保留一些相关设置的安装，而自定义安装则是进行全新安装。对于新装的计算机或初次使用 Windows 7 的用户建议使用自定义方式。由于我们是全新安装，这里选择"自定义（高级）"。

图 2-87　启动安装程序

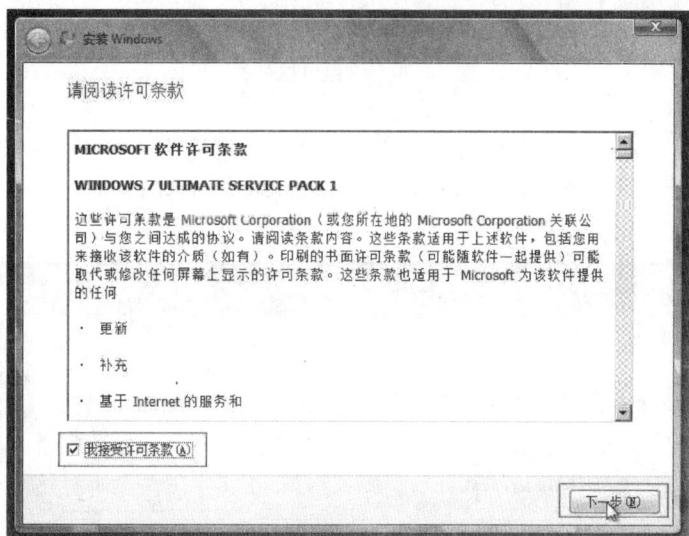

图 2-88　许可条款界面

图 2-89　安装类型选择界面

(7) 选择"自定义(高级)"安装方式后,进入磁盘分区界面,如图 2-90 所示。

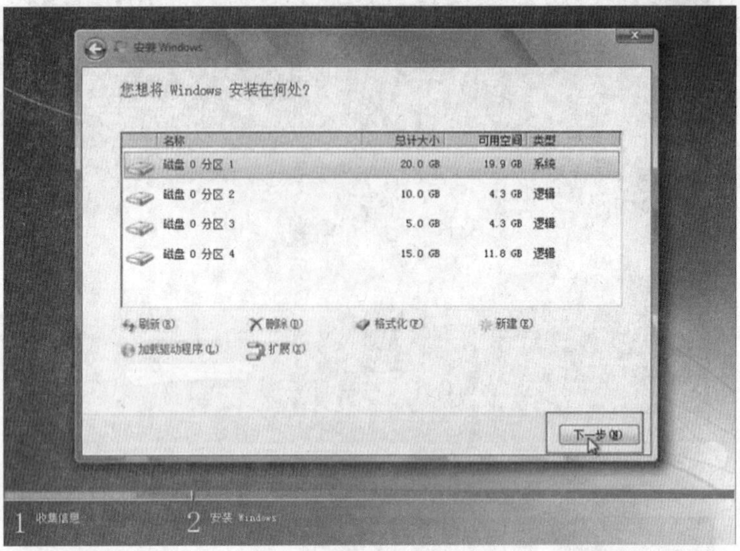

图 2-90 磁盘分区界面

(8) 选择用于安装 Windows 7 的分区(这里选择"磁盘 0 分区 1"),单击"下一步"按钮,如图 2-91 所示,安装程序将自动进行文件的复制和安装,此过程通常需要较长时间。

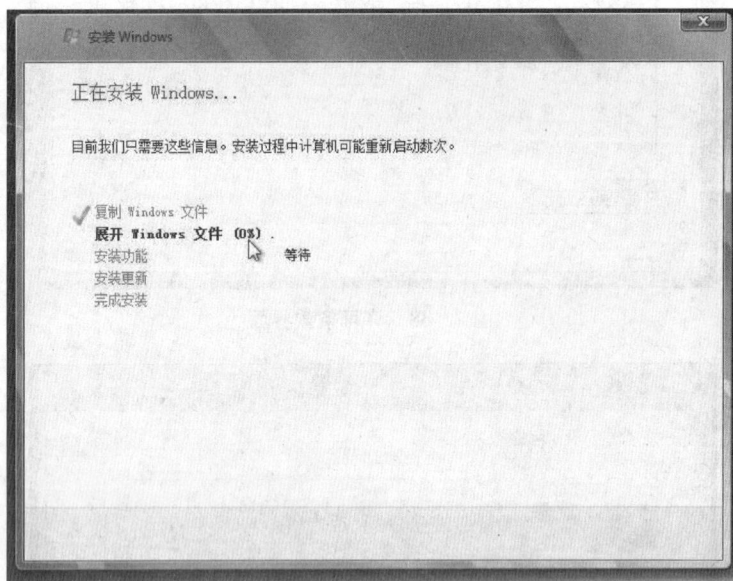

图 2-91 复制文件并安装

(9) 完成后安装程序将自动重启计算机,如图 2-92 所示。

(10) 计算机重启后从硬盘引导系统,将显示图 2-93 所示的启动界面。

(11) 启动后将继续完成剩余的安装工作,此过程通常也需要较长时间,如图 2-94 所示。

(12) 完成后将再次重启计算机,如图 2-95 所示。

(13) 系统安装完成后将自动重启计算机,重新设置计算机的第一启动方式为硬盘启动,进行用户名和计算机名等设置,如图 2-96 所示。

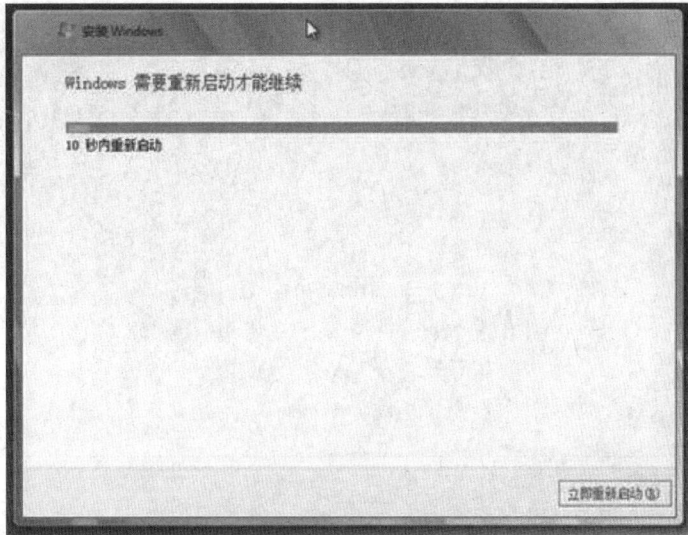

图 2-92　准备重启计算机

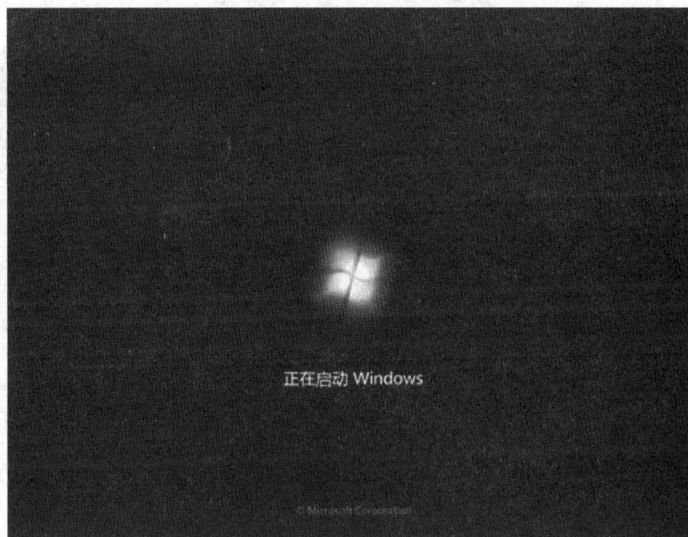

图 2-93　Windows 7 启动界面

图 2-94　继续剩余的安装工作

图 2－95　提示重启计算机

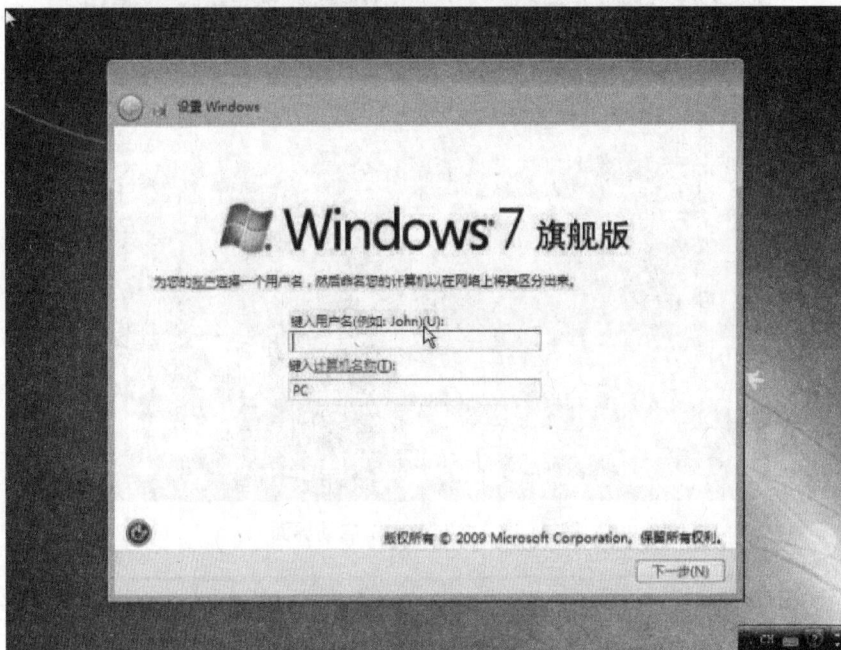

图 2－96　设置用户名和计算机名称

（14）单击"下一步"按钮，输入 Windows 产品密钥，如图 2－97 所示。

注意：在此处产品密钥并不是必须输入的，可以在操作系统安装完成后再使用产品密钥对系统进行激活。另外，不输入产品密钥也可以对 Windows 7 操作系统进行试用。

（15）单击"下一步"按钮，进行更新方面的设置，如图 2－98 所示。

（16）选择"使用推荐设置"选项后，进行时间和日期设置，如图 2－99 所示。

（17）时间和日期设置后，单击"下一步"按钮，进入网络设置，如图 2－100 所示。

（18）选择"公用网络"，安装程序将提示完成设置，最后进入操作系统界面，如图 2－101 所示。

二、U 盘安装法

U 盘安装操作系统是事先将完整的 Windows 系统安装在 U 盘里面，这样就可以实现系统随身携

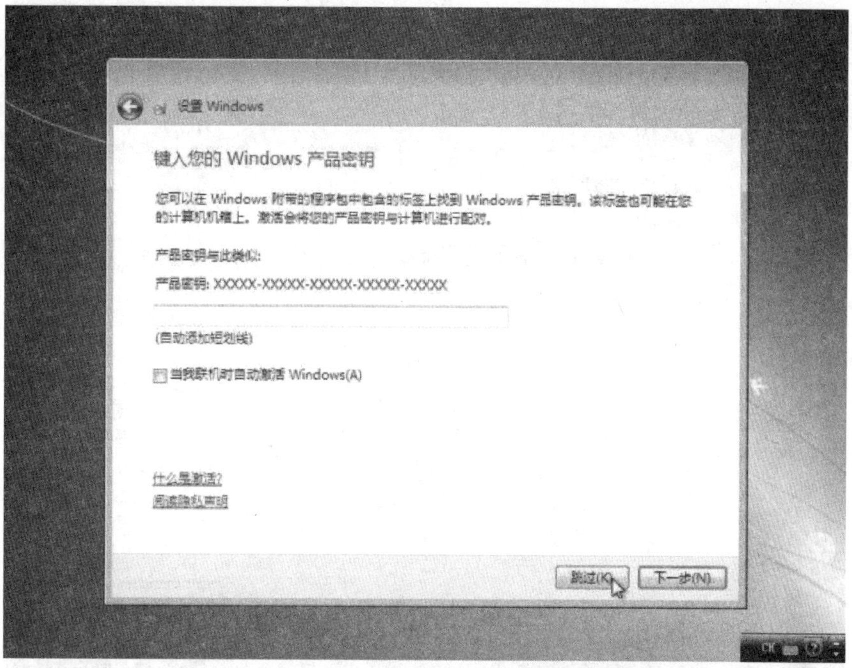

图 2-97　输入 Windows 产品密钥

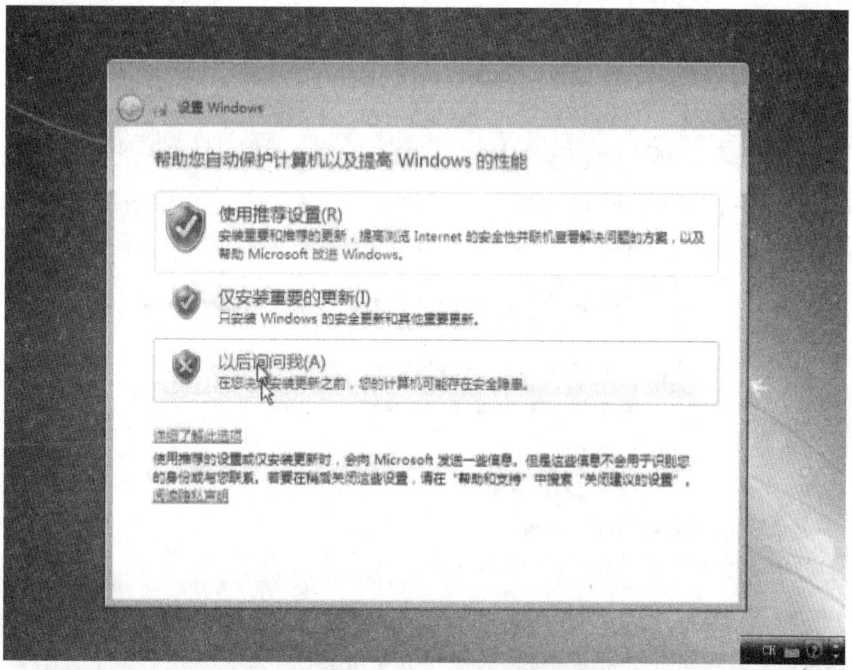

图 2-98　更新设置

带,非常的方便,现在给大家介绍 U 盘安装操作系统的方法。

(一)准备工作

(1)准备 Windows 7 的光盘镜像文件(ISO)拷贝到一台正常工作的计算机硬盘上。

(2)安装软碟通(UltraISO)软件到计算机上。

(3)准备一个 8 GB 容量以上的 U 盘,这里需要注意做启动盘的 U 盘必须先将其格式化。

(二)制作安装 Windows 7 系统的 U 盘

步骤 1,运行软碟通(Ultra ISO)软件,在该程序中打开事先计算机硬盘里保存的 Windows 7 的 ISO

图 2-99   时间和日期设置

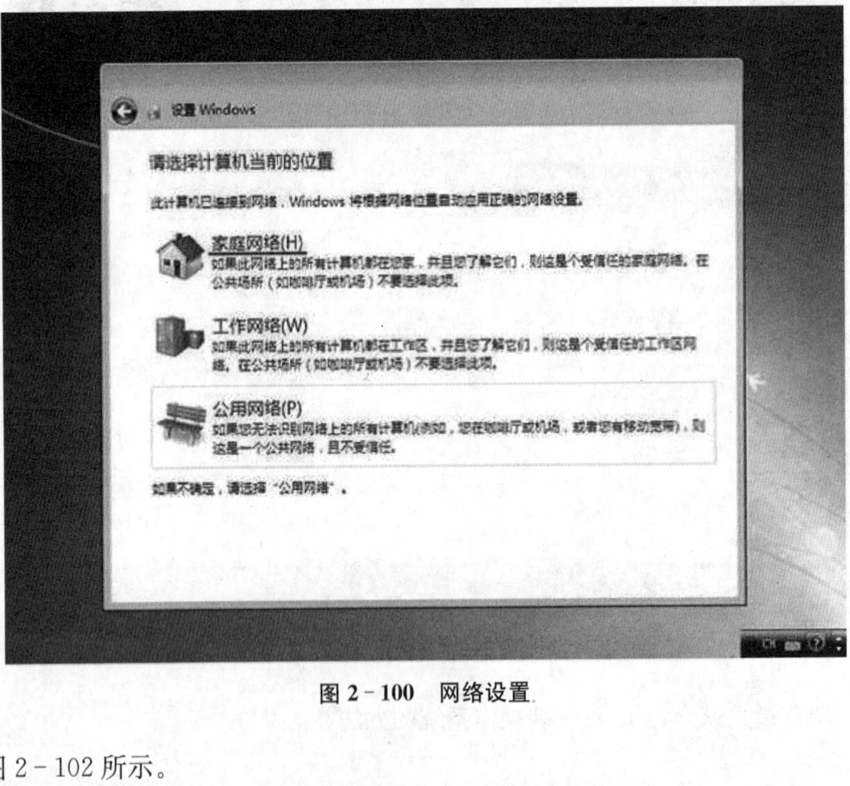

图 2-100   网络设置

镜像文件,如图 2-102 所示。

步骤 2,单击"启动"→"写入硬盘镜像",如图 2-103 所示,此时要保证 U 盘已经插好。

步骤 3,为保证刻录无误,建议勾选"刻录效验",单击"便捷启动"按钮→"写入新的硬盘主引导记录 (MBR)"→"USB-HDD+",如图 2-104 和图 2-105 所示。

步骤 4,单击"写入"按钮,开始写入 U 盘,注意 U 盘会被格式化,如果里面有数据需要提前备份然后选择格式化,如图 2-106 至图 2-108 所示。

图 2‑101 操作系统界面

图 2‑102 软碟通主界面

经过以上步骤，U盘安装操作系统制作完成。

（三）正式安装

以上工作做好之后，重启待安装系统的计算机并设置BIOS第一启动项为U盘，其他的安装操作就和使用光盘安装一样，详见"光盘安装"方法。

注意：在安装过程中，系统安装完成后的第一次重启，需要将第一启动项设置成硬盘启动，否则会继续默认U盘安装系统，陷入死循环。

图 2 - 103 写入硬盘映象

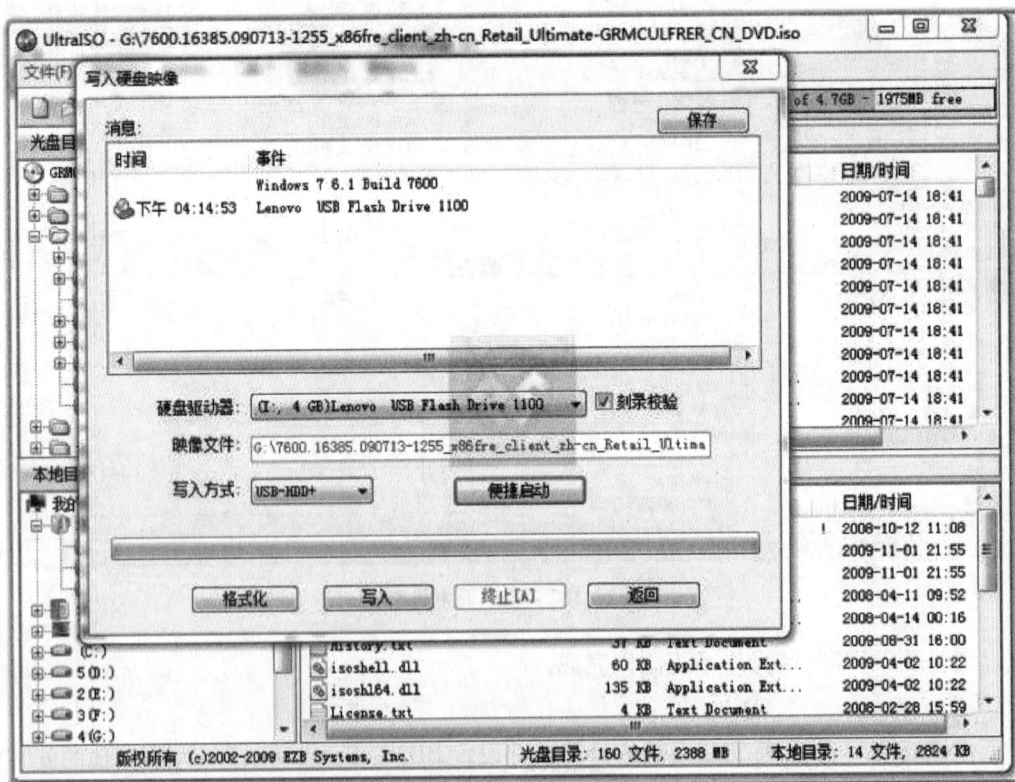

图 2 - 104 刻录校验

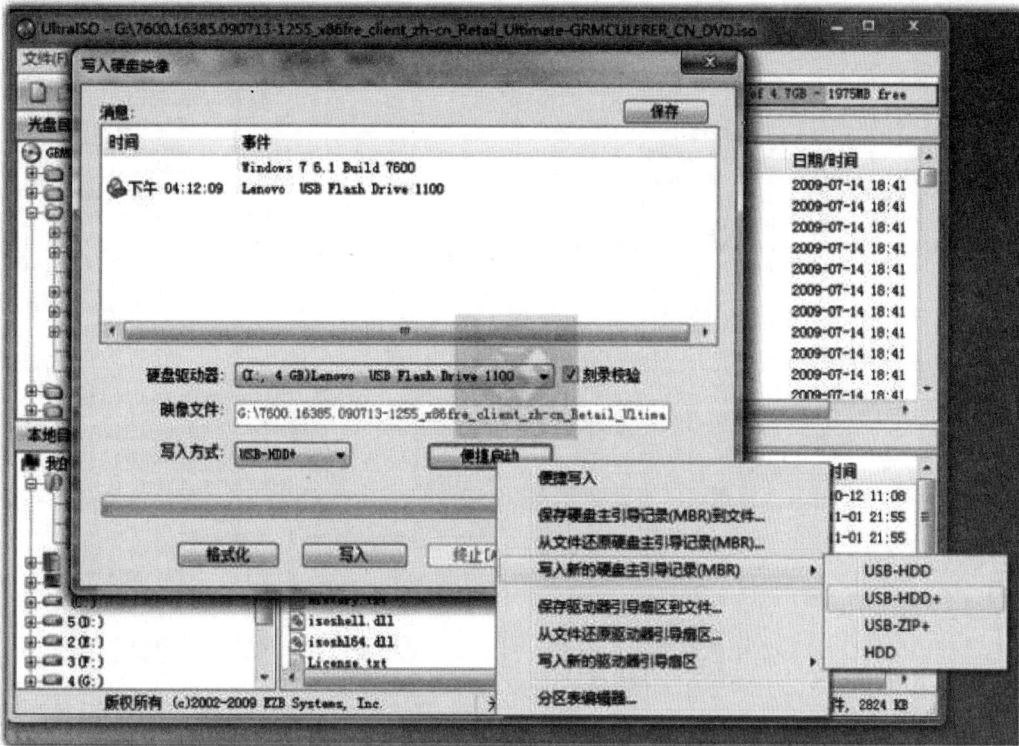

图 2-105　便捷启动方式

图 2-106　写入硬盘映象(一)

图 2-107　写入硬盘映象(二)

图 2-108　写入硬盘映象(三)

三、安装及升级硬件驱动程序

操作系统安装完成之后,用户还需要安装硬件设备驱动程序,如主板和显卡驱动程序等,只有正确的安装硬件设备的驱动程序,才能使设备发挥出最佳性能。

驱动程序是一种可以使计算机和设备通信的特殊程序,相当于硬件中的接口。操作系统只有通过这个"接口",才能控制硬件设备的工作。

（一）获取驱动程序的方法

一般在购买硬件时,比如显卡、主板等,厂商都会在其包装盒内附带一张光盘,该光盘内即是该硬件的驱动程序,将光盘放入光驱,根据提示安装即可。另外可以在网络上下载对应的驱动程序。

（二）安装驱动程序的技巧

安装顺序：安装驱动时,首先应安装主板驱动程序,然后是显卡、声卡和网卡设备的驱动程序,最后才是摄像头、打印机等外设。

版本选择：在驱动程序版本的选择上应优先选择新版的驱动,还有硬件厂商提供的驱动要优于 Windows 自带的公版驱动。

屏蔽设备：没有找到相应驱动程序的设备应当将其屏蔽掉,这样可以避免发生设备资源冲突的现象。

相关知识

一、硬盘分区

硬盘分区是指对硬盘的物理存储空间进行逻辑划分,将一个较大容量的硬盘划分成多个大小不同的逻辑区间。硬盘分区分为主分区和扩展分区,一般是在一个硬盘上创建一个主分区和一个扩展分区,再把扩展分区划分成若干个逻辑驱动器。

新硬盘在使用之前必须先进行分区,然后对各个分区进行格式化才能存放数据,从而进行正常的数据读写操作。

为什么要分区呢？这里将硬盘理解成一个大的图书馆,在使用图书馆以前,应该清楚它的楼层分布情况,如果一楼是文史类的图书,二楼是工程类的图书,读者就会直接去二楼找一本关于计算机类的书,这其实就类似于分区。要在硬盘上安装操作系统,则该硬盘必须有一个主分区,主分区中包含操作系统启动所必需的文件和数据；扩展分区是除主分区以外的分区,它不能直接使用,必须再将它划分为一个或者若干个逻辑分区才能使用。逻辑分区也就是平常在操作系统中所看到的 D、E、F 等盘。

二、格式化

格式化是指对磁盘或磁盘中的分区进行初始化的一种操作。为什么要格式化呢？回到前面图书馆的例子,在这个例子中,分区其实对于查找需要的图书来说只是很小的一部分工作,为了帮助读者快速查找到需要的图书,还应建立索引、书架分类等工作,这些类似磁盘格式化功能。对磁盘来说,格式化就是对磁盘进行初始化的过程,建立磁道和扇区,操作系统才能识别并使用磁盘来存取数据。有数据的磁盘格式化后,数据将不能还原,频繁格式化可能会加速硬盘的老化和故障率。磁盘分区可以直接在 DOS 下输入命令,也可以借助系统安装盘按照提示一步一步进行分区和格式化。

硬盘分区主要有 FAT16、FAT32 和 NTFS 格式。

FAT16 格式：对有经验的电脑用户而言,对这种硬盘分区格式是最熟悉不过了,我们大都是通过这种分区格式认识和踏入电脑门槛的。它采用 16 位的文件分配表,能支持的最大分区为 2gb,是曾经应用最为广泛和获得操作系统支持最多的一种磁盘分区格式,几乎所有的操作系统都支持这一种格式,从 DOS、Win 3. x、Win 95、Win 97 到 Win 98、Windows NT、Windows 2000、Windows XP 以及 Windows

Vista 和 Windows 7 的非系统分区,一些流行的 Linux 都支持这种分区格式。但是 FAT16 分区格式有一个最大的缺点,那就是硬盘的实际利用效率低。因为在 DOS 和 Windows 系统中,磁盘文件的分配是以簇为单位的,一个簇只分配给一个文件使用,不管这个文件占用整个簇容量的多少。而且每簇的大小由硬盘分区的大小来决定,分区越大,簇就越大。例如,1 GB 的硬盘若只分一个区,那么簇的大小是 32 KB,也就是说,即使一个文件只有 1 字节长,存储时也要占用 32 KB 的硬盘空间,剩余的空间便全部闲置在那里,这样就导致了磁盘空间的极大浪费。FAT16 支持的分区越大,磁盘上每个簇的容量也越大,造成的浪费也越大。所以随着当前主流硬盘的容量越来越大,这种缺点变得越来越突出。为了克服 FAT16 的这个弱点,微软公司在 Windows 97 操作系统中推出了一种全新的磁盘分区格式 FAT32。

FAT32 格式:这种格式采用 32 位的文件分配表,使其对磁盘的管理能力大大增强,突破了 FAT16 对每一个分区的容量只有 2 GB 的限制,运用 FAT32 的分区格式后,用户可以将一个大硬盘定义成一个分区,而不必分为几个分区使用,大大方便了对硬盘的管理工作。而且,FAT32 还具有一个最大的优点,即在一个不超过 8 GB 的分区中,FAT32 分区格式的每个簇容量都固定为 4 KB。与 FAT16 相比,可以大大地减少硬盘空间的浪费,提高了硬盘利用效率,但是,FAT32 的单个文件不能超过 4G。支持这一磁盘分区格式的操作系统有 Windows 97/98/2000/XP/Vista/7/8 等。但是,这种分区格式也有它的缺点,首先是采用 FAT32 格式分区的磁盘,由于文件分配表的扩大,运行速度比采用 FAT16 格式分区的硬盘要慢;另外,由于 DOS 系统和某些早期的应用软件不支持这种分区格式,所以采用这种分区格式后,就无法再使用老的 DOS 操作系统和某些旧的应用软件了。

NTFS 格式:NTFS 是一种新兴的磁盘格式,早期在 Windows NT 网络操作系统中常用,但随着安全性的提高,在 Windows Vista 和 Windows 7 操作系统中也开始使用这种格式,并且在 Windows Vista 和 Windows 7 中只能使用 NTFS 格式作为系统分区格式。其显著的优点是安全性和稳定性出色,在使用中不易产生文件碎片,对硬盘的空间利用及软件的运行速度都有好处。单个文件可以超过 4G。它能对用户的操作进行记录,通过对用户权限进行严格的限制,使每个用户只能按照系统赋予的权限进行操作,充分保护了网络系统与数据的安全。

🔧 任务总结

通过本任务的学习,使大家掌握了安装 Windows 7 操作系统的常用方法及步骤。首先设置 BIOS 启动项,对硬盘分区与格式化;其次按提示要求安装操作系统;最后,安装硬件驱动程序,升级系统补丁等。其他的操作系统安装原则也大致相同,大家可以举一反三。

任务二　备份还原操作系统

💻 任务描述

当计算机操作系统使用的时间长了之后可能会出现运行速度缓慢,系统性能降低等一系列问题,这时有的用户就会选择重装系统来解决问题。如果之前有备份过操作系统,那么再安装的时候就会简单很多。下面介绍一下如何快速进行计算机操作系统的一键备份还原。

✍ 任务目标

- 掌握 Windows 7 操作系统的备份的常用方法;
- 掌握 Windows 7 操作系统的还原的常用步骤。

任务实现

一、备份操作系统

以往一些有经验的电脑用户,习惯于使用 Ghost 等分区克隆软件,将系统分区克隆成一个映像文件,在系统崩溃时,可以使用该映像文件快速还原系统。在 Windows 7 中,用户无须使用 Ghost 这些普通用户难以掌握的软件,因为 Windows 7 自带了创建系统映像功能,用户只需简单几个步骤,就可以创建系统映像,在需要时就可以用映像文件来还原系统。

安装全新操作系统,并装好各种驱动程序及常用软件之后,建议创建一个系统映像,以便日后系统崩溃时可以快速还原。

步骤 1,单击"开始"按钮,选择"控制面板"选项,打开"控制面板"窗口,如图 2-109 所示。

图 2-109 进入控制面板    图 2-110 控制面板

步骤 2,在控制面板窗口中单击"备份您的计算机"链接文字,然后单击"创建系统映像"链接文字,如图 2-110 和图 2-111 所示。

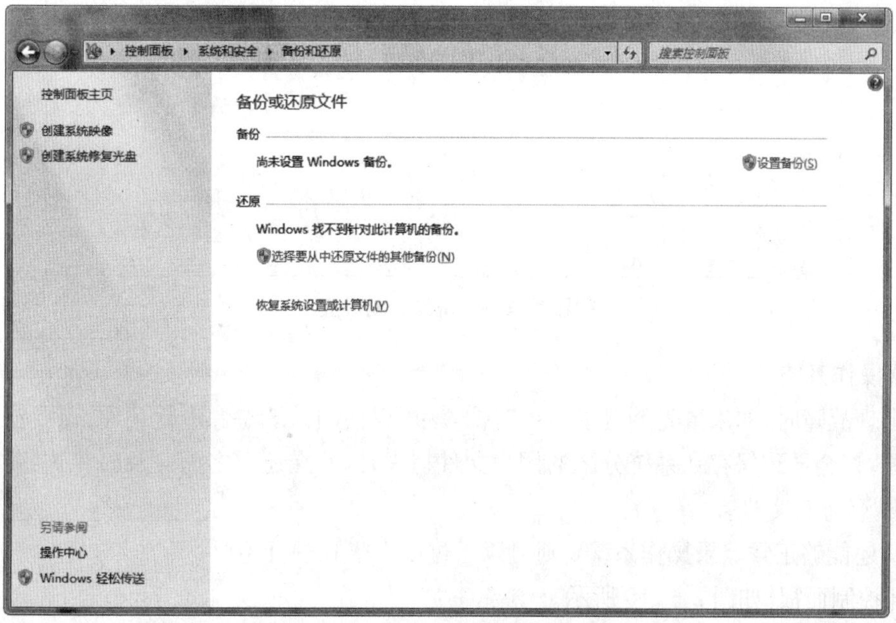

图 2-111 备份与还原

步骤 3,系统允许用户在硬盘、DVD 刻录盘或者网络上存储备份的映像,用户可根据自己的实际情况进行选择,选择完毕后,单击"下一步"按钮,如图 2-112 所示。

图 2-112　创建系统映像

图 2-113　确认备份位置

步骤 4,在出现的对话框中会显示用户选择的备份位置等信息,确认无误后,如图 2-113 所示,单击"开始备份"按钮,备份所需的时间较长,请耐心等候。当出现"备份已经成功完成"的提示信息后,单击"关闭"按钮即可,如图 2-114 所示。

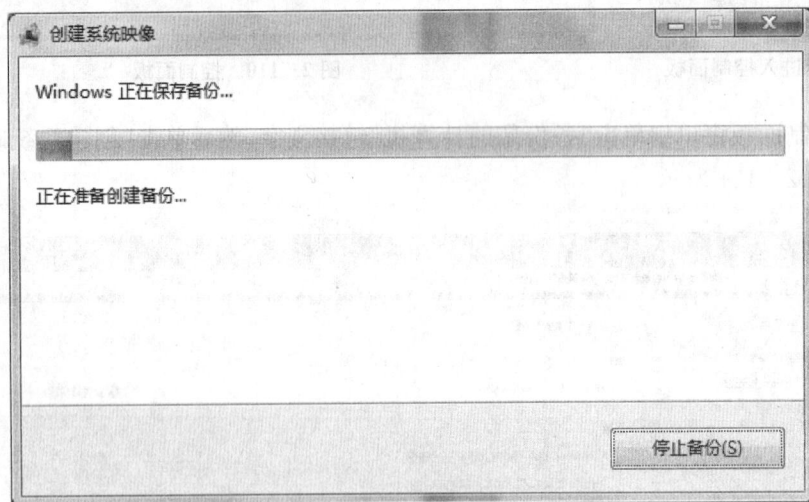

图 2-114　备份完成进度

二、还原操作系统

当系统出现故障时,如果事先创建了系统映像,就可以使用系统映像进行还原,需要注意的是,使用映像进行还原,将会导致保存在系统分区的用户文件遗失,因此在还原之前应及时将这些文件转移。

（一）系统仍可正常启动时

如果用户还能够正常登录操作系统,则可以通过以下步骤进行还原。

（1）打开控制面板,如图 2-115 所示。

（2）在"系统和安全"选项里,单击"备份您的计算机",如图 2-116 所示。

图 2-115　打开控制面板

图 2-116　"控制面板"窗口

（3）单击"恢复系统设置或计算机"按钮，如图 2-117 所示。

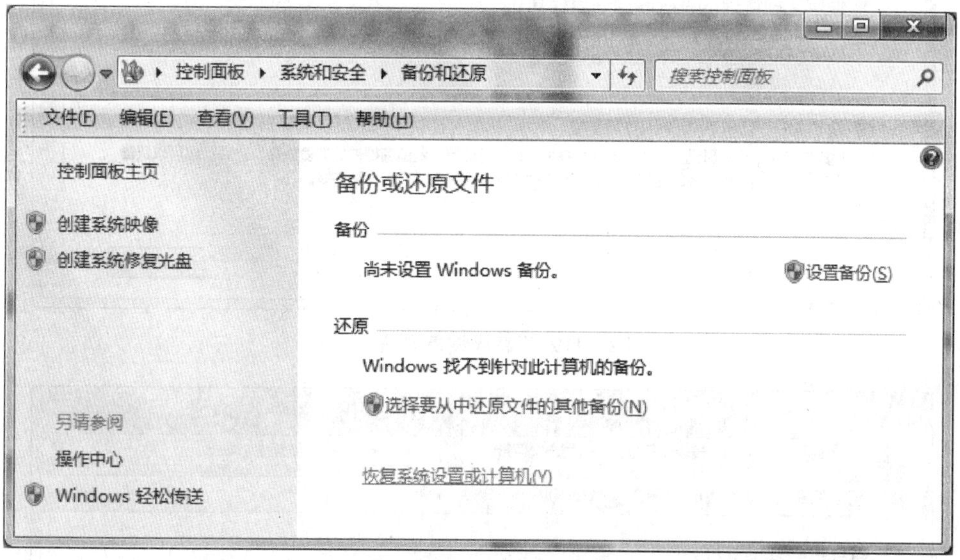

图 2-117　"备份和还原"窗口

（4）单击"高级恢复方法"，如图 2-118 所示。

（5）单击"使用之前创建的系统映像恢复"，如图 2-119 所示。

（6）若 C 盘中存有个人重要文件，单击"立即备份"；若没有，则单击"跳过"，如图 2-120 所示。

（7）单击"重新启动"按钮，如图 2-121 所示。

（8）重启后，自动进入系统还原界面，单击"下一步"按钮，如图 2-122 所示。

图 2 - 118   "恢复"窗口

图 2 - 119   "高级恢复方法"窗口

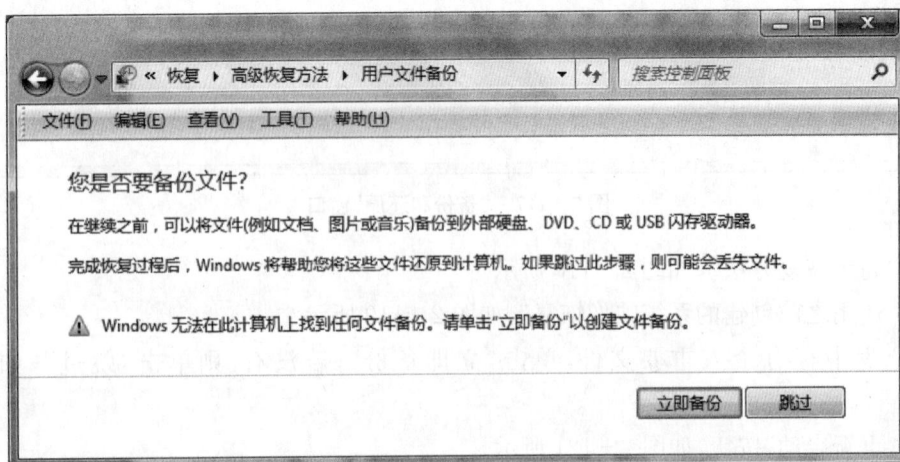

图 2 - 120   "用户文件备份"窗口

图 2-121　"重新启动"窗口

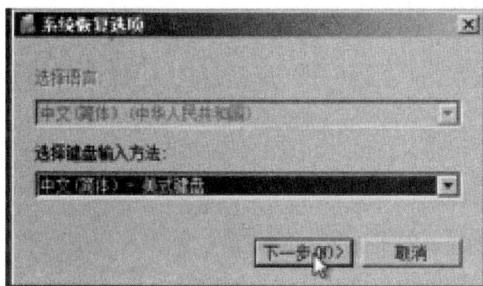

图 2-122　系统恢复选项

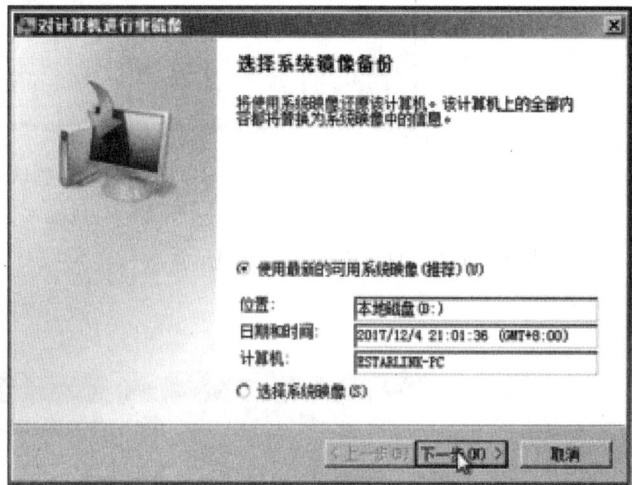

图 2-123　选择系统镜像备份

（9）系统会自动获取最近的备份文件，单击"下一步"按钮，如图 2-123 所示。

（10）单击"下一步"按钮，如图 2-124 所示。

图 2-124　选择其他的还原方式

(11) 确认还原信息,单击"完成"按钮,如图 2-125 所示。

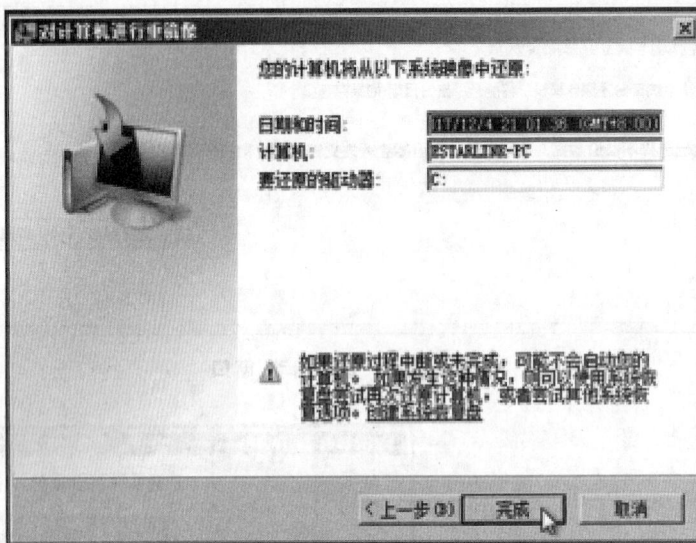

图 2-125   确认还原

(12) 单击"是"按钮,如图 2-126 所示。

图 2-126   确认还原继续

(13) 等待还原进度完成后,单击"立即重新启动"按钮,如图 2-127 所示。

(14) 系统还原完成。单击"还原我的文件",如图 2-128 所示。

(二) 开机不能正常进入系统时

当开机不能正常进入系统时,可以开机时连续按 F8 键(仅 Win7 有效),直到出现如图 2-129 所示,选择"修复计算机"选项,按回车后,操作方法与"系统可正常启动"的方法相同。

图 2-127　还原进度

图 2-128　还原完成

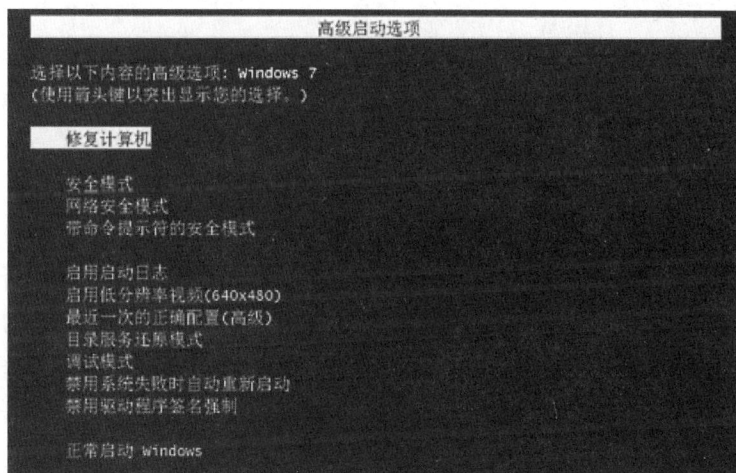

图 2-129　开机启动界面

相关知识

一、常用的操作系统

（一）Unix 操作系统

Unix 是一种分时计算机操作系统,1969 年在 AT&T 公司贝尔(Bell)实验室诞生。用 C 语言编写的 Unix 操作系统代码简洁紧凑、易移植、易读、易修改,为此后 Unix 的发展奠定了坚实基础。Unix 取得成功的最重要原因是系统的开放性和公开源代码。用户可以方便地向 Unix 系统中逐步添加新功能和工具,这样可以 Unix 越来越完善,提供更多服务,从而成为有效的程序开发的支持平台。进入 20 世纪 90 年代后,由于多处理机和分布式网络技术的发展,Unix 也进一步发展。Unix 开始支持多处理机、图形用户界面、分布式处理,安全性也得到进一步加强。Unix 可以运行在微型机、工作站、大型机和巨型机上,因其稳定可靠的特点在金融、保险等行业得到广泛的应用。

（二）Linux 操作系统

Linux 操作系统诞生于 1991 年。简单地说,Linux 是 Unix 克隆的操作系统,在源代码上兼容绝大部分 Unix 标准,是一个支持多用户、多进程、多线程、实时性较好且稳定的操作系统。Linux 操作系统也是自由软件和开放源代码发展中最著名的例子,允许自由下载,许多人对这个系统进行了改进、扩充和完善,Linux 系统逐步发展和完善。Linux 作为较早的源代码开放操作系统,对未来软件发展的方向有一定引导作用。基于 Linux 开放源代码的特性,越来越多大中型企业及政府投入更多的资源来开发 Linux,世界上越来越多的国家逐步把政府机构内部的计算机系统转移到 Linux 上。Linux 的广泛使用为政府机构节省了不少经费,也降低了对封闭源码软件潜在安全性问题的忧虑。

（三）Windows 操作系统

Microsoft Windows 是一个为个人计算机和服务器用户设计的操作系统,也称为"视窗操作系统"。1985 年 10 月,微软公司发布了 Windows 1.0,它起初仅仅是 Microsoft - DOS 模拟环境。Windows 采用了图形化模式 GUI,比起从前的 DOS 需要键入指令使用的方式更为人性化。随着计算机硬件和软件的不断升级,微软的 Windows 也在不断升级,从架构的 16 位、32 位再到 64 位,甚至 128 位,系统版本从最初的 Windows 1.0 到大家熟知的 Windows 95、Windows 98、Windows ME、Windows 2000、Windows 2003、Windows XP、Windows Vista、Windows 7、Windows 8、Windows 10 和 Windows Server 服务器企业级操作系统,不断持续更新,最终获得了个人计算机操作系统的垄断地位。

（四）Mac OS 操作系统

Mac OS 是 1984 年出现的一套运行于苹果 Macintosh 系列计算机上的操作系统。Mac OS 是首个在商用领域成功的图形用户界面。Mac OS 是一个基于 Unix 的操作系统,它把 Unix 的强大稳定的功能和 Macintosh 的简洁优雅的风格完美地结合起来。

（五）中标麒麟安全操作系统

中标麒麟高级服务器操作系统软件是中标软件有限公司依照 CMMi5 标准研发、发行的国产 Linux 操作系统,是针对关键业务及数据负载而构建的高可靠、易管理的一架式 Linux 服务器操作系统。基于中标麒麟高级服务器操作系统,用户可以轻松构建大型数据中心、基于 Web 服务的业务中心。中标麒麟高级服务器操作系统软件提供中文化的操作系统环境和常用图形管理工具;支持多种安装方式,提供了完善的文件系统支持、系统服务、网络服务;集成了丰富易用的编译器和支持众多的开发语言;全面兼容国内外软硬件厂商产品;同时在安全上进行了加强,保障关键应用安全、可控、稳定的对外提供服务。

二、Windows 发展历程

微软自 1985 年推出 Windows 1.0 以来,Windows 系统经历了三十几年变革。从最初运行在 DOS 下的 Windows 3.0,到现在风靡全球的 Windows XP、Windows 7、Windows 8 和到现在的 Windows 10。

Windows 是由微软在 1983 年 11 月宣布,并在两年后(1985 年 11 月)发行的。

Windows 版本 2.0 是在 1987 年 11 月正式在市场上推出的。该版本对使用者界面做了一些改进。2.0 版本还增强了键盘和鼠标界面,特别是加入了功能表和对话框。

Windows 3.0 是在 1990 年 5 月 22 日发布的,它将 Win/286 和 Win/386 结合到同一种产品中。Windows 3.0 是第一个在家用和办公室市场上取得立足点的版本。3.1 版本是 1992 年 4 月发布的,跟 OS/2 一样,Windows 3.1 只能在保护模式下运行,并且要求至少配置 1 MB 内存的 286 或 386 处理器的 PC。

1993 年 7 月发布的 Windows NT 是第一个支持 intel386、Intel486 和 Pentium CPU 的 32 位保护模式的版本。同时,Windows NT 还可以移植到非 Intel 平台上,并在几种使用 RISC 晶片的工作站上工作。

Windows 95 是在 1995 年 8 月发布的。虽然缺少了 NT 中某些功能,诸如高安全性和对 RISC 机器的可携性等,但是 Windows 95 具有需要较少硬件资源的优点。

Windows 98 在 1998 年 6 月发布，具有许多加强功能，包括执行效能的提高、更好的硬件支持以及一国际网络和全球资讯网（WWW）更紧密的结合。

Windows ME 是介于 Windows 98SE 和 Windows 2000 的一个操作系统，其出生目的是为了让那些无法符合 Windows 2000 硬件标准同样享受到类似的功能，但事实上这个版本的 Windows 问题非常多，既失去了 Windows 2000 的稳定性，又无法达到 Windows 98 的低配置要求，因此很快被大众遗弃。

Windows 2000 的诞生是一件非常了不起的事情，2000 年 2 月 17 日发布的 Windows 2000 被誉为迄今最稳定的操作系统，其由 Windows NT 发展而来。同时，从 Windows 2000 开始，正式抛弃了 9X 的内核。时至今日，依然有很多电脑是用这一操作系统。

在 Windows 2000 的基础上，增强了安全特性，同时加大了验证盗版的技术，2001 年 10 月 25 日，"激活"一词成为电脑中最重要的词汇。并且，XP 的命名方式也广为散播，各种不同类型的软件"XP"版本开始出现。某种角度看，Windows XP 是最为易用的操作系统之一。

2006 年 11 月，具有跨时代意义的 Windows Vista 系统发布，它引发了一场硬件革命，是 PC 正式进入双核、大（内存、硬盘）世代。不过因为 Vista 的使用习惯与 XP 有一定差异，软硬件的兼容问题导致它的普及率不高，但它华丽的界面和炫目的特效还是值得赞赏的。

Windows 7 于 2009 年 10 月 22 日在美国发布，于 2009 年 10 月 23 日下午在中国正式发布。Windows 7 的设计主要围绕五个重点——针对笔记本电脑的特有设计；基于应用服务的设计；用户的个性化；视听娱乐的优化；用户易用性的新引擎。它是除了 XP 外第二经典的 Windows 系统，现在的网络工作者（例如网络主播）绝大多数在用 Windows 7。

2012 年 10 月 26 日，Windows 8 在美国正式推出。Windows 8 支持来自 Intel、AMD 和 ARM 的芯片架构，被应用于个人电脑和平板电脑上，尤其是移动触控电子设备，如触屏手机、平板电脑等。该系统具有良好的续航能力，且启动速度更快、占用内存更少，并兼容 Windows 7 所支持的软件和硬件。另外在界面设计上，采用平面化设计。

2015 年 7 月 29 日发布的 Windows 10 是微软最新发布的 Windows 版本，Windows 10 大幅减少了开发阶段。自 2014 年 10 月 1 日开始公测，Windows 10 经历了 Technical Preview（技术预览版）以及 Insider Preview（内测者预览版），下一代 Windows 将作为 Update 形式出现。Windows 10 将发布 7 个发行版本，分别面向不同用户和设备。2015 年 7 月 29 日 12 点起，Windows 10 推送全面开启，Windows 7、Windows 8.1 用户可以升级到 Windows 10。

任务总结

通过本任务的学习，使大家掌握了 Windows 7 操作系统备份和还原的常用方法及步骤。大家要注意的是平时一定要做好系统的备份，当计算机感染病毒或其他原因导致系统崩溃时，可以使用备份的文件让计算机恢复如初。

● 项目三　管理计算机资源

计算机资源主要是计算机的软件、硬件和数据的管理，这些资源都以大量的文件及文件夹的方式出现，我们要熟练的操作这些文件及文件夹，同时通过对控制面板的管理也能较好地使用和优化计算机资源。

项目目标

教学内容	● 文件与文件夹的概念； ● 文件和文件夹的基本操作； ● Windows 控制面板的使用。
教学目标	● 能管理好计算机的文件和文件夹； ● 能通过控制面板设置 Windows 7 工作环境； ● 能通过控制面板设置优化 Windows 7 操作系统。

任务一　管理文件及文件夹

任务描述

计算机中存储着大量的文件和文件夹，我们经常要对各类文件和文件夹进行各类操作，例如，对文件和文件夹进行创建、选择、重命名、复制、移动和删除，设置文件与文件夹的属性、改变文件图标、隐藏文件、显示文件和搜索文件等操作。通过本次任务的学习，我们掌握上述这些操作方法，提高大家的工作效率，这是本次任务的重点。

任务目标

● 掌握文件和文件夹的概念和基本操作方法；
● 能管理好计算机的文件和文件夹。

任务实现

一、创建文件和文件夹

创建文件和文件夹是管理计算机资源的第一步，掌握创建文件和文件夹的方法十分必要。

（一）创建文件

在 Windows 7 中，创建文件的方法非常简单，在窗口的空白处单击鼠标右键，在弹出的快捷菜单中选择"新建"命令，在弹出的子菜单中选择要创建的文件类型即可。下面以创建一个 Word 文档为例，讲解其基本步骤。

步骤 1，在要创建文件的窗口中空白处单击鼠标右键，在弹出的快捷菜单中选择"新建"命令，在弹出的子菜单中选择要创建的文件类型，这里选择"Microsoft Office Word 文档"命令，如图 2 - 130 所示。

步骤 2，返回即可查看到创建的文档，如图 2 - 131 所示。

（二）创建文件夹

在 Windows 7 中，用户可以通过鼠标右键或单击按钮两种方式完成文件夹的创建，下面分别介绍如下。

（1）通过鼠标右键创建：在窗口的空白处单击鼠标右键，在弹出的快捷菜单中选择"新建"→"文件夹"命令。

（2）单击"新建文件夹"按钮：在窗口的工具栏中直接单击 新建文件夹 按钮。

通常，刚创建的新文件夹其名称均处于蓝底白字的可编辑状态，用户可以直接输入文件夹名称，以便与其他文件夹相区分。

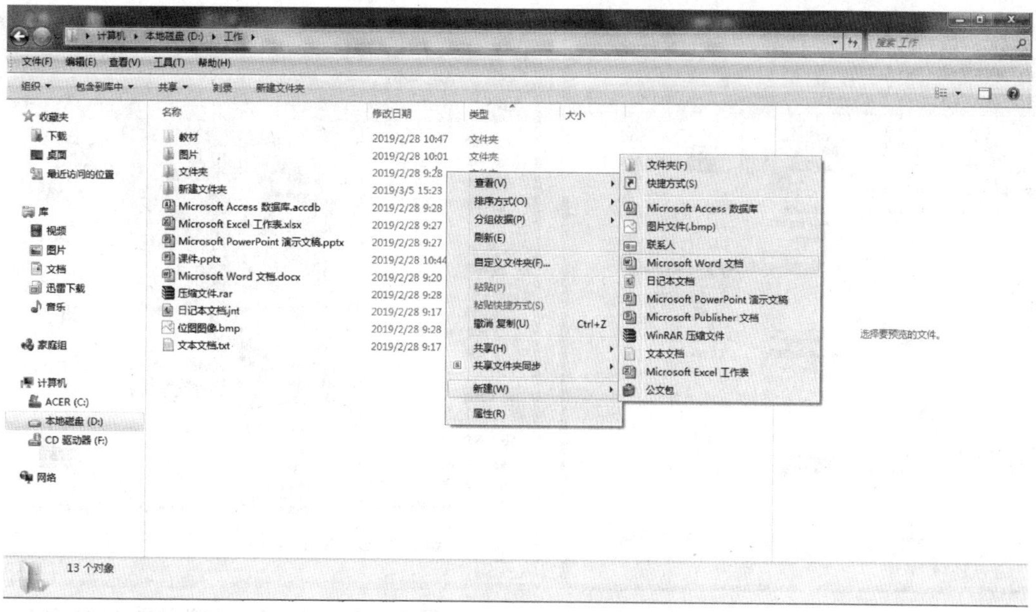

图 2-130 单击鼠标右键,弹出菜单

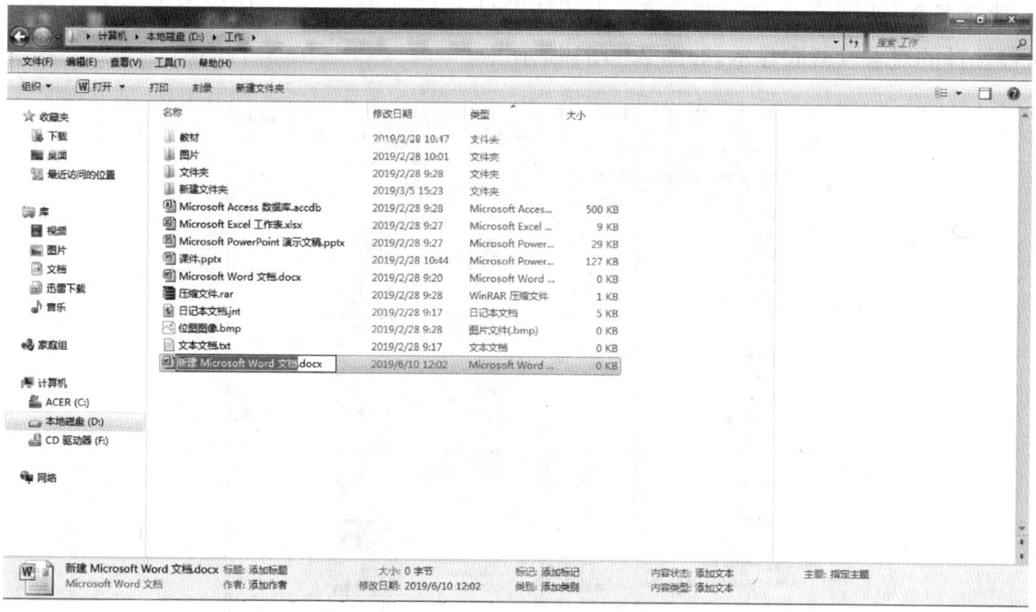

图 2-131 创建的文档

二、选择文件和文件夹

实际使用中,我们常常需要对文件或文件夹进行操作,首先需要选中要操作的文件或文件夹。在 Windows 7 中,选择文件和文件夹的方法类似,主要分为四种情况,分别介绍如下。

(1)选择单个文件或文件夹:用鼠标单击需要选择的文件或文件夹,选择后的文件或文件夹以蓝底显示,如图 2-132 所示。

(2)选择多个相邻的文件夹:将鼠标光标移动到需要选择的第一个文件或文件夹前的空白区域,此时按住鼠标左键不放并进行拖动,在拖动鼠标的同时会出现蓝色的矩形区域,继续拖动鼠标至所要选择的最后一个文件或文件夹释放,被选择的文件或文件夹以蓝底显示,如图 2-133 所示。

在选择多个相邻文件或文件夹时,用户也可以首先用鼠标左键单击第一个文件夹,然后按住键盘上 Shift 键不放,再单击要选中的最后一个文件夹即可。

图 2‑132　选择单个文件或文件夹

图 2‑133　选择多个相邻的文件或文件夹

（3）选择多个不相邻的文件或文件夹：先按住键盘上 Ctrl 键不放，再依次单击所需选择的文件或文件夹，被选择的对象以蓝底显示，如图 2‑134 所示。

图 2‑134　选择多个不相邻的文件或文件夹

（4）选择全部文件或文件夹：在窗口的工具栏中单击 ▢ 组织▾ 按钮，在弹出的菜单中选择"全选"命令或同时按住键盘上 Ctrl＋A 键，可以选择当前窗口中的所有文件和文件夹，如图 2‑135 所示。

三、重命名文件和文件夹

在新建文件或文件夹后，系统会默认为其命名，如新建文件夹后系统会默认为其命名为"新建文件夹""新建文件夹（1）"等，千篇一律的文件夹名将不利于用户对其进行管理，为了更好地体现文件或文件夹内容，在新建文件或文件夹时用户可以对其进行命名，在实际使用过程中，也可以根据需要随时对已有的文件或文件夹执行重命名操作。下面就以将"新建文件夹"重命名为"图片"为例，讲解其基本操作步骤。

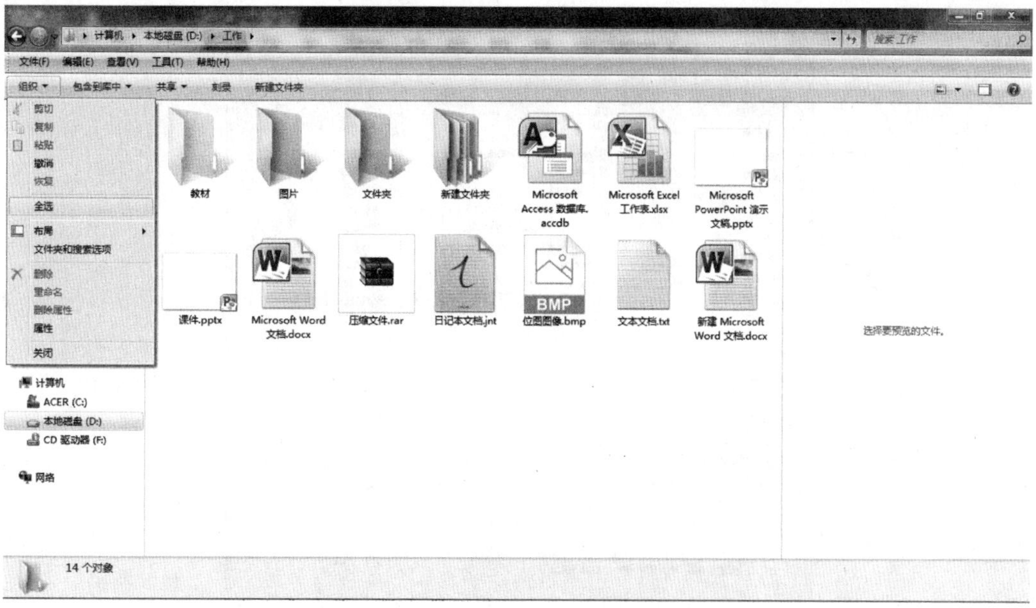

图 2 - 135　选择全部文件或文件夹

步骤 1,选中要进行重命名的文件或文件夹,这里选中"新建文件夹",单击鼠标右键,在弹出的快捷菜单中选择"重命名"命令,如图 2 - 136 所示。

图 2 - 136　选择"重命名"命令

步骤 2,文件夹名称进入蓝底白字的可编辑状态,在其中输入新的名称,这里输入"图片",按 Enter 键即可完成操作,如图 2 - 137 所示。

注意:选择要重命名的文件或文件夹后,按键盘上 F5 键也可以进入文件名称的可编辑状态,即可输入新的文件名称。

同一个文件夹中不允许存在相同的子文件夹名,也不允许出现文件名与扩展名都相同的文件。同时文件名包括字母、数字和汉字等,最多包含 256 个字符(包括空格),即 128 个汉字,但不能包含\ / ：＊？"＜＞和│这些字符。

图 2 – 137 输入新的名称

四、复制文件和文件夹

在实际操作中,用户时常会遇到需要复制文件和文件夹的情况,即在原来的文件或文件夹不作任何改变的情况下,在目标位置重新生成一个完全相同的文件或文件夹,而原位置的文件或文件夹仍然存在。通常,复制文件或文件夹有三种方法,介绍如下。

(1)通过右键菜单复制:用右键单击需要复制的文件或文件夹,在弹出的快捷菜单中选择"复制"命令。然后在目标窗口的菜单栏中选择"编辑"→"粘贴"命令完成复制操作。

(2)通过工具栏复制:单击选择需要复制的文件或文件夹,在文件或文件夹所在窗口的工具栏中单击 组织▼ 按钮,在弹出的菜单中选择"复制"命令。然后在目标窗口的工具栏中单击 组织▼ 按钮,在弹出的菜单中选择"粘贴"命令即可。

(3)直接复制:在资源管理器中,选择需复制的文件或文件夹后,按住键盘上 Ctrl 键同时按住鼠标左键拖动选择的文件或文件夹到树型目录结构的某个磁盘或文件夹图标上释放,可以将文件或文件夹复制到目标磁盘或文件夹中。

下面以将"课件"文档复制到"教材"文件夹为例,讲解复制文件的基本步骤。

步骤 1,选中要复制的文件,如这里选择"课件"文档,单击鼠标右键,在弹出的快捷菜单中选择"复制"命令,如图 2 – 138 所示。

步骤 2,选择目标位置,如这里打开"教材"文件夹,在窗口空白处单击鼠标右键,在弹出的快捷菜单中选择"粘贴"命令,如图 2 – 139 所示。

步骤 3,返回即可查看到文档已完成复制。

注意:用户也可以选择需要复制的文件或文件夹后,同时按住键盘上 Ctrl+C 键,在目标位置再同时按住键盘上 Ctrl+V 键,完成复制操作。

五、移动文件和文件夹

文件和文件夹的位置并不是固定不变的,用户可以根据自己的需要将其移动到需要的位置上。这样的移动不但可以在文件夹内进行,也可以将一个文件夹内的文件移动到另一个文件夹内。移动文件或文件夹的方法与复制操作类似,下面以"课件"文档移动到"教材"文件夹为例,讲解其基本

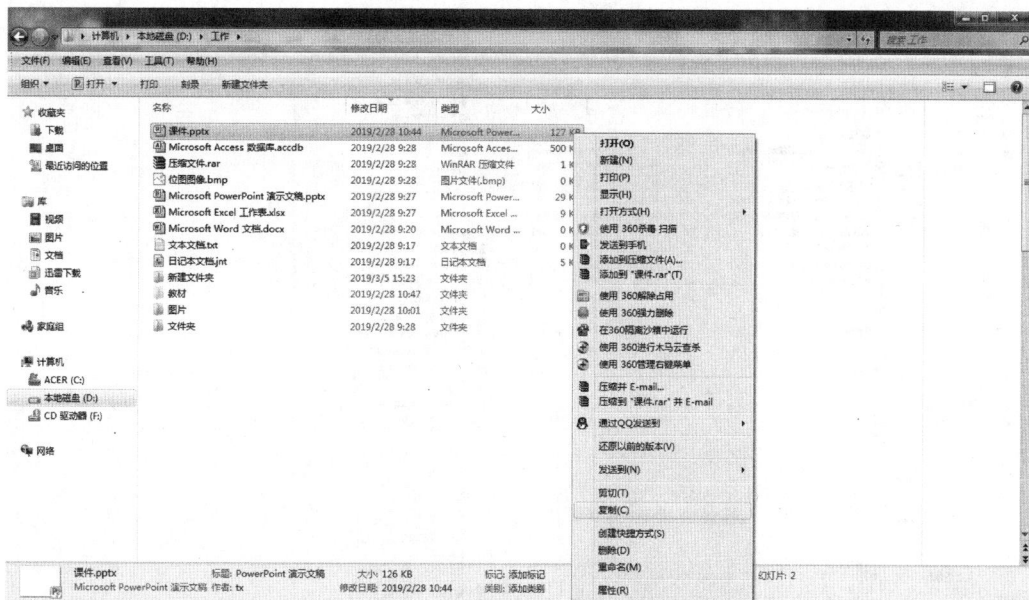

图 2-138　选择"复制"命令

图 2-139　选择"粘贴"命令

步骤。

步骤 1，选中要移动的文件，如这里选择"课件"文档，单击鼠标右键，在弹出的快捷菜单中选择"剪切"命令，如图 2-140 所示。

步骤 2，选择目标位置，如这里打开"教材"文件夹，在窗口空白处单击鼠标右键，在弹出的快捷菜单中选择"粘贴"命令，如图 2-141 所示。

六、删除文件或文件夹

若不再需要多余的文件或文件夹，即可将其删除，以便释放更多的磁盘空间供其他文件使用。在 Windows 7 中，删除文件或文件夹分为删除到回收站和永久删除两种方法，下面分别进行介绍。

（一）删除到回收站

删除文件或文件夹到回收站是使用计算机的基本操作之一，通常，删除文件或文件夹主要有两种方

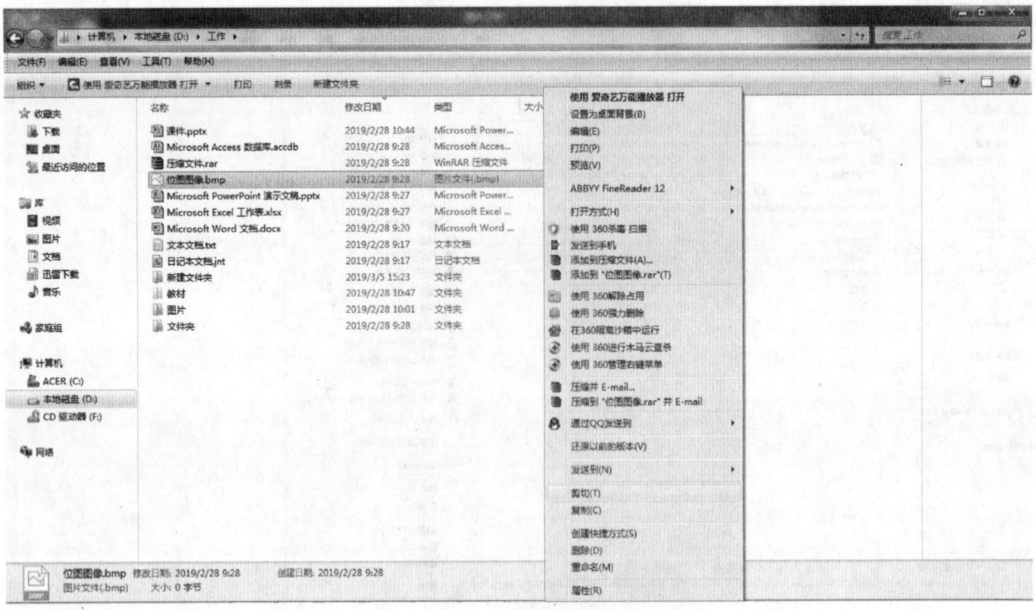

图 2‑140　选择“剪切”命令

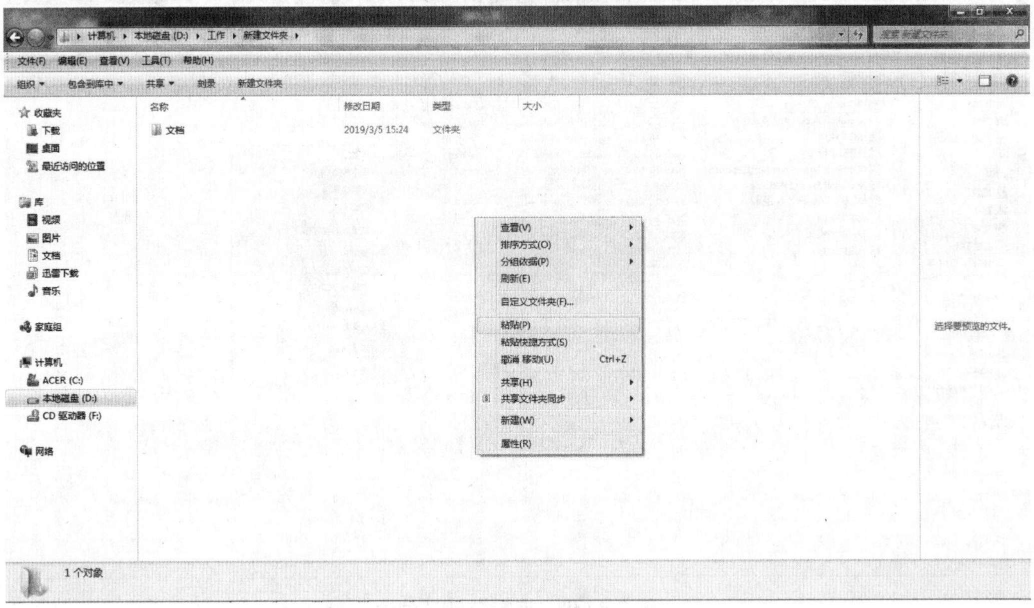

图 2‑141　选择“粘贴”命令

法,分别介绍如下。

（1）选中要删除的文件和文件夹,然后单击鼠标右键,在弹出的快捷菜单中选择“删除”命令,或按键盘上 Delete 键。

（2）选中要删除的文件和文件夹,然后按住鼠标左键不放,将其拖动到桌面上的 █ 图标上,释放鼠标即可。

用上述方法删除文件和文件夹时,系统会提示是否确定删除该文件和文件夹,单击 █ 按钮,确定删除,单击 █ 按钮则可以取消删除操作。

当执行了删除文件或文件夹操作后,可以发现桌面“回收站”图标由 █ 状变为 █ 状。

（二）永久删除

有时候不想让删除的文件放入回收站，而是直接从硬盘上将它们永久地删除掉，其方法为，选择要删除的文件或文件夹，直接按键盘上 Shift＋Delete 键，在弹出的对话框中单击 是(Y) 按钮即可完成删除操作，如图 2－142 所示。

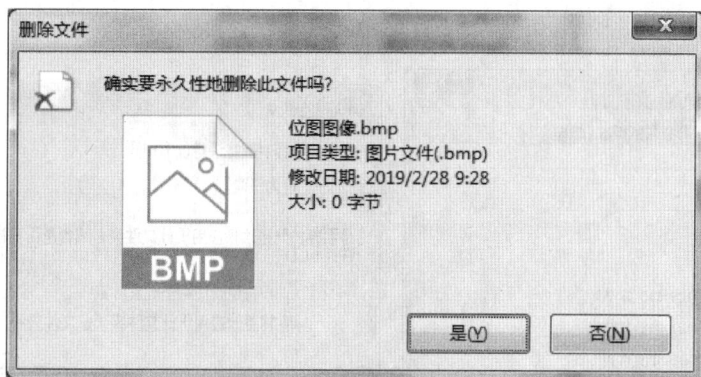

图 2－142　永久删除文件夹

七、更改文件和文件夹属性

通常，Windows 系统默认新创建的文件和文件夹属性为"存档"，即不仅可以打开该属性的文件进行浏览，还可以修改其内容并进行保存。此外，系统还提供了只读、隐藏两种属性供用户选择，下面分别介绍如下。

只读：该文件和文件夹只能打开并阅读其内容，但不能修改其内容，即进行修改后不能在当前位置进行保存。

隐藏：设置隐藏属性后这类文件和文件夹将被隐藏起来，打开其所在窗口不会被看见，但可通过其他设置显示隐藏的文件和文件夹。

下面就以设置"教材"文件夹属性为"只读"为例，介绍其基本步骤。

步骤 1，选择要设置属性的文件夹，这里选中"教材"文件夹，单击鼠标右键，在弹出的快捷菜单中选择"属性"命令，如图 2－143 所示。

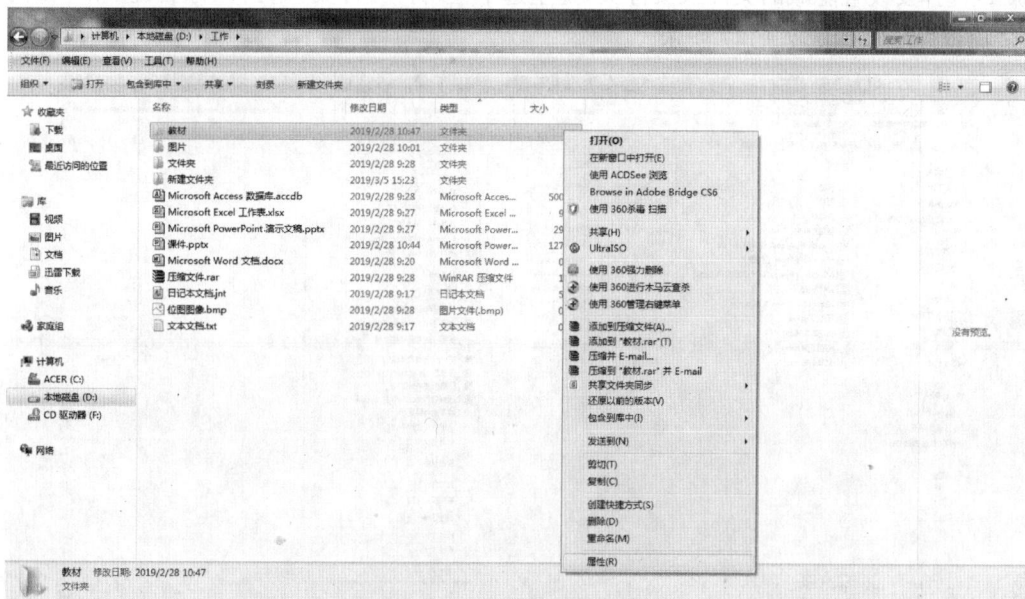

图 2－143　选择"属性"命令

步骤2，弹出"教材 属性"对话框，在"常规"选项卡的"属性"栏中选择属性，这里选中 ☑只读(仅应用于文件夹中的文件)(R)单选项，单击 确定 按钮，如图2-144所示。

步骤3，弹出"确认属性更改"对话框，默认其中的选项，单击 确定 按钮，如图2-145所示。

步骤4，完成设置后，若再对该文件夹中的内容进行更改操作时，则将弹出提示对话框，提示更改失败，如图2-146所示。

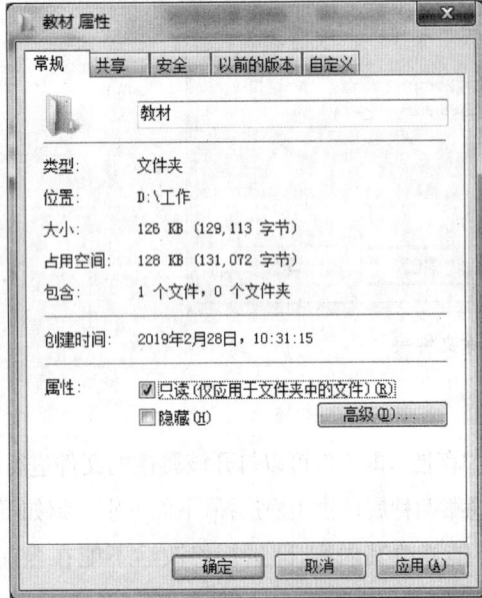

图2-144　选择属性

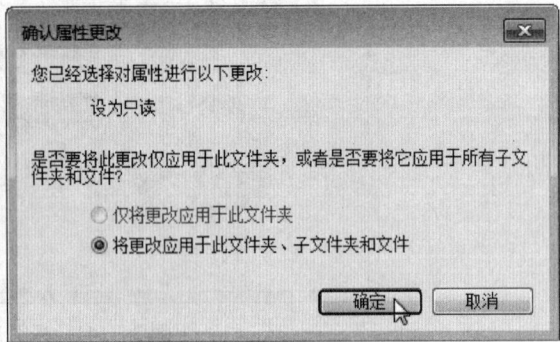

图2-145　单击"确定"按钮

图2-146　提示对话框

八、隐藏文件与文件夹

在日常工作中，为了避免文件内容被随意查看，用户可以设置隐藏文件与文件夹。下面以隐藏"教材"文件夹为例，讲解其基本步骤。

步骤1，选择要设置隐藏的文件或文件夹，这里选中"教材"文件夹，单击鼠标右键，在弹出的快捷菜单中选择"属性"命令，如图2-147所示。

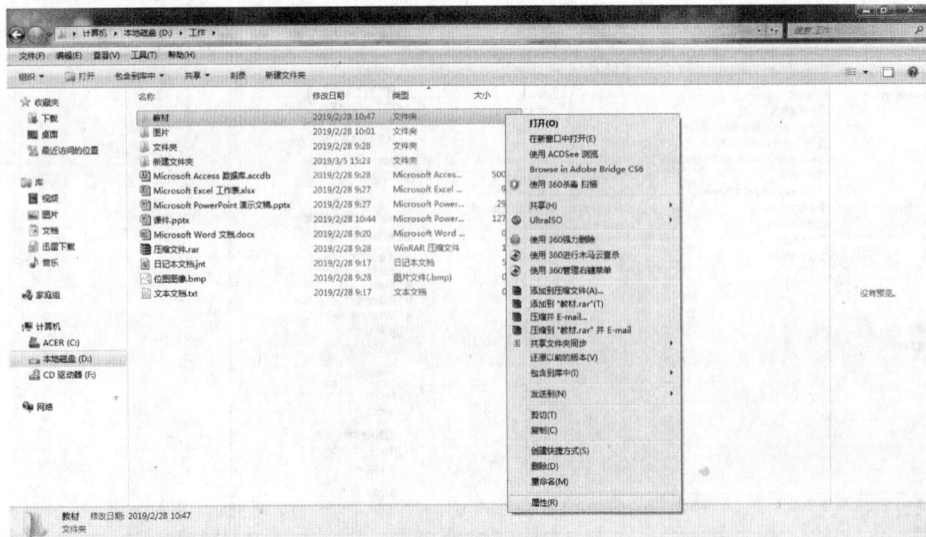

图2-147　选择"属性"命令

步骤 2,弹出"教材 属性"对话框,在"常规"选项卡的"属性"栏前选中 ☑隐藏(H) 单选项,单击 确定 按钮,如图 2-148 所示。

步骤 3,弹出"确认属性更改"对话框,选中 ◉仅将更改应用于此文件夹 单选项,单击 确定 按钮,如图 2-149 所示。

步骤 4,返回即可查看到该文件夹已隐藏,如图 2-150 所示。

在窗口中选择要设置的文件或文件夹后,在工具栏中单击 组织▼ 按钮,在弹出的菜单中选择"属性"命令,也可以弹出"属性"对话框进行设置。

九、显示文件与文件夹

在为文件与文件夹设置了隐藏后,若需要查看其中内容,就需要执行显示文件与文件夹操作。显示文件与文件夹的方法很简单,下面以显示隐藏的"房地产"文件夹,讲解其基本操作。

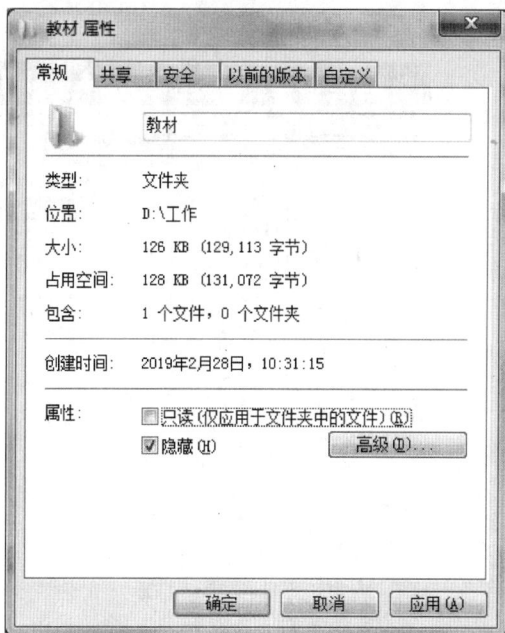

图 2-148　选中"隐藏"单选项

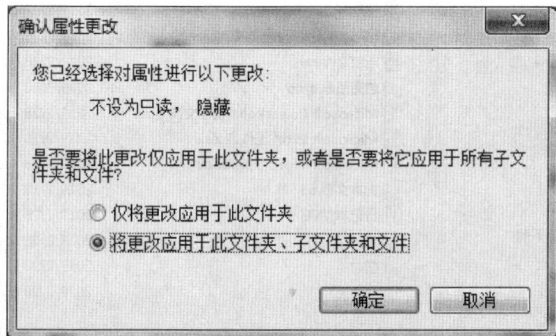

图 2-149　单击"确定"按钮

图 2-150　隐藏后的效果

步骤 1,打开任意窗口,在工具栏中单击 组织▼ 按钮,在弹出的菜单中选择"文件夹和搜索选项"命令,如图 2-151 所示。

步骤 2,弹出"文件夹选项"对话框,单击"查看"选项卡,在中间列表框的"隐藏文件和文件夹"选中 ◉显示隐藏的文件、文件夹和驱动器 单选项,单击 确定 按钮,如图 2-152 所示。

步骤 3,返回对话框,即可查看到隐藏的文件或文件夹显示为浅色,如图 2-153 所示。

相关知识

要熟练运用计算机中的数据,首先要明白什么是文件、文件夹,下面分别对其进行介绍。

图 2 - 151　单击"组织"按钮

图 2 - 152　单击"确定"按钮

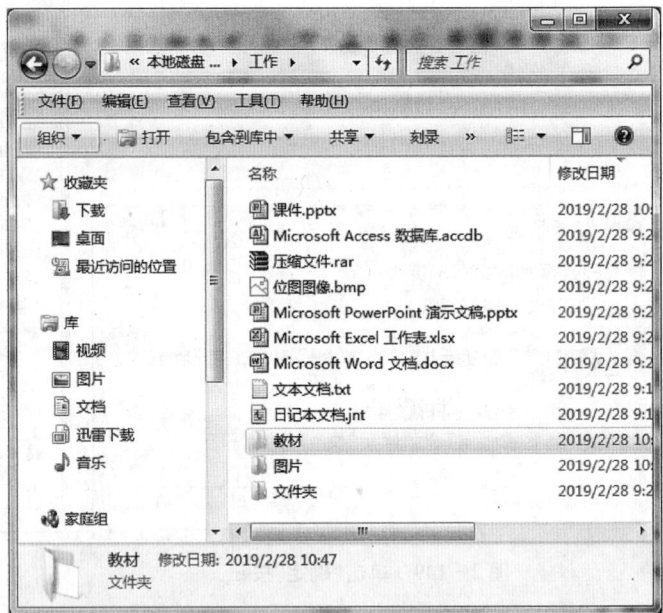

图 2 - 153　显示隐藏文件夹

一、文件和文件夹

文件是信息和数据最基本的存储形式,在实际使用中,用户可能已经注意到,计算机里的数据分为各种类型,如文档、图片、音乐和应用程序等,不同类型的数据对应的文件图标和扩展名均不相同,用户可以通过文件图标快速了解到文件类型,在实际使用时常见的文件类型如表 2 - 5所示。

无论何种类型的文件,均由文件图标、文件名称和扩展名等组成。文件夹则是保存文件的场所。将同一类别的文件放在相同的文件夹中,可以方便查找和使用,极大地提高工作效率。文件夹中还可以创

表 2 - 5　常用文件类型

文件图标	扩 展 名	文件类型	文件图标	扩 展 名	文件类型
	.txt	记事本文件		.jpg	图像文件
	.doc	Word 文件		.exe	应用程序
	.xls	Excel 文件		.hlp	帮助文件
	.ppt	PowerPoint 文件		.rar	WinRAR 压缩文件
	.dll/.ocx	系统文件		.wmv	媒体文件
	.html	网页文件		.chm	已编译的帮助文件

建子文件夹,以方便进一步细分文件的类别。子文件夹中也可以保存文件和文件夹,但文件中不能包含文件夹。与文件一样,文件夹也由文件夹图标和文件夹名称两部分组成。

在 Windows 7 中,文件夹图标会根据文件夹中的内容发生变化,即文件夹中有文件时,文件夹图标为 ,文件夹中没有文件时,则文件夹图标为 。

二、文件的路径

在介绍窗口的组成时,细心的用户已经注意到,其地址栏中即可查看到当前文件或文件夹在计算机中的保存位置,即文件的路径。通常,路径会包括磁盘名称、文件夹名称和文件名称几部分,它们中间用 ▶ 隔开,如图 2 - 154 所示,表示当前路径为"计算机"→"本地磁盘(D)"→"工作"文件夹下的"课件"文件。

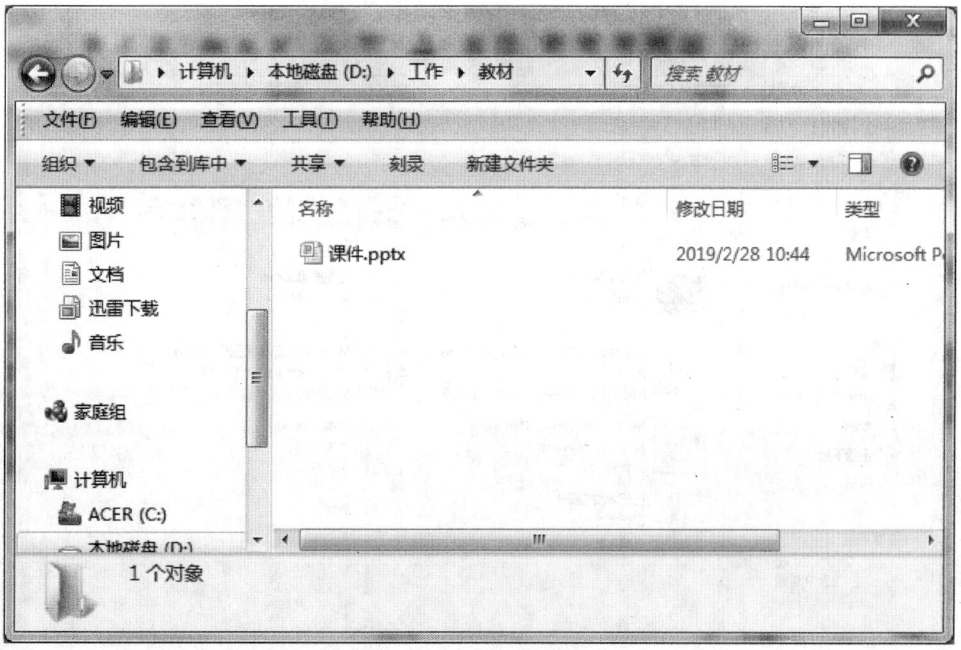

图 2 - 154　文件夹路径

三、文件的视图方式

为了便于用户操作,Windows 7 为用户提供了图标、列表、详细信息、平铺和内容等多种文件和文件夹显示方式,用户可以结合需要选择合适的视图方式,从而提高工作效率。下面以将文件视图方式设置为平铺为例,讲解其基本步骤。

步骤 1,打开要设置视图方式的文件夹窗口,在窗口中的空白处单击鼠标右键,在弹出的快捷菜单中选择"查看"→"平铺"命令,如图 2-155 所示。

步骤 2,返回即可查看到平铺的显示效果,如图 2-156 所示。

注意:用户也可以在窗口的工具栏中单击"更改您的视图"按钮,在弹出的菜单中也可对显示方式进行选择。

图 2-155　选择"平铺"命令

图 2-156　平铺显示的效果

🔧 任务总结

通过本任务的学习,用户了解了文件及文件夹的结构、属性及类型,重点掌握了文件与文件夹的基础操作,为我们管理好计算机的资源奠定了良好的基础。

任务二 优化设置计算机

🖥 任务描述

控制面板是 Windows 7 中重要的系统工具,它可以方便用户查看系统状态、更改 Windows 的设置。本次任务要求修改系统的外观和个性化、调整时间、查看用户属性、添加硬件、删除程序和设置网络。

📝 任务目标

- 能通过控制面板设置 Windows 7 工作环境;
- 能通过控制面板设置优化 Windows 7 操作系统。

📋 任务实现

控制面板是专门用于 Windows 外观和系统设置的工具,可用来修改系统设置。Windows 7 的控制面板提供以类别、大图标和小图标的查看方式,默认是按类别进行查看。

打开控制面板的方法有很多种,最常用的是以下两种:

(1) 单击开始菜单,选择控制面板项目。

(2) 在开始搜索框中输入"控制面板",会搜索到"控制面板"项目,然后打开,如图 2-157 所示。

图 2-157 控制面板窗口

一、外观和个性化环境

在"控制面板"窗口中单击"外观和个性化"项,打开"外观和个性化"设置窗口,可以进行更改桌面项目的外观、应用主题或屏幕保护程序、自定义开始菜单和任务栏等操作。

在"外观和个性化"设置窗口，单击"个性化"文字链接，打开"个性化"窗口，如图2-158所示。这里可以更改计算机上的视觉和声音效果，单击选择某个主题即可更改桌面背景、窗口颜色、声音和屏幕保护程序。

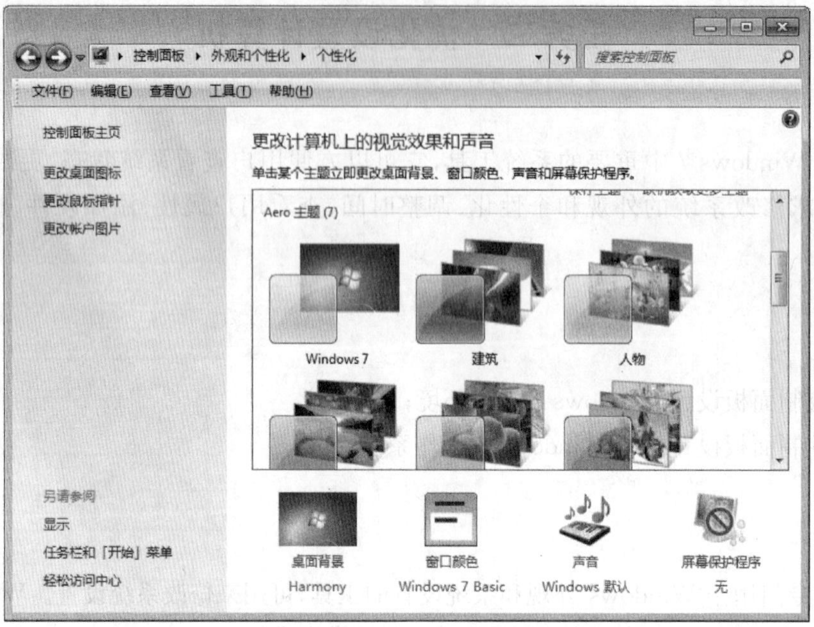

图2-158 "个性化"窗口

"主题"一词特指 Windows 的外观，是计算机上的图片、颜色和声音的组合。它包括桌面背景、屏幕保护程序、窗口颜色和声音方案。某些主题也可能包括桌面图标和鼠标指针。

Windows 提供了多个主题。可以选择 Aero 主题使计算机个性化，也可以通过单击窗口下方的桌面背景、窗口颜色、声音和屏幕保护程序图标，打开相应的设置窗口，自行创建主题。

二、时钟、语言和区域

在"控制面板"窗口中单击"时钟、语言和区域"项，打开"时钟、语言和区域"设置窗口。

（一）日期与时间的设置

Windows 7 在任务栏的通知区域显示了系统的日期和时间，如果数值有误，则可对系统日期和时间进行调整。操作步骤如下。

步骤1，在"时钟、语言和区域"设置窗口中，选择"日期和时间"文字链接，打开"日期和时间"对话框。

步骤2，选择"日期和时间"选项卡，单击"更改日期和时间"按钮。

步骤3，打开"日期和时间设置"对话框（见图2-159），在"时间"数值框中调整时间，然后在"日期"列表框中选择日期，单击"确定"按钮。

步骤4，返回到"日期和时间"对话框（见图2-160），选择"Internet 时间"选项卡，单击"更改设置"按钮，打开"Internet 时间设置"对话框，单击"立即更新"按钮，将当前时间与 Internet 时间同步一致，单击"确定"按钮。

步骤5，返回到"日期和时间"对话框中，单击"确定"按钮完成设置。

注意：计算机时钟与 Internet 时间服务器同步，意味着可以更新计算机上的时钟，使与时间服务器上的时钟匹配，这有助于确保计算机上的时钟是准确的。时钟通常每周更新一次，而如要进行同步，必须将计算机连接到 Internet。

图 2-159 "日期和时间设置"对话框

图 2-160 "Internet 时间设置"对话框

（二）添加和设置输入法

输入文字内容时，就需要相应的输入法来控制。为了快速寻找到自己的输入法，经常需要对其进行设置。

1. 添加输入法

在输入法列表中添加系统自带的输入法，操作步骤如下。

步骤 1，在"时钟、语言和区域"设置窗口中，选择"区域和语言"文字链接，打开"区域和语言"对话框。选择"键盘和语言"选项卡，单击"更改键盘"按钮。

步骤 2，打开"文本服务和输入语言"对话框（见图 2-161），单击"添加"按钮。

步骤 3，打开"添加输入语言"对话框（见图 2-162），选中需添加输入法的复选框，这里选中"简体中文全拼（版本 6.0）"输入法前面的复选框，单击"确定"按钮。

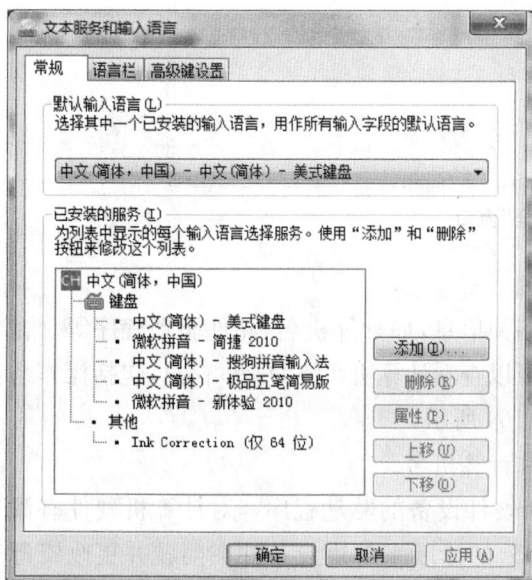

图 2-161 "文本服务和输入语言"对话框

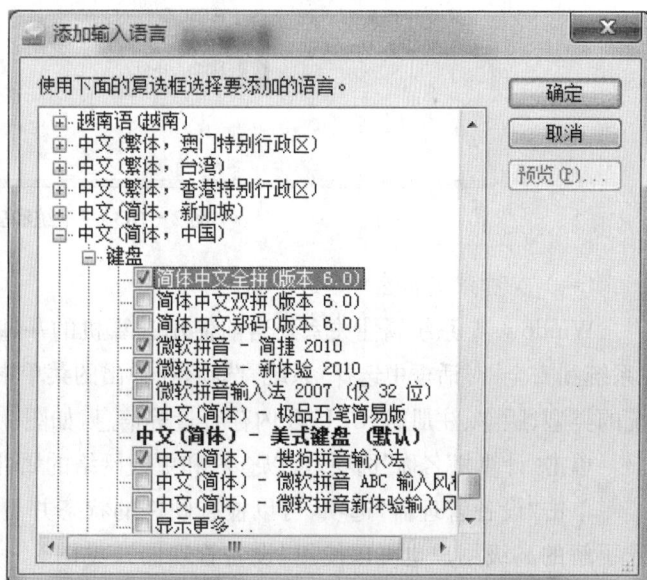

图 2-162 "添加输入语言"对话框

步骤4,返回"文本服务和输入语言"对话框,可以看到"简体中文全拼(版本6.0)"输入法已经添加到输入法列表中了,单击"确定"按钮完成设置。

2. 删除输入法

打开"文本服务和输入语言"对话框,单击选中需要删除的输入法,单击"删除"按钮即可。

3. 设置默认输入法

将经常使用的输入法设置为默认输入法,在输入内容时就无须再进行切换。方法是打开"文本服务和输入语言"对话框,在"默认输入语言"栏下拉列表框中选择要设置为默认输入法的选项,单击"确定"按钮,完成设置。

技巧:在语言栏中的"输入法"按钮上单击鼠标右键,在弹出的快捷菜单中选择"设置"命令,可快速打开"文本服务和输入语言"对话框。

三、系统设置与安全

在"控制面板"窗口中单击"系统和安全"项,即可进入"系统和安全"设置窗口(见图2-163),可以查看计算机系统的相关信息,还可以对系统做病毒防护、系统更新(Windows Update)、系统备份和还原等方面的设置和操作。

图2-163 "系统和安全"窗口

(一)查看系统属性

Windows 7系统属性关系到当前使用计算机的一些相关信息,如计算机名、硬件驱动程序等。在"系统和安全"对话框中选择"系统"选项,在弹出的菜单中可以查看计算机系统的基本信息,包括操作系统的类型、版本、注册名、CPU及内存容量等信息,如图2-164所示。

单击"计算机名称"选项,可以查看和更改网络的属性和计算机名。

单击"设备管理器"选项,可以检查硬件的状态并更新硬件设备的驱动程序。对计算机硬件有深入了解的高级用户也可以使用"设备管理器"(见图2-165)的诊断来解决设备冲突问题并更改资源设置。

图 2-164　计算机的基本信息

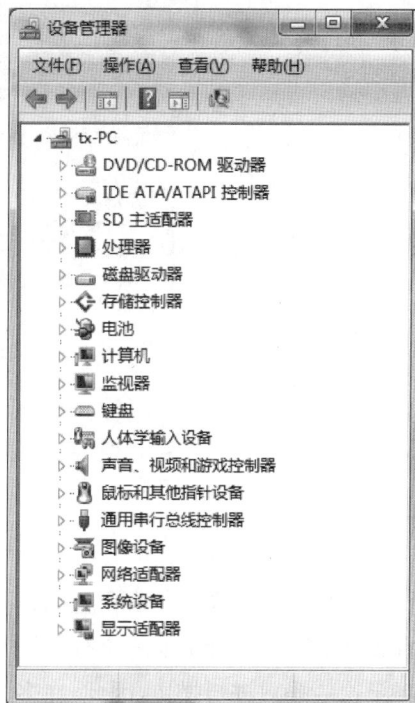

图 2-165　设备管理器

（二）Windows 防火墙

防火墙可以是软件,也可以是硬件。它能够检查来自 Internet 或网络的信息,然后根据防火墙设置阻止或允许这些信息通过计算机,起到防止病毒入侵、保护系统安全的作用。

在"系统和安全"窗口,单击"打开或关闭 Windows 防火墙"文字链接,进入"Windows 防火墙"窗口,选择左侧导航窗格中的"打开或关闭 Windows 防火墙"文字链接(见图 2-166),进入 Windows 防火墙"自定义设置"窗口,在当前所在网络位置栏中选中"启用 Windows 防火墙"单选按钮,单击"确定"按钮完成设置。

（三）Windows Update

Windows Update 是 Microsoft 提供的一种自动更新工具,专用于为 Windows 操作系统软件和基于 Windows 的硬件提供更新程序。更新程序可以修补已知的安全漏洞,提供驱动程序和软件的升级。

在"系统和安全"窗口,单击"Windows Update"文字链接,进入"Windows Update"窗口,

图 2-166　Windows 防火墙

选择左侧导航窗格中的"更改设置"文字链接(见图 2-167),打开"更改设置"窗口,在其中可以选择命令对更新的类型、更新的时间以及可使用更新的用户等内容进行设置。单击"确定"按钮完成设置。

图 2-167　Windows Update

四、用户账户 *

用户账户就像一个身份证明,可以确定每一位使用计算机的用户的身份。在 Windows 7 中,账户有管理员账户和标准账户之分,其中管理员账户拥有所有账户的最高权限,许多系统设置和操作都需要登录这一账户进行操作,因此,在多人共同使用一台计算机时,创建不同的用户账户就显得十分必要了。

（一）创建账户

每一个用户都可以在 Windows 7 中创建属于自己的账户。

步骤 1,单击"开始"按钮 ,在弹出的"开始"菜单中选择"控制面板"命令,如图 2-168 所示。

步骤 2,弹出"控制面板"窗口,在"用户账户和家庭安全"栏下单击 添加或删除用户帐户 超级链接,如图 2-169 所示。

图 2-168　"开始"菜单

图 2-169　"控制面板"窗口

---

* 书中截图中"帐户"的规范形式应为"账户"。——编者注

注意:在"控制面板"窗口右上方的搜索栏里输入"用户",然后在搜索到的内容中单击"对账户进行更改",也可以打开"管理账户"窗口。

步骤3,弹出"管理账户"窗口,单击 创建一个新帐户 超级链接,如图2-170所示。

步骤4,弹出"创建新账户"窗口,在"命名账户并选择账户类型"下方的文本框中输入新账户的名称,如这里输入"Amy",单击下方的单选项确定新账户类型,这里选中 ◉ 标准用户(S) 单选项,单击 创建帐户 按钮,如图2-171所示。

图2-170 "管理账户"窗口　　　　　图2-171 单击"创建账户"按钮

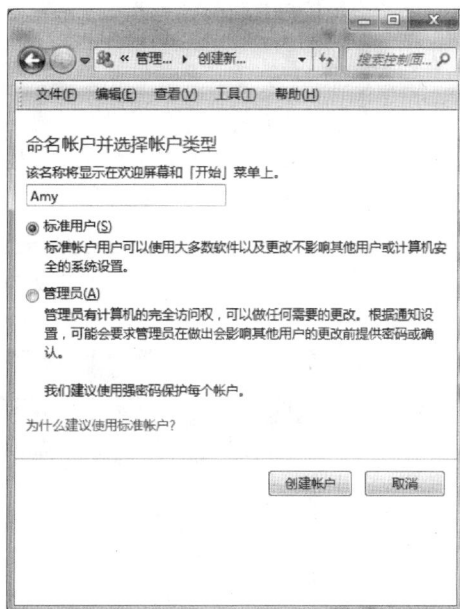

步骤5,返回"管理账户"窗口,在中间的列表框中即可查看到新创建的账户了,如图2-172所示。

(二)设置账户

除了创建账户,在实际使用时,用户还需要对账户进行一系列的设置,如更改账户名称、更改账户头像、为账户设置密码、更改账户类型等。

账户名称即显示在欢迎屏幕和"开始"菜单中的名称,实际上它并不是指拥有设置访问权限的用户名,所以用户可以按照自己的喜好随意更改它,而不必担心对其他设置造成影响。

下面就以管理账户名"Amy"为例,讲解其基本步骤。

步骤1,执行"开始"⇨"控制面板"⇨"用户账户和家庭安全"⇨"用户账户"命令,如图2-173所示。

步骤2,在"更改用户账户"中单击"管理其他账户"中单击"Amy标准用户",如图2-174所示。

图2-172 完成新账户的创建

从上图中,我们可以看到可以更改账户名称、密码、图片、更改账户类型和删除账户等操作。

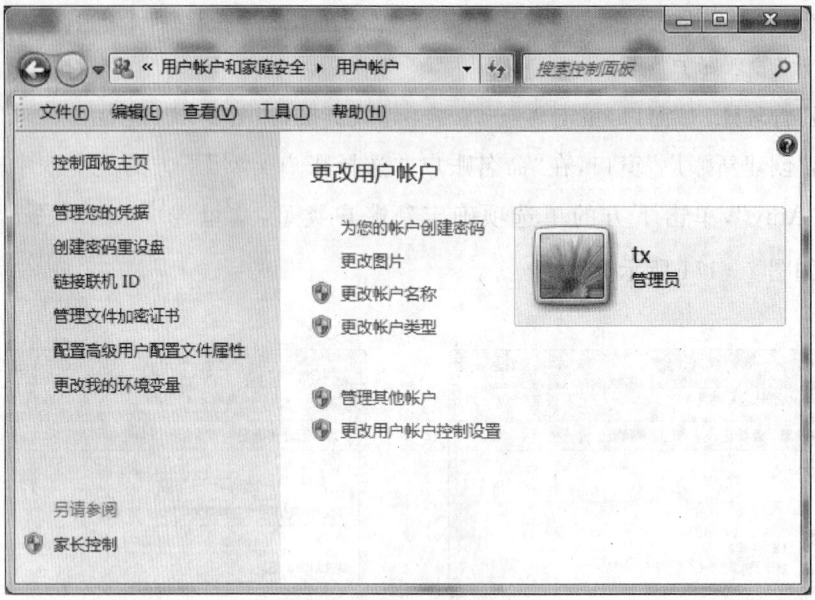

图 2 - 173 用户账户

图 2 - 174 "更改账户"窗口

五、硬件和声音

硬件和声音的设置,在系统中是很重要的一部分,主要包括"设备和打印机"的添加、"鼠标"属性的设置、"媒体程序的自动播放"、"声音属性"的设置等。

在"控制面板"窗口中单击"硬件和声音"项,打开"硬件和声音"设置窗口,如图 2 - 175 所示。在该设置窗口中可以进行添加或删除打印机和其他硬件、更改系统声音、自动播放 CD、节省电源、更新设备驱动程序等方面的设置。

单击"设备和打印机"项,进入设备和打印机设置窗口,可以查看连接到计算机的所有设备,"设备和打印机"窗口中所显示的通常是外部设备,包括随身携带以及偶尔连接到计算机的便携设备、插入到计算机上 USB 端口的所有设备、已连接到计算机的所有打印机、连接到计算机的无线设备、连接到计算机的兼容网络设备等。

图 2-175 "硬件和声音"设置窗口

在"设备和打印机"文件夹窗口中可以执行如下操作：

为计算机添加新的无线或网络设备或打印机；

查看连接到计算机的所有外部设备和打印机，以及有关设备的信息；

检查特定设备是否正常工作；

使用设备执行任务；

修复不正常工作的设备。

六、程序

在"控制面板"窗口单击"程序"项，打开"程序"设置窗口(见图 2-176)，可以进行卸载程序、打开或关闭 Windows 功能、卸载小工具和从网络或通过联机获取新程序等操作。

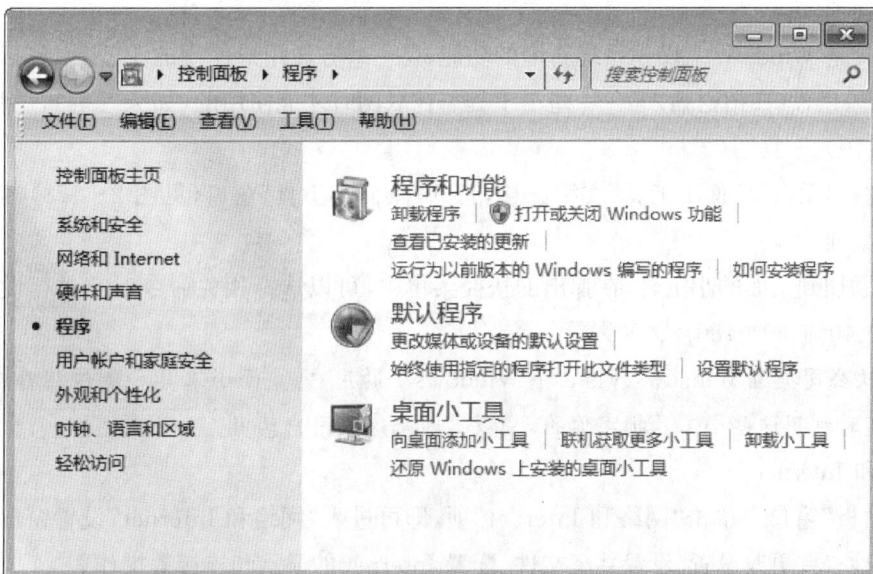

图 2-176 "程序"设置窗口

（一）程序和功能

如果某个程序不再使用，则可以从计算机上卸载该程序，以释放硬盘上的空间。在"程序"窗口，单击"程序和功能"文字链接，打开"程序和功能"窗口。在窗口中可以卸载或更改程序，也可以通过添加或删除某些选项来更改开或修复程序配置。方法是鼠标选中某个程序，单击窗口工具栏的"卸载""更改""修复"即可，如图 2 - 177 所示。

图 2 - 177 "程序和功能"窗口

注意：不是所有的程序都包含"更改"或"修复"程序选项，有些程序只提供"卸载"选项。

（二）桌面小工具

桌面小工具是 Windows 7 操作系统新增的功能，是一些方便用户使用的小工具，包括查看时间、天气、CPU 仪表盘、摆设（如招财猫）等。一些小工具需在联网时才能使用的（如天气等），一些不用联网就能使用（如时钟等）。

在"程序"窗口单击"桌面小工具"文字链接，打开"桌面小工具"窗口（见图 2 - 178），双击小工具即可将其添加到桌面。

右键单击添加到桌面的小工具，在弹出的快捷菜单中，可以选择相关命令对它进行设置，如可以选择透明度 20%、40%、60%、80%、100%等。

注意：微软公司提醒 Windows Vista 和 Windows 7 的用户，桌面小工具和侧边栏存在严重的安全漏洞，黑客可随时利用这些小工具损害你的计算机，因此建议用户禁用。

七、网络和 Internet

在"控制面板"窗口中单击"网络和 Internet"项，即可进入"网络和 Internet"设置窗口，在这里可以进行网络状态检查并更改设置、设置共享文件、配置 Internet 的显示和连接等操作。

设置计算机的本地网络连接，操作步骤如下。

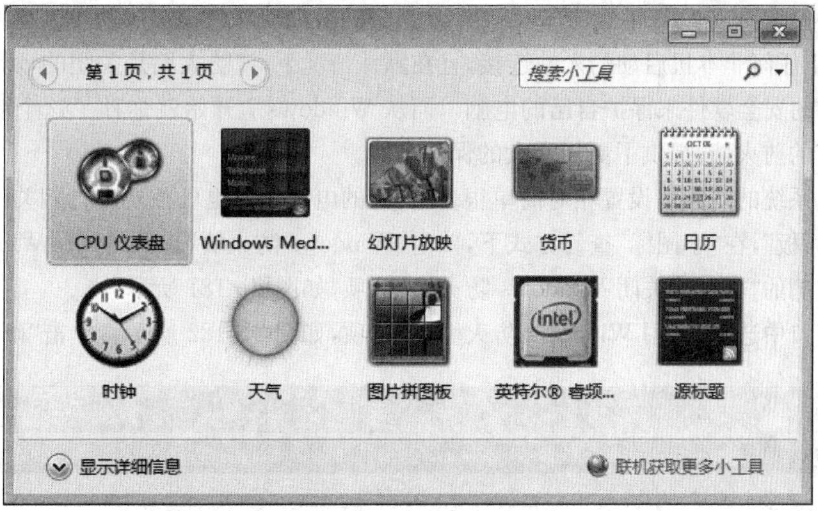

图 2－178 "桌面小工具"窗口

步骤 1,单击"网络和共享中心"文字链接,打开"网络和共享中心"窗口。

步骤 2,单击左侧窗格中的"更改适配器设置"命令,打开"网络连接"窗口,选择"本地连接"图标,单击工具栏中"更改此连接的设置"命令。

步骤 3,打开"本地连接属性"对话框(见图 2－179),在列表框中选择"Internet 协议版本 4(TCP/IPV4)"选项,单击"属性"按钮。

步骤 4,打开"Internet 协议版本 4(TCP/IPV4)属性"对话框(见图 2－180),选中"使用下面的 IP 地址"单选按钮,设置 IP 地址、子网掩码、默认网关和 DNS 服务器地址等,单击"确定"完成设置。

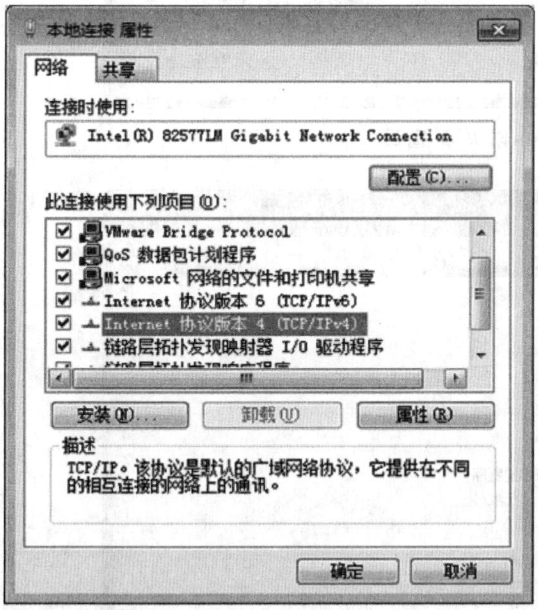

图 2－179 "本地连接属性"对话框

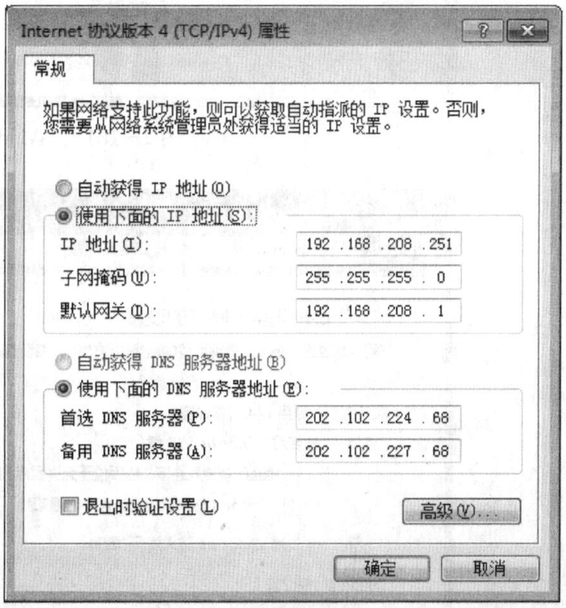

图 2－180 "Internet 协议版本 4(TCP/IPv4)属性"对话框

相关知识

一、利用防火墙来保护系统安全

大部分人工作和生活都离不开互联网,但是当前的互联网安全性实在令人担忧,防火墙对于个人电脑来说就显得日益重要,在 XP 年代,Windows XP 自带的防火墙软件仅提供简单基本的功能,且只能保护入站流量,阻止任何非本机启动的入站连接,且在默认情况下,该防火墙是关闭的,所以我们只能另外去选择专业可靠的安全软件来保护自己的电脑。而从 Windows 7 开始就弥补了这个缺憾,全面改进了 Windows 7 自带的防火墙,提供了更加强大的保护功能。

Windows 7 系统的防火墙设置相对简单很多,普通的电脑用户也可独立进行相关的基本设置。

打开"控制面板",在"小图标"查看方式下,单击"Windows 防火墙"选项,打开"Windows 防火墙"窗口。单击窗口左侧的"打开或关闭 Windows 防火墙"选项,如图 2-181 所示。

在打开的窗口中选中"启用 Windows 防火墙"单选项,如图 2-182 所示。单击"确定"按钮即可。

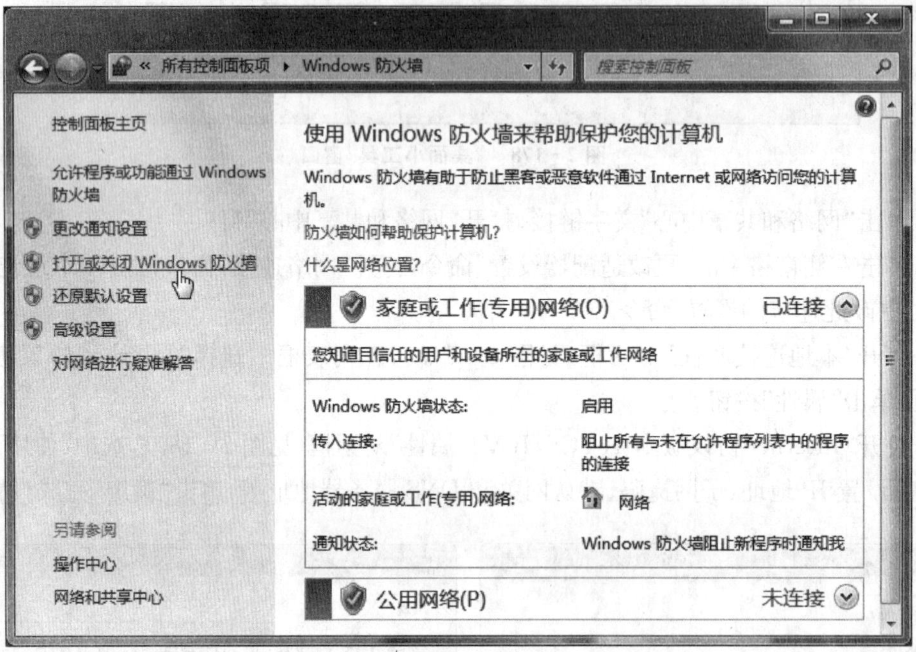

图 2-181　"Windows 防火墙"窗口

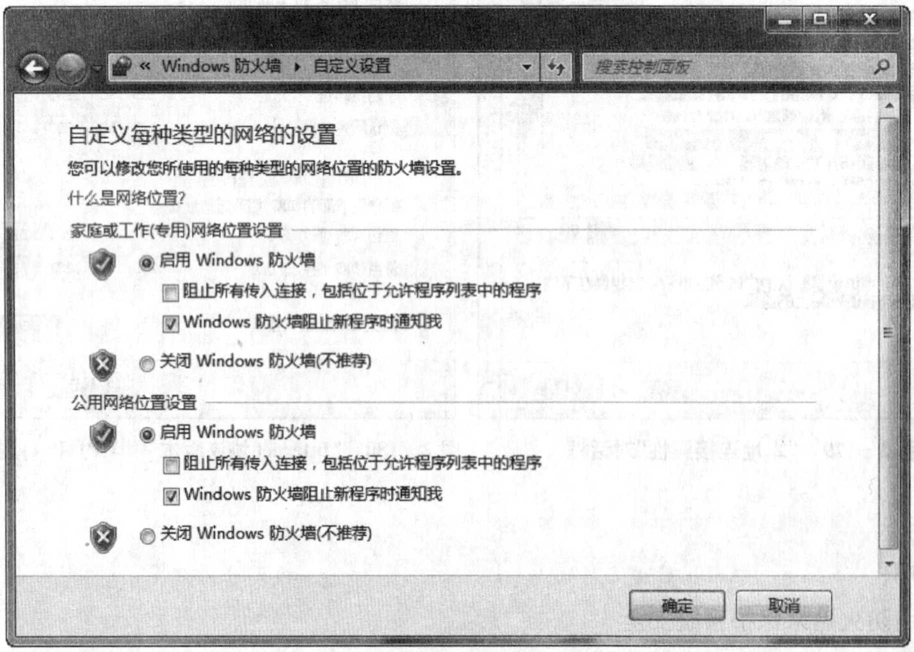

图 2-182　启用"Windows 防火墙"

二、打开 Windows Defender 实时保护

开启 Windows Defender 实时保护功能,可以最大限度地保护系统安全,操作步骤如下。

打开"控制面板",在"小图标"查看方式下,单击"Windows Defender"选项,打开"Windows Defender"窗口,如图 2-183 所示。

单击窗口上方的　工具　按钮,打开"工具和设置"窗口,单击"选项"链接,如图 2-184 所示。

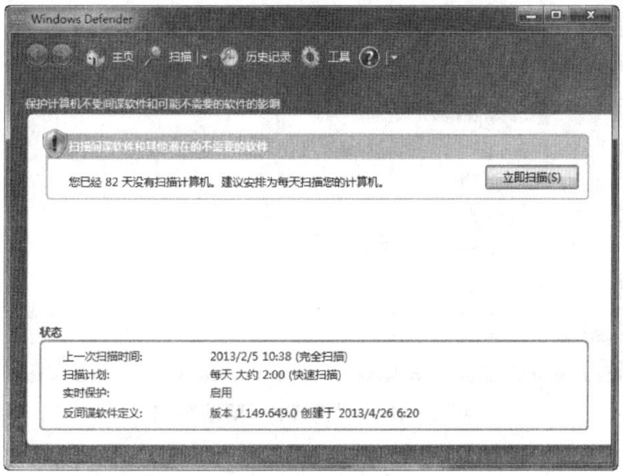

图 2-183 "Windows Defender"窗口

图 2-184 "工具和设置"窗口

在"选项"窗口中,首先单击选中左侧的"实时保护"选项,然后在右侧窗格中选中"使用实时保护"和其下的子项,如图 2-185 所示。单击 保存(S) 按钮即可。

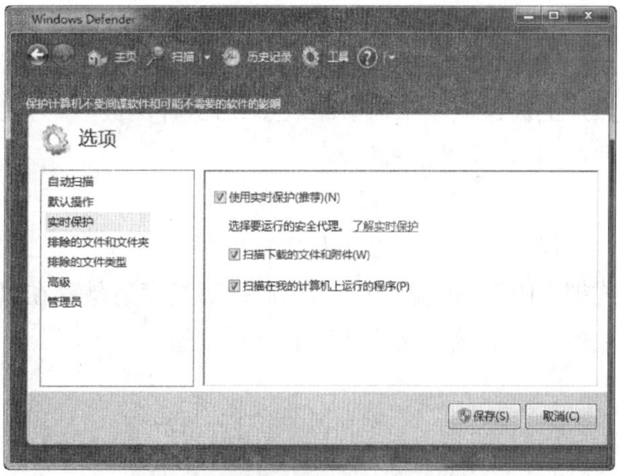

三、"帮助"功能的认识和使用

Windows 7 帮助功能的界面有较大改变,用户可以通过帮助功能了解 Windows 7 入门简介、新增功能等,也可以了解其他功能的知识。

(1) 单击"开始"按钮,在打开的菜单中单击"帮助和支持"按钮,打开"Windows 帮助和支持"窗口,如图 2-186 所示。单击界面中的链接即可打开相应的界面。

图 2-185 "选项"窗口

(2) 如果需要了解其他方面的帮助,在"搜索"帮助文本框中输入需要帮助的关键词,如"记事本",单击"搜索帮助" 🔍 按钮,即可查找到相关的帮助界面,如图 2-187 所示。

(3) 单击界面中相应的链接,即可了解对应的更详细的信息。

🔧 任务总结

通过本任务的学习,重点掌握了控制面板的操作和使用,包括外观和个性化的设置、鼠标和键盘的设置、改变日期和时间、安装或删除程序、系统属性的设置、用户账号的管理、打印机安装等属性的设置。

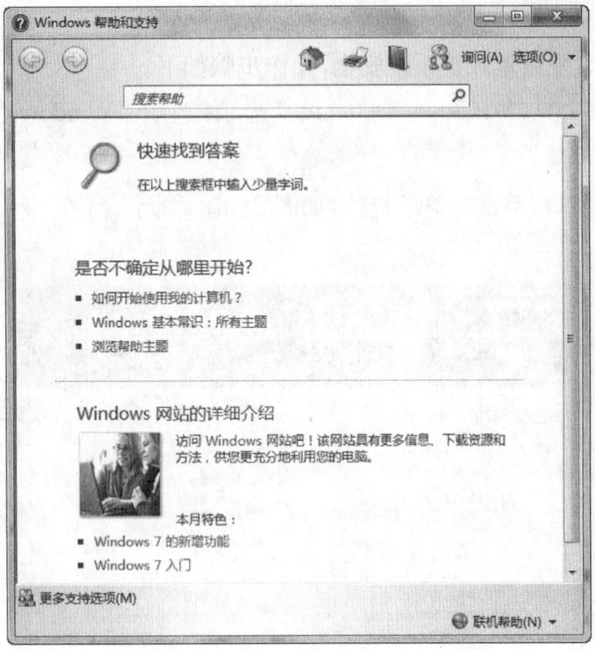

图 2-186 "Windows 帮助和支持"窗口

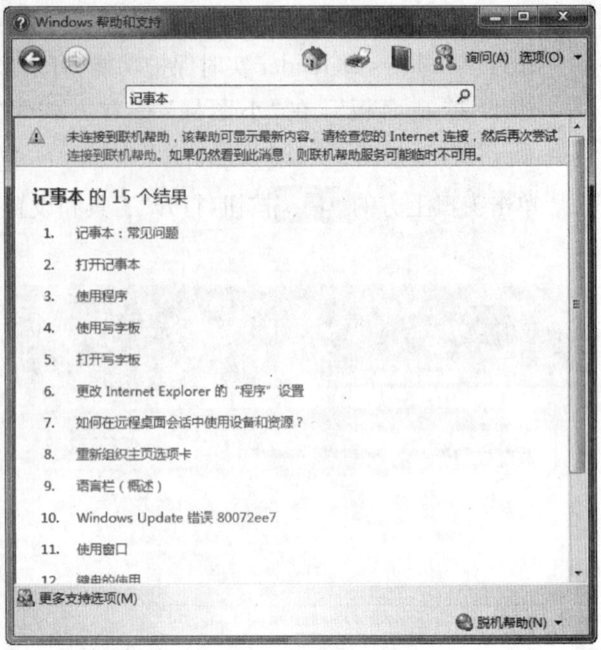

图 2-187 "记事本"帮助窗口

● 拓展与提高

一、散热器的分类

CPU 散热方式主要分三大类：风冷散热、热管散热和水冷散热。风冷散热就是大家常见的一个散热片上面镶嵌一个风扇的散热方式，种类最多，为大家所常用。肋片散热片以及与风扇的组合方式，实现对 CPU 的散热和冷却。

（一）风冷散热器

风冷散热形式市场上又分两种，一种是下压式散热器，如图 2-188 所示。通过机箱冷风吹入的形式把 CPU 上的温度消散，因此内部温度还是存在机箱中，一般的下压式散热器只运用在一般的用户，高端的下压散热器略比普通的更强效些。

图 2-188 下压式 CPU 散热器

图 2-189 侧吹散热器

另一种是侧吹式散热器，如图 2-189 所示。这种散热器一般都运用在中高端平台，非常适合计算机发烧友和游戏迷。它的散热原理是通过导热管将其热量传之鳞片分布，通过风扇将其热量吹出。风冷散热技术室台式电脑中运用最为广泛的，也是比较成熟的散热技术。如图2-189所示。

还有无风扇式散热器，通过物理传热散播形式，使温度下降。

（二）热管散热器

热管散热器，如图2-190所示，在PC散热器中的应用越来越广，热管散热能力强，不需要大量铜，价格低廉，形式各种各样。不必担心与机箱内部设备发生干涉，适合机箱内部布置，是一种十分有前途的CPU散热形式，而且非常的静音。推荐一般用户或高端用户使用。

热管是利用热体相变吸热的原理进行传递的散热原件。热管结果分为传导段，绝热段和冷凝段。热体在通过吸收热传导形成热气体，通过绝热段释放出热量，从中循环工作，是一个非常静音的散热原理，一般的人不多考虑，此技术会是以后的散热器发展方向。

图2-190　热管散热器

图2-191　带有水泵的水冷散热器

（三）水冷散热器

水冷散热器在近期发展速度略增，各种形式的水冷也由此出现，但它们的原理都是一样的，通过导入的冷却液在水泵中推进，使水冷沿着水管流入到水冷头，通过吸收CPU的热量再沿着水管流入至冷却器中，进行温度散热与冷却，最后再回到水泵中。通过不断的循环把CPU的热量冷却。如图2-191所示。

还有一种就水泵和冷头合并的水冷，命名为一体水冷，这种水冷较为方便，比较不占空间，适合注重超频的用户。

水冷散热器的好处是散热效果突出，目前很少有风冷散热器可以与之媲美，但它有致命的缺陷：安全问题。虽然很多水冷散热器号称绝不漏水，但一旦漏水可能会使机箱内所有器件报废。

二、电源风扇的方向问题

下置电源机箱支持两种朝向的风扇，但这两种不同的安装方式会带来不同的散热效果。如果朝下安装，那么就可以利用机箱底部与接触面的空间来进行散热，避免热气流影响机箱内部风道。而朝上安装，就可以对机型内部的废热进行辅助性质的散热。如图2-192所示。

这两种安装方式的选择主要跟机箱结构和机箱的风道设计有关，绝大多数情况下电源风扇还是朝下独立散热。

三、磁盘管理

磁盘是我们存储文件和文件夹的重要路径，管理好磁盘可以对计算机的计算进行优化，而且能释放磁盘空间，提供更多的空间保存文件和文件夹。

图 2-192　电源风扇的不同方向

（一）磁盘清理

Windows 有时使用特定目的的文件,然后将这些文件保留在为临时文件指派的文件夹中,或者可能有以前安装的现在不再使用的 Windows 组件;或者硬盘驱动器空间耗尽等多种原因。可能需要在不损害任何程序的前提下,减少磁盘中的文件数或创建更多的空闲空间。

使用"磁盘清理"清理硬盘空间,包括删除临时 Internet 文件、删除不再使用的已安装组件和程序并清空回收站。

（1）执行"开始"→"所有程序"→"附件"→"系统工具"→"磁盘清理"命令,打开"磁盘清理:驱动器选择"对话框,选择需要清理的磁盘,如 D 盘,如图 2-193 所示。

（2）单击"确定"按钮,开始清理磁盘。清理磁盘结束后,弹出"（D:）的磁盘清理"对话框,选中需要清理的内容,如图 2-194 所示。

（3）单击"确定"按钮即可开始清理。

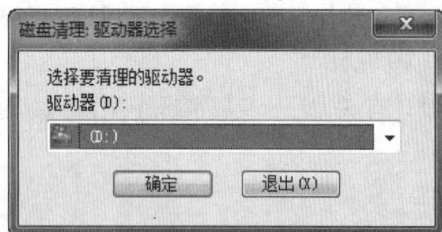

图 2-193　选择磁盘

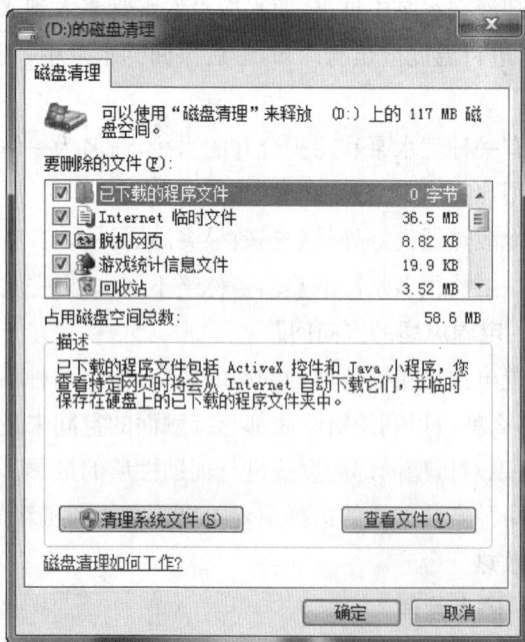

图 2-194　"（D:）的磁盘清理"对话框

（二）磁盘碎片整理

当磁盘中有大量碎片时，这些碎片会减慢磁盘访问的速度，并降低了磁盘操作的综合性能。

磁盘碎片整理程序可以分析本地卷、合并碎片文件和文件夹，以便每个文件或文件夹都可以占用卷上单独而连续的磁盘空间。这样，系统就可以更有效地访问文件和文件夹，以及更有效地保存新的文件和文件夹。通过合并文件和文件夹，磁盘碎片整理程序还将合并卷上的可用空间，以减少新文件出现碎片的可能性。合并文件和文件夹碎片的过程称为碎片整理。

碎片整理花费的时间取决于多个因素，其中包括卷的大小、卷中的文件数和大小、碎片数量和可用的本地系统资源。首先分析卷可以在对文件和文件夹进行碎片整理之前，找到所有的碎片文件和文件夹。然后就可以观察卷上的碎片是如何生成的，并决定是否从卷的碎片整理中受益。要了解如何分析卷或整理卷的碎片的按步骤指示，请参阅分析卷和整理卷的碎片。

磁盘碎片整理程序可以对使用文件分配表（FAT）、FAT32 和 NTFS 文件系统格式化的文件系统卷进行碎片整理。

（1）执行"开始"→"所有程序"→"附件"→"系统工具"→"磁盘碎片整理程序"命令，打开"磁盘碎片整理程序"对话框，如图 2‑195 所示。

（2）在列表框中选中一个分区，单击 `分析磁盘(A)` 按钮，即可分析出碎片文件占磁盘容量的百分比。

（3）根据得到的这个百分比，确定是否需要进行磁盘碎片整理，若需要整理则单击 `磁盘碎片整理(D)` 按钮即可。

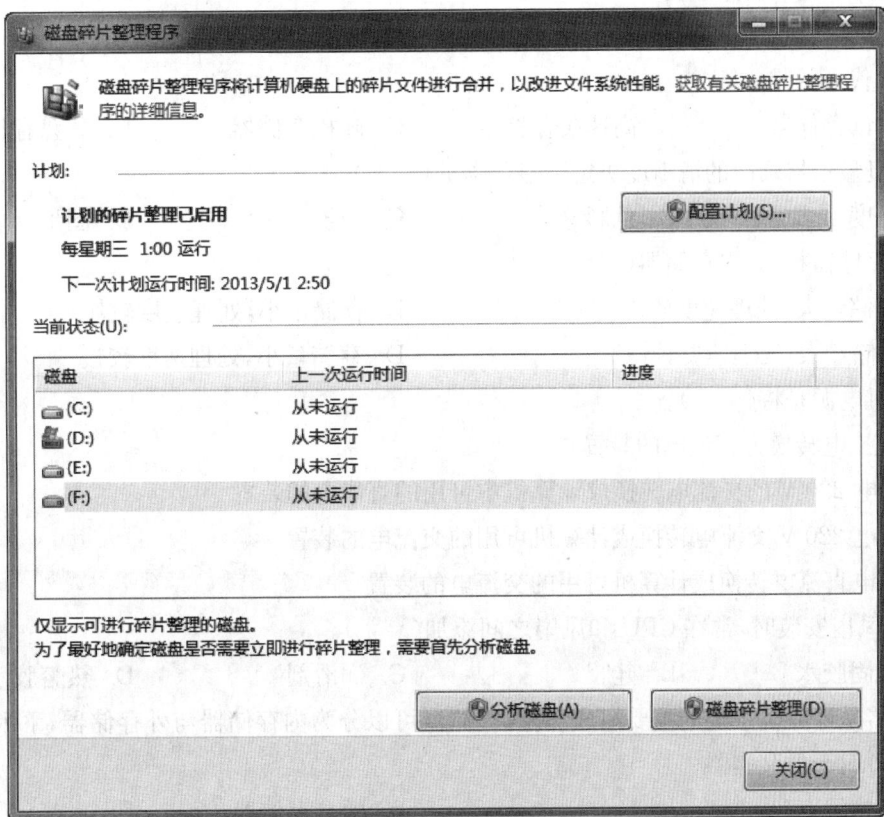

图 2‑195 "磁盘碎片整理程序"对话框

🌐 思考练习

思考练习
答案 2

一、填空题

(1) 机箱前面板信号线的连接,HDD LED 是指_____,RESET 指的是_____。

(2) 在计算机系统中,CPU 起着首要作用,而在主板系统中,起重要作用的则是主板上的_____。

(3) PU 的主频由外频与倍频决定,在外频一定的情况下,通过提高 CPU 的_____运行速度,称之为超频。

(4) 主板电源接头一般有_____针和_____针。

(5) CD-ROM 光盘信息的读出,使用的是_____技术。

(6) CPU 主要由运算器和控制器组成,其中运算器用来对数据进行各种算术运算和_____运算。

(7) 数字摄像头和数字摄像机与计算机的接口,一般采用_____接口。

(8) 在计算机的外部设备中,打印机属于_____设备。

(9) 在计算机中,_____是存储器存储容量的基本单位。

(10) 一个字节包含_____个二进制位。

二、选择题

(1) 执行应用程序时,和 CPU 直接交换信息的部件是( )。

  A. U 盘　　　　　　B. 内存　　　　　　C. 硬盘　　　　　　D. 光盘

(2) 完整的计算机系统由( )组成。

  A. 运算器、控制器、存储器、输入设备和输出设备

  B. 主机和外部设备

  C. 硬件系统和软件系统

  D. 主机箱、显示器、键盘、鼠标、打印机

(3) RAM 代表的是( )。

  A. 只读存储器　　B. 高速缓存器　　C. 随机存储器　　D. 软盘存储器

(4) 计算机显示器画面的清晰度决定于显示器的( )。

  A. 亮度　　　　　　B. 色彩　　　　　　C. 分辨率　　　　　　D. 图形

(5) 与外存储器相比,内存储器( )。

  A. 存储量大,处理速度较快　　　　　　B. 存储量小,处理速度较快

  C. 存储量大,处理速度较慢　　　　　　D. 存储量小,处理速度较慢

(6) 计算机电源是将( )。

  A. 交流电转换为直流电的装置

  B. 市电 220 V 的交流电转换成计算机中可用的直流电的装置

  C. 市电 220 V 交流电转换成计算机可用的交流电的装置

  D. 市电直流电转换成计算机可用的交流电的装置

(7) CPU 风扇安装时,常在 CPU 和风扇之间添加( )。

  A. 热固胶水　　　　B. 硅胶　　　　　　C. 润滑剂　　　　　　D. 热熔胶水

(8) 存储器是计算机系统的重要组成部分,存储器可以分为内存储器与外存储器,下列存储部件中( )属于外存储器。

  A. 高速缓存(cache)　　　　　　　　B. 硬盘存储器

  C. 显示存储器　　　　　　　　　　　D. CMOS 存储器

(9) CPU 的系统时钟以及各种与其同步的时钟由（　　　）提供。

    A. 芯片组　　　　　　B. CPU 芯片　　　　C. 主板电源　　　　D. 电池芯片

(10) 以下哪种原因可能造成蓝屏？（　　　）

    A. 硬件间的不兼容　B. 显卡没插好　　　C. 电源烧坏　　　　D. CPU 烧坏

(11) 下列（　　　）操作系统不是微软公司开发的操作系统。

    A. Windows Server　B. Windows 7　　　C. Linux　　　　　D. Vista

(12) Windows 7 目前有（　　　）个版本。

    A. 3　　　　　　　　B. 4　　　　　　　　C. 5　　　　　　　　D. 6

(13) 在 Windows 7 的各个版本中，支持的功能最少的是（　　　）。

    A. 家庭普通版　　　B. 家庭高级版　　　C. 专业版　　　　　D. 旗舰版

(14) 在 Windows 7 的各个版本中，支持的功能最多的是（　　　）。

    A. 家庭普通版　　　B. 家庭高级版　　　C. 专业版　　　　　D. 旗舰版

(15) 在 Windows 7 操作系统中，将打开窗口拖动到屏幕顶端，窗口会（　　　）。

    A. 关闭　　　　　　B. 消失　　　　　　C. 最大化　　　　　D. 最小化

(16) 在 Windows 7 操作系统中，显示桌面的快捷键是（　　　）。

    A. Win+D　　　　　B. Win+P　　　　　C. Win+Tab　　　　D. Alt+Tab

(17) 文件的类型可以根据（　　　）来识别。

    A. 文件的大小　　　　　　　　　　　　B. 文件的用途

    C. 文件的扩展名　　　　　　　　　　　D. 文件的存放位置

(18) 在下列软件中，属于计算机操作系统的是（　　　）。

    A. Windows 7　　　　　　　　　　　　B. Word 2010

    C. Excel 2010　　　　　　　　　　　　D. PowerPoint 2010

(19) 为了保证 Windows 7 安装后能正常使用，采用的安装方法是（　　　）。

    A. 升级安装　　　　B. 卸载安装　　　　C. 覆盖安装　　　　D. 全新安装

(20) 安装 Windows 7 操作系统时，系统磁盘分区必须为（　　　）格式才能安装。

    A. FAT　　　　　　B. FAT16　　　　　C. FAT32　　　　　D. NTFS

三、判断题

(1) 内存用来存放当前正在运行的程序和数据。　　　　　　　　　　　　　（　　　）

(2) 硬盘是内部存储器。　　　　　　　　　　　　　　　　　　　　　　　（　　　）

(3) 主频（或称时钟频率）是影响微机运算速度的重要因素之一。主频越高，运算速度越快。

    （　　　）

(4) 鼠标和键盘的圆形插口可以混用。　　　　　　　　　　　　　　　　　（　　　）

(5) 计算机硬盘中保存的数据，断电后数据全部丢失。　　　　　　　　　　（　　　）

(6) 计算机的性能指标完全由 CPU 决定。　　　　　　　　　　　　　　　（　　　）

(7) 组装电脑时，要将散热器和 CPU 的核心接触在一起，并用力压紧。　　（　　　）

(8) 各种存储器的性能可以用存储时间、存储周期、存储容量指标表述。　　（　　　）

(9) CPU 主要由运算器和控制器组成。　　　　　　　　　　　　　　　　　（　　　）

(10) USB 接口设备可以带电插拔。　　　　　　　　　　　　　　　　　　（　　　）

(11) 一般情况下，显卡的显存越大越好。　　　　　　　　　　　　　　　　（　　　）

(12) 在选购主板的时候，一定要注意与 CPU 对应，否则是无法使用的。　（　　　）

(13) 选购内存时,内存的容量、速度、插槽等都是要考虑的因素。　　　　　　　　　(　　)

(14) 32 位字长的计算机就是指能处理最大为 32 位十进制数的计算机。　　　　　　(　　)

(15) 正版 Windows 7 操作系统不需要激活即可使用。　　　　　　　　　　　　　　(　　)

(16) 在 Windows 中,可以对磁盘文件按名称、类型、文件大小排列。　　　　　　　(　　)

(17) 安装安全防护软件有助于保护计算机不受病毒侵害。　　　　　　　　　　　　(　　)

(18) Windows 7 旗舰版支持的功能最多。　　　　　　　　　　　　　　　　　　　(　　)

(19) Windows 7 家庭普通版支持的功能最少。　　　　　　　　　　　　　　　　　(　　)

(20) 在 Windows 7 的各个版本中,支持的功能都一样。　　　　　　　　　　　　　(　　)

(21) 在 Windows 7 中默认库被删除后可以通过恢复默认库进行恢复。　　　　　　(　　)

(22) 在 Windows 7 中默认库被删除了就无法恢复。　　　　　　　　　　　　　　　(　　)

(23) 正版 Windows 7 操作系统不需要安装安全防护软件。　　　　　　　　　　　　(　　)

(24) 任何一台计算机都可以安装 Windows 7 操作系统。　　　　　　　　　　　　　(　　)

四、简答题

(1) 计算机存储器分为内存和外存,它们的主要区别和用途是什么?

(2) 简述硬盘日常使用中的注意事项。

(3) 简述台式计算机硬件组装的基本步骤。

(4) 简述计算机主板(Main Board)的基本构成部分。

(5) 内存条的安装需要注意哪些事项? 是如何安装的?

(6) 安装 Windows 7 操作系统的最低配置。

(7) 解释什么是文件和文件夹以及它们的区别。

(8) 简述安装和删除输入法的方法。

(9) 简述安装操作系统的一般步骤。

学习情境三
日常文档处理

Word 是 Microsoft 公司旗下 Office 办公软件中的重要组件之一。从 Microsoft 公司最早推出的 Office 版本开始，Word 就成为文字处理软件中的佼佼者。由于 Word 好学易用，普及性较高，因此用户自己摸索就能了解和掌握部分常用功能，以满足工作需要。但是，要想提高工作效率，缩短工作时间，就要用到 Word 的一些更高级的功能。在 Word 中，提供了大量的高级功能，使用户的工作更为方便、高效。

◉ 项目一　制作放假通知

通知是一种常用的应用文体，利用 Word 就可以轻松制作出简洁、美观的通知。本案例的最终效果如图 3-1 所示。

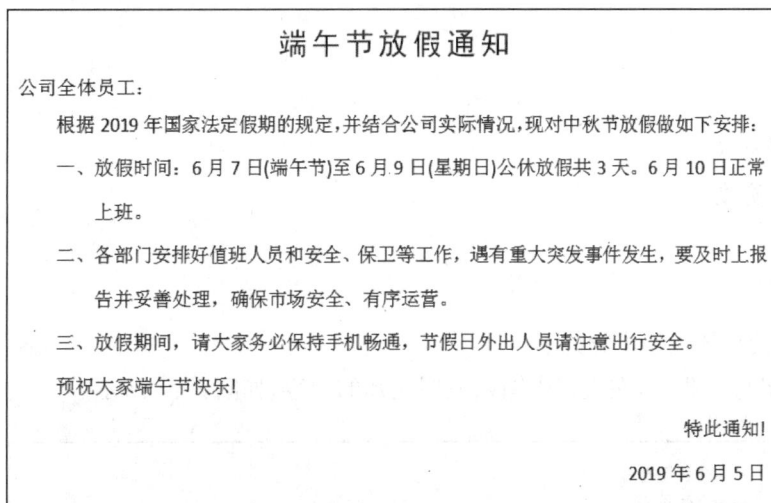

端午节放假通知

公司全体员工：

根据 2019 年国家法定假期的规定，并结合公司实际情况，现对中秋节放假做如下安排：

一、放假时间：6 月 7 日(端午节)至 6 月 9 日(星期日)公休放假共 3 天。6 月 10 日正常上班。

二、各部门安排好值班人员和安全、保卫等工作，遇有重大突发事件发生，要及时上报告并妥善处理，确保市场安全、有序运营。

三、放假期间，请大家务必保持手机畅通，节假日外出人员请注意出行安全。

预祝大家端午节快乐！

特此通知！

2019 年 6 月 5 日

图 3-1　放假通知

◉ 项目目标

教学内容	制作放假通知
教学目标	● 会文字录入； ● 会设置文字格式； ● 会设置段落格式； ● 能添加编号。

任务一　设置文本格式

任务描述

通过文字的录入完成放假通知的编辑，再利用 Word 对文字的字体、字号以及文字宽度进行调整，达到图 3-2 所示效果。

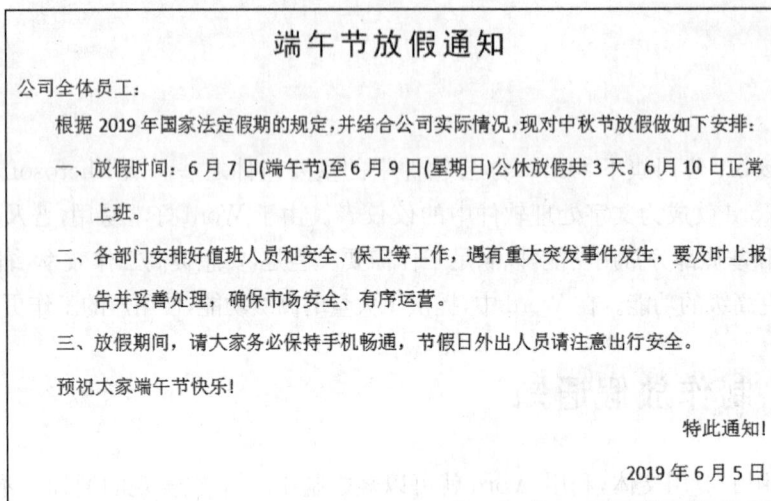

端午节放假通知

公司全体员工：

根据 2019 年国家法定假期的规定，并结合公司实际情况，现对中秋节放假做如下安排：

一、放假时间：6 月 7 日(端午节)至 6 月 9 日(星期日)公休放假共 3 天。6 月 10 日正常上班。

二、各部门安排好值班人员和安全、保卫等工作，遇有重大突发事件发生，要及时上报告并妥善处理，确保市场安全、有序运营。

三、放假期间，请大家务必保持手机畅通，节假日外出人员请注意出行安全。

预祝大家端午节快乐！

特此通知！

2019 年 6 月 5 日

图 3-2　案例效果

任务目标

- 会设置字符格式；
- 能设置文字宽度。

任务实现

设置文本格式的具体操作步骤如下：

（1）启动 Word 应用程序，在文档中输入放假通知的内容，如图 3-3 所示。

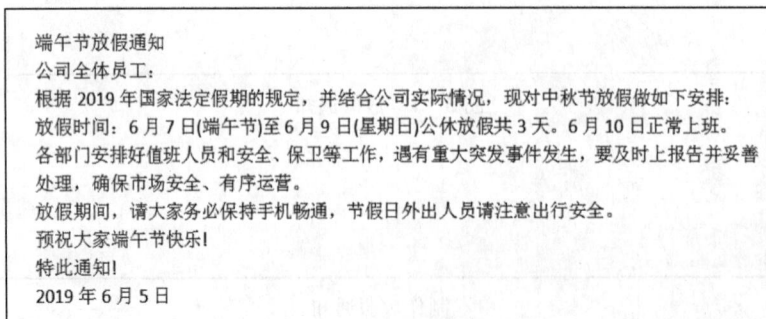

端午节放假通知
公司全体员工：
根据 2019 年国家法定假期的规定，并结合公司实际情况，现对中秋节放假做如下安排：
放假时间：6 月 7 日(端午节)至 6 月 9 日(星期日)公休放假共 3 天。6 月 10 日正常上班。
各部门安排好值班人员和安全、保卫等工作，遇有重大突发事件发生，要及时上报告并妥善处理，确保市场安全、有序运营。
放假期间，请大家务必保持手机畅通，节假日外出人员请注意出行安全。
预祝大家端午节快乐！
特此通知！
2019 年 6 月 5 日

图 3-3　输入文本

（2）选中"放假通知"文本，切换至"开始"选项卡，在"字体"选项组中设置"字体"为"黑体""字号"为"三号"，并单击"段落"选项组中的"居中"按钮 ，效果如图 3-4 所示。

图 3-4　设置标题的格式

（3）选中"放假通知"文本，单击"段落"选项组中的"中文版式"按钮 ⋏ ，在弹出的列表框中选中"调整宽度"选项，如图 3-5 所示。

（4）弹出"调整宽度"对话框，设置"新文字宽度"为"8 字符"，如图 3-6 所示。

图 3-5　选择"调整宽度"选项

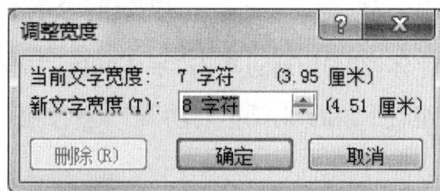

图 3-6　设置新文字宽度

（5）单击"确定"按钮，即可设置文字的宽度，如图 3-7 所示。

图 3-7　调整文字的宽度

（6）选中正文，单击"字体"选项组右下角的"字体"按钮 ，弹出"字体"对话框，将"西文字体"设置为 Times New Roman，如图 3-8 所示。

相关知识

文本格式编排决定字符在屏幕上和打印时出现的形式。设置文本格式的操作方法很简单，只要先选择要设置的文字，然后切换到功能区中的"开始"选项卡，在"字体"选项组中通过"字体""字号"下拉列

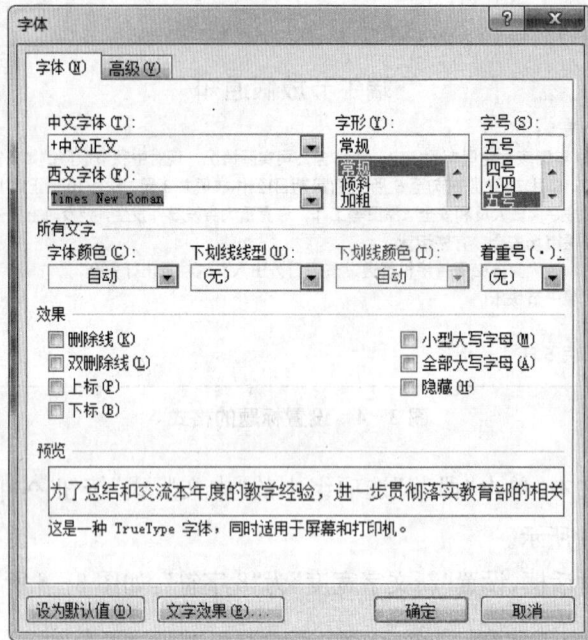

图 3-8　设置文本的字

表分别设置文本的字体和字号,通过单击"字体颜色""文本效果"按钮设置文字的颜色和效果。另外也可以单击"字体"选项组右下角的"对话框启动器" 按钮,打开"字体"对话框进行设置,如图 3-9 所示。

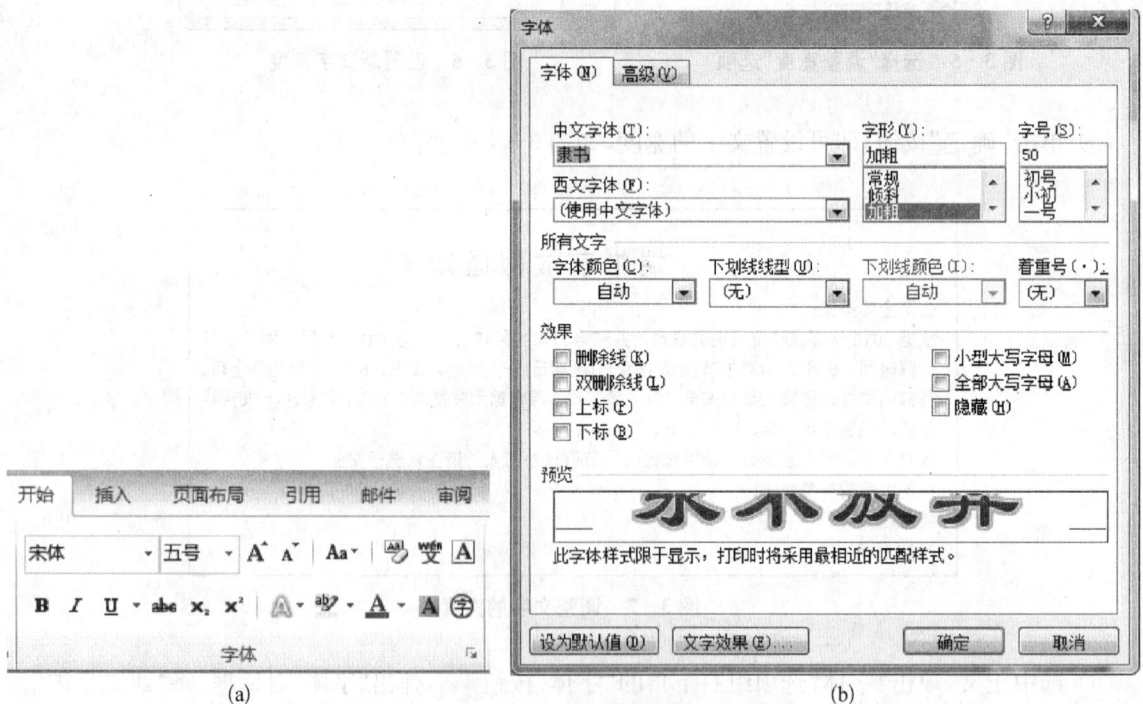

(a)　　　　　　　　　　　　　　　　　　(b)

图 3-9　设置文本格式

(a) 对话框启动器　(b) 字体设置界面

⚒ 任务总结

本任务通过制作通知文档,熟悉了应用百度等输入法录入文字,并通过对文档中字体、字号以及字符间距的调整,学习了在 Word 中字体格式的设置,初步学习了利用 Word 工具对文档进行简单编辑。

任务二　设置段落格式

任务描述

利用 Word 对文本的行距、对齐方式、缩进以及编号的设置完成会议通知的编辑,完成图 3‑10 效果。

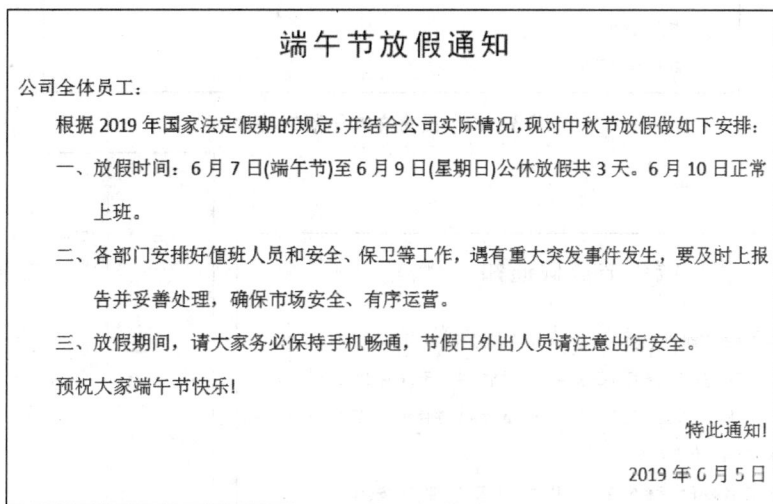

端 午 节 放 假 通 知

公司全体员工:

　　根据 2019 年国家法定假期的规定,并结合公司实际情况,现对中秋节放假做如下安排:

　　一、放假时间: 6 月 7 日(端午节)至 6 月 9 日(星期日)公休放假共 3 天。6 月 10 日正常

　　　　上班。

　　二、各部门安排好值班人员和安全、保卫等工作,遇有重大突发事件发生,要及时上报

　　　　告并妥善处理,确保市场安全、有序运营。

　　三、放假期间,请大家务必保持手机畅通,节假日外出人员请注意出行安全。

　　预祝大家端午节快乐!

特此通知!

2019 年 6 月 5 日

图 3‑10　案例效果

任务目标

● 会编辑段落格式;

● 能添加编号。

任务实现

设置段落格式的具体操作步骤如下:

(1) 选中文本正文,单击"段落"选项组右下角的"段落"按钮,弹出"段落"对话框,在"缩进"选项区中设置"特殊格式"为"首行缩进"选项,如图 3‑11 所示。

(2) 单击"确定"按钮,即可设置文本的特殊格式和行距,如图 3‑12 所示。

(3) 选中"特此通知"和"2019 年 6 月 5 日"文本,单击"段落"选项组中的"文本右对齐"按钮,效果如图 3‑13 所示。

(4) 选中"放假时间"至"放假期间"的文本内容,在"段落"选项组中单击"编号"右侧的下三角按钮,在弹出的列表框中选择一种编号,如图 3‑14 所示。

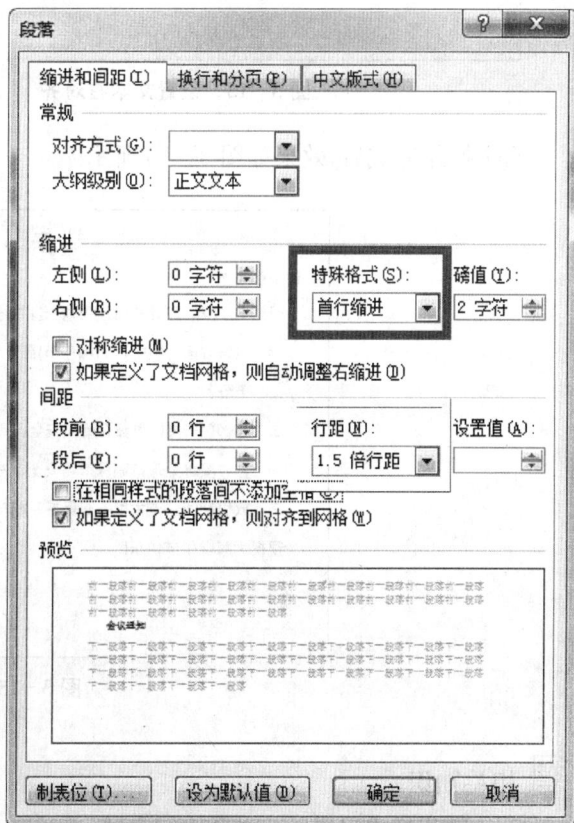

图 3‑11　"段落"对话框

端午节放假通知

公司全体员工：

根据 2019 年国家法定假期的规定,并结合公司实际情况,现对中秋节放假做如下安排:

放假时间: 6 月 7 日(端午节)至 6 月 9 日(星期日)公休放假共 3 天。6 月 10 日正常上班。

各部门安排好值班人员和安全、保卫等工作,遇有重大突发事件发生,要及时上报告并妥善处理,确保市场安全、有序运营。

放假期间,请大家务必保持手机畅通,节假日外出人员请注意出行安全。

预祝大家端午节快乐!

特此通知!

2019 年 6 月 5 日

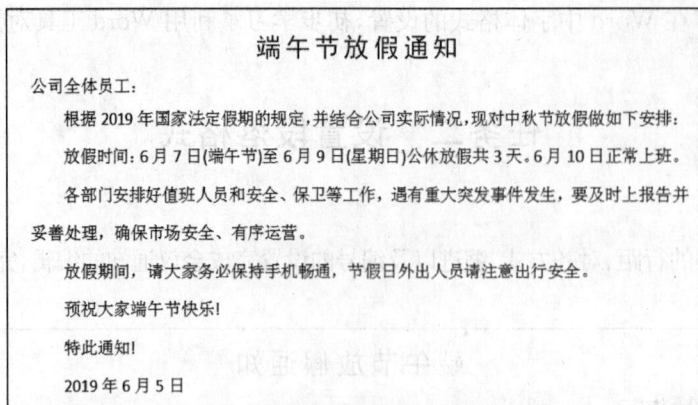

图 3-12　设置文本段落的格式

图 3-13　设置文本右对齐

图 3-14　选择一种编号

（5）操作完成后,效果如图 3-15 所示。

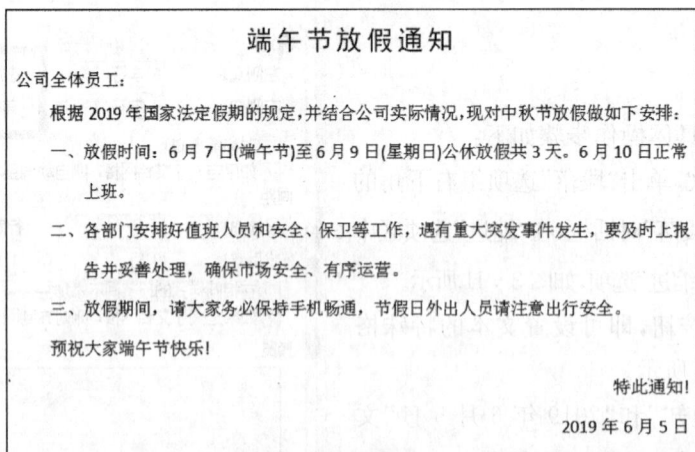

图 3-15　添加编号

🔍 **相关知识**

一、段落格式设置

在 Word 中输入文字时,每按一次 Enter 键,就表示一个自然段的结束、另一个自然段的开始。为了便于区分每个独立的段落,在段落的结束处就会显示一个段落标记符号←。段落标记符不仅用来标记一个段落的结束,它还保留着有关该段落的所有格式设置,如对齐方式、缩进大小、行距以及段落间距等。

（一）设置段落对齐方式

段落对齐方式,包括左对齐、居中对齐、右对齐、两端对齐和分散对齐。首先选定要设置对齐方式的段落,然后切换到功能区中的"开始"选项卡,在"段落"选项组中单击相应按钮,可以设置段落的对齐方式,如图 3-16 所示。

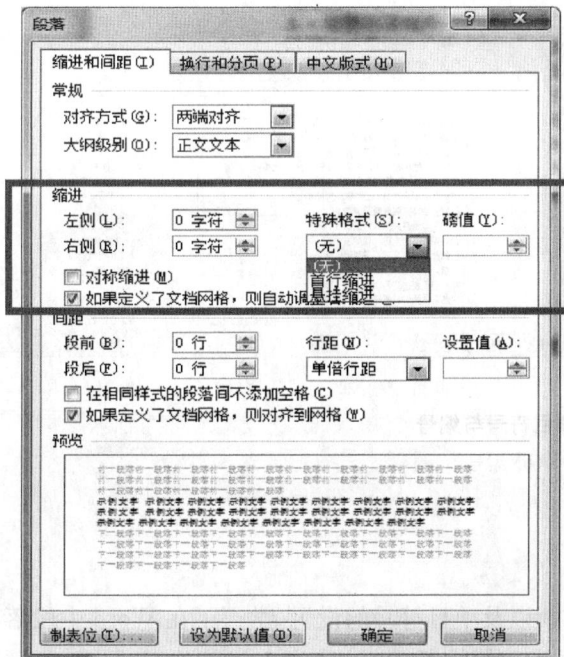

图 3-16　设置段落对齐方式

● 左对齐:单击"左对齐"按钮,使选定的段落在页面中靠左侧对齐排列。

● 居中对齐:单击"居中对齐"按钮,使选定的段落在页面中居中对齐排列。

● 右对齐:单击"右对齐"按钮,使选定的段落在页面中靠右侧对齐排列。

● 两端对齐:单击"两端对齐"按钮,使选定的段落的每行在页面中首尾对齐,各行之间的字体大小不同时,将自动调整字符间距,以便使段落的两端自动对齐。

● 分散对齐:单击"分散对齐"按钮,使选定的段落在页面中分散对齐排列。

（二）设置段落缩进

段落缩进是指段落相对左右页边距向页内缩进一段距离。设置段落缩进可以将一个段落与其他段落分开,使条理更加清晰,层次更加分明。段落缩进包括以下几种类型。

● 首行缩进:控制段落的第一行第一个字的起始位置。

● 悬挂缩进:控制段落中第一行以外的其他行的起始位置。

● 左缩进:控制段落中所有行与左边界的位置。

● 右缩进:控制段落中所有行与右边界的位置。

段落缩进可以利用"段落"对话框和标尺来进行设置,如图 3-17 所示。

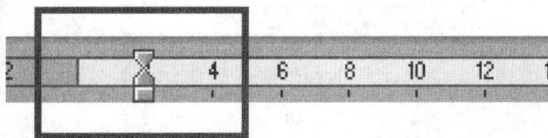

图 3-17　设置段落缩进

图 3-18　设置段落间距与行距

（三）设置段落间距与行距

段落间距是指段落与段落之间的距离。文档排版时，经常希望段与段之间留有一定的空白距离，如标题段与上下正文段之间的空白大一些、正文段与正文段之间的空白小一些。在段落之间适当地设置一些空白，可以使文章的结构更清晰、更易于阅读。

行距是指行与行之间的距离。Word 提供了多种可供选择的行距，如"单倍行距""1.5 倍行距""2 倍行距""最小值""固定值"和"多倍行距"等。

段落间距和行距同样可以利用"段落"对话框设置完成，如图 3-18 所示。

二、添加项目符号和编号

项目符号是指放在文本前以强调效果的点或其他符号；编号是指放在文本前具有一定顺序的字符。在 Word 中，可以使用系统提供的项目符号和编号，也可以自定义项目符号和编号。

选定待添加项目符号或编号的段落，在"开始"选项卡的"段落"选项组中选择相应按钮进行设置。对于已经设置的项目符号或编号，还可以定义修改为其他类型。如图 3-19 所示。

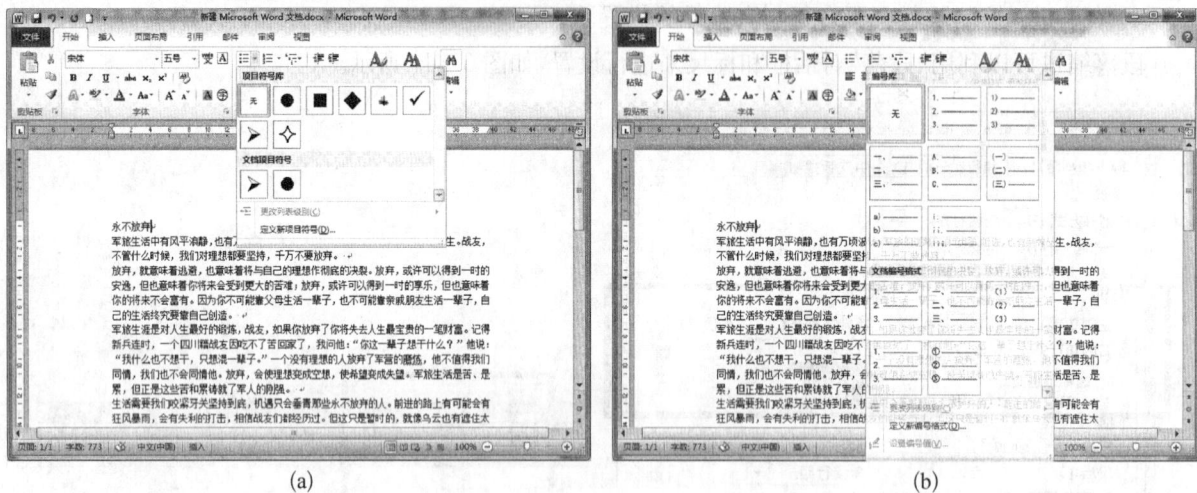

(a)

(b)

图 3-19　添加项目符号与编号

(a) 项目符号　(b) 编号

⚒ 任务总结

本任务通过对通知文档段落的特殊格式、对齐方式以及项目符号的设置，学习了在 Word 中段落格式的设置，让大家学会了使用 Word 工具对文档进行简单的排版，制作简单的文字文档，如通知、邀请函等。

项目二　设计制作宣传手册

宣传手册大多是用 Word 文档制作的,主要是为了展示围绕主题所展开的图文并茂的内容。本案例的最终效果如图 3-20 所示。

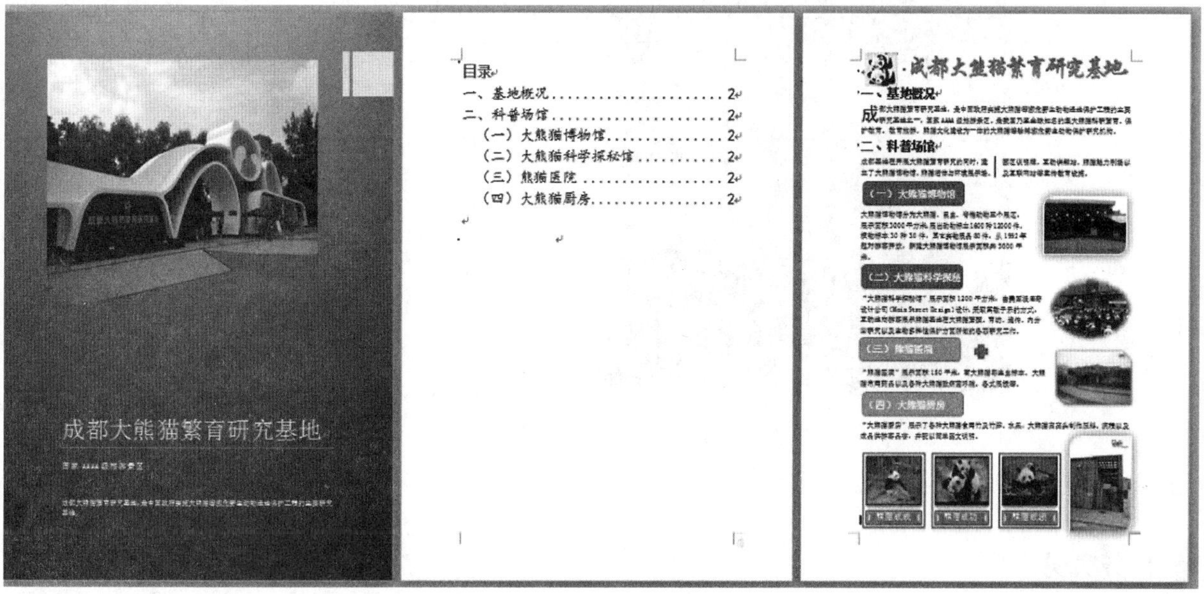

图 3-20　宣传手册

项目目标

教学内容	制作宣传手册
教学目标	<ul><li>会插入"封面";</li><li>能生成目录;</li><li>会插入对象的设置;</li><li>能对段落进行分栏;</li><li>会首字下沉。</li></ul>

任务一　制作封面目录

任务描述

通常情况下,封面决定了文档给人的第一印象,宣传手册更是如此,因此对于封面页的制作必须美观。本任务需要根据宣传手册的具体内容插入适当的封面,生成相应的目录,完成图 3-21 效果。

任务目标

- 会插入"封面";

● 能生成目录。

图 3-21　案例效果

任务实现

一、插入封面

单击"插入"选项卡,在"页面"组中单击"封面"按钮,打开封面,选择"透视"封面,效果如图 3-22 所示。将封面图片替换成素材中图片,输入标题"成都大熊猫繁育研究基地",副标题"国家 AAAA 级旅游景区",简介"成都大熊猫繁育研究基地,是中国政府实施大熊猫等濒危野生动物迁地保护工程的主要研究基地"。效果如图 3-23 所示。

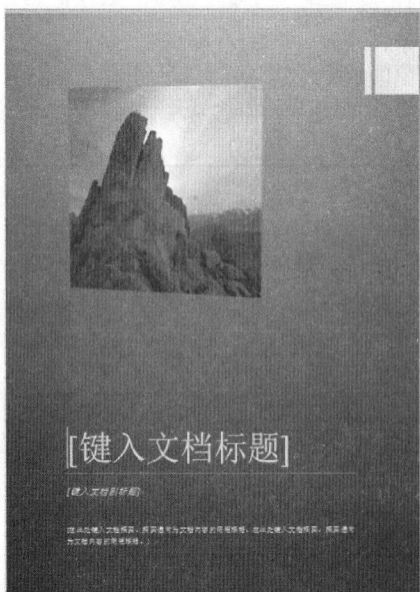

图 3-22　透视封面

图 3-23　修改封面

二、生成目录

在 Word 中自动生成目录,首先要做的是把文章中的标题样式统一设置好。

(1)设置标题样式,把文章中的一级标题设置成"开始"选项卡中"样式"组中的"标题 1",字体为小二号宋体加粗;二级标题设置为"标题 2";字体为小三宋体加粗。为了后续编辑的方便,打开"段落"组的扩展菜单,设置全文的段前段后间距为"0 行"。呈现如图 3-24 效果。

图 3-24　标题样式

(2)在"引用"选项卡的"目录"组里选择"目录"按钮,选择"自动目录 1",呈现如图 3-25 所示效果,在正文的上方生成了一个目录。

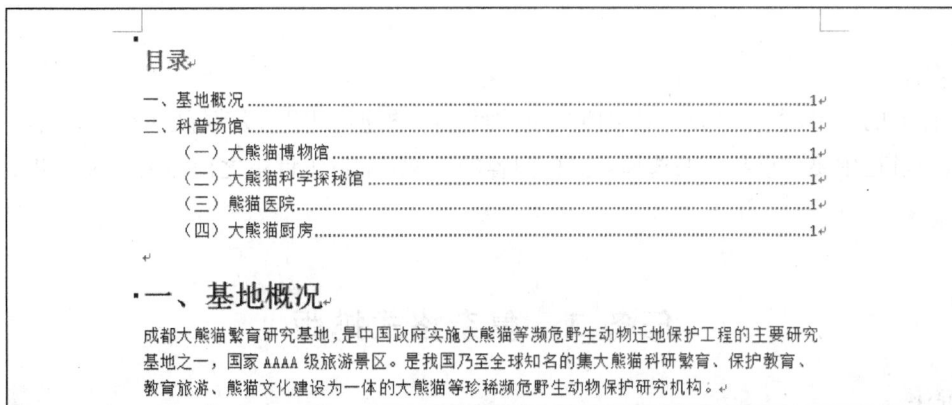

图 3-25　生成目录

(3)要使目录单独成一页,需要把光标定位在正文前,在"页面布局"选项卡中单击"页面设置"组中的"分隔符"按钮,选择"分页符",这时,目录页就变成了单独的一页。再单击目录上方的"更新目录"按钮,在弹出的对话框中选择"只更新页码"选项,如图 3-26 所示。修改页码后,在"开始"选项卡的"字体"组里,把"字体"设置为"楷体","字号"设置为"二号",目录制作完成,如图 3-27 所示。

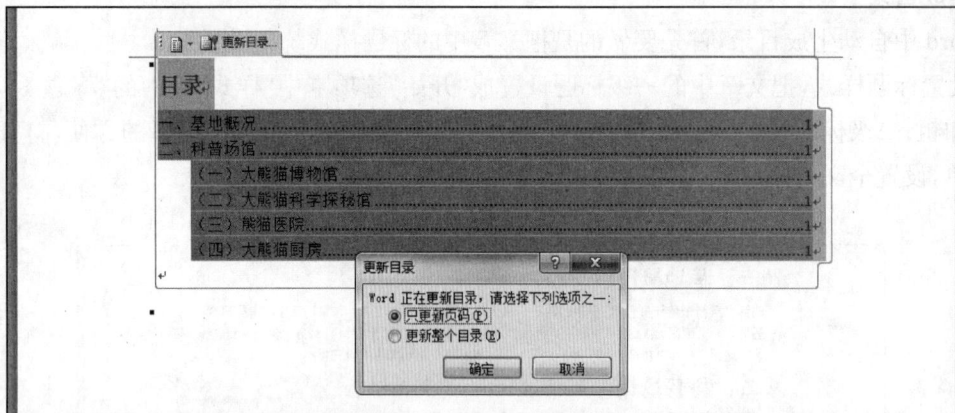

图 3 - 26 修改目录

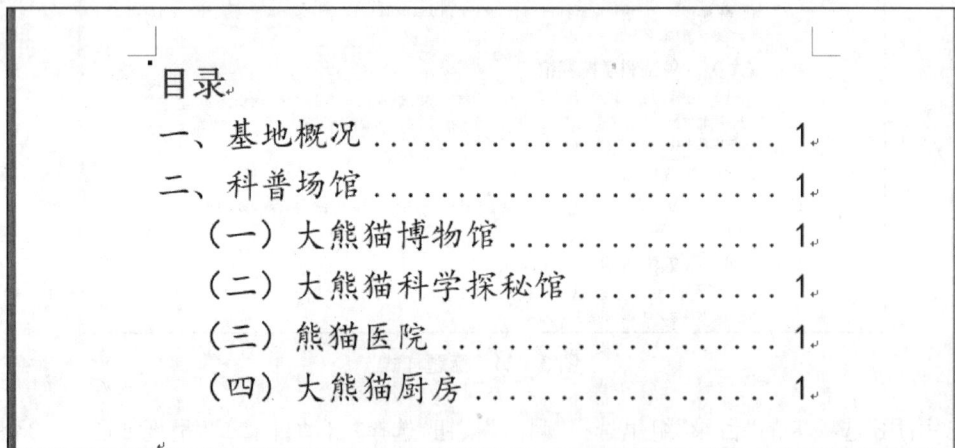

图 3 - 27 目录效果

任务总结

通过本任务的学习，大家学会了对文档添加封面，以及根据文档内段落标题级别的设置自动生成目录。在完成的过程中要注意封面的选择与文档内容的匹配，在制作目录之前需要对文档进行标题格式的设置。

任务二 复杂格式排版

3-2-2
设置文本框

任务描述

好的宣传手册不仅需要美观的封面，更需要图文并茂的内容。本任务需要利用 Word 强大的排版功能，通过插入文本框、艺术字、图片、分栏、首字下沉、SmartArt 图形等内容对宣传手册进行复杂格式的综合排版，完成图 3 - 28 效果。

任务目标

● 会插入对象格式设置；

- 能对段落进行分栏；
- 会首字下沉。

图3-28 效果

任务实现

一、首字下沉

选中正文首段第一个字，切换至"插入"选项卡，在"文本"选项组中单击"首字下沉"按钮的向下箭头，在弹出的列表框中选择"首字下沉选项"，打开"首字下沉"对话框，如图3-29所示。

选择"下沉"选项，并设置"字体"为"黑体""下沉行数"为2。效果如图3-30所示。

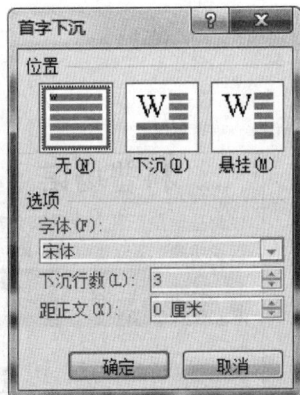

图3-29 "首字下沉"对话框

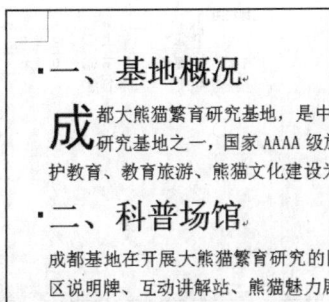

图3-30 "首字下沉"效果

二、插入文本框

(1)先将"(一)大熊猫博物馆"文本进行剪切,选择"插入"选项卡,在"文本"选项组中单击"文本框"按钮█,在弹出的列表框中选择"简单文本框"选项。把剪切的文字放入文本框中,单击右下角控制按钮拖动,当文本框大小合适后,释放鼠标左键。效果如图3-31所示。

图3-31 绘制文本框

(2)选中文本框,切换至"格式"选项卡,在"形状样式"选项组中选择"彩色填充-红色,强调颜色2"。效果如图3-32所示。

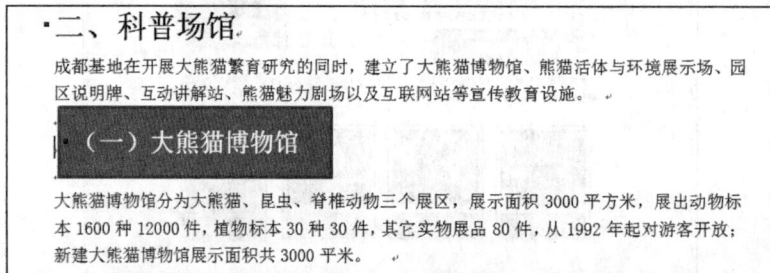

图3-32 修改文本框格式

(3)选中文本框,切换至"格式"选项卡,文本框的高度设置为1厘米,宽度设置为5.5厘米,此时文本不能在文本框内完全显示。选中文字,单击"形状样式"组右下角的对话框启动器,打开"设置形状格式"对话框,单击"文本框"选项,设置"垂直对齐方式"为"中部对齐","内部边距"为左右上下均为0厘米,如图3-33所示,得到最终效果如图3-34所示。

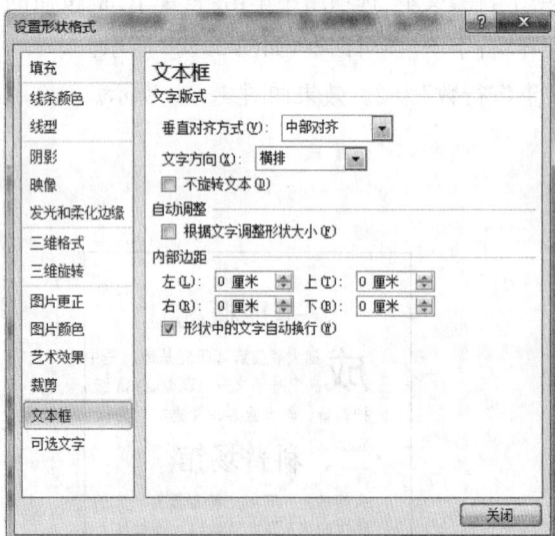

图3-33 修改文本框格式

图3-34 文本框效果

（4）选中文本框，切换至"格式"选项卡，在"插入形状"组里选择"编辑形状"按钮，单击此按钮下的"更改该形状"选项，把矩形文本框更改为圆角矩形，效果如图3-35所示。剩下的几个小标题也按此方法操作，完成后最终效果如图3-36所示。

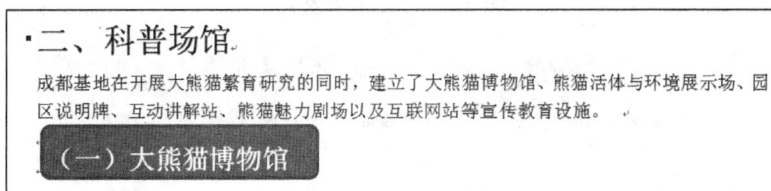

图3-35　圆角矩形效果

图3-36　完成效果

三、插入艺术字

（1）切换至"插入"选项卡，在"文本"选项组中单击"艺术字"按钮，在弹出的列表框中选择艺术字"渐变填充-橙色，强调文字颜色6，内部阴影"。如图3-37所示。

（2）选中艺术字，切换至"开始"选项卡，在"字体"选项组中设置"字体"为"华文行楷""字号"为"小初"，单击"字体"组右下角扩展菜单，在"高级"选项里设置"字符间距"为"紧缩""3磅"。切换至"格式"选项卡，在"排列"选项组中设置"自动换行"环绕方式为"浮于文字上方"，再将艺术字移动至合适位置，效果如图3-38所示。

四、插入图片

（1）切换至"插入"选项卡，在"插图"选项组中单击"图片"按钮，在弹出的对话框中选中素材图片，单击"插入"。如图3-39所示。

（2）选中图片，切换至"格式"选项卡，并在"排

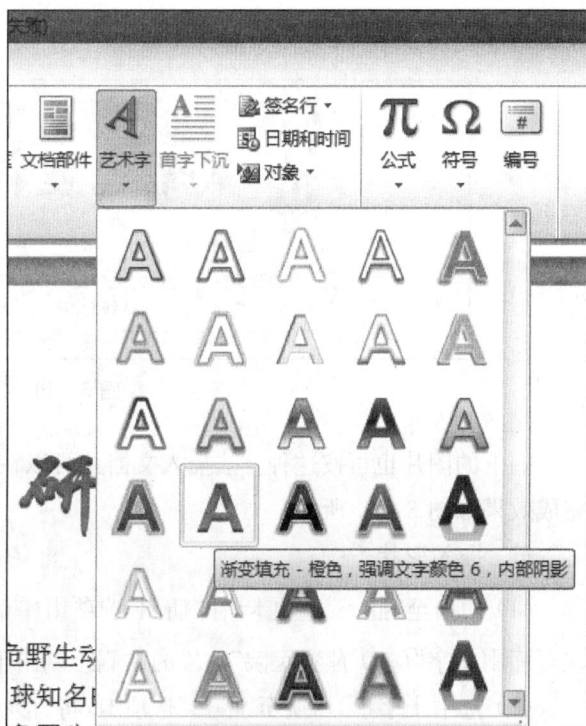

图3-37　插入艺术字

图 3 - 38　艺术字效果

图 3 - 39　插入图片

列"选项组中设置"自动换行"环绕方式为"浮于文字上方",调整图片大小,将图片移动至合适位置,效果如图 3 - 40 所示。

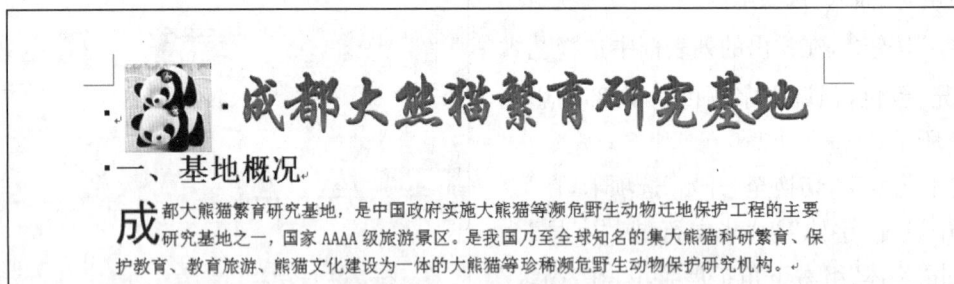

图 3 - 40　插入图片效果

剩下的图片也可按这种方法插入文档并可以在"格式"选项卡的"图片样式"里面设置图片的样式,完成效果如图 3 - 41 所示。

五、插入形状

(1) 切换至"插入"选项卡,在"插图"选项组中单击"形状"按钮,在弹出的列表框中选择"十字形",在页面中文字"(三) 熊猫医院"这段的右侧绘制出十字形。效果如图 3 - 42 所示。

(2) 选中十字形,切换至"格式"选项卡,将"形状填充"颜色设置为红色,"形状轮廓"设置为白色,调整好大小。效果如图 3 - 43 所示。

图 3-41　所有图片插入效果

图 3-42　插入十字形

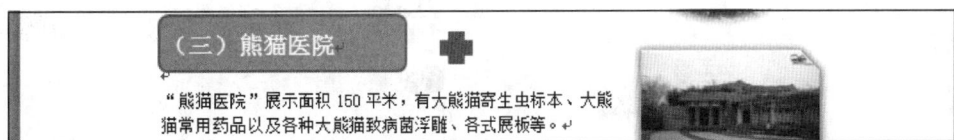

图 3-43　设置形状

六、分栏

　　选中文中科普场馆简介"成都基地在开展……等宣传教育设施"这段文字,切换至"页面布局"选项卡,在"页面设置"选项组中单击"分栏"按钮 ▦ 分栏 ▾,在弹出的列表框中选择"更多分栏"。在打开的"分栏"对话框中设置"预设"为两栏,并添加分隔线,如图 3-44,得出效果如图 3-45 所示。

七、插入 SmartArt 图形

　　(1) 把光标定位到最后一段的空白位置,在"插入"选项卡内选择"插图"组,单击"SmartArt"按钮 ▦ SmartArt,打开"选择 SmartArt 图形"对话框。选择对话框中的"图片"分类,选择"题注图片"类型的图表插入文中,如图 3-46 所示。

图 3－44 分栏设置

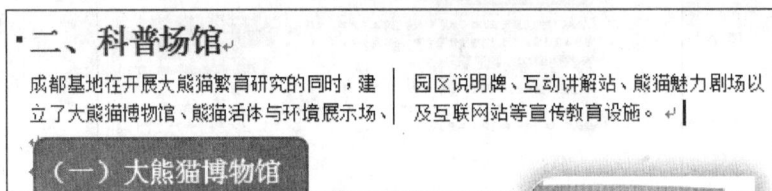

二、科普场馆

成都基地在开展大熊猫繁育研究的同时，建立了大熊猫博物馆、熊猫活体与环境展示场、园区说明牌、互动讲解站、熊猫魅力剧场以及互联网站等宣传教育设施。↵

（一）大熊猫博物馆

图 3－45 分栏效果

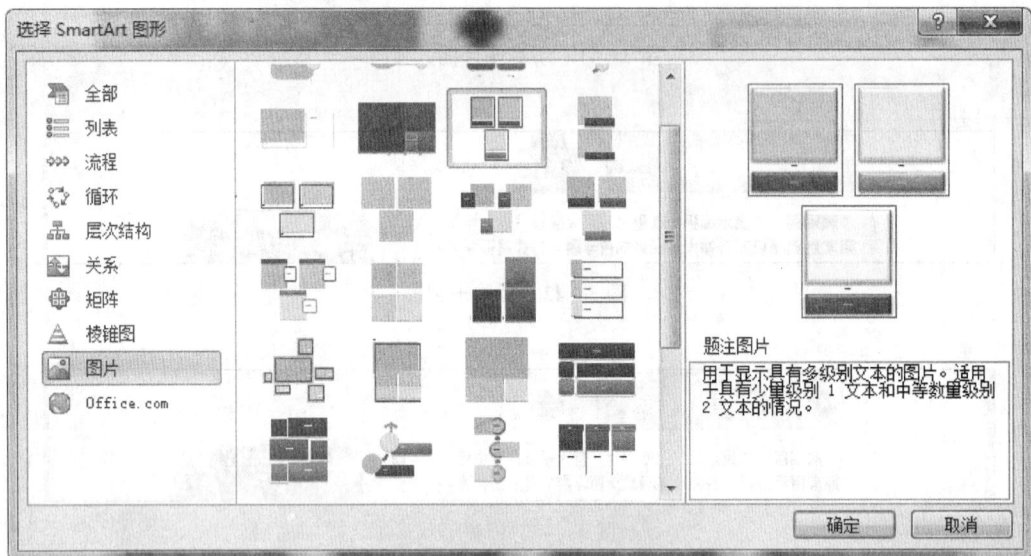

图 3－46 插入 SmartArt 图形

（2）切换至"格式"选项卡，在"排列"组内把图形的"自动换行"方式设置为"浮于文字上方"，用鼠标调整图形的大小，放置到适当位置，如图 3－47 所示。

（3）在文本框内分别输入文字"熊猫成成""熊猫成功"和"熊猫成绩"，图片框内分别插入素材图片，效果如图 3－48 所示。

（4）最后切换到"设计"选项卡，在"SmartArt 样式"组内设置图形样式为"卡通"，完成图形设置，得到最后效果，如图 3－49 所示。

至此，成都大熊猫繁育研究基地的宣传手册制作完成，效果如图 3－50 所示。

图 3‑47　调整 SmartArt 图形

图 3‑48　编辑 SmartArt 图形

图 3‑49　美化 SmartArt 图形

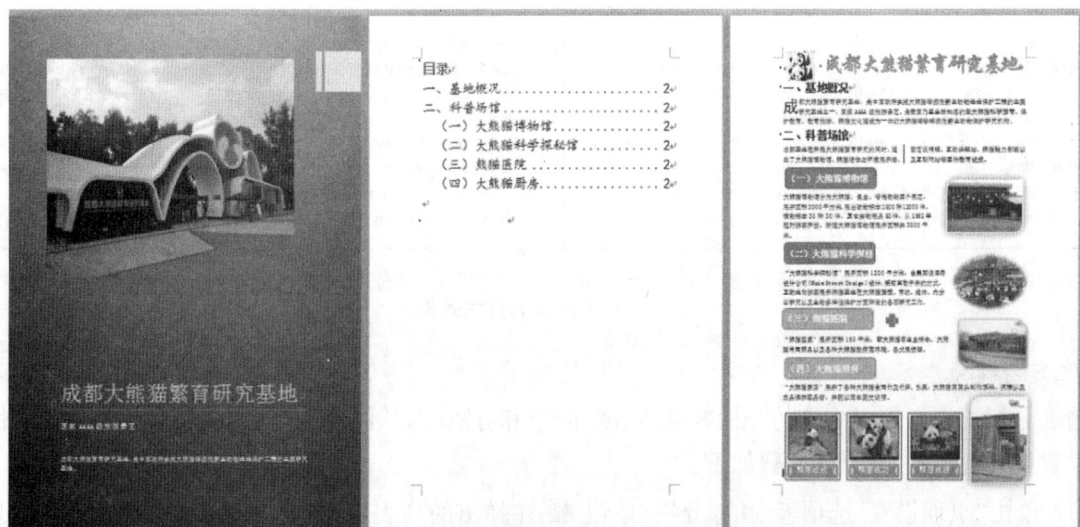

图 3‑50　宣传手册

相关知识

一、设置分栏排版

在报刊和杂志上,经常会看到分栏效果,分栏既可以美化页面,又可以方便阅读,但是如果分栏后,每一栏的宽度不一样,将会影响文档的美观,对文档进行分栏有两种方法,一是简单分栏,二是精确分栏。

（一）简单分栏

切换至"页面布局"选项卡,单击"页面设置"选项组中的"分栏"按钮，在弹出的列表框(见图 3-51)中选择需要选项即可。

该列表框中各选项的含义如下:

一栏:不对文档进行分栏或取消已有的分栏。

两栏:将文档分为左右两栏。

三栏:将文档分为左、中、右三栏。

偏左:分成两栏,右边的分栏比左边的分栏要宽一些。

偏右:分成两栏,右边的分栏比左边的分栏要窄一些。

不同的分栏效果如图 3-52 所示。

图 3-51 "分栏"下拉列表

两栏效果

三栏效果

偏左效果

偏右效果

图 3-52 不同的分栏效果

（二）精确分栏

精确分栏可以自定义文档的分栏数量、宽度、间距和分隔线,从而使文档更加美观,具有可观赏性。设置精确分栏,具体操作步骤如下:

(1)单击"页面设置"选项板中的"分栏"按钮 在弹出的列表框中选择"更多分栏"选项,弹出"分栏"对话框,设置各参数如图 3-53 所示。

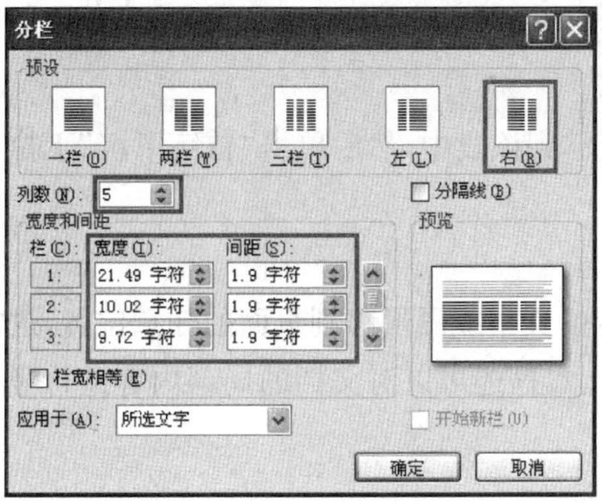

图 3-53　"分栏"对话框

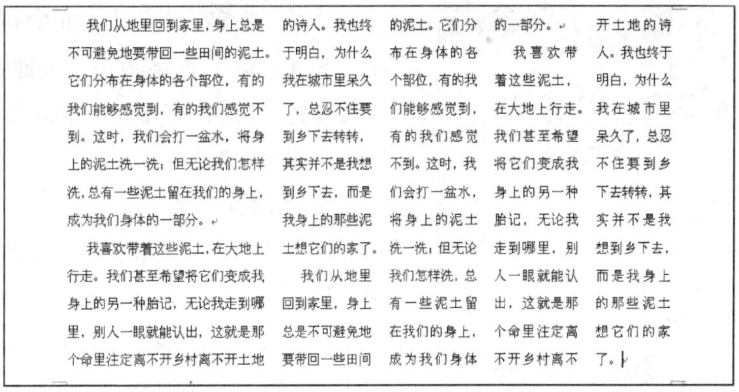

图 3-54　设置分栏效果

（2）单击"确定"按钮，效果如图 3-54 所示。

二、首字下沉

在报纸杂志上经常会看到首字下沉的例子，也就是一段开头的第一个字格外粗大，非常醒目。Word 也提供了首字下沉的功能。具体的设置方法如下：

（1）将插入点移到要设置首字下沉的段落中。

（2）切换到功能区的"插入"选项卡，单击"文字"选项组中"首字下沉"按钮，从下拉菜单中选择一种下沉方式。如图 3-55 所示。

图 3-55　设置首字下沉

（3）如果要设置首字下沉的相关选项，可以单击"首字下沉"下拉菜单中的"高级"命令，出现如图 3-56 所示的"首字下沉"对话框。

图 3 - 56　"首字下沉"对话框

(4) 在"首字下沉"对话框中可根据需求选择首字下沉的方式、首字的字体、下沉行数及首字距正文的距离。

如果要取消首字下沉,将插入点移到该段中,然后单击"首字下沉"下拉菜单中的"无"命令。

三、使用文本框

Word 提供的文本框可以使选定的文本或图形移到页面的任意位置,进一步增强了图文混排的功能。使用文本框还可以对文档的局部内容进行竖排、添加底纹等特殊形式的排版。

(一) 插入文本框

在文档中可以插入横排文本框和竖排文本框,也可以根据需要插入内置的文本框样式。具体方法如下:

(1) 切换到功能区中的"插入"选项卡,在"文本"组中单击"文本框"按钮右侧的向下箭头,从下拉菜单中选择一种文本框样式,可以快速绘制带格式的文本框。

(2) 如果要手工绘制文本框,则从"文本框"下拉菜单中选择"绘制文本框"命令,按住鼠标左键拖动,即可绘制一个文本框。

(3) 当文本框的大小合适后,释放鼠标左键。此时,插入点在文本框中闪烁着,可以输入文本或插入图片。

(4) 单击文本框的边框即可将其选定,此时文本框的四周出现 8 个句柄,按住鼠标左键拖动句柄,可以调整文本框的大小,如图 3 - 57 所示。

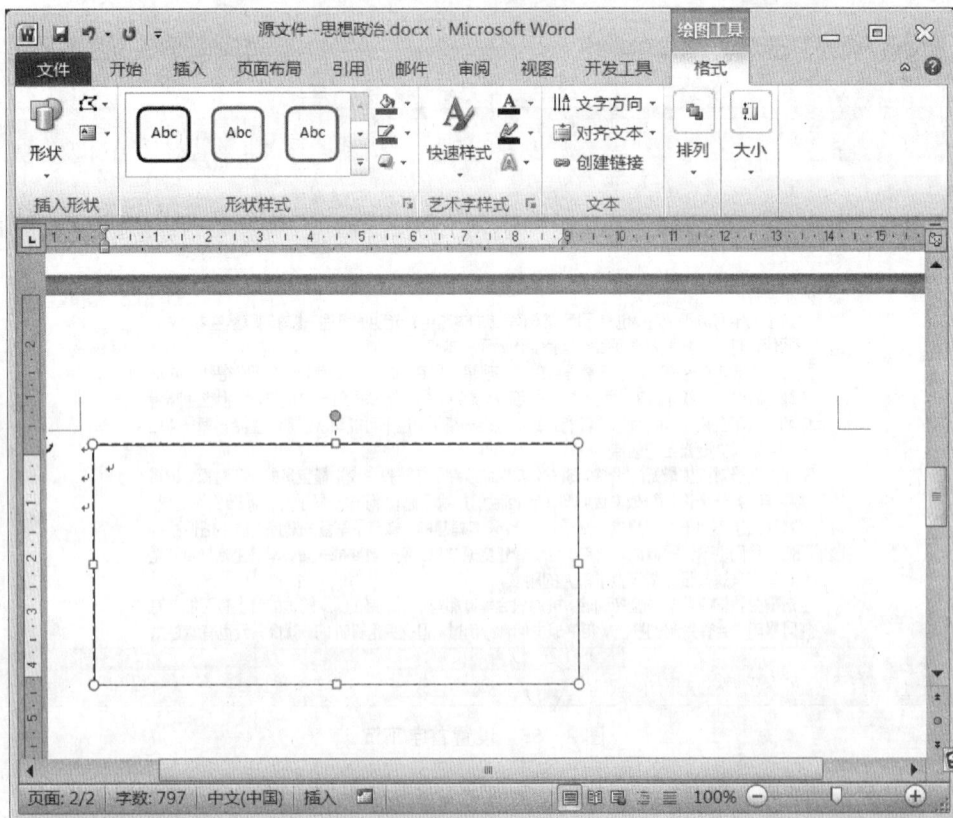

图 3 - 57　插入文本框

（5）将鼠标指针指向文本框的边框，鼠标指针变成四向箭头时，按住鼠标左键拖动，即可调整文本框的位置。

（二）设置文本框的边框

如果需要为文本框设置格式，可以按照下述步骤进行操作：

（1）单击文本框的边框将其选定。

（2）切换到功能区中的"格式"选项卡，单击"形状样式"组中的"形状轮廓"按钮，在弹出的菜单中选择"粗细"命令，再选择所需的线条粗细。

（3）切换到功能区中的"格式"选项卡，单击"形状样式"组中的"形状轮廓"按钮，在弹出的菜单中选择"虚线"命令，从其级联菜单中选择"其他线条"命令，弹出"设置形状格式"对话框，在"复合类型"下拉列表框中选择一种线型，如图 3－58 所示。

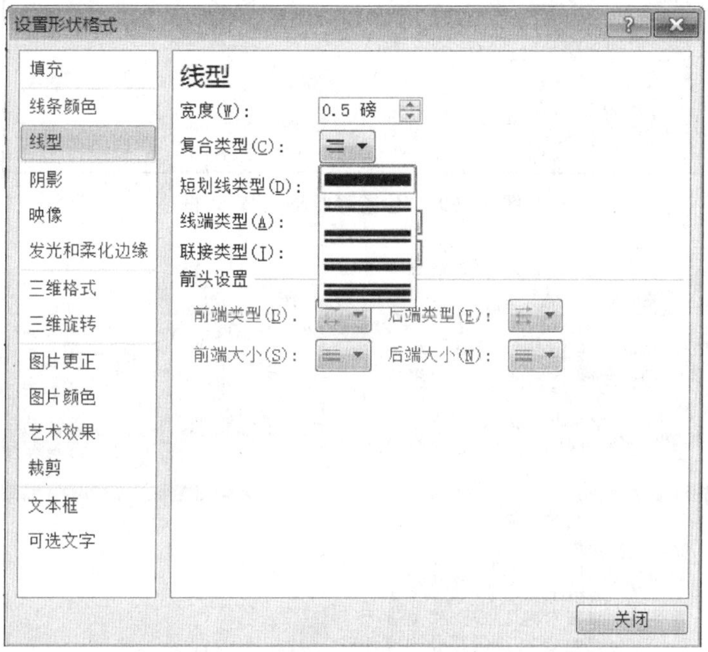

图 3－58　选择线型

（三）设置文本框的内部边距与对齐方式

要设置文本框的内部边距与对齐方式，具体操作步骤如下：

（1）右击文本框，在弹出的菜单中选择"设置形状格式"命令，打开"设置形状格式"对话框。

（2）切换到"文本框"选项卡，在"内部边距"组中，通过设置"左""右""上"和"下"4 个文本框中的数值，可以调整文本框内文字与文本框四周边框之间的距离，如图 3－59 所示。

四、绘制图形

以 SmartArt 图形为基础可以轻松创建排列比较规则的流程图和示意图。当然，在实际工作中会遇到一些比较特殊、不规则外观的示意图。遇到这种情况，可以尝试在文档中插入绘图画布，然后插入箭头、线条、标注框等手绘图形，灵活排列、组合、连接这些简单的图形。

（一）在文档中绘制图形

在文档中绘制图形时，为了避免随着文档中其他文本的增删而导致插入的图形位置发生错乱，最好在画布中进行。具体操作步骤如下：

（1）单击"插入"选项卡，在"插图"组中单击"形状"按钮，在其下拉菜单中选择"新建绘图画布"命

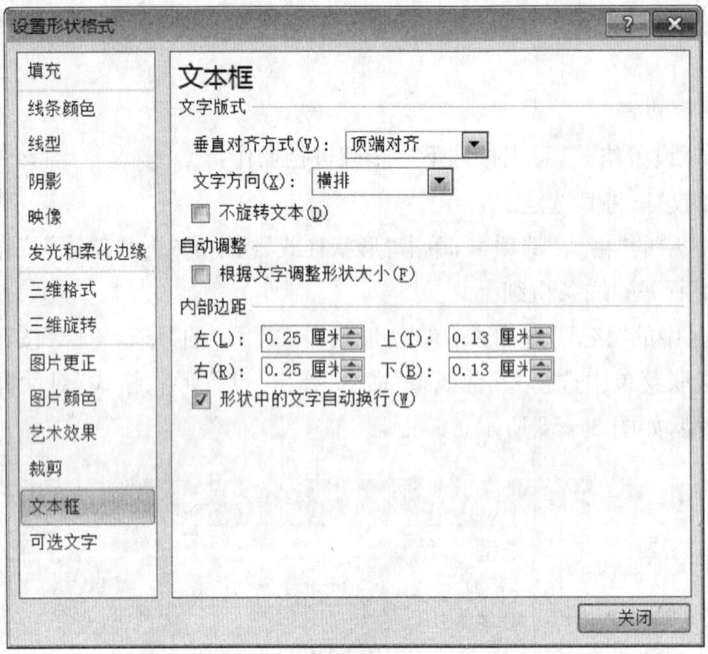

图 3-59 "设置形状格式"对话框

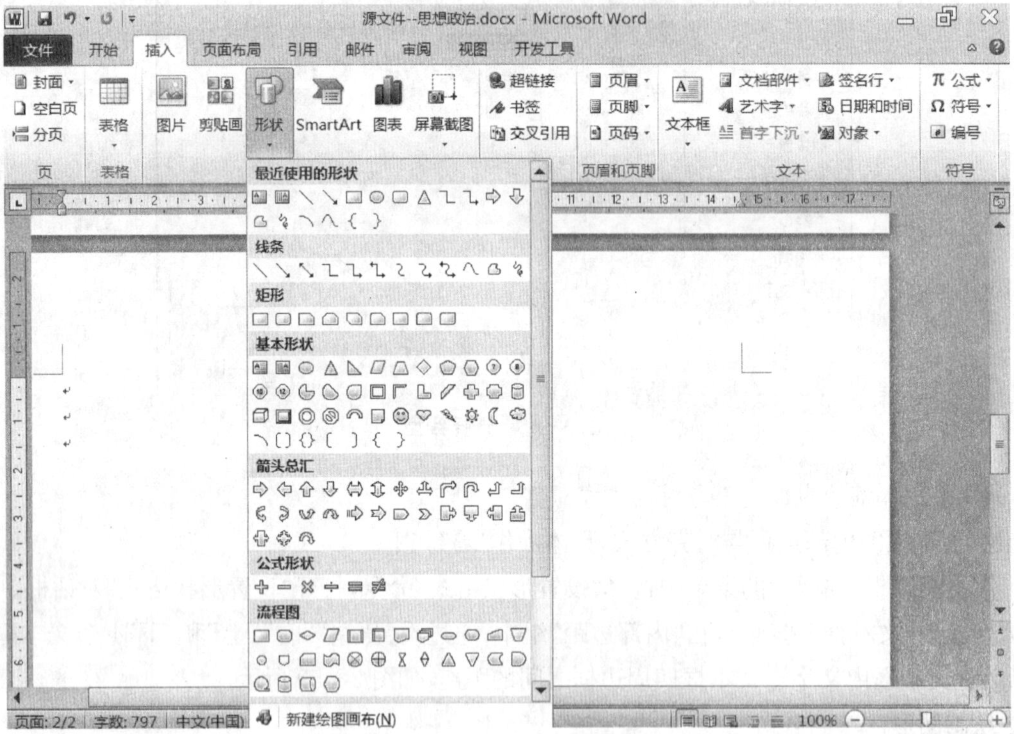

图 3-60 选择"新建绘图画布"命令

令,如图3-60所示。

(2) 接下来开始绘制图形。单击"插入"选项卡,在"插图"组中单击"形状"按钮,在其下拉菜单中选择一种形状。

(3) 在画布中需要绘制的开始位置按住鼠标左键,拖拽鼠标到结束位置,即可绘制出该形状。

注意:如果要绘制正方形,只需单击"矩形"按钮后,按住键盘Shift键并拖动;如果要绘制圆形,只需单击"椭圆"按钮后,按住Shift键并拖动。

（二）在自选图形中添加文字

我们可以在封闭的图形中添加文字，具体操作步骤如下：

（1）右击要添加文字的图形，在弹出的快捷菜单中选择"添加文字"命令，此时插入点出现在图形的内部。

（2）输入所需的文字，并且可以对文字进行排版。

（三）移动绘制好的图形对象

1．选定图形对象

在对某个图形对象进行编辑前，首先要选定该图形对象。选定图形对象有以下几种方法：

（1）如果要选定一个图形，则用鼠标单击该图形。此时，该图形周围出现句柄。

（2）如果要选定多个图形，则按住 Shift 键，然后用鼠标分别单击要选定的图形。

（3）如果要选定的多个图形比较集中，可以将鼠标左键移到要选定图形对象的左上角，按住鼠标左键向右下角拖动。拖动时会出现一个虚线方框，当把所有要选定的图形对象全部框住时，释放鼠标左键。

2．调整图形对象的大小

选定图形对象之后，在其拐角和沿着矩形的边界会出现尺寸句柄。通过拖动对象的尺寸句柄来调整对象的大小。

如果要保持原图形的比例，可在拖动角上的句柄时按住 Shift 键；如果要以图形对象中心为基点进行缩放，拖动句柄时按住 Ctrl 键。

3．对齐图形对象

切换到功能区中的"格式"选项卡，在"排列"组中单击"对齐"按钮，从"对齐或分布"菜单中选择所需的对齐方式。

（1）选择"左对齐"，使各图形对象的左边界对齐。

（2）选择"左右居中"，使各图形对象横向居中对齐。

（3）选择"右对齐"，使各图形对象的右边界对齐。

（4）选择"顶端对齐"，使各图形对象的顶边界对齐。

（5）选择"上下居中"，使各图形对象纵向居中对齐。

（6）选择"底端对齐"，使各图形对象的底边界对齐。

（7）如果要等距离排列图形对象（必须选定三个或三个以上的对象，或者相对于绘图画布排列对象），则选择"横向分布"或"纵向分布"命令。

4．叠放图形对象

在同一区域绘制多个图形时，后面绘制的图形可能覆盖前面的图形。这时需要改变图形的叠放次序。具体操作步骤如下：

（1）选定要移动的图形对象，若该图形被隐藏在其他图形下面，可以按 Tab 键或 Shift＋Tab 键来选定该图形对象。

（2）切换到功能区中的"格式"选项卡，在"排列"组中单击"置于底层"按钮右侧的向下箭头，从"置于底层"下拉菜单中选择所需的命令。

① 要将图形对象置于底层，请选择"置于底层"命令，如图 3 - 61 所示。

② 如果在一个区域重叠了两个以上的图形对象，可以执行"下移一层"命令来逐层移动图形对象。

③ 要将图形对象置于正文之后，请执行"衬于文字下方"命令。

图 3-61 置于底层

5. 设置图形对象阴影效果

设置图形的阴影效果，可以使图形有一种"悬浮"在幻灯片上的感觉。设置阴影效果的具体操作步骤如下：

（1）选定要添加阴影的文本框。

（2）切换到功能区中的"格式"选项卡，在"形状样式"组中单击"形状效果"按钮，再单击"阴影"命令，出现如图 3-62 所示的"阴影"级联菜单。

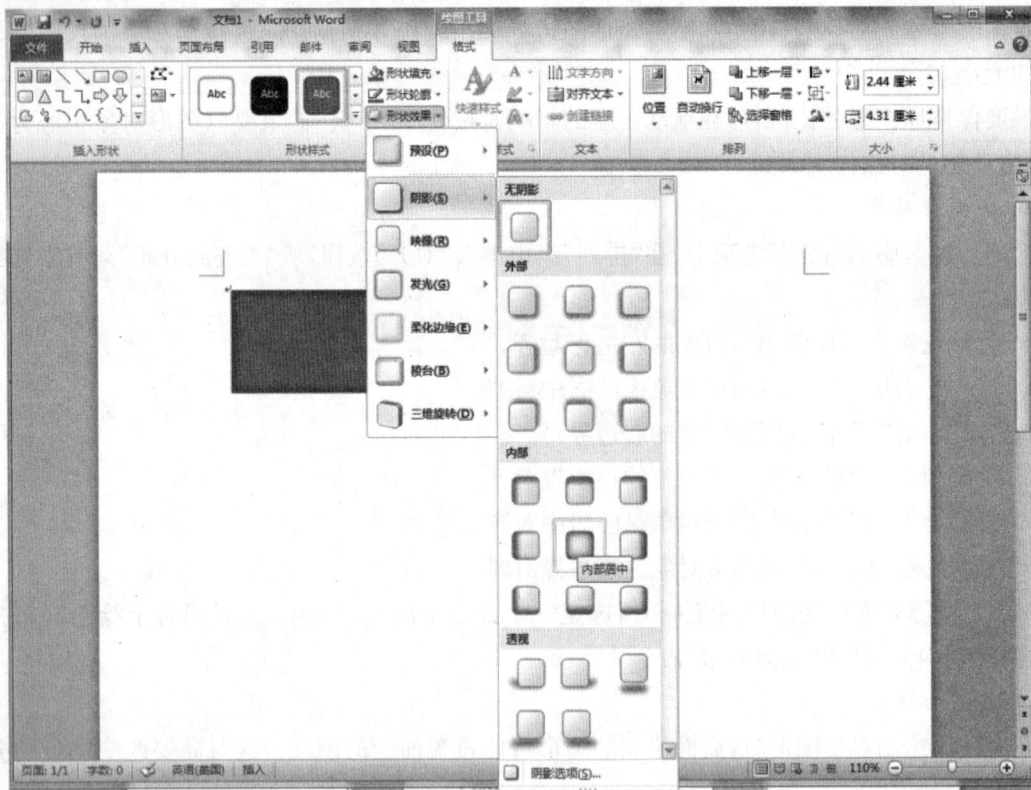

图 3-62 "阴影"级联菜单

（3）在"阴影"级联菜单中选择一种阴影样式。

6. 设置三维效果

除了可以为图形添加阴影之外，还可以为图形设置三维效果。具体操作步骤如下：

（1）选定要添加三维效果的图形。

（2）切换到功能区中的"格式"选项卡，在"形状样式"组中单击"形状效果"按钮，再单击"三维旋转"命令，出现如图 3-63 所示的"三维旋转"级联菜单。

（3）从"三维旋转"级联菜单中选择一种三维效果样式。

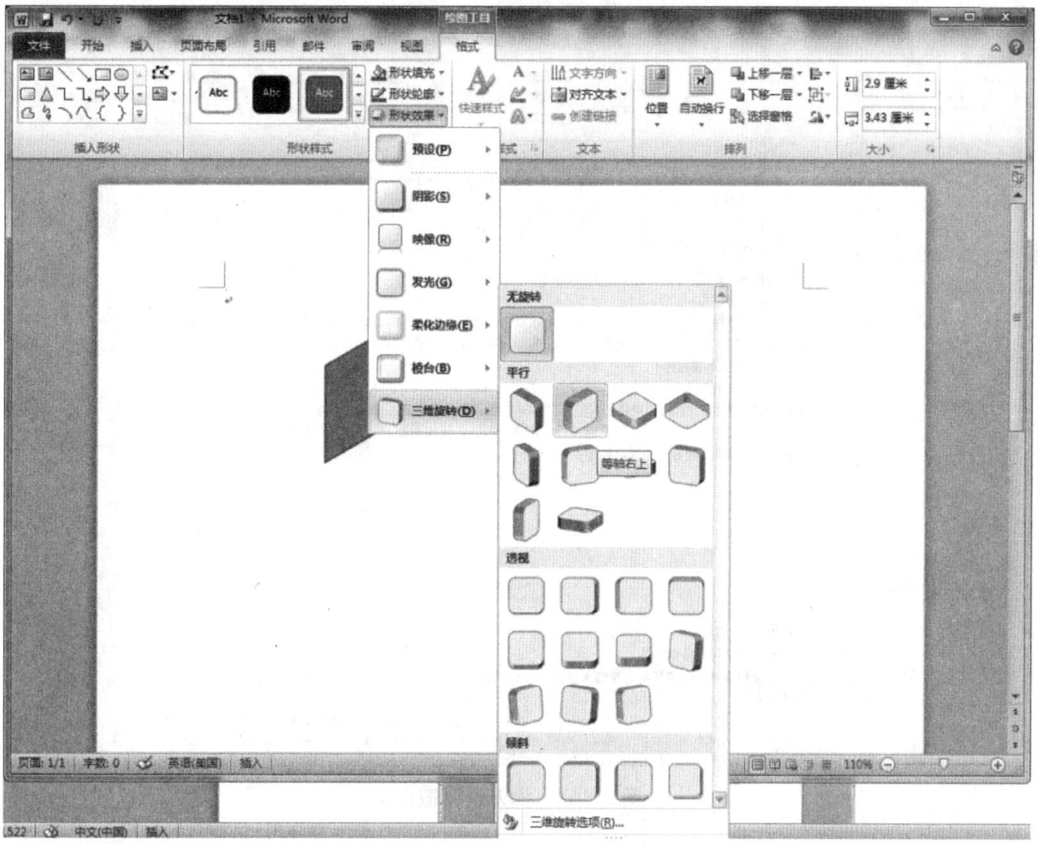

图 3 - 63　"三维旋转"级联菜单

如果对添加的三维效果不太满意,请在"三维旋转"级联菜单选择"三维旋转选项"命令,弹出"三维旋转"对话框,在此可以对其旋转的角度等进行设置。

五、美化处理插图及图片

(一)插入图片

Word 提供了多种方法可以快速将图片插入到文档中:

(1)利用图片按钮插入图片;

(2)拖拽法插图;

(3)插入剪贴画。

Word 内部提供了剪辑库,其中包含 Web 元素、背景、标志、地点和符号等,可以直接插入到文档中。如果对图片有更高的要求,可以选择插入计算机中保存的图片文件。

(二)插入屏幕截图

编写某些特殊文档时,经常需要向文档中插入屏幕截图。在以前的 Office 版本中,要截取计算机屏幕的内容,只能使用第三方软件来实现。而 Office2010 以上版本提供了屏幕截图功能,用户编写文档时,可以直接截取程序窗口或屏幕上某个区域的图像,选择图像将能自动插入到当前插入点光标所在的位置。如图 3 - 64 所示。

另外,如果文档保存成兼容 Word 97 - 2003 的 DOC 格式,要截取屏幕图像的话,可以利用键盘上的PrintScreen 键来完成。先打开要截取图像的窗口,按 PrintScreen 键将当前屏幕中显示的图像复制到剪贴板,切换到 Word 文档中,在要插入屏幕截图的位置单击鼠标右键,在弹出的快捷菜单中选择"粘贴选项"区中的"粘贴"图标,或者直接按 Ctrl+V 键,也可以插入屏幕截图。

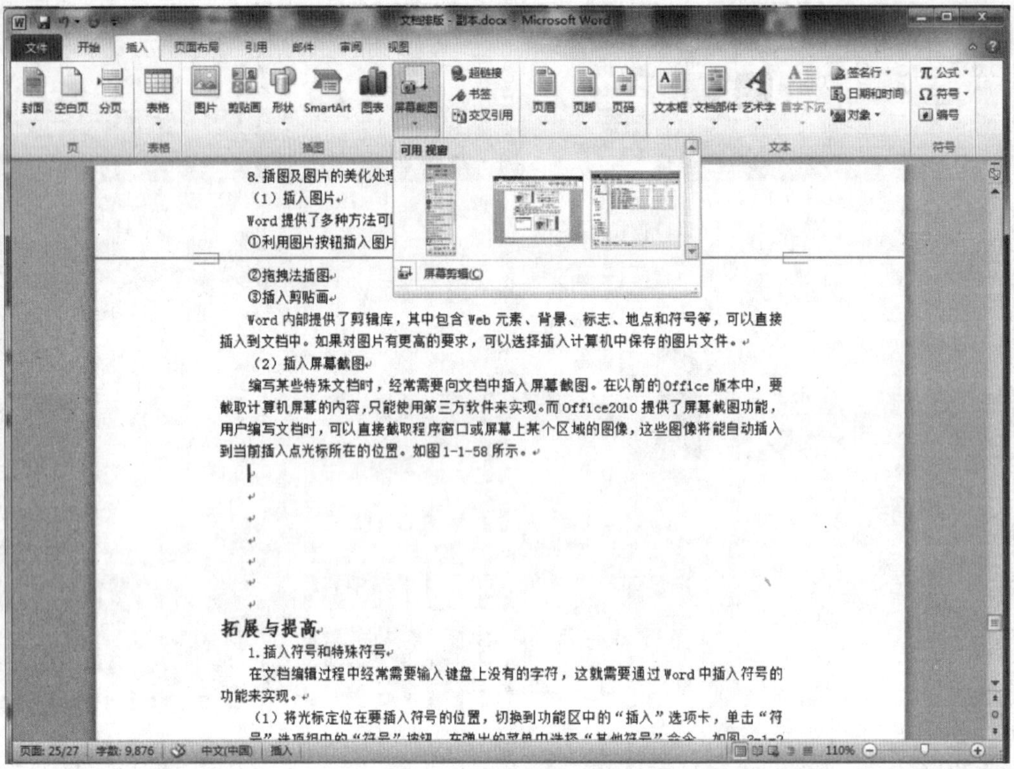

图 3 - 64　插入屏幕截图

（三）设置图片样式

Word 提供了许多图片样式，可以快速应用到图片上。

选择要应用图片样式的图片，切换到功能区中的"格式"选项卡，单击"图片样式"列表框的图片样式，即可在文档中预览该图片样式的效果，如图 3 - 65 所示。

图 3 - 65　应用图片样式的效果

（四）调整图片色调与光线

当图像文件过暗或曝光不足时，可以通过调整图片的色彩与光线等参数使其接近正常效果。

1. 调整图片色调

不同的色温产生的效果会有所不同，在调整图片色调时，主要是调整图片的色温，温度较低的为冷色调，温度较高的为暖色调。

（1）单击要编辑的图片，文档自动切换到"图片工具"的"格式"选项卡中。

（2）单击"调整"组中的"颜色"按钮，在弹出的下拉列表中单击"色调"区内的一种色调，如图 3 - 66 所示。

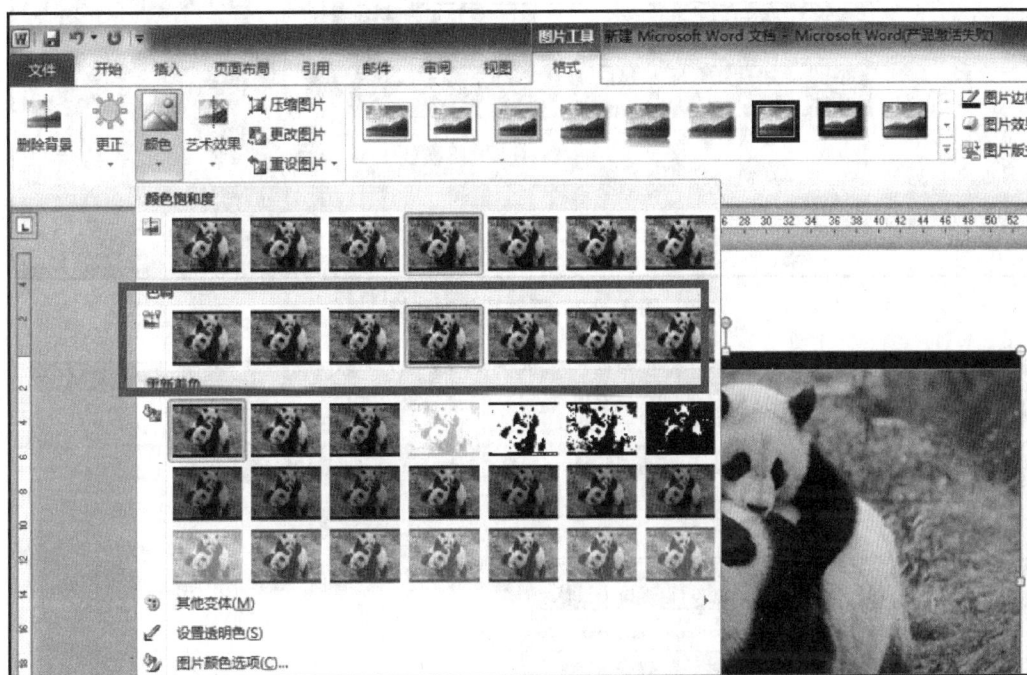

图 3 - 66　调整图片色调

2. 调整图片颜色和饱和度

饱和度是指图片中色彩的浓郁程度，饱和度越高，色彩越鲜艳；反之，饱和度越低的图片，则色彩越暗淡。

（1）在文档中单击要编辑的图片。

（2）在"格式"选项卡中，单击"调整"组中的"颜色"按钮，在弹出的下拉列表中单击"颜色饱和度"区中的一种饱和度，如图 3 - 67 所示。

3. 调整图片亮度和对比度

亮度和对比度可以调整图片的光线及图片中每种色彩的强度，为素材设置亮度与对比度时，可以使用 Word 提供的功能进行设置。

（1）在文档中单击要编辑的图片。

（2）在"格式"选项卡中，单击"调整"组中的"更正"按钮，可以从"亮度和对比度"区中选择一种预定义的亮度和对比度，如图 3 - 68 所示；也可以单击"图片更正选项"。

（3）弹出"设置图片格式"对话框，在"图片更改"选项卡中拖动"亮度和对比度"区内的"亮度"标尺中的滑块；再拖动"对比度"标尺中的滑块，最后单击"关闭"按钮，如图 3 - 69 所示。

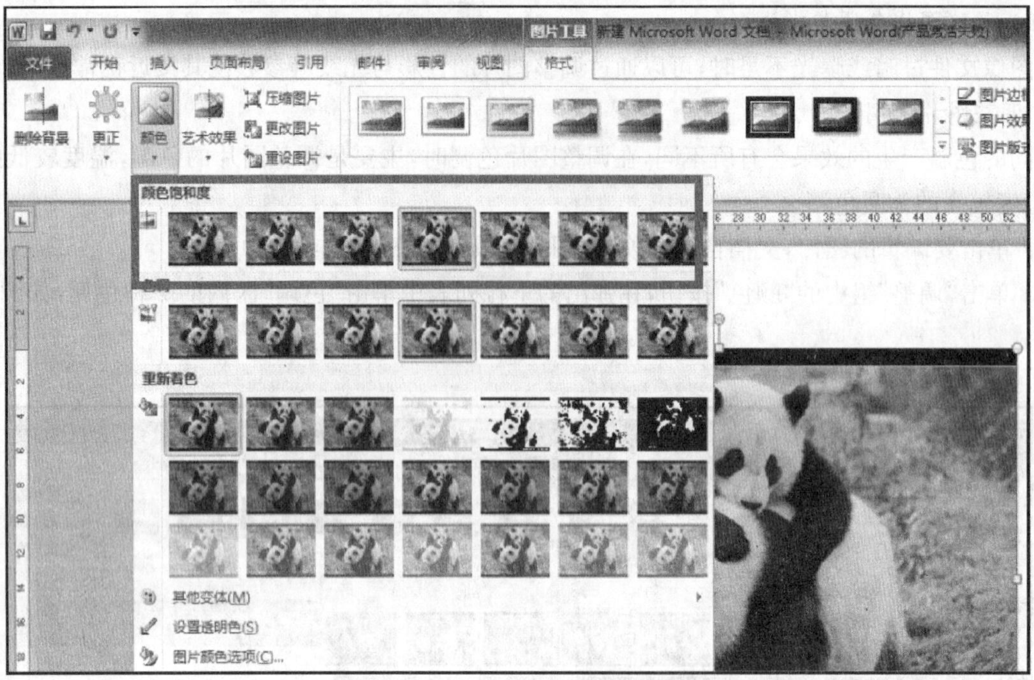

图 3-67 调整颜色饱和度

图 3-68 调整图片亮度和对比度

4. 为图片重新着色

对图片进行着色是指为图片设置不同颜色的变体，Word 中预设了灰度、冲蚀、黑白等 20 种着色效果。

（1）在文档中单击要编辑的图片。

（2）在"格式"选项卡中，单击"调整"组中的"颜色"按钮，在弹出的下拉列表中单击"重新着色"区中的一种着色样式，如图 3-70 所示。

（五）图片的艺术效果

Word 中的艺术效果是指图片的不同风格，其中预设了标记、铅笔灰度、铅笔素描、线条图、粉笔素

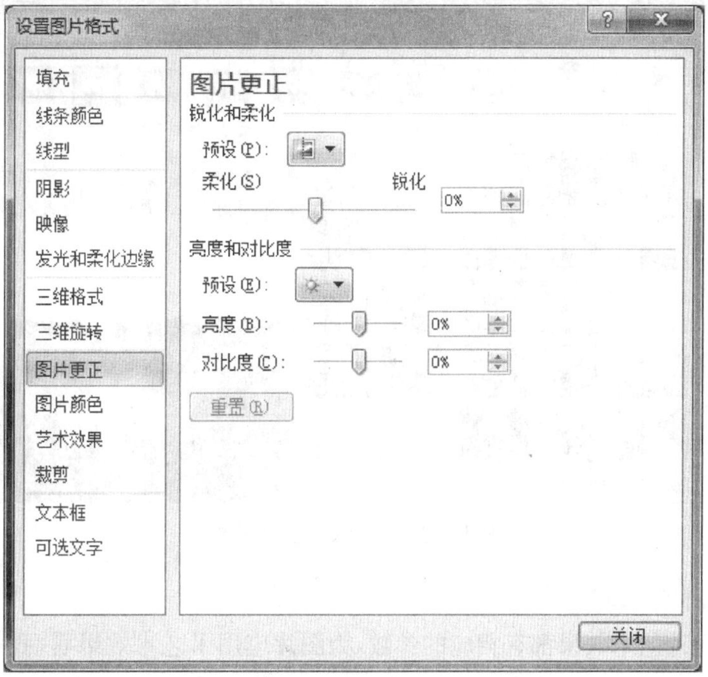

图 3-69　"设置图片格式"对话框

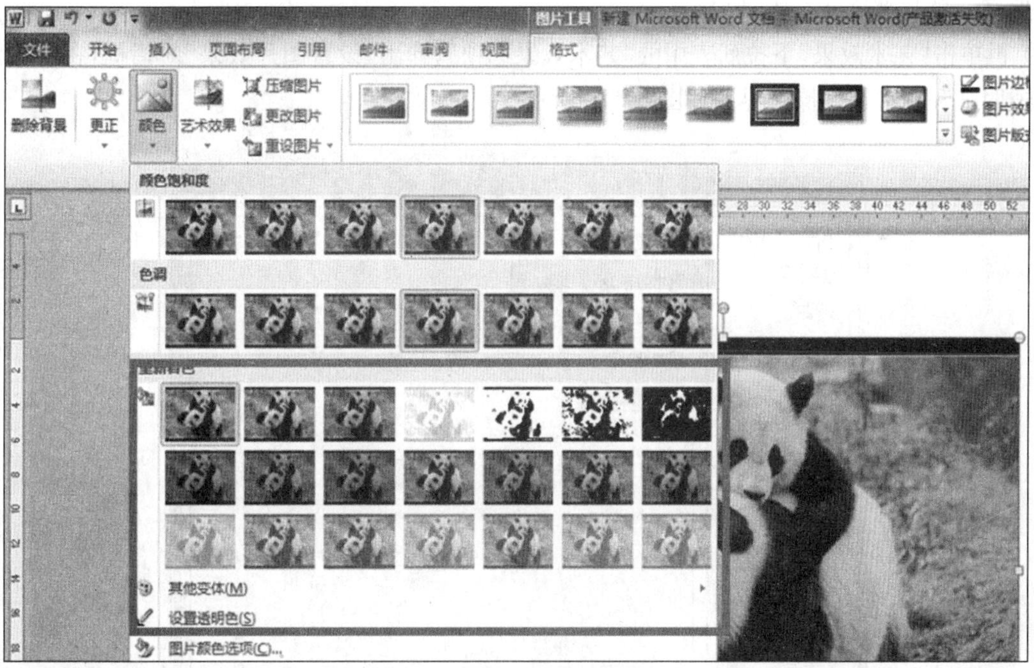

图 3-70　为图片重新着色

描、画图笔画、发光散射等效果,在应用了一种效果后,还可以进一步对其进行设置。

1. 应用预设艺术效果

Word 不仅能够方便地更改图片的外观样式,还能够获得很多需要专业图像处理软件才能完成的特殊效果,使插入文档的图片更具有表现力。

单击要编辑的图片,切换到"格式"选项卡,单击"调整"组中的"艺术效果"按钮,在弹出的下拉列表中选择一种艺术效果。如图 3-71 所示。

图 3-71 添加图片艺术效果

2. 自定义设置艺术效果

Word 中预设的每种艺术效果都有相应的参数,为图片应用了艺术效果后,我们可以更改效果的参数来微调图片的效果。

(1) 单击要编辑的图片,切换到"格式"选项卡,单击"调整"组中的"艺术效果"按钮,在弹出的下拉列表中选择一种艺术效果。

(2) 再单击"艺术效果"下拉列表中的"艺术效果选项",弹出"设置图片效果"对话框,在右侧的窗格中调整透明度和压力等。操作界面如图 3-72 所示。

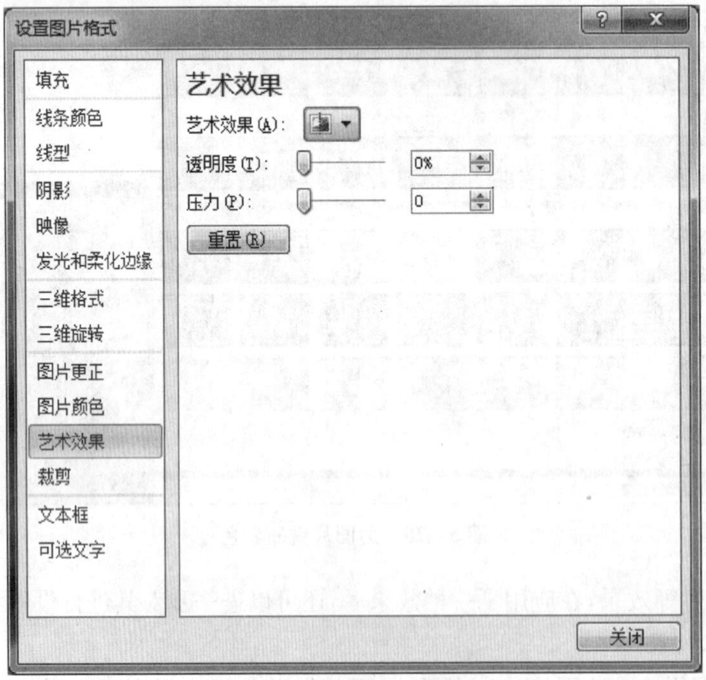

图 3-72 自定义艺术效果

(六) 设置图片的文字环绕效果

文档中图片与文字的位置关系,即环绕方式。设置图文环绕方式需要先单击图片,然后切换到功能区中的"格式"选项卡,在"排列"组中单击"自动换行"按钮,在弹出的下拉列表中选择一种环绕方式。

嵌入型:文字围绕在图片的上下方,图片只能在文字区域范围内移动。

四周型环绕:文字环绕在图片四周,图片四周留出一定的空间。

紧密型环绕:文字密布在图片四周,图片四周被文字紧紧包围。

衬于文字下方:图片在文字的下方。

浮于文字上方:图片覆盖在文字的上方。

上下型环绕:文字环绕在图片的上下方。

穿越型环绕:文字密布在图片四周,与紧密型类似。

任务总结

通过本任务的学习,大家学会了在文档中添加文本框、艺术字、图片、形状、SmartArt 图形,并对这些对象进行相应的设置,呈现艺术效果,同时通过首字下沉,分栏等特殊格式的设置,对文档进行图文混排,使文档图文并茂。

◉ 项目三 制作员工证

表格作为一种简明扼要的表达方式,不仅结构严谨、效果直观,而且包含的信息量大,能够比文字更为清晰且直观地描述内容。在制作报表、合同文件、宣传单、工作总结以及其他各类文书时,经常都需要在文档中插入表格,以清晰地表现各类数据。本案例的最终效果如图 3-73 所示。

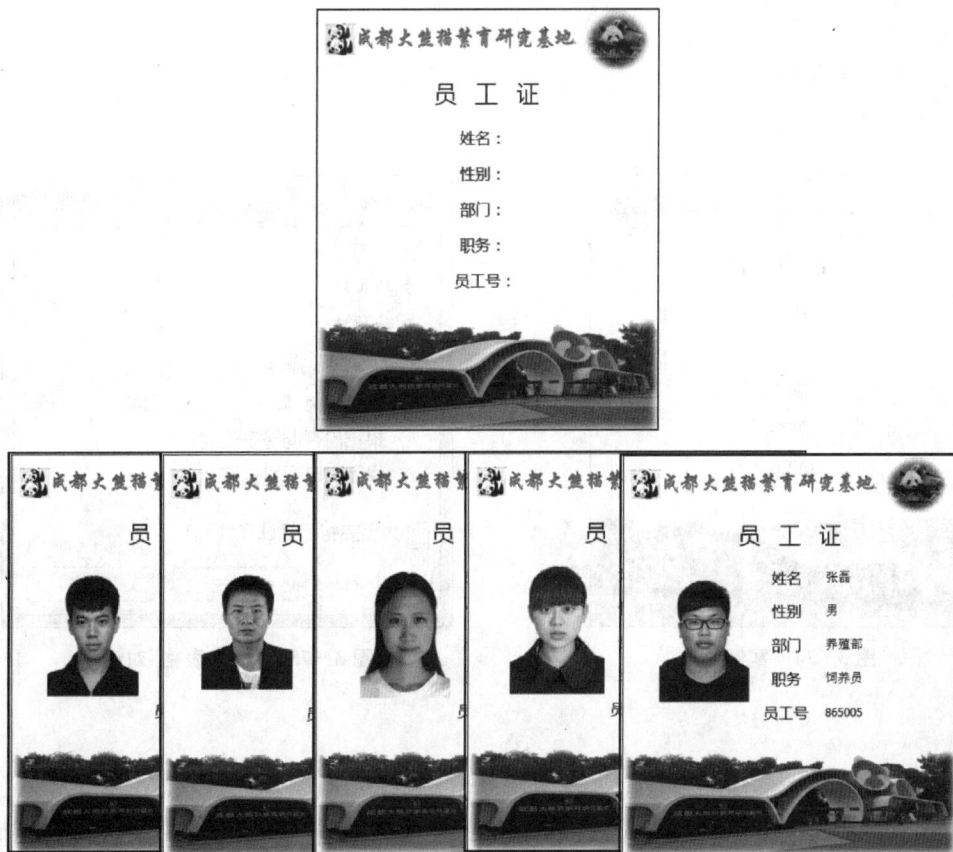

图 3-73 员工证

3-3-1
设置表格

项目目标

教学内容	制作员工证
教学目标	● 会插入表格； ● 会插入行、列； ● 能设置行高、列宽； ● 能合并拆分单元格； ● 会设置表格边框底纹； ● 会邮件合并。

任务一　设计员工证

任务描述

为了更形象地说明问题，常常需要在文档中制作各式各样的表格。Word 提供了强大的表格制作功能，可以快速地创建与编辑表格。利用 Word 表格的功能设计制作符合要求的员工证，达到如图 3-74 效果。

任务目标

● 会插入表格；

● 会插入行、列；

● 能设置行高、列宽；

● 会合并拆分单元格；

● 能设置表格边框底纹。

图 3-74　案例效果

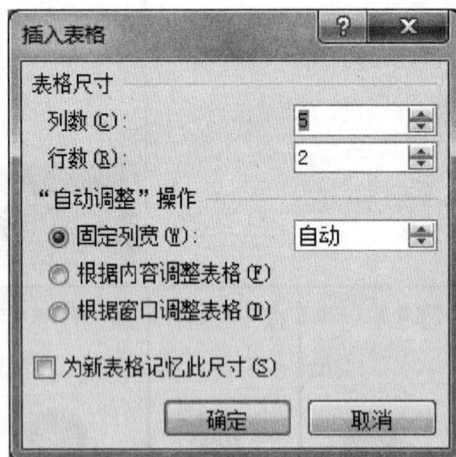

图 3-75　"插入表格"对话框

任务实现

（1）创建一个空白文档，选择"插入"选项卡的"表格"按钮，在弹出的"表格"菜单中选择"插入表格"命令，弹出"插入表格"对话框，如图 3-75 所示。在"行数"后的文本框中输入 5，"列数"后的文本框中输入 3,单击"确定"按钮。效果如图 3－76 所示。

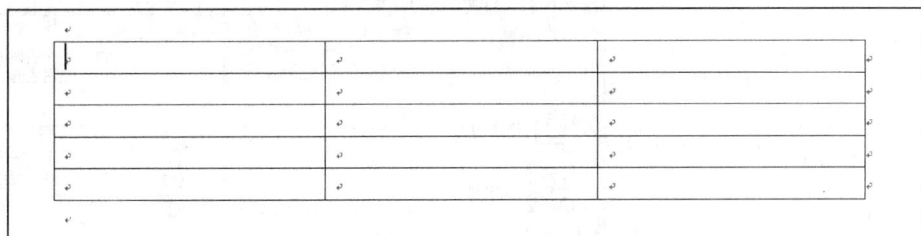

图 3－76　创建表格

　　(2) 拖动选择表格右侧第一列的前 3 个单元格,切换到功能区中的"布局"选项卡,单击"合并"选项组中的"合并单元格"按钮,效果如图 3－77 所示。

图 3－77　合并单元格

　　(3) 重复上述步骤,继续合并相应的单元格。单击第 1 行单元格,光标插入点会闪动,表示可以在此处输入文字,然后单击相应的单元格,输入表格数据,如图 3－78 所示。

员工证		
	姓名:	
	性别:	
	部门:	
	员工号:	

图 3－78　输入表格文字

　　(4) 单击表格左上角的标志,选定全部表格,然后单击"对齐方式"选项组中的"水平居中"按钮,如图 3－79 所示,即可一次性将单元格内的文字居中对齐,效果如图 3－80 所示。

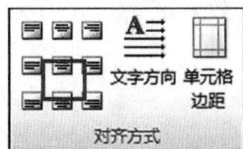

员工证		
	姓名:	
	性别:	
	部门:	
	员工号:	

图 3－79　"水平居中"按钮　　　　**图 3－80　使表格内容居中**

　　(5) 选中表格的第一行文字,设置字体为"微软雅黑",字号为二号,字符间距为 4.5 字符,第二至五行字体为"微软雅黑",字号为四号。用鼠标调整表格的行宽至适当宽度,效果如图 3－81 所示。

　　(6) 选定表格第一行,切换到功能区中的"设计"选项卡,然后单击"表格样式"选项组中的"边框"按钮,从弹出的菜单中选择"边框和底纹"命令,打开"边框和底纹"对话框,如图 3－82 所示。选择"无",去掉表格的边框,单击"确定"按钮,效果如图 3－83 所示。

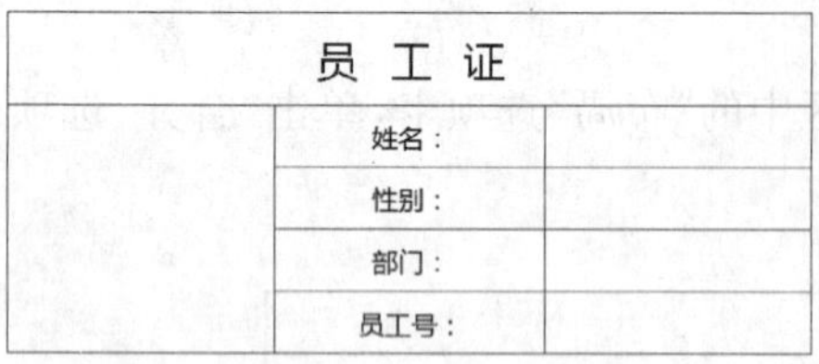

图 3 - 81　设置表格字体

图 3 - 82　设置表格边框对话框

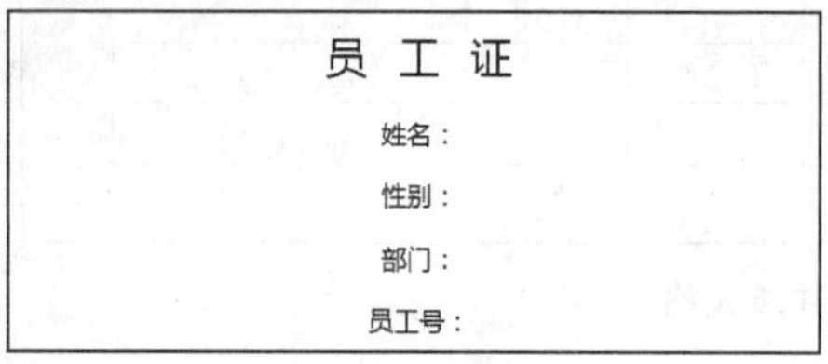

图 3 - 83　设置表格边框效果

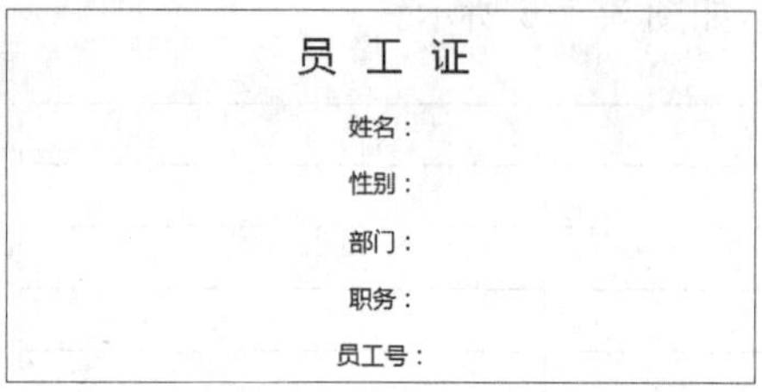

图 3 - 84　插入行列

图 3 - 85　员工证效果

（7）将光标定位到"部门"单元格，切换至功能区中的"布局"选项卡，在"行和列"组里选择"在下方插入"按钮，在"部门"单元格的下方插入一行，在插入的单元格内输入"职务"，效果如图 3 - 84 所示。

（8）为了让员工证看起来更加美观，插入图片进行美化。用鼠标调整图片的大小以及位置，再切换到"图片工具"功能区中的"格式"选项卡，设置图片的格式为"柔化边缘椭圆"和"柔化边缘"。效果如图 3 - 85 所示。

相关知识

一、制作表格

下面介绍表格制作的详细步骤：

（一）创建表格

表格是由行和列的单元格组成的，可以在单元格中输入文字或插入图片，使文档内容变得更加直观和形象，增强文档的可读性。

1. 自动创建表格

使用自动创建表格可以插入简单的表格，具体操作步骤如下：

（1）将插入点置于要插入表格的位置。

（2）切换到功能区中的"插入"选项卡，在"表格"选项组中单击"表格"按钮，在该按钮下方出现如图 3-86 所示的示意表格。

（3）用鼠标在示意表格中拖动，以选择表格的行数和列数，同时在示意表格的上方显示相应的行列数。

（4）选定所需的行列数后，释放鼠标，即可得到所需的结果，如图 3-87 所示。

2. 手动创建表格

手动创建表格，可以准确地输入表格的行数和列数，还可以根据实际需要调整表格的列宽。切换到功能区中的"插入"选项卡，在"表格"选项组中单击"表格"按钮，然后选择"插入表格"命令，打开如图 3-88 所示的"插入表格"对话框。在"列数"和"行数"文本框输入要创建表格的列数和行数。单击"确定"按钮，即可在文档输入点处创建表格。

在"插入表格"对话框的"'自动调整'操作"选项组中，选择不同的选项将创建不同列宽设定方式的表格，选择不同选项的作用如下：

固定列宽：选中该单选按钮，可以在右侧的文本框中输入具体的数值。

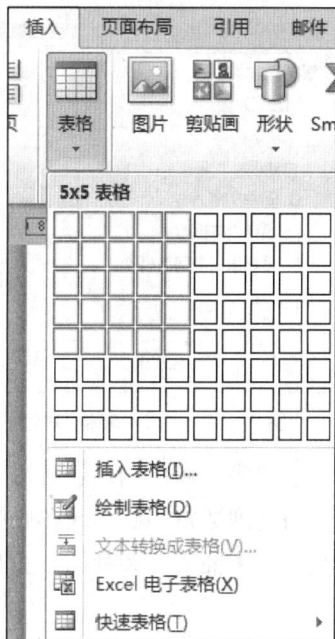

图 3-86 示意表格

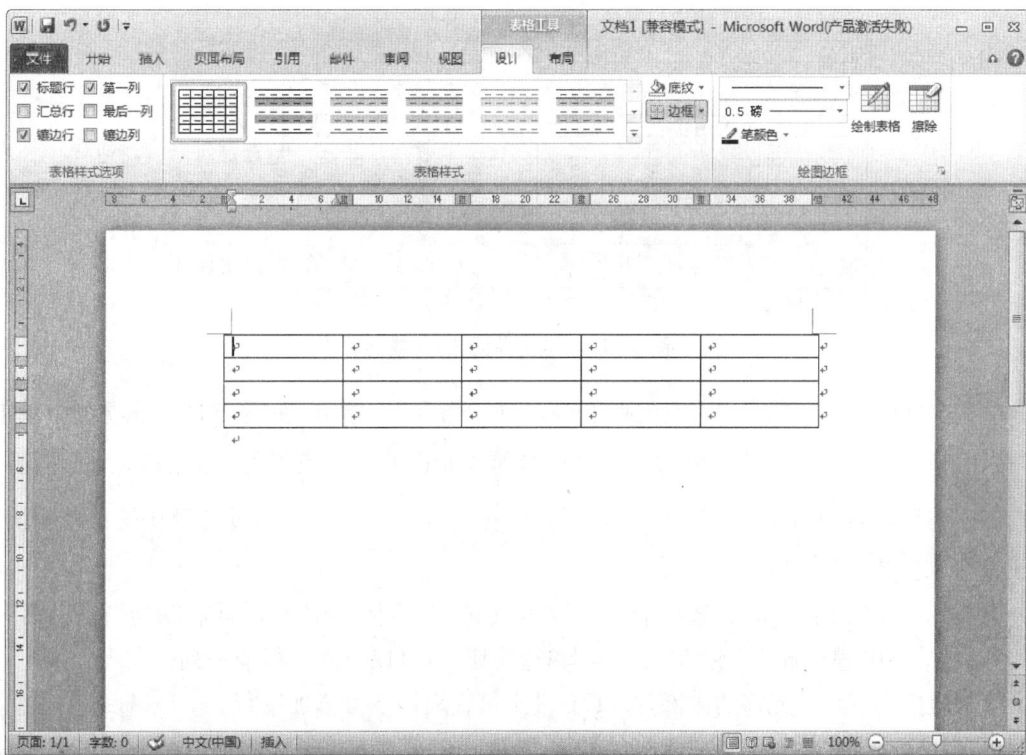

图 3-87 快速创建的空白表格

根据内容调整表格：选中该单选按钮，表格将根据内容量来调整列宽。

根据窗口调整表格：选中该单选按钮，创建的表格列宽以百分比为单位。

（二）编辑表格

刚创建的表格，往往离实际想要的表格仍有一定的差距，还要进行适当的编辑，如合并单元格、拆分单元格、插入或删除行、插入或删除列、插入或删除单元格等。

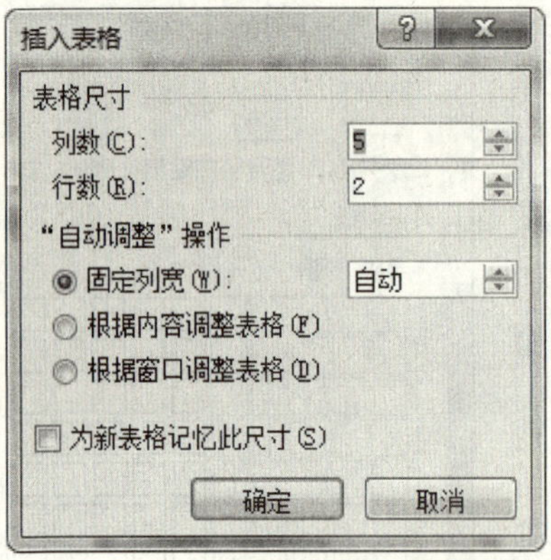

图 3 - 88 "插入表格"对话框

1. 在表格中选定内容

在对表格进行操作之前,必须先选定操作对象是哪个或哪些单元格。

如果要选定一个单元格中的部分内容,可以用鼠标拖动的方法进行选定,与在文档中选定正文一样。另外,在表格中还有一些特殊的选定单元格、行和列的方法,如图 3-89 所示。

另一种选定的方法是:将插入点置于要选定的单元格中,然后切换到功能区的"布局"选项卡,单击"选择"按钮,从下拉菜单中选择"选择单元格""选择行""选择列"或"选择表格"命令。

2. 在表格中插入与删除行和列

很多时候在创建表格初期并不能准确估计表格的行列用量,因此在编辑表格数据的过程中会出现表格行列数量不够用或在数据输入完成后有剩余的现象,这时通过添加或删除行和列便可很好地解决。在表格中插入行和列的方法有以下几种:

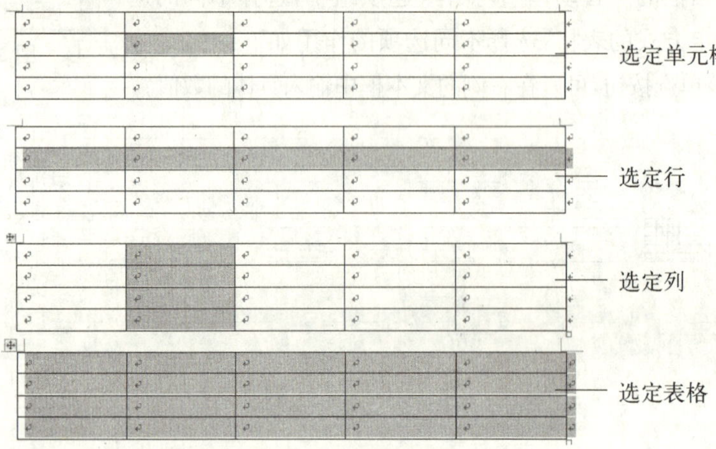

图 3 - 89 选定单元格、行或列

(1)单击表格中的某个单元格,切换到功能区中的"布局"选项卡,在"行和列"选项组中单击"在上方插入"按钮■或"在下方插入"按钮■,可以在当前单元格的上方或下方插入一行。同理,要插入列可单击"在左侧插入"按钮■或"在右侧插入"按钮■。该操作也可以通过右键快捷菜单中的"插入"命令的子命令来完成。

(2)切换到功能区中的"布局"选项卡,在"行和列"选项组中单击"对话框启动器"按钮,打开"插入单元格"对话框,选中"整行插入"或"整列插入"单选按钮,也可以插入一行或一列。

(3)单击表格右下角单元格的内部,按 Tab 键则可在表格下方添加一行。

(4)将光标定位到表格右下角单元格的外侧,按回车键可在表格下方添加一行。

删除行和列的方法有以下几种:

(1)右击要删除的行或列,然后在弹出的菜单中选择"删除行"或"删除列"命令,可删除该行或列。

(2)单击要删除行或列包含的一个单元格,切换到功能区中的"布局"选项卡,在"行和列"选项组中单击"删除"按钮■,然后选择"删除行"或"删除列"命令。

(3)通过功能区中的删除菜单选择"删除单元格"命令,打开"删除单元格"对话框,选中"删除整行"或"删除整列"单选按钮可删除相应的行或列。

3. 合并与拆分单元格和表格

在编辑表格时，经常需要根据实际情况对表格进行一些特殊的编辑操作，如合并单元格、拆分单元格和拆分表格等。

（1）合并单元格。合并单元格是指将矩形区域的多个单元格合并成一个较大的单元格。切换到功能区中的"布局"选项卡，在"合并"选项组中选择"合并单元格"按钮，将合并选择的单元格，如图3-90所示。

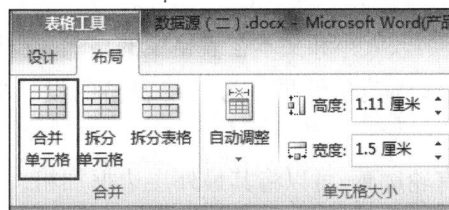

图3-90　合并单元格　　　　　图3-91　"拆分单元格"对话框

（2）拆分单元格。拆分单元格是指将一个单元格拆分为几个较小的单元格。切换到功能区中的"布局"选项卡，在"合并"选项组中选择"拆分单元格"按钮，打开"拆分单元格"对话框。如图3-91所示。在"列数"和"行数"文本框中分别输入每个单元格要拆分成的列数和行数。如果选定了多个单元格，可以选中"拆分前合并单元格"复选框，则会在拆分前把选定的单元格合并。

（3）拆分表格。Word允许把一个表格拆分成两个表格或多个表格，然后在表格之间插入普通文本。将插入点置于要分开的行分界处，也就是要成为拆分后第二个表格的第一行处。切换到功能区中的"布局"选项卡，单击"合并"选项组中的"拆分表格"按钮，或者按Ctrl+Shift+回车键。这时，插入点所在行以下的部分就从原表格中分离出来，变成一个独立的表格。

（三）设置表格格式

表格制作完成后，还需要对表格进行各种格式的修饰，从而生成更漂亮、更具专业性的表格。表格的修饰与文字修饰基本相同，只是操作对象的选择方法不同而已。

1. 设置单元格中文本的对齐方式

在表格中不但可以水平对齐文字，而且可以增加垂直方向的对齐操作。只要将光标定位到表格中，就可以通过"布局"选项卡"对齐方式"选项组进行选择，如图3-92所示。如果要设置多个单元格或整个表格的文本对齐方式，可以选择这些单元格或整个表格，然后设置对齐方式。

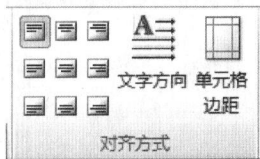

图3-92　表格中文本的9种对齐方式

2. 设置整张表格的单元格边距

单元格边距是指单元格中的内容与边框之间的距离；单元格间距是指单元格和单元格之间的距离。在编辑表格时，可以根据实际需要自定义单元格的边距和间距。

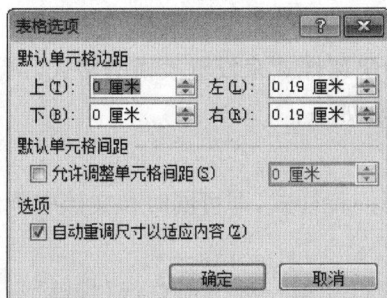

选择整个表格，切换到功能区中的"布局"选项卡，在"对齐方式"选项组中单击"单元格边距"按钮，打开如图3-93所示的"表格选项"对话框。在"默认单元格边距"选项组中可以分别设置上、下、左、右的间距。

图3-93　"表格选项"对话框

（四）设置表格尺寸和外观

1. 设置表格的列宽和行高

设置表格的列宽和行高的具体操作方法有以下几种：

（1）通过鼠标拖动：将光标指向要调整列的列边框和行的行边框，当光标形状变为上下或左右的双向箭头时，按住鼠标左键拖动即可调整列宽和行高。

（2）通过指定列宽和行高值：选择要调整列宽的列或行高的行，然后切换到功能区中的"布局"选项卡，在"单元格大小"选项组设置"宽度"和"高度"的值，按回车键即可调整列宽和行高。

（3）通过 Word 自动调整功能：切换到功能区中的"布局"选项卡，在"单元格大小"选项组中单击"自动调整"按钮，从弹出的菜单中选择所需的命令即可。

2. 设置表格的边框和底纹

前面介绍的设置表格格式的方法都是对表格位置、大小和文本在表格中的格式等的设置，虽然可以使表格中的数据排列整齐，却无法更好地为表格起到美化效果。为了使表格的设计更具专业效果，Word 提供了设置表格边框和底纹的功能。

（1）设置表格边框。为了使表格看起来更加有轮廓感，可以将其最外层边框加粗。选定整个表格，切换到功能区中的"设计"选项卡，然后单击"表格样式"选项组中的"边框"按钮，从"边框"下拉菜单中选择"边框和底纹"命令，打开如图 3-94 所示的"边框和底纹"对话框。在"边框"选项卡中，可以在"应用于"下拉列表中先设置好边框的应用范围，然后在"设置""样式""颜色"和"宽度"中设置表格边框的外观。

图 3-94 "边框和底纹"对话框

（2）设置表格底纹。为了区分表格标题与表格正文，使其外观醒目，经常会给表格标题添加底纹。选定要添加底纹的单元格，切换到"设计"选项卡，单击"表格样式"选项组中的"底纹"按钮从弹出的颜色菜单中选择所需的颜色。当鼠标指向某种颜色后，可同时在单元格中预览其效果，如图 3-95 所示。

3. 表格的快速样式

无论是新建的空表，还是已经输入数据的表格，都可以使用表格的快速样式来设置表格的格式，例如将阴影、边框、底纹和其他有趣的格式元素应用于表格。具体操作步骤如下：

（1）将插入点置于要排版的表格中。

（2）切换到功能区中的"设计"选项卡，在"表格样式"选项组中选择一种样式，即可同时在文档中预览此样式的排版效果，如图 3-96 所示。

（3）在"设计"的"快速样式选项"选项组中包含 6 个复选框："标题行""第一列""汇总行""最后一列""镶边行"和"镶边列"，这些选项可以让用户决定将特殊样式应用到哪些区域。

图 3 - 95 为单元格添加底纹

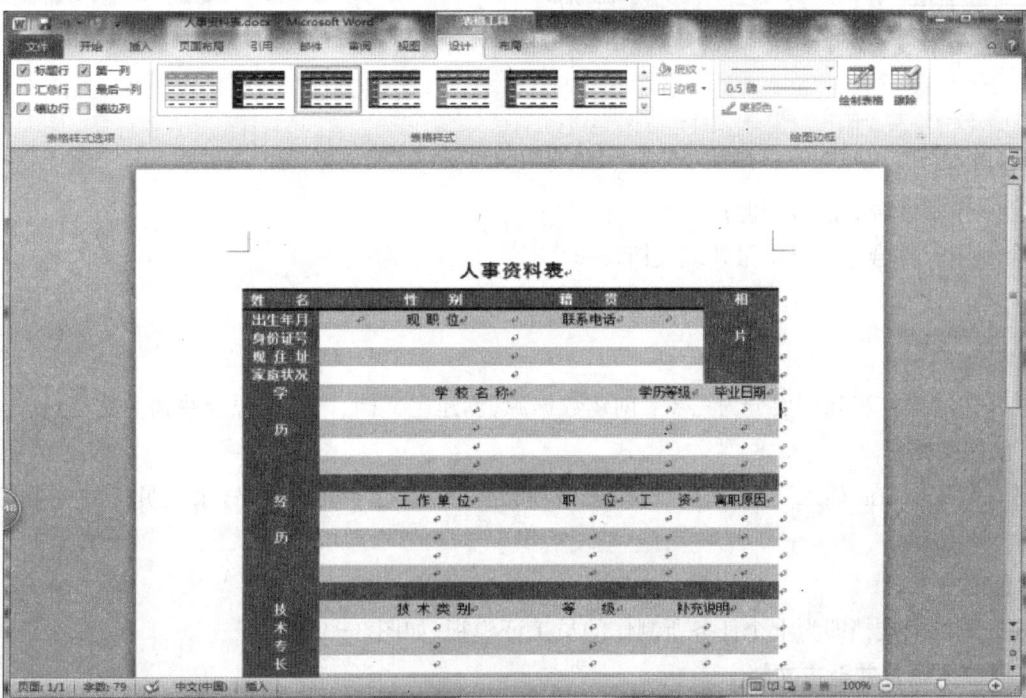

图 3 - 96 应用表格样式排版的表格

任务总结

通过本任务的学习,大家学会了利用 Word 插入表格,设置和调整表格的行高和列宽,设置表格的边框,从而制作相应的文字表格。在完成表格的过程中需要大家对表格内的文字进行相应的设置,同时可以通过图片的修饰使表格更加美观。

任务二　批量制作员工证

任务描述

起初,单位经常要向外发送公函,工作人员需要反复地抄写邮政编码、收信人信息,比如地址、街道、电话等等。邮件合并功能便是从这些需求中研发出来的,能批量地处理这些业务,大大地提高了工作效率。后来,该功能被广泛应用,其名称一直沿用到现在。本任务主要利用 Word 邮件合并的功能批量制作员工证,完成图 3-97 效果。

图 3-97　案例效果

任务目标

- 会制作邮件合并的数据源;
- 会利用邮件合并功能批量处理文档。

任务实现

邮件合并的操作步骤主要分为三步:创建数据源、创建主文档、把数据源合并到主文档。

一、创建数据源

新建一个文档,在"插入"选项卡内选择"表格"新建一个 6 行 6 列的表格,录入员工的主要信息,效果如图 3-98 所示。

二、创建主文档

此员工证的主文档即为上个任务所制作的员工证模板,如图 3-99 所示。

三、把数据源合并至主文档

在"邮件"选项卡中选择"开始邮件合并"组,单击"开始邮件合并"内的"普通 Word 文档"选项。如图 3-100 所示。

在"选择收件人"选项里选择"使用现有列表",找到数据源所在位置,如图 3-101 所示。

序号	姓名	性别	部门	职务	员工号	照片
1.	张松	男	采购部	采购员	865001	
2.	王明	男	养殖部	饲养员	865002	
3.	李晓红	女	财务部	会计	865003	
4.	王朝	女	财务部	会计	865004	
5.	张磊	男	养殖部	饲养员	865005	

图 3 - 98　数据源效果

图 3 - 99　主文档效果

图 3 - 100　选择邮件合并文件

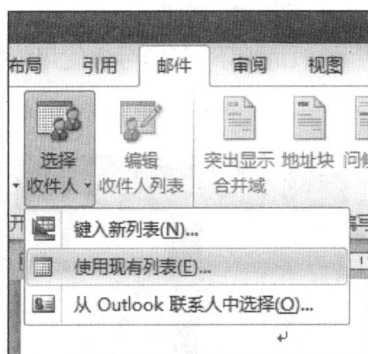

图 3 - 101　选择数据源

在"编写和插入域"组内选择"插入合并域"选项,本选项当中的数据和主文档中的项目意义对应起来,如图 3 - 102 所示。

"完成"组内选择"完成并合并"选项,选择"编辑单个文档",完成合并,如图 3 - 103 所示。

图 3 - 102　插入合并域数据

图 3 - 103　合并数据

得到最终批量生成的员工证效果,如图3-104所示。

图 3-104 员工证效果

相关知识

一、准备数据源

一般情况下,我们考虑使用邮件合并来提高效率,正是因为我们手上已经有了相关的数据源,也就是数据记录表。

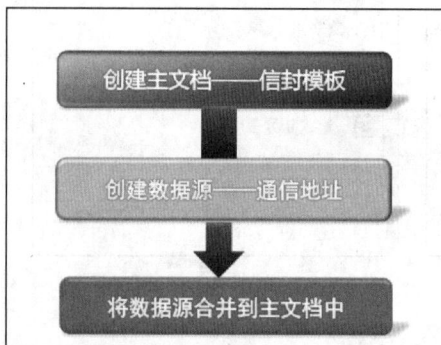

图 3-105 邮件合并操作步骤

二、创建主文档

主文档是指邮件合并内容的固定不变的部分,如信函中的通用部分、信封上的落款等。

三、合并数据和文档

最后利用邮件合并工具,将数据源合并到主文档中,得到我们的目标文档。合并完成的文档的份数取决于数据表中记录的条数。

邮件合并操作流程如图3-105所示。

任务总结

通过本任务的学习,大家学会了利用邮件合并功能来批量的生成文档,提高了工作效率,体会到了office办公软件的优越性。

● 拓展与提高

一、插入符号和特殊符号

在文档编辑过程中经常需要输入键盘上没有的字符,这就需要通过Word中插入符号的功能来实现。

(1)将光标定位在要插入符号的位置,切换到功能区中的"插入"选项卡,单击"符号"选项组中的"符号"按钮,在弹出的菜单中选择"其他符号"命令。如图3-106所示。

(2)打开"符号"对话框,在"字体"下拉列表框中选择Webdings选项(不同的字体存放着不同的字符集),在下方选择要插入的符号,如图3-107所示。

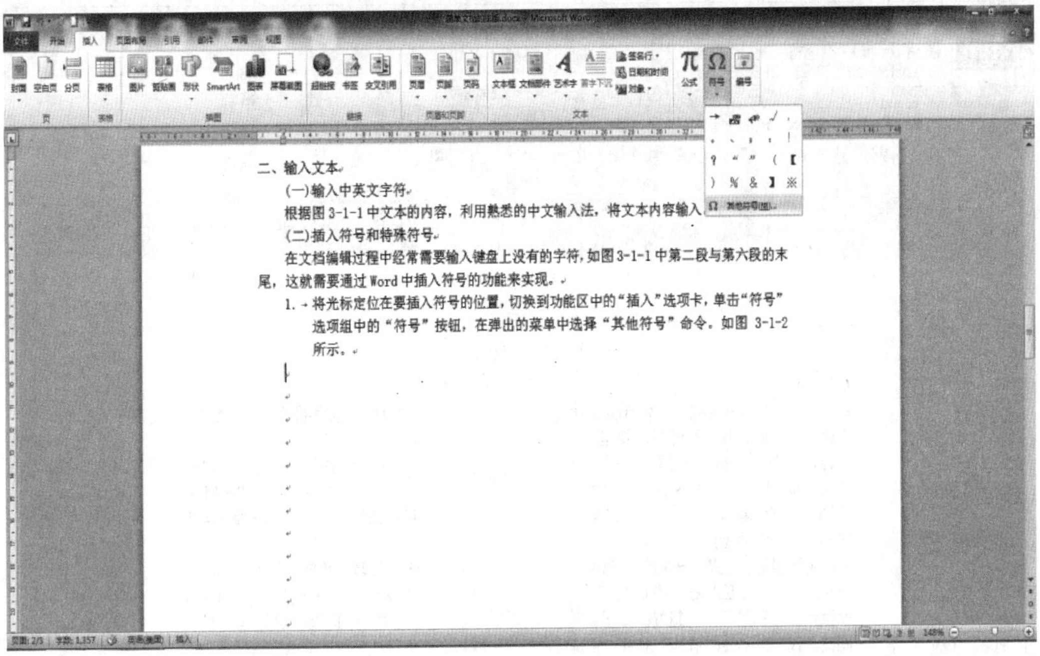

图 3-106　插入"符号"

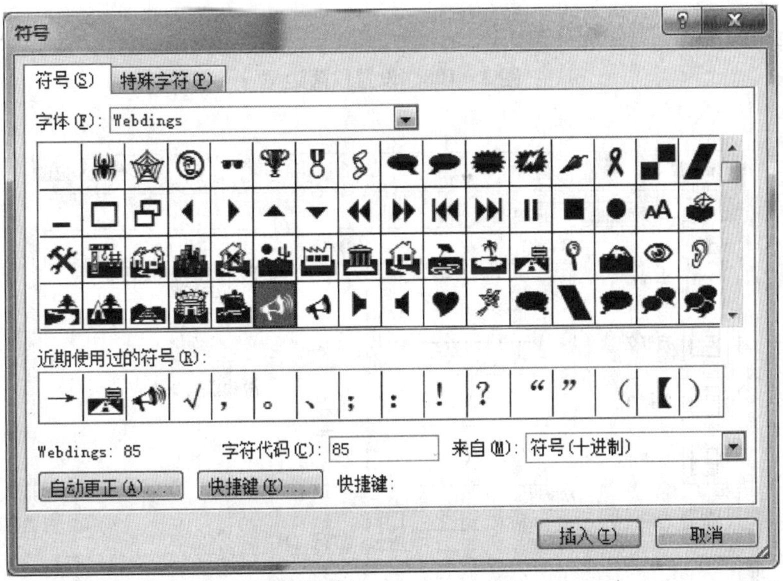

图 3-107　"符号"对话框

（3）单击"插入"按钮，就可以在插入点处插入选中符号。

二、设置段落边框和底纹

设置段落边框是指为整段文字添加线型边框，设置段落底纹是指为整段文字设置背景颜色。具体操作步骤如下：

（1）选择要设置边框的段落，切换到功能区中的"开始"选项卡，在"段落"选项组中单击"边框"按钮，从下拉菜单中相应的框线，将为该段落添加此框线，操作界面如图 3-108 所示。

如果要设置不同的边框效果，可以从"边框"下拉菜单中选择"边框和底纹"命令，打开"边框和底纹"对话框，在"边框"选项卡中分别设置边框的样式、颜色和宽度等，操作界面如图 3-109 所示。

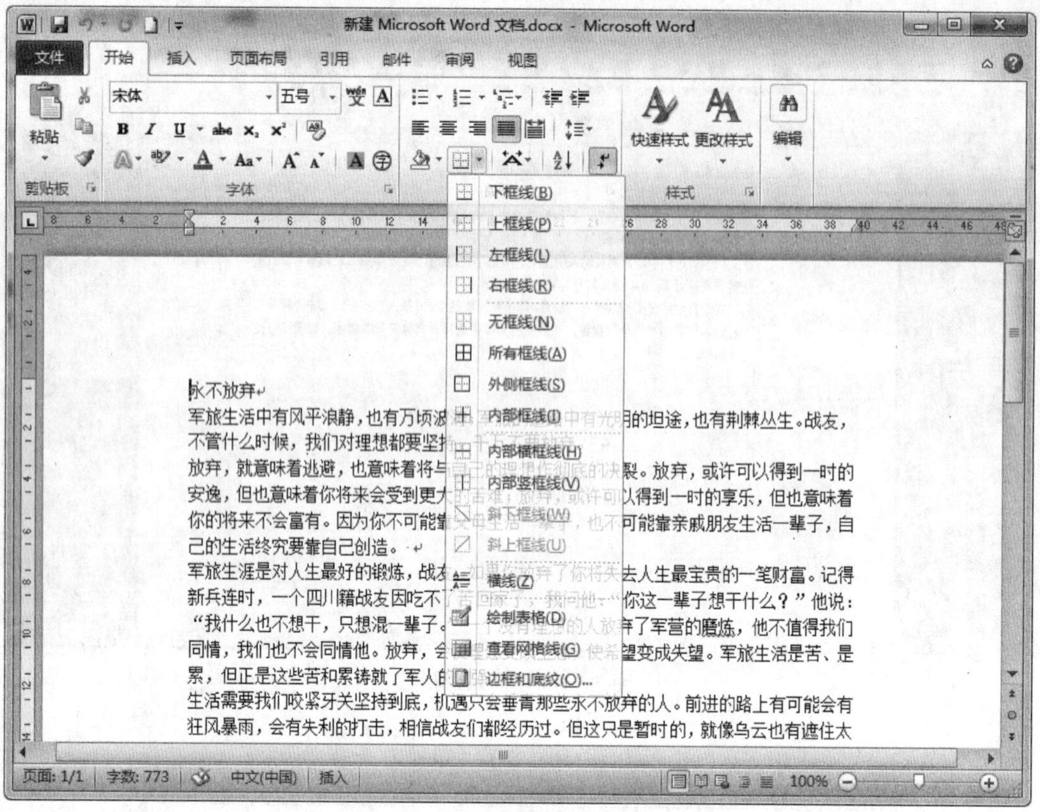

图 3‑108　设置段落边框

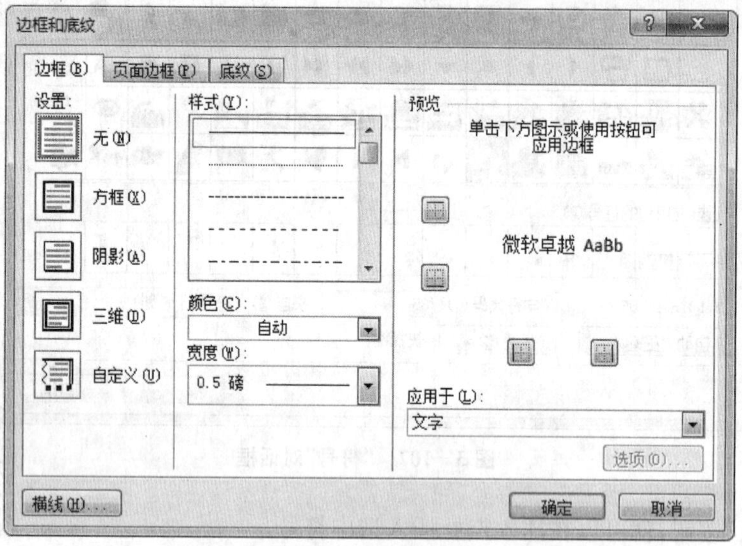

图 3‑109　"边框和底纹"对话框

（2）如果要为整段文字设置底纹，可以先选择该段，同样打开"边框和底纹"对话框，单击"底纹"选项卡，在"填充"框中选择底纹的颜色，如图 3‑110 所示。

页面边框主要是设置整个页面的边框。设置方式与"边框"选项卡的设置基本相同，只是多了一个"艺术型"选项设置。使用"艺术型"页面边框可以让页面设置更具有独特的魅力。

三、表格的数据操作

虽然 Word 没有 Excel 那么强大的对数据进行分析和处理的能力，但也可以完成普通的操作，包括

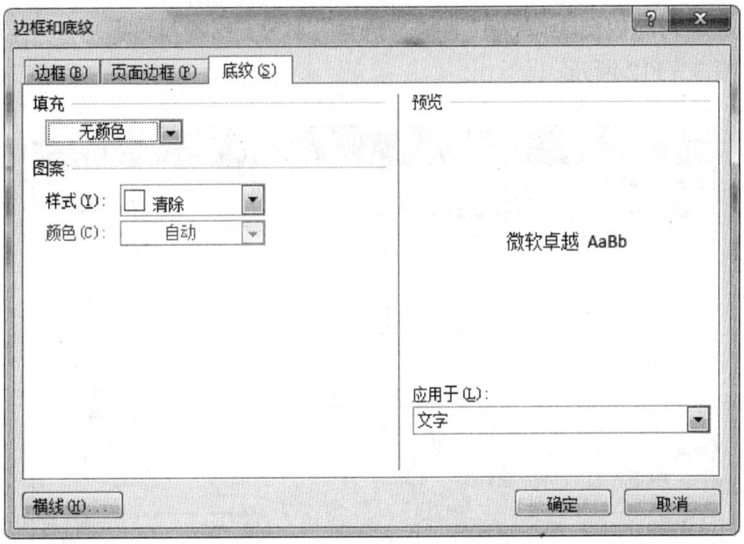

图 3 - 110　"边框和底纹"对话框

对表格中的数据进行排序以及计算统计数据等功能。

（一）表格数据的排序

Word 提供对表格中数据排序的功能，用户可以依据拼音、笔画、日期或数字等对表格内容以升序或降序进行列的排列。具体操作步骤如下：

（1）将插入点置于要进行排序的表格中，切换到功能区中的"布局"选项卡，单击"数据"选项组中的"排序"按钮，如图 3 - 111 所示。

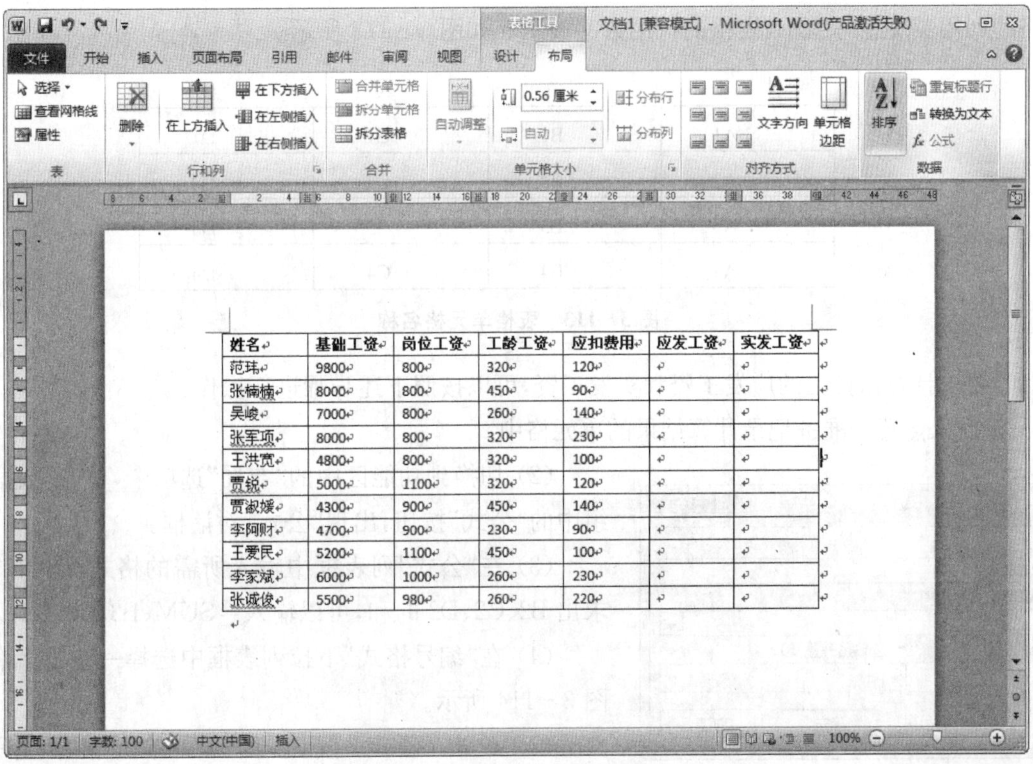

图 3 - 111　单击"排序"按钮

（2）出现"排序"对话框，在"主要关键字"下拉列表框中选择作为第一个排序依据的列名称，在"类型"下拉列表框中指定该列的数据类型（如"笔画""拼音""数字"或者"日期"等），可以选择是以升序或降序方式进行排序，如图 3－112 所示。

图 3－112 "排序"对话框

（3）如果要以多列的数据作为排序依据，可以在"次要关键字"选项组中选择作为排序依据的列名称。对于特别复杂的表格，还可以在"第三关键字"选项组中选择作为排序依据的列名称。

（4）如果表格有标题行，则在"列表"选项组内选中"有标题行"单选按钮，使标题行不参加排序。

（二）表格中的公式计算

Word 的表格功能中提供了一些简单的计算功能，如加、减、乘、除与求平均值等。这些功能虽然比较简单，但是在实际工作中可以为用户带来很大的方便。

就像使用 Excel 软件一样，单元格可以利用类似于电子表格中的 A1、A2、B1、B2 等作为参考的位置，表格的列用英文字母表示，表格的行用数字表示。如图 3－113 所示。

	A	B	C	D
1	A1	B1	C1	D1
2	A2	B2	C2	D2
3	A3	B3	C3	D3
4	A4	B4	C4	D4

图 3－113 表格单元格名称

例如，要求计算出员工的应发工资和实发工资，可以按照下述步骤进行操作：

（1）将插入点置于准备记录计算结果的单元格中。

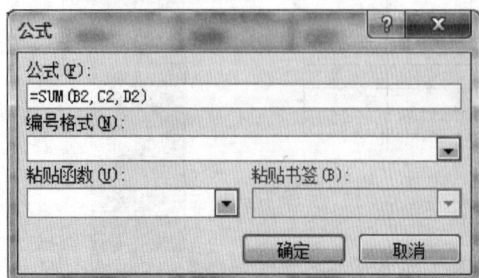

图 3－114 "公式"对话框

（2）切换到功能区中的"布局"选项卡，单击"数据"选项组中的"公式"按钮，出现"公式"对话框。

（3）在"公式"列表框中输入所需的格式，例如，本例要求出 B2、C2、D2 的和，可以输入＝SUM(B2,C2,D2)。

（4）在"编号格式"下拉列表框中选择一种数字格式，如图 3－114 所示。

（5）单击"确定"按钮，即可在单元格中显示计算结果。

四、页面设置

（一）定纸张大小与纸张方向

在进行其他页面设置之前，首先需要确定将来要打印输出所用的纸张大小和方向，这也是最基本的。纸张大小是指用于打印文档的纸张幅面，例如平时打印个人简历或公司文档一般都用 A4 纸，有的也用 B5，另外还有诸如 A3、B4 等纸张规格。纸张方向一般分为横向和纵向两种。通常打印的文档一般要求纸张是纵向的，有时也用横向纸张，例如一个很宽的表格，采用横向打印可以确保表格的所有列完全显示。

（1）切换到功能区中的"页面布局"选项卡，在"页面设置"选项组中单击"纸张大小"按钮，在下拉菜单中选择默认的纸张大小。

（2）如果要自定义特殊的纸张大小，可以选择"纸张大小"下拉菜单中的"其他页面大小"命令，在打开的"页面设置"对话框中单击"纸张"选项卡，设置所需的纸张大小，如图 3-115 所示。

图 3-115　设置纸张大小

（3）如果要设置纸张方向，可以在"页面布局"选项卡的"页面设置"选项组中单击"纸张方向"按钮，然后选择"纵向"或"横向"命令。

（二）设置页边距

页边距是指版心到页边界的距离，又叫"页边空白"。为文档设置合适的页边距，可使文档的外观显得清爽，让人赏心悦目。

（1）切换到功能区中的"页面布局"选项卡，在"页面设置"选项组中单击"页边距"按钮右侧的向下箭头，从下拉菜单中选择一种边距大小。如果要自定义边距，可以单击"页边距"下拉菜单中的"自定义边距"命令，在打开的"页面设置"对话框中单击"页边距"选项卡，如图 3-116 所示。

（2）在"上""下""左"与"右"文本框，分别输入页边距的数值。

（3）如果打印后需要装订，则在"装订线"框中输入装订线的宽度，在"装订线位置"下拉列表框中选

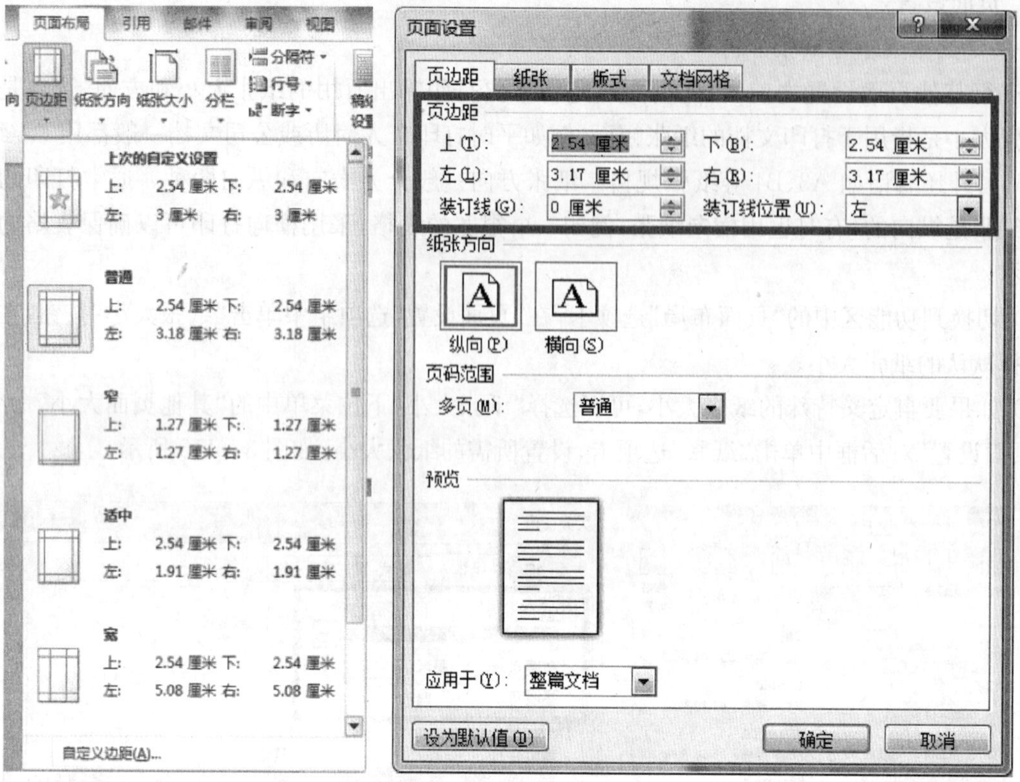

图 3‐116 设置页边距

择"左"或"上"。

五、设置页码

一篇文章由较多页组成时,为了便于按顺序排列与查看,希望每页都有页码。使用 Word 可以快速地为文档添加页码。具体操作步骤如下:

(1) 切换到功能区中的"插入"选项卡,在"页眉和页脚"选项组中单击"页码"按钮,弹出"页码"下拉菜单。

(2) 在"页码"下拉菜单中可以选择页码出现的位置,例如,要插入到页面的底部,就选择"页面底端",从其子菜单中选择一种页码格式,如图 3‐117 所示。

(3) 如果要设置页码的格式,可以从"页码"下拉菜单中选择"页码格式"命令,出现如图 3‐118 所示的"页码格式"对话框。

(4) 在"编号格式"列表框中可以选择一种页码格式,例如"1,2,3…""i,ii,iii…"等。

(5) 如果不想从 1 开始编页码,例如,将一个长文档分成了数个小文档,第一个文档共 3 页,第二个文档的页码则需要从 4 开始,就可以在"起始页码"框中输入 4。如图 3‐119 所示。

(6) 单击"确定"按钮,关闭"页码格式"对话框。此时,可以看到修改后的页码。

六、设置页眉与页脚

页眉是指位于打印纸顶部的说明信息;页脚是指位于打印纸底部的说明信息。页眉和页脚的内容可以是页号,也允许输入其他的信息,如将文章的标题作为页眉的内容,或将公司的徽标插入页眉中。

(一)创建页眉或页脚

使用 Word 进行文档编辑时,页眉和页脚并不需要每添加一页都创建一次,可以在进行版式设计时

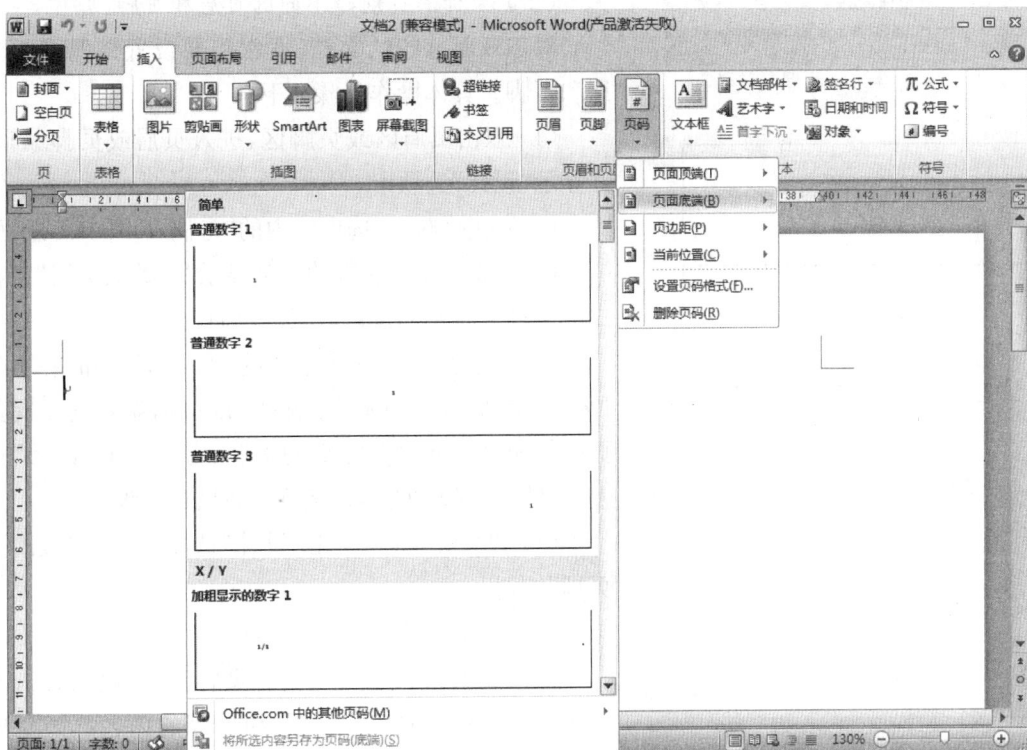

图 3-117 选择页码格式

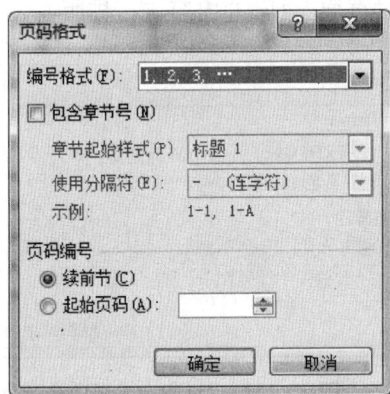

图 3-118 "页码格式"对话框

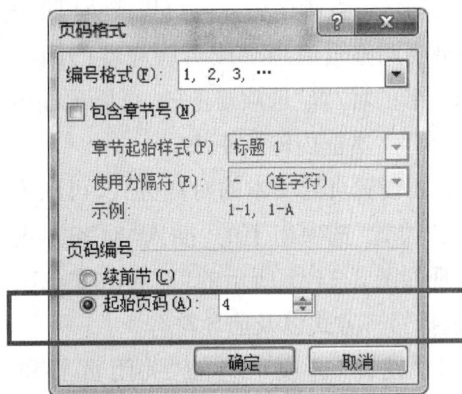

图 3-119 修改起始页码

直接为全部的文档添加页眉和页脚。Word 提供了许多漂亮的页眉、页脚的格式。创建页眉或页脚的具体操作步骤如下：

（1）切换到功能区中的"插入"选项卡，在"页眉和页脚"选项组中单击"页眉"按钮，从弹出的菜单中选择页眉的格式。

（2）选择所需的格式后，即可在页眉区添加相应的格式，同时在功能区中将显示"页眉和页脚工具"选项卡，如图 3-120 所示。

（3）输入页眉的内容，或者单击"页眉和页脚工具"选项卡上的按钮来插入一些特殊的信息。

（4）单击"页眉和页脚工具"选项卡上的"转到页脚"按钮，切换到页脚区中。页脚的设置方法与页眉相同。

（5）单击"设计"选项卡上的"关闭页眉和页脚"按钮，返回到正文编辑状态。

图 3-120 插入页眉

（一）双击页眉区或页脚区，进入页眉或页脚编辑状态。

（2）在页眉区或页脚区中修改页眉或页脚的内容，或者对页眉/页脚的内容进行排版。

（3）如果要调整页眉顶端或页脚底端的距离，可以在"设计"选项卡的"位置"选项组上的"页眉顶端距离"或"页脚底端距离"文本框内输入距离。

（4）如果要设置页眉文本的对齐方式，可以单击"设计"选项卡的"位置"选项组上的"插入'对齐方式'选项卡"按钮，出现如图 3-121 所示的"对齐方式选项卡"对话框，可以选择对齐方式以及前导符等。

（5）单击"设计"选项卡上的"关闭页眉和页脚"按钮。

七、打印预览与输出

完成文档的排版操作后，就可以将文档打印输出到纸张上了。在打印之前，最好先预览效果，如果满意再进行打印。

（一）打印预览文档

为了保证打印输出的品质及准确性，一般在正式打印前都需要先进入预览状态检查文档整体版式布局是否存在问题。确认无误后再进入下一步的打印设置及打印输出。打印预览文档的操作步骤如下：

（1）单击"文件"选项卡，在展开的菜单中单击"打印"命令，此时在文档窗口中将显示所有与文档打印有关的命令，在最右侧的窗格中能够预览打印效果，如图 3-122 所示。

（2）拖动"显示比例"滚动条上的滑块能够调整文档的显示大小，单击"下一页"按钮和"上一页"按钮，能够进行预览的翻页操作。

（二）为奇偶页创建不同的页眉和页脚

对于双面打印的文档，通常需要设置奇偶页不同的页眉和页脚。具体操作步骤如下：

（1）双击页眉区或页脚区，进入页眉或页脚编辑状态，并显示"设计"选项卡。

（2）选中"选项"选项组内的"奇偶页不同"复选框。

（3）此时，在页眉区的顶部显示"奇数页页眉"字样。用户可以根据需要创建奇数页的页眉。

（4）单击"设计"选项卡上的"下一节"按钮，在页眉区的顶部显示"偶数页页眉"字样，可以根据需要创建偶数页的页眉。如果想创建偶数页的页脚，可以单击"设计"选项卡上的"转至页脚"按钮，切换到页脚区进行设置。

（5）设置完毕后，单击"设计"选项卡上的"关闭页眉和页脚"按钮。

（三）修改页眉和页脚

在正文编辑状态下，页眉/页脚区呈灰色状态，表示在正文文档区中不能编辑页眉和页脚的内容。如果要对页眉/页脚的内容进行编辑，可以按照下述步骤进行操作。

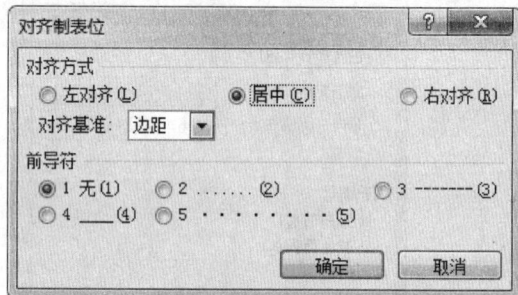

图 3-121 "对齐方式选项卡"对话框

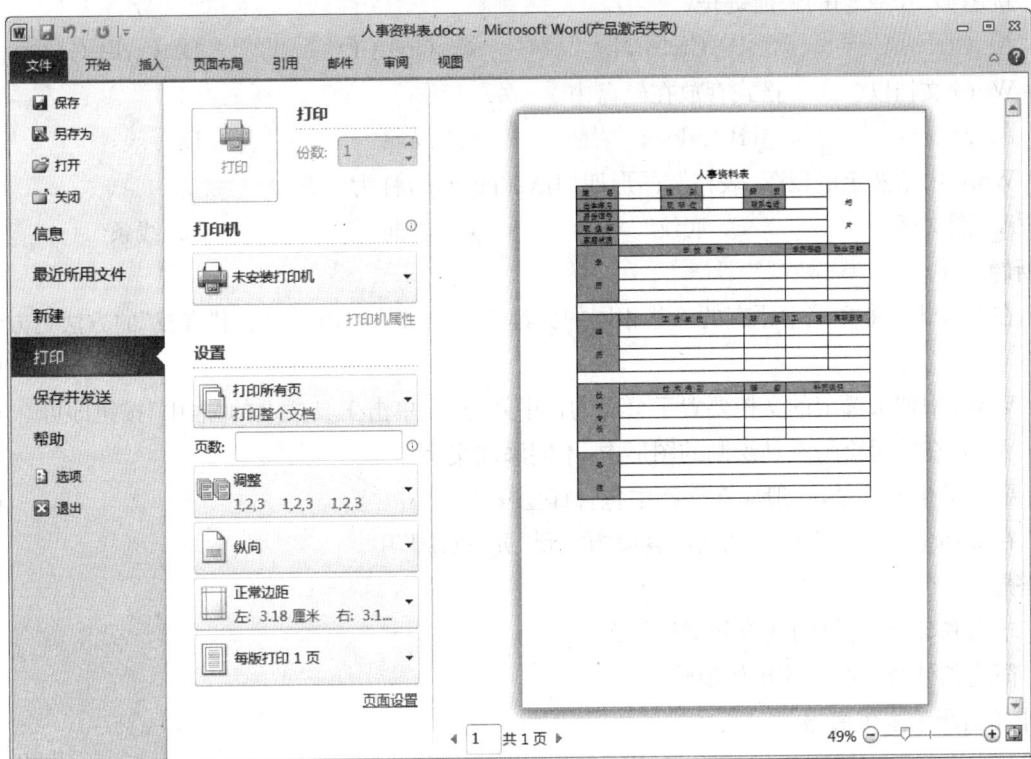

图 3-122　打印预览

（二）打印文档

对打印预览的效果满意后，即可对文档进行打印。在 Word 中，为打印进行页面、页数和份数等设置，可以直接在"打印"命令列表中操作。

打开需要打印的文档，单击"文件"选项卡，在展开的菜单中单击"打印"命令，在中间窗格中"份数"文本框中设置打印的份数，单击"打印"按钮，即可开始打印文档。

思考练习

一、填空题

(1) 在 Word 文档的表格中，使用相应公式可对表格中的数据进行如_____、_____和_____等操作。

(2) 在 Word 文档中插入图片，应选择"插入"选项卡中的_____组。

(3) 在 Word 的编辑状态中，如果要输入希腊字母 Ω，应选择"插入"选项卡中的_____组。

(4) 在 Word 文档中要设置页码，应选择"插入"选项卡中的_____组。

思考练习
答案3

二、选择题

(1) Word 窗口中打开文档 ABC，另存为 ABD，则文档（　　）。

　　A．当前文档 ABC 是当前文档　　　　B．ABD 是当前文档

　　C．ABC 和 ABD 都是当前文档　　　　D．ABC 和 ABD 都不是当前文档

(2) Word 中建立新文档后，单击保存，会（　　）。

　　A．关闭空文档　　　　　　　　　　　B．将空文档保存在 Documents 文件夹

　　C．将空文档保存在当前文件夹　　　　D．弹出"另存为"对话框

  (3) 新建 Word 文档的快捷键是(　　　　)。

   A. Ctrl+A   B. Ctrl+N   C. Ctrl+O   D. Ctrl+C

  (4) Word 文档以(　　　)格式存放在磁盘中。

   A. .txt   B. .docx   C. .exe   D. .sys

  (5) Word 中给选定的段落、表格及图形四周添加的线条,称为(　　　)

   A. 图文框   B. 底纹   C. 边框   D. 线条

三、判断题

  (1) 在 Word 中将文档中原有的一些相同的关键字换成另外的内容,采用"查找"的方法更方便。

                          (　　)

  (2) Word 中如果选定的文档要置于页面的正中间,只需单击工具栏上的"居中"按钮即可。(　　)

  (3) Word 在使用绘图工具绘制的图形中,不能添加文字。   (　　)

  (4) 要自动生成目录,一般应在文档中包含标题样式。   (　　)

  (5) 在文档中每一页都要出现的内容应当放到"页眉页脚"中。   (　　)

四、简答题

  (1) 求总和、求平均值的函数分别是什么?

  (2) 简述邮件合并的具体操作步骤。

五、制作如图所示宣传海报

作业效果

学习情境四
高效数据处理

Excel 最基本的用途就是将数据以行和列的形式排列出来。利用 Excel 可以非常方便地在计算机上设计报表，并完成排序、筛选和自动计算等功能。只要是需要处理的表格数据，包括财务数据、设备资产和家庭财产，甚至简单到一个课程表，都可以通过 Excel 来实现。

◉ 项目一 制作学籍档案表

档案是人事管理制度的一项重要特色，它是个人身份、学历等方面的证据。而学籍档案是学校管理学生信息的一种途径，该档案中记录了学生的基本信息，通过学籍档案表的制作可以更好地对该学生进行了解和管理。本项目就来制作一份学籍档案表。

◎ 项目目标

教学内容	学籍档案表制作
教学目标	● 认识 Excel 工作界面； ● 会工作簿和工作表的基本操作； ● 掌握在数据表中输入数据的方法； ● 掌握美化数据表的方法。

任务一 设计制作表格

🖥 任务描述
工作表是 Excel 完成工作的基本单位，我们可以对它进行各种编辑，本任务要完成学籍档案表基本结构的制作，最终效果如图 4-1 所示。

📐 任务目标
- 认识 Excel 工作界面；
- 会工作簿和工作表的基本操作；
- 掌握在数据表中输入数据的方法。

学籍档案表									
学生编号	姓名	性别	出生日期	身份证号码	政治面貌	专业	入学时间	联系电话	备注
00001	王荣	女	1997年1月	404890********4850	共青团员	市场营销	2016年9月	134****0071	
00002	周国涛	男	1998年11月	462556********2398	中共党员	文秘	2016年9月	134****0072	
00003	陈怡	女	1996年7月	326123********4432	群众	市场营销	2016年9月	134****0073	
00004	周淳	男	1997年2月	341873********5235	共青团员	电子商务	2016年9月	134****0074	
00005	周蓓	男	1997年10月	621443********4589	中共党员	装饰艺术	2016年9月	134****0075	
00006	夏慧	女	1996年9月	605820********5723	中共党员	市场营销	2016年9月	134****0076	
00007	韩文	女	1998年11月	686982********3562	中共党员	电子工程	2016年9月	134****0077	
00008	葛丽	女	1997年1月	787124********7790	共青团员	电子商务	2016年9月	134****0078	
00009	张飞	男	1997年3月	797422********9117	群众	电子工程	2016年9月	134****0079	
00010	刘江波	男	1996年4月	797134********3786	群众	市场营销	2016年9月	134****0080	
00011	韩燕	女	1998年2月	812112********5567	共青团员	市场营销	2016年9月	134****0081	
00012	王磊	男	1997年2月	835663********4421	群众	装饰艺术	2016年9月	134****0082	
00013	郝艳艳	女	1998年8月	982315********8942	中共党员	市场营销	2016年9月	134****0083	
00014	陶莉莉	女	1998年4月	924554********4218	中共党员	电子商务	2016年9月	134****0084	

图 4-1　学籍档案表效果图

任务实现

一、建立工作表

启动 Excel 程序之后，打开 Excel 的工作界面，认识工作界面的组成部分，如图 4-2 所示。

图 4-2　认识工作表界面

启动后系统会默认建立工作簿，名为"工作簿 1. xlsx"，它包含默认的三张工作表 Sheet1、Sheet2、Sheet3。如果工作表的数目少，可以通过执行"插入"→"工作表"命令来插入更多的工作表。下面的例子将利用工作表 Sheet1 进行数据的输入。

二、输入文字

在工作表 Sheet1 中，单击选中要输入文字的单元格，直接输入需要的文本内容，如图 4-3 所示。

三、输入数字

单击并拖动鼠标选中要输入编号的单元格区域，然后单击右键，弹出"设置单元格格式"对话框，单击"数字"选项卡中"分类"列表框内"文本"选

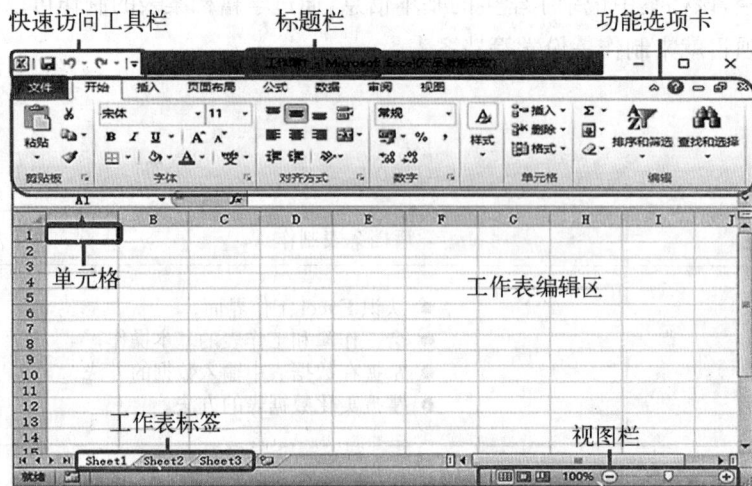

图 4-3　输入文字

项,然后单击"确定"按钮。输入以 0 开头的数字即可,如图 4 - 4 所示。

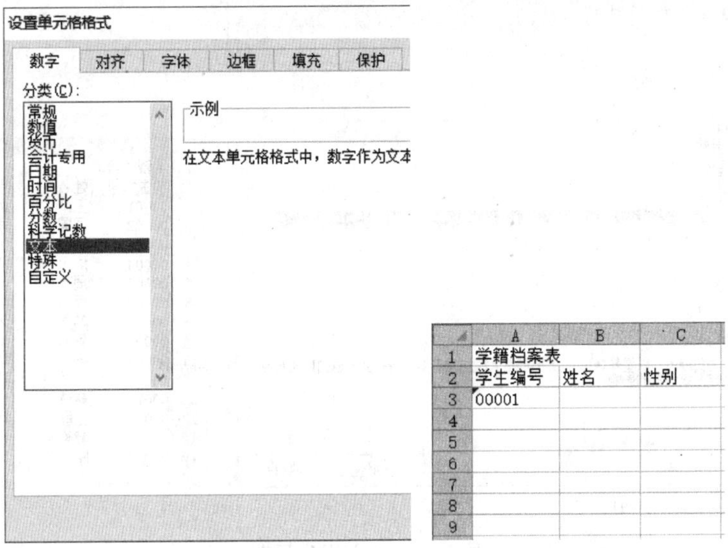

(a)　　　　　　　　　　　(b)

图 4 - 4　输入数字

（a）学生编号列格式设置　（b）结果呈现

四、填充数据

在要输入同一数据的起始单元格中输入数据内容,然后将鼠标指向该单元格右下角的黑色区域,指针变成黑色十字形状,向下拖动鼠标,如图 4 - 5 所示。

五、输入出生日期

选中要输入出生日期的单元格区域,单击右键,打开"设置单元格格式"对话框,选择"数字"选项卡中"分类"列表框内"日期"选项,然后选择要使用的日期格式,如图 4 - 6 所示,最后单击"确定"按钮。

六、限制输入文本的长度

一些数据信息的长度本身就是固定的,比如电话号码、身份证号。若要输入 18 位固定长度的身份证号,通过"数据有效性"设置可以先对输入文本的长度进行限制,避免后期数据录入时出错。具体方法如下:

图 4 - 5　填充数据

（1）单击鼠标选择单元格区域 E3：E16,如图 4 - 7 所示。

（2）右键单击,打开"设置单元格格式"对话框,选择"数字"选项卡中"分类"列表框内"文本"选项（见图 4 - 8）,最后单击"确定"按钮。

（3）切换至"数据"选项卡,单击"数据有效性"按钮,弹出"数据有效性"对话框,切换至"设置"选项卡,单击"允许"下三角按钮,在展开的下拉列表中单击"文本长度"选项,在"数据"下拉列表中单击"等于"选项,在"长度"文本框中输入文本长度为 18,再单击"确定"按钮,操作界面如图 4 - 9 所示。

（4）输入非 18 位数字。返回 Excel 工作表,在单元格 E3 中输入非 18 位数字,按"回车"键,会弹出 Microsoft Excel 对话框,显示"输入值非法",如图 4 - 10 所示。

（5）输入 18 位证件号码。单击"重试"按钮,重新输入 18 位证件号码,按"回车"键,即可输入成功,如图 4 - 11 所示。

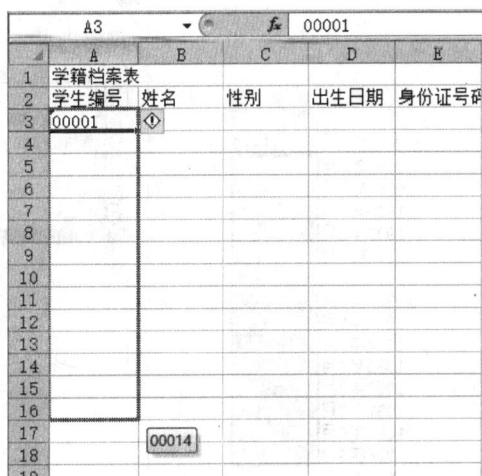

图 4-6　输入出生日期

(a) 日期格式设置界面　(b) 结果图

图 4-7　选中单元格

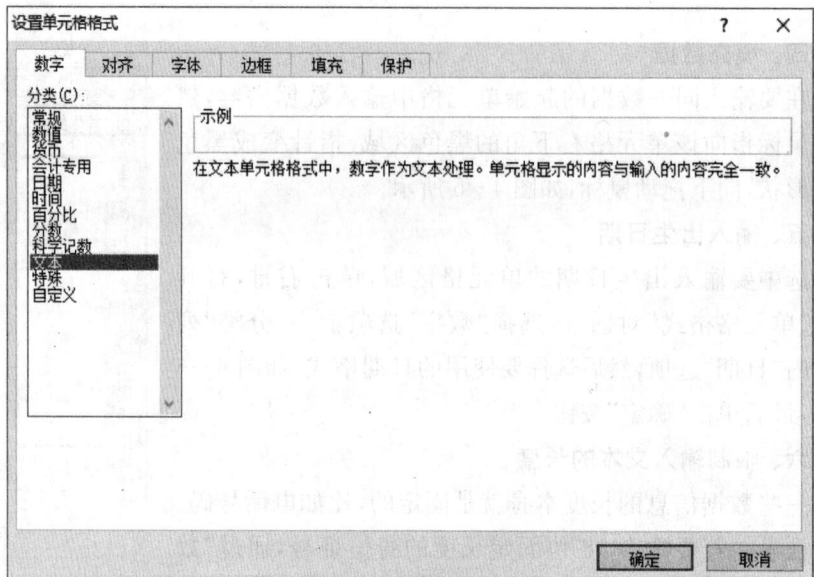

图 4-8　设置"文本"格式

七、快速输入政治面貌

通过数据有效性可以在单元格中提供一个下拉框按钮,单击该按钮即可展开下拉列表,从而选择需要的选项。具体方法如下:

(1) 单击鼠标选择单元格区域 F3:F16。

(2) 单击"数据有效性"按钮。切换至"数据"选项卡,单击"数据有效性"按钮,打开"数据有效性"对话框。在"允许"下拉列表中单击"序列"选项,勾选"忽略空值"和"提供下拉箭头"复选框,在"来源"文本框中输入下拉列表内容,这里为"共青团员,中共党员,群众",完毕后单击"确定"按钮,如图 4-12 所示。

(3) 从下拉列表中选择政治面貌。返回工作表,选中单元格 F3,此时会在单元格右侧出现下拉框按钮,单击该按钮,在展开的下拉列表中选择政治面貌,如图 4-13 所示。

图 4-9 限制文本长度

图 4-10 输入非 18 位数字

图 4-11 输入身份证号

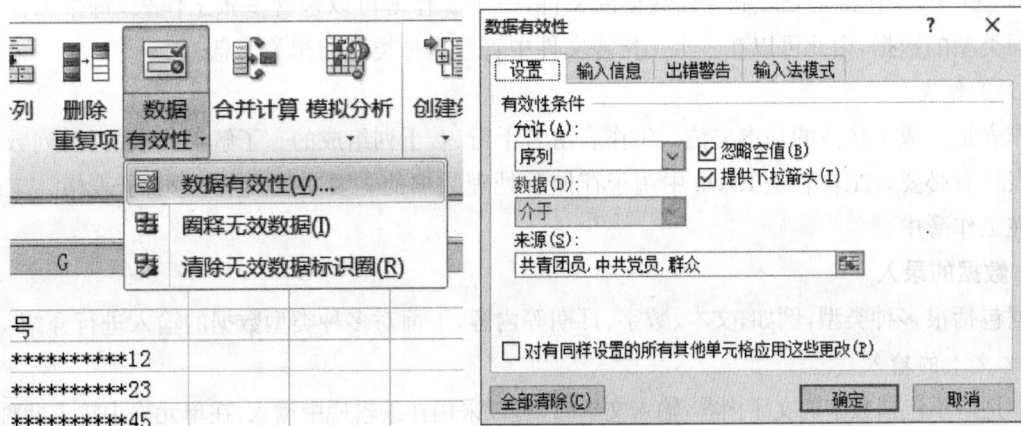

图 4-12 设置政治面貌序列

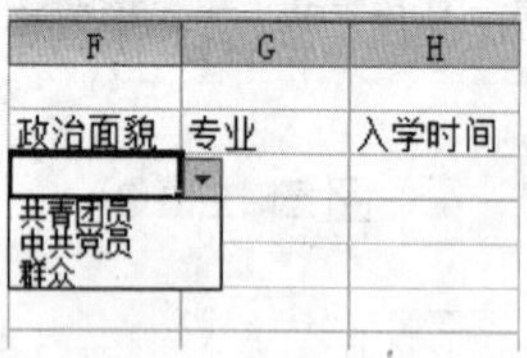

图 4 - 13　选择政治面貌

G	H	I	J
专业	入学时间	联系电话	备注
市场营销	2016年9月	134****0071	
文秘	2016年9月	134****0072	
市场营销	2016年9月	134****0073	
电子商务	2016年9月	134****0074	
装饰艺术	2016年9月	134****0075	
市场营销	2016年9月	134****0076	
电子工程	2016年9月	134****0077	
电子商务	2016年9月	134****0078	
电子工程	2016年9月	134****0079	
市场营销	2016年9月	134****0080	
市场营销	2016年9月	134****0081	
装饰艺术	2016年9月	134****0082	
市场营销	2016年9月	134****0083	
电子商务	2016年9月	134****0084	

图 4 - 14　输入其他数据

八、输入其他数据

在工作表中依次输入其他数据，效果如图 4 - 14 所示。

学籍档案表效果如图 4 - 15 所示。

学籍档案表									
学生编号	姓名	性别	出生日期	身份证号码	政治面貌	专业	入学时间	联系电话	备注
00001	王荣	女	1997年1月	404890********4850	共青团员	市场营销	2016年9月	134****0071	
00002	周国涛	男	1998年11月	462556********2398	中共党员	文秘	2016年9月	134****0072	
00003	陈怡	女	1996年7月	326123********4432	群众	市场营销	2016年9月	134****0073	
00004	周淳	男	1997年2月	341873********5235	共青团员	电子商务	2016年9月	134****0074	
00005	周蓓	男	1997年10月	621443********4589	中共党员	装饰艺术	2016年9月	134****0075	
00006	夏慧	女	1996年9月	605820********5723	中共党员	市场营销	2016年9月	134****0076	
00007	韩文	女	1998年11月	686982********3562	中共党员	电子工程	2016年9月	134****0077	
00008	葛丽	女	1997年1月	787124********7790	共青团员	电子商务	2016年9月	134****0078	
00009	张飞	男	1997年3月	797422********9117	群众	电子工程	2016年9月	134****0079	
00010	刘江波	男	1996年4月	797134********3786	群众	市场营销	2016年9月	134****0080	
00011	韩燕	女	1998年2月	812112********5567	共青团员	市场营销	2016年9月	134****0081	
00012	王磊	男	1997年2月	835663********4421	群众	装饰艺术	2016年9月	134****0082	
00013	郝艳艳	女	1998年8月	982315********8942	中共党员	市场营销	2016年9月	134****0083	
00014	陶莉莉	女	1998年4月	924554********4218	中共党员	电子商务	2016年9月	134****0084	

图 4 - 15　学籍档案表

相关知识

一、工作簿和工作表

(一) 工作簿

在 Excel 中，工作簿是处理和存储数据的文件，一个工作簿可以包含多张工作表，每张工作表可以存储不同类型的数据，因此可以在一个工作簿文件中管理多种类型的相关信息。

(二) 工作表

工作表是组成工作簿的基本单位。工作表由若干行、若干列组成的。了解工作表的行、列数对于编辑工作表很有必要。工作表是 Excel 中用于存储和处理数据的主要文档，也称为电子表格。工作表总是存储在工作簿中。

二、数据的录入

数据包括很多种类型，例如，文本、数字、日期等内容，下面对多种类型数据的输入进行介绍。

(一) 文本的输入

文本是指不包括数字的文字内容，输入文本时，可以采用在编辑栏中输入，在单元格中输入两种方法。

1. 在编辑栏中输入

无论单元格内文本有多长，在编辑栏内都能够全部显示出来，在编辑栏中输入文本的优点在于在输

入文本的过程中,可以方便地查看所输入的内容,具体操作如下:

(1) 选择要输入文本的单元格。打开的 Excel 表格后,单击选中要输入的单元格,如图 4-16 所示。

(2) 在编辑栏中输入文本。选择要输入文本的单元格后,单击表格上方的编辑区,将光标定位在内,然后输入需要的文本内容,如图 4-17 所示。

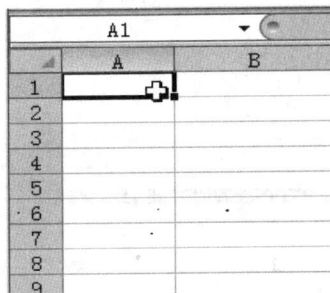

图 4-16 选中单元格 　　　　　图 4-17 输入文本内容

(3) 完成文本输入。将文本内容输入完毕后,单击工作表中任意单元格,即可看到输入到单元格中的文本内容。

2. 在单元格中输入

在单元格中输入文本时,可以避免在输入的过程中,需要移动光标的位置时,按下键盘中的光标方向控制键造成更换单元格的情况,具体操作如下:

(1) 选择要输入文本的单元格。打开 Excel 表格后,双击需要输入的单元格,将光标定位在内,如图 4-18 所示。

(2) 输入文本。定位好光标的位置后,直接输入需要的文本内容,然后单击任意一个单元格,即可完成文本的输入操作,如图 4-19 所示。

图 4-18 定位光标 　　　　　图 4-19 输入文本

(二) 数字的输入

1. 输入普通数字

普通数字是指 1、2、3 等没有小数点、没有百分比、没有单位符号的整数数字,输入它们的方法很简单。选中目标单元格后,直接输入需要的数字,然后按下键盘中的光标控制键,即可完成数字的输入。

2. 输入小数型数字

小数型数字是指带有小数点的数值,在输入小数型数字时,需要先对数值保留的小数位数进行设置。具体操作如下:

(1) 打开"设置单元格格式"对话框。打开目标工作表后,拖动鼠标选中要输入分数的单元格区域,然后单击"开始"选项卡中"数字"组右下角对话框启动器 ⌐。

（2）选择"数值"类型。弹出"设置单元格格式"对话框，单击"数字"选项卡中"分类"列表框内"数值"选项，如图 4-20 所示。

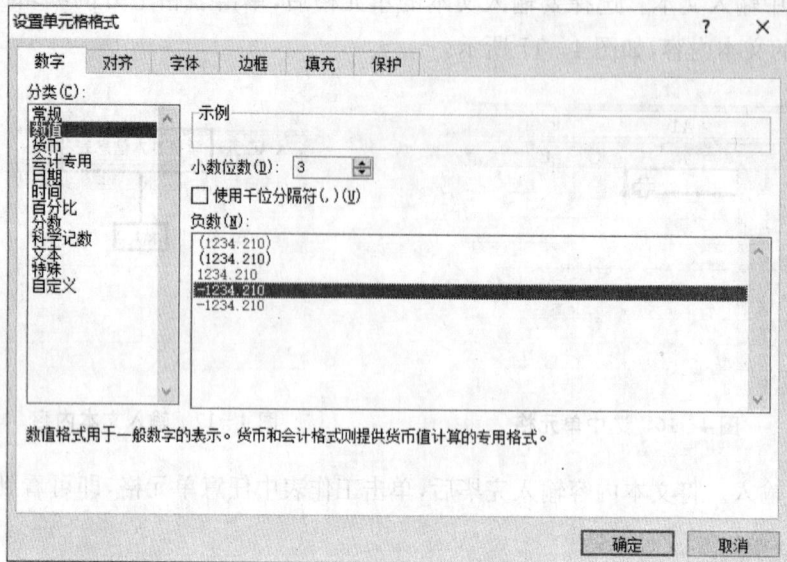

图 4-20　选择"数值"类型

（3）设置小数的位数。单击"小数位数"数值框右侧上调按钮，将位数设置为"3"，最后单击"确定"按钮。

（4）显示设置小数格式效果。经过以上操作后，在设置了格式后的单元格中输入数值后，数值会自动添加三位小数，并且输入了尾数多于三位的小数，程序自动进行四舍五入，保留三位小数。

三、快速填充数据

需要在 Excel 中输入一些有规律的数值时，可以通过一些方法快速地完成填充，下面介绍使用"序列"对话框填充数据、填充柄填充数据以及快捷菜单填充数据的三种方法。

（一）通过对话框填充数据

使用对话框填充数据时，要使用到"序列"对话框，在该对话框中可以进行"等差序列""等比序列""日期""自动填充"四种类型的填充，下面以"等差序列"为例来介绍使用"序列"对话框填充数据。

等差就是指按照一个固定的差值延伸的数列。例如，9-2=7-2=5-2=3-2=1，其中 2 就是差值，等差填充序列的方法如下：

（1）打开"序列"对话框。在要进行填充的单元格区域内的起始单元格中输入起始数值后，选中该列单元格，然后单击"开始"选项卡中"编辑"组内的"填充"按钮，在展开的下拉列表中单击"系列"按钮，如图 4-21 所示。

图 4-21　打开"序列"对话框

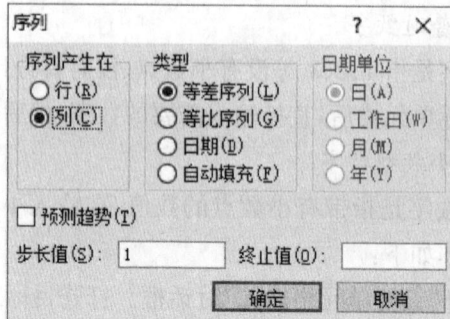

图 4-22　设置填充步长值与终止值

（2）设置填充步长值与终止值。弹出"序列"对话框，程序默认将"类型"选择为"等差序列"，在"步长值"文本框中输入填充的每两个数据间的差值，然后在"终止值"文本框中输入填充的终止数值，最后单击"确定"按钮，如图 4-22 所示。

（3）显示等差填充效果。经过上述操作，返回 Excel 表格，就可以看到等差填充的数值。

（二）通过填充柄填充数据

填充柄是位于选定区域右下角的小黑方块。用鼠标指向填充柄时，鼠标的指针变为黑色十字。需要填充一些简单的数据时，可直接使用填充柄填充数据。

1. 填充相同数据

需要在一行或一列的单元格中填充同一数据时，可通过鼠标拖动的方法，使用填充柄快速完成操作。

（1）输入数据内容并向下填充。在要输入同一数据的起始单元格中输入数据内容，然后将鼠标指向该单元格右下角的黑色区域，指针变成黑色十字形状＋时，向下拖动鼠标，如图 4-23 所示。

（2）选择填充样式。将鼠标拖动到填充的终止位置后，释放鼠标，在单元格区域右下角会显示一个形状，单击该形状右下角的下三角按钮，在展开的下拉列表中单击选中"复制单元格"单选按钮，如图 4-24 所示。

（3）显示填充相同数据效果。经过上述操作后，便完成了在单元格区域中填充相同数据的操作，如图 4-25 所示。

图 4-23　输入数据内容并向下填充　　图 4-24　选择填充样式　　图 4-25　显示填充相同数据效果

2. 填充有规律的数据

在使用填充柄填充有规律的数据时，首先要在填充区域的前两个单元格中输入数据，再确定填充的规律。

（1）输入数据内容并向下填充。在要输入同一数据的起始单元格中输入数据内容，然后将鼠标指向该单元格右下角的黑色区域，指针变成黑色十字形状，向下拖动鼠标，如图 4-26 所示。

（2）显示填充相同数据效果。将鼠标拖动到填充的终止位置后，释放鼠标，便完成了在单元格区域中填充有规律的数据的操作，如图 4-27 所示。

四、数据有效性

设置数据有效性，可以建立一定的规则来限制向单元格中输入的内容，从而避免输入的数据是无效的；还可以将输入的数据限制在列表中的预定义项范围内。具体操作步骤如下：

（1）选定需要设置数据有效性的单元格或单元格区域。

图 4 - 26　输入数据内容并向下填充

图 4 - 27　显示填充相同数据效果

（2）选择"数据"→"数据工具"→"数据有效性"命令。

（3）在下拉菜单中选择"数据有效性"命令。

（4）在"数据有效性"对话框中进行相应设置。设置界面如图 4 - 28 所示。

任务总结

本任务通过制作一个员工档案表，认识了 Excel 的工作界面，学习了使用 Excel 制作表格的基本方法，重点掌握自动填充和数据有效性这两个方面的内容。

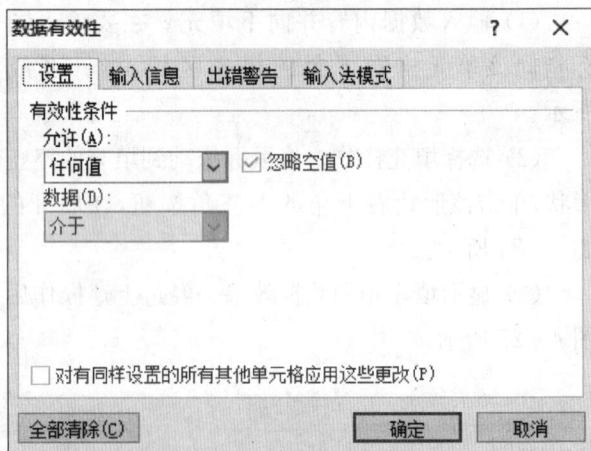

图 4 - 28　设置数据有效性

任务二　美化工作表

任务描述

4-1-2
边框和填充

上一任务学习了使用 Excel 编辑工作表，在编辑工作表的过程中还需要对工作表进行美化，本任务是对学籍档案表进行美化，最终效果如图 4 - 29 所示。

学生编号	姓名	性别	出生日期	身份证号码	政治面貌	专业	入学时间	联系电话	备注
00001	王荣	女	1997年1月	404890********4850	共青团员	市场营销	2016年9月	134****0071	
00002	周国涛	男	1998年11月	462556********2398	中共党员	文秘	2016年9月	134****0072	
00003	陈怡	女	1996年7月	326123********4432	群众	市场营销	2016年9月	134****0073	
00004	周淳	男	1997年2月	341873********5235	共青团员	电子商务	2016年9月	134****0074	
00005	周蓓	男	1997年10月	621443********4589	中共党员	装饰艺术	2016年9月	134****0075	
00006	夏慧	女	1996年9月	605820********5723	中共党员	市场营销	2016年9月	134****0076	
00007	韩文	女	1998年11月	686982********3562	中共党员	电子工程	2016年9月	134****0077	
00008	葛丽	女	1997年1月	787124********7790	共青团员	电子商务	2016年9月	134****0078	
00009	张飞	男	1997年3月	797422********9117	群众	电子工程	2016年9月	134****0079	
00010	刘江波	男	1996年4月	797134********3786	群众	市场营销	2016年9月	134****0080	
00011	韩燕	女	1998年2月	812112********5567	共青团员	市场营销	2016年9月	134****0081	
00012	王磊	男	1997年2月	835663********4421	群众	装饰艺术	2016年9月	134****0082	
00013	郝艳艳	女	1998年8月	982315********8942	中共党员	市场营销	2016年9月	134****0083	
00014	陶莉莉	女	1998年4月	924554********4218	中共党员	电子商务	2016年9月	134****0084	

图 4 - 29　任务效果图

任务目标

- 掌握设置行高、列宽、对齐方式的方法；
- 掌握设置数据表边框、底纹的方法。

任务实现

一、设置行高与列宽

创建工作表并输入基本内容后,可以根据单元格中的内容调整行高与列宽,具体操作如下:

(1) 将鼠标指针移动到工作表行标的第一行与第二行的交界处,当指针变成 ✚ 形状时,按住鼠标左键不放向下拖拽至一定距离后释放鼠标,即可调整第一行的行高,如图 4-30 所示。

图 4-30 指针调整行高

(2) 选择 A2:J16 单元格区域,单击"开始"选项卡中"单元格"选项组里的"格式"按钮,在下拉菜单中选择"行高"命令,如图 4-31 所示。

(3) 打开"行高"对话框,在"行高"文本框中输入需要设置的行高"21",单击"确定"按钮,如图 4-32 所示。

(4) 保持单元格区域的选择状态,单击"开始"选项卡中"单元格"选项组里的"格式"按钮,在下拉菜单中选择"自动调整列宽"命令,Excel 将根据文字长度自动调整列宽,如图 4-33 所示。

(5) 将鼠标移动到 G 列和 H 列的交界处,当鼠标光标变成 ✚ 时,拖拽鼠标调整列宽。完成后,效果如图 4-34 所示。

二、设置对齐方式

(1) 选中工作表中 A1:J1 单元格区域,打开"开始"选项卡,单击"对齐方式"选项组中的"合并后居中"按钮,效果如图 4-35 所示。

图 4 - 31　选择"行高"命令

图 4 - 32　设置固定行高

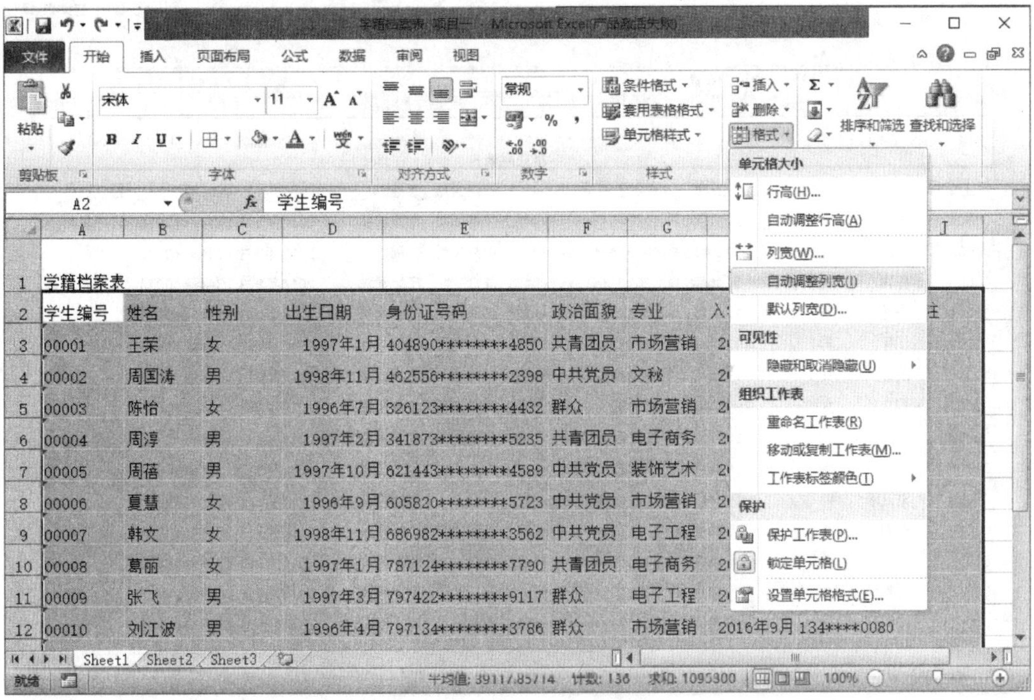

图 4 - 33　自动调整列宽

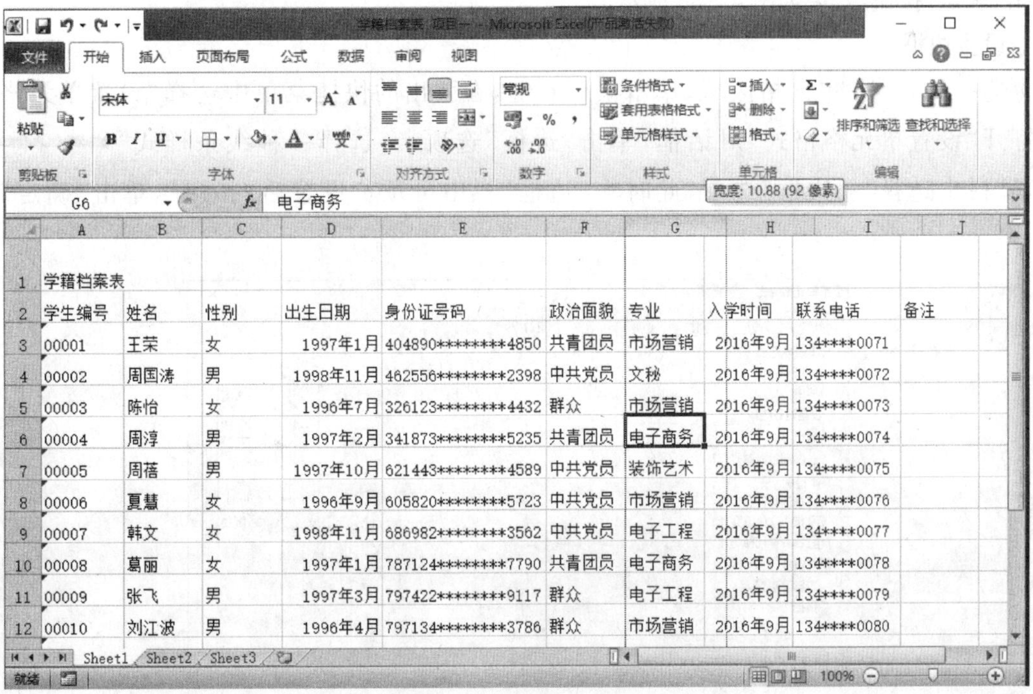

图 4 - 34　调整单列列宽

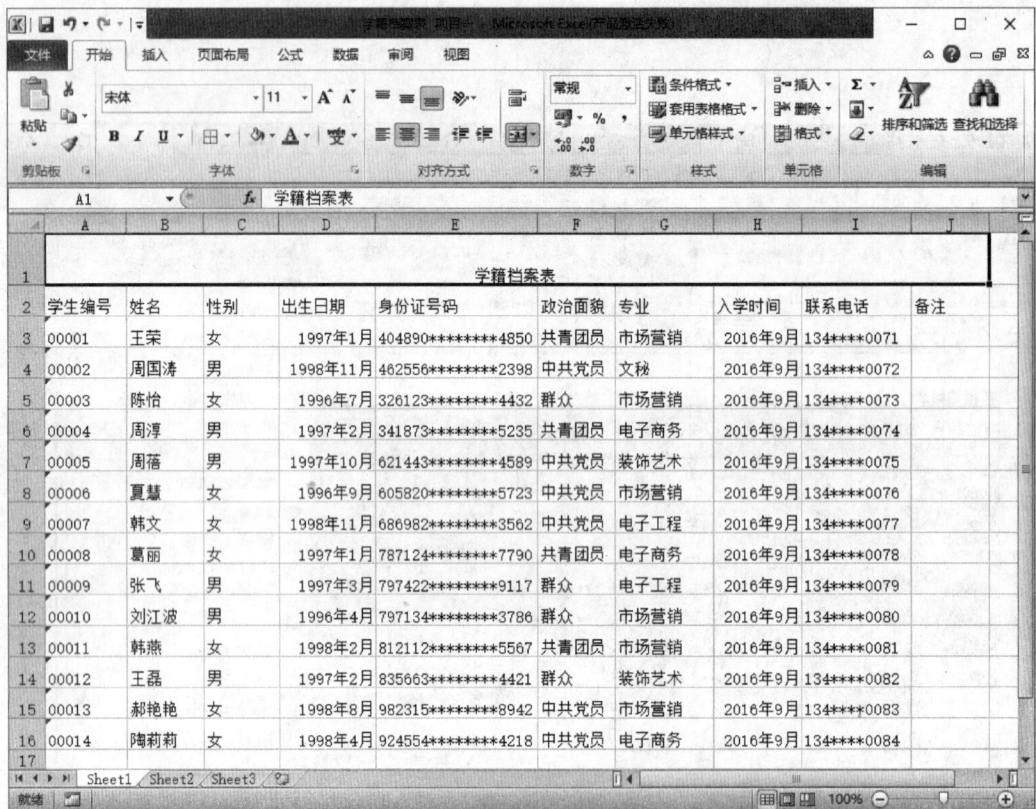

图 4-35　合并单元格

（2）选中工作表中所有数据区域 A1:J16，单击鼠标右键，在弹出的快捷菜单中选择"设置单元格格式"命令，打开"设置单元格格式"对话框，在"对齐"选项卡中将"水平对齐"和"垂直对齐"都设置为"居中"，单击"确定"按钮，效果如图 4-36 所示。

三、设置边框

（1）选择 A1:J16 单元格区域，单击鼠标右键，在弹出的快捷菜单中选择"设置单元格格式"命令，打开"设置单元格格式"对话框，单击"边框"选项卡，选择一种线条样式"▬▬▬▬▬"，在"预置"栏中选择"外边框"选项，此时在"边框"栏中可预览设置后的效果，单击"确定"按钮，

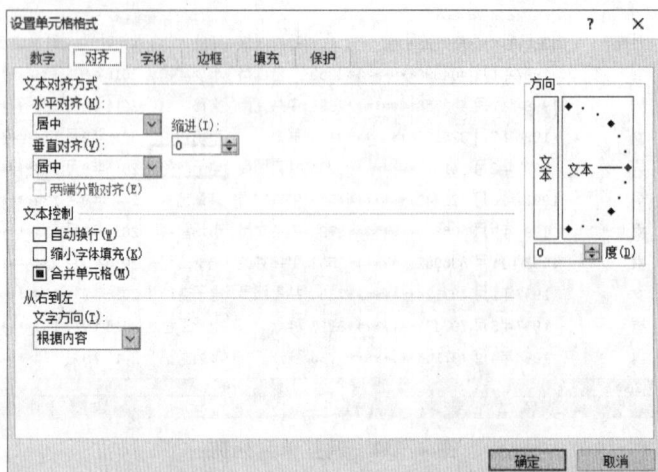

(a)

(b)

图 4-36　设置居中对齐

（a）设置界面　（b）效果图

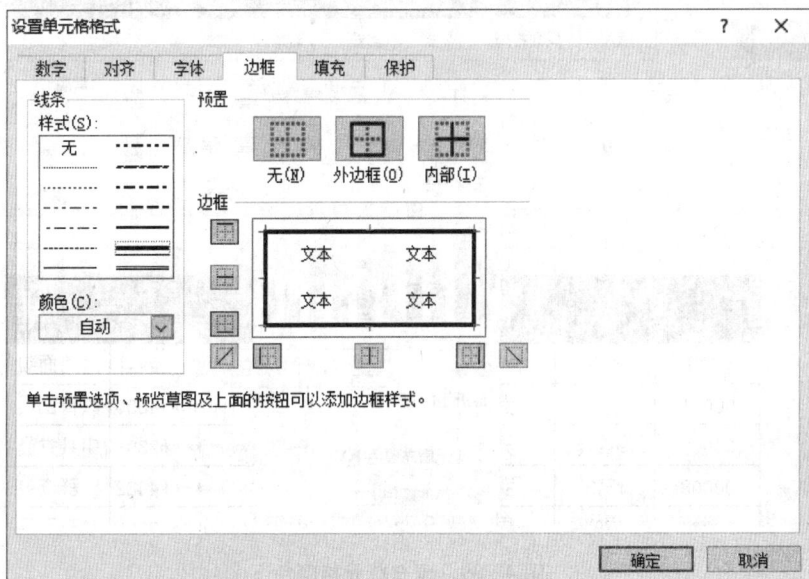

图 4-37　设置外边框

如图 4-37 所示。

（2）保持单元格区域的选择状态,打开"设置单元格格式"对话框,单击"边框"选项卡,选择线条样式"——————",在"预置"栏中选择"内部"选项,然后单击"确定"按钮,如图 4-38 所示。

四、设置填充颜色

设置完表格的边框,还可以对单元格的填充颜色进行设置。

（1）选中 A1:J1 单元格,打开"开始"选项卡,在"字体"选项组中单击"填充颜色"右侧的下拉按钮

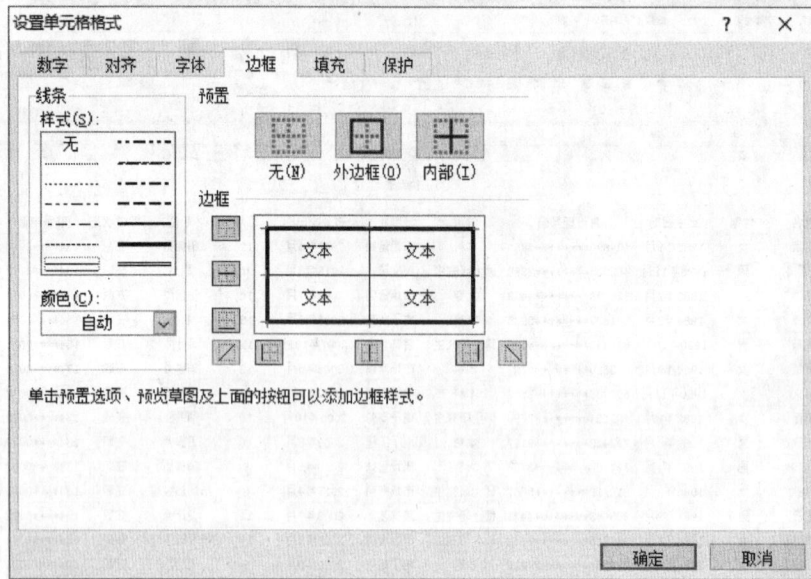

图 4 - 38　设置内边框

，在打开的下拉列表中设置"蓝色，强调文字颜色 1，深色 50％"，如图 4 - 39 所示。

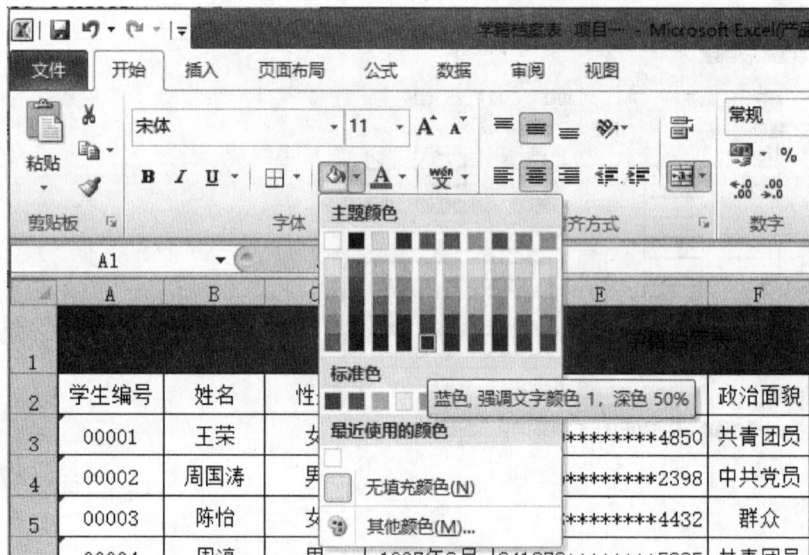

图 4 - 39　填充单元格颜色

　　(2) 选中 A2：J2 单元格，单击鼠标右键，在弹出的快捷菜单中选择"设置单元格格式"命令，打开"设置单元格格式"对话框，单击"填充"选项卡，设置背景色"蓝色，强调文字颜色 1，淡色 40％"，如图 4 - 40 所示。

五、设置字体样式

当对边框等进行设置后，最后要对数据的字体格式进行设置。

(1) 将大标题文字"学籍档案表"字体设置为"方正粗黑宋简体"，字号为"24"，颜色为"白色"。

(2) 将小标题文字 A2：M2 单元格区域字体设置为"幼圆"，字号为"12"，字体加粗。

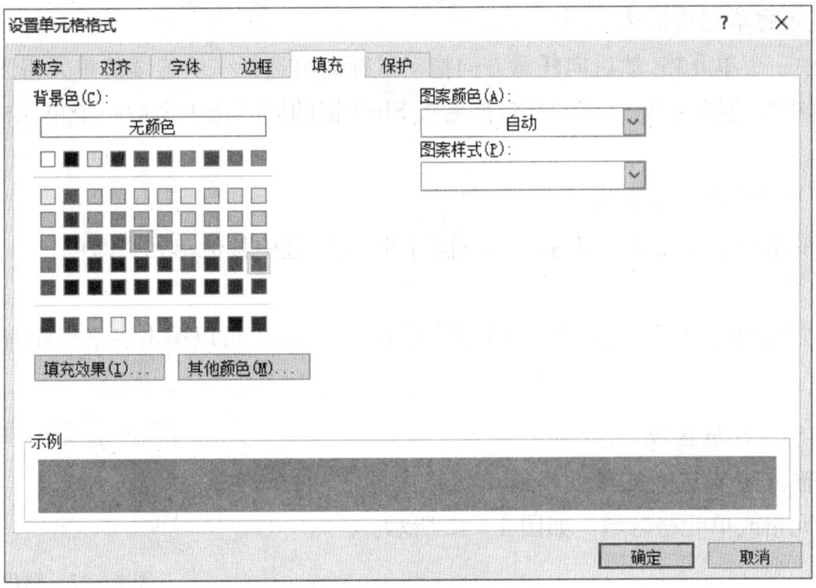

图 4-40 填充单元格颜色

（3）将其他文字字体加粗，整体效果如图 4-41 所示。

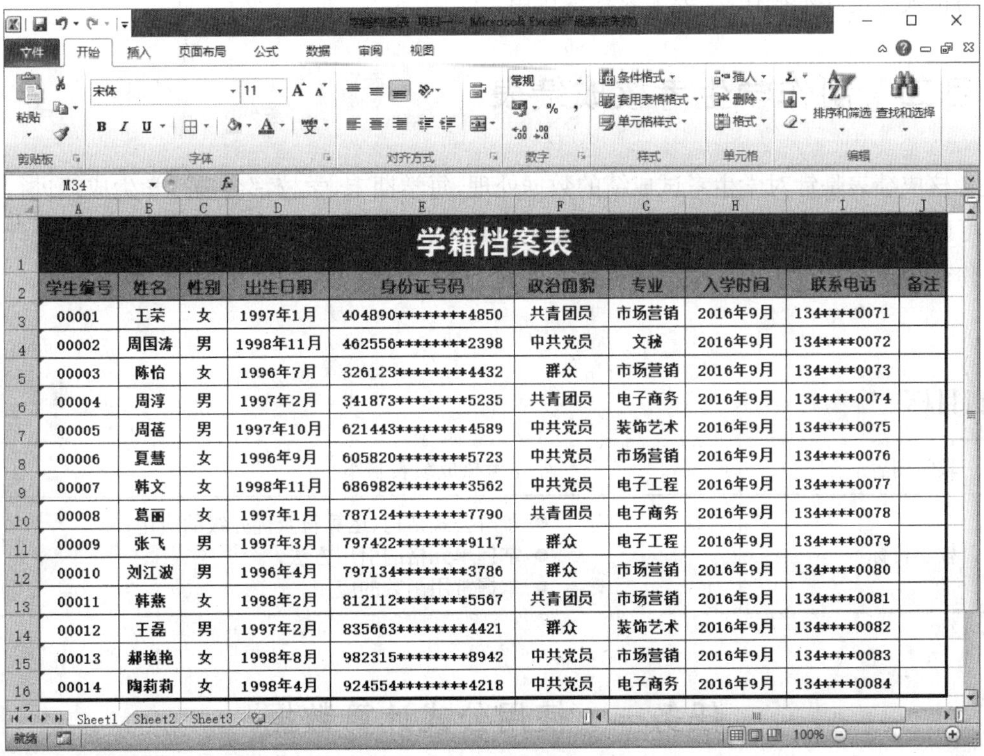

图 4-41 设置字体样式

相关知识

单元格选取技巧

（一）选中单个单元格

选中单个单元格的方法很简单，直接用鼠标单击要选择的单元格即可。

（二）选中连续的单元格区域

（1）选中其中一个单元格，然后向任意方向拖动鼠标即可选择一块连续的单元格区域。

（2）另外，选中要选择的第一个单元格，然后按 Shift 键的同时选中最后一个单元格，也可以选中连续的单元格区域。

（三）选中不连续的单元格区域

选中要选择的第一个单元格，然后按 Ctrl 键的同时依次选中其他单元格即可。

（四）选中全表

选中全表的方法很简单，可以按 Ctrl+A 组合键选中全表，也可以单击表格行和列左上角交叉处的 按钮。

（五）利用名称框选取区域

在名称框中输入想要选择的单元格或单元格区域，按回车键即可显示选中的单元格或单元格区域。如图 4-42 所示。

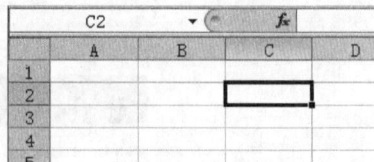

图 4-42　利用名称框选取区域

🛠 任务总结

本任务通过对学籍档案表的美化，学习了调整表格行高列宽、设置对齐方式、边框底纹等格式，这部分是对表格格式化的基本操作，需要大家熟练运用。

◉ 项目二　制作学生考核成绩表

学生考核成绩表是针对学生考试成绩的数据处理，每学期末，学校都会进行学生成绩进行统计。利用 Excel 可以充分发挥其数据处理的强大功能，方便快捷地对数值型的数据进行计算和统计。本项目就来对一份学生考核成绩表中的数据进行计算处理。

🎯 项目目标

教学内容	学生考核成绩表制作
教学目标	● 了解公式结构、运算符及优先级的应用； ● 掌握单元格的引用方法； ● 掌握常用函数的应用。

任务一　使用公式计算数据

🖥 任务描述

在每学期，学校都会对学生的考核数据进行统计，本任务主要介绍利用公式对学生考核成绩表中部分数据进行计算，效果如图 4-43 所示。

📋 任务目标

● 了解公式结构、运算符及优先级的应用；

● 掌握使用公式进行计算的方法。

学生考核成绩表

序号	姓名	班级	基础课程					专业课程				总分	排名	评定
			高数	英语	数字电路	模拟电路	小计	C语言	数据结构	计算机网络	小计			
1	王荣	16级1班	80	90	75	88		90	89	90				
2	周国涛	16级1班	79	69	80	76		84	90	82				
3	陈怡	16级1班	65	77	78	63		79	87	95				
4	周淳	16级1班	95	81	90	87		83	69	85				
5	周蓓	16级1班	78	89	82	78		74	78	76				
6	夏慧	16级1班	92	90	95	91		95	91	81				
7	韩文	16级1班	84	87	85	77		78	80	94				
8	葛丽	16级1班	82	69	76	66		92	80	84				
9	张飞	16级1班	87	78	81	73		84	79	82				
10	刘江波	16级1班	96	91	94	90		82	88	87				
11	韩燕	16级1班	77	80	83	84		87	95	96				
12	王磊	16级1班	74	68	75	79		77	78	77				
13	郝艳艳	16级1班	69	78	63	83		80	92	75				
14	陶莉莉	16级1班	65	75	71	74		80	90	84				
	合计值													
	平均值													

学生考核成绩表

序号	姓名	班级	基础课程					专业课程				总分	排名	评定
			高数	英语	数字电路	模拟电路	小计	C语言	数据结构	计算机网络	小计			
1	王荣	16级1班	80	90	75	88	333	90	89	90	269	602		
2	周国涛	16级1班	79	69	80	76	304	84	90	82	256	560		
3	陈怡	16级1班	65	77	78	63	283	79	87	95	261	544		
4	周淳	16级1班	95	81	90	87	353	83	69	85	237	590		
5	周蓓	16级1班	78	89	82	78	327	74	78	76	228	555		
6	夏慧	16级1班	92	90	95	91	368	95	91	81	267	635		
7	韩文	16级1班	84	87	85	77	333	78	80	94	252	585		
8	葛丽	16级1班	82	69	76	66	293	92	80	84	256	549		
9	张飞	16级1班	87	78	81	73	319	84	79	82	245	564		
10	刘江波	16级1班	96	91	94	90	371	82	88	87	257	628		
11	韩燕	16级1班	77	80	83	84	324	87	95	96	278	602		
12	王磊	16级1班	74	68	75	79	296	77	78	77	232	528		
13	郝艳艳	16级1班	69	78	63	83	293	80	92	75	247	540		
14	陶莉莉	16级1班	65	75	71	74	285	80	90	84	254	539		
	合计值													
	平均值													

图 4－43 学生考核成绩表

任务实现

一、计算基础课程成绩小计

公式即可以在单元格中输入,也可以在编辑栏中输入,具体方法如下:

(1) 选中要输入公式的单元格 H4,在 H4 单元格中输入"＝",如图 4－44 所示。

(2) 单击参与运算的单元格 D4,这时 D4 已经显示在编辑栏,接着输入"＋"运算符,然后再单击第二个参与运算的单元格 E4,输入"＋"运算符,依次类推,输入完整的公式为"＝D4＋E4＋F4＋G4",如图 4－45 所示。

(3) 公式输入完整后按下回车键,此时在 H4 单元格即可计算出基础课程成绩小计,如图 4－46所示。

(4) 选中 H4 单元格,将鼠标光标移动到该单元格右下角,当鼠标光标变成十字形时,这时鼠标

学生考核成绩表

序号	姓名	班级	基础课程					专业课程				总分	排名	评定
			高数	英语	数字电路	模拟电路	小计	C语言	数据结构	计算机网络	小计			
1	王荣	16级1班	80	90	75	88	=	90	89	90				
2	周国涛	16级1班	79	69	80	76		84	90	82				
3	陈怡	16级1班	65	77	78	63		79	87	95				
4	周淳	16级1班	95	81	90	87		83	69	85				
5	周蓓	16级1班	78	89	82	78		74	78	76				
6	夏慧	16级1班	92	90	95	91		95	91	81				
7	韩文	16级1班	84	87	85	77		78	80	94				
8	葛丽	16级1班	82	69	76	66		92	80	84				
9	张飞	16级1班	87	78	81	73		84	79	82				
10	刘江波	16级1班	96	91	94	90		82	88	87				
11	韩燕	16级1班	77	80	83	84		87	95	96				
12	王磊	16级1班	74	68	75	79		77	78	77				
13	郝艳艳	16级1班	69	78	63	83		80	92	75				
14	陶莉莉	16级1班	65	75	71	74		80	90	84				
	合计值													
	平均值													

图 4‑44　公式输入"＝"

学生考核成绩表

序号	姓名	班级	基础课程					专业课程				总分	排名	评定
			高数	英语	数字电路	模拟电路	小计	C语言	数据结构	计算机网络	小计			
1	王荣	16级1班	80	90	75	88	=D4+E4+F4+G4	89	90					
2	周国涛	16级1班	79	69	80	76		84	90	82				
3	陈怡	16级1班	65	77	78	63		79	87	95				
4	周淳	16级1班	95	81	90	87		83	69	85				
5	周蓓	16级1班	78	89	82	78		74	78	76				
6	夏慧	16级1班	92	90	95	91		95	91	81				
7	韩文	16级1班	84	87	85	77		78	80	94				
8	葛丽	16级1班	82	69	76	66		92	80	84				
9	张飞	16级1班	87	78	81	73		84	79	82				
10	刘江波	16级1班	96	91	94	90		82	88	87				
11	韩燕	16级1班	77	80	83	84		87	95	96				
12	王磊	16级1班	74	68	75	79		77	78	77				
13	郝艳艳	16级1班	69	78	63	83		80	92	75				
14	陶莉莉	16级1班	65	75	71	74		80	90	84				
	合计值													
	平均值													

图 4‑45　引用其他单元格进行计算

学生考核成绩表

序号	姓名	班级	基础课程					专业课程				总分	排名	评定
			高数	英语	数字电路	模拟电路	小计	C语言	数据结构	计算机网络	小计			
1	王荣	16级1班	80	90	75	88	333	90	89	90				
2	周国涛	16级1班	79	69	80	76		84	90	82				
3	陈怡	16级1班	65	77	78	63		79	87	95				
4	周淳	16级1班	95	81	90	87		83	69	85				
5	周蓓	16级1班	78	89	82	78		74	78	76				
6	夏慧	16级1班	92	90	95	91		95	91	81				
7	韩文	16级1班	84	87	85	77		78	80	94				
8	葛丽	16级1班	82	69	76	66		92	80	84				
9	张飞	16级1班	87	78	81	73		84	79	82				
10	刘江波	16级1班	96	91	94	90		82	88	87				
11	韩燕	16级1班	77	80	83	84		87	95	96				
12	王磊	16级1班	74	68	75	79		77	78	77				
13	郝艳艳	16级1班	69	78	63	83		80	92	75				
14	陶莉莉	16级1班	65	75	71	74		80	90	84				
	合计值													
	平均值													

图 4‑46　完成该公式的计算

变成了填充柄,按住鼠标左键不放拖拽鼠标至 H17 单元格,将全部小计计算出来。如图 4-47
所示。

	序号	姓名	班级	基础课程					专业课程				总分	排名	评定
				高数	英语	数字电路	模拟电路	小计	C语言	数据结构	计算机网络	小计			
1	1	王荣	16级1班	80	90	75	88	333	90	89	90				
2	2	周国涛	16级1班	79	69	80	76	304	84	90	82				
3	3	陈怡	16级1班	65	77	78	63	283	79	87	95				
4	4	周淳	16级1班	95	81	90	87	353	83	69	85				
5	5	周蓓	16级1班	78	89	82	78	327	74	78	76				
6	6	夏慧	16级1班	92	90	95	91	368	95	91	81				
7	7	韩文	16级1班	84	87	85	77	333	78	80	94				
8	8	葛丽	16级1班	82	69	76	66	293	92	80	84				
9	9	张飞	16级1班	87	78	81	73	319	84	79	82				
10	10	刘江波	16级1班	96	91	94	90	371	82	88	87				
11	11	韩燕	16级1班	77	80	83	84	324	87	95	96				
12	12	王磊	16级1班	74	68	75	79	296	77	78	77				
13	13	郝艳艳	16级1班	69	78	63	83	293	80	92	75				
14	14	陶莉莉	16级1班	65	75	71	74	285	80	90	84				
18	合计值														
19	平均值														

图 4-47 使用自动填充完成计算

二、计算专业课程成绩小计

参照上述方法,在单元格 L4 中输入公式“=I4+J4+K4”,按回车键完成计算,并使用填充柄快速
填充计算出所有学生专业课程成绩小计。计算结果如图 4-48 所示。

	序号	姓名	班级	基础课程					专业课程				总分	排名	评定
				高数	英语	数字电路	模拟电路	小计	C语言	数据结构	计算机网络	小计			
1	1	王荣	16级1班	80	90	75	88	333	90	89	90	269			
2	2	周国涛	16级1班	79	69	80	76	304	84	90	82	256			
3	3	陈怡	16级1班	65	77	78	63	283	79	87	95	261			
4	4	周淳	16级1班	95	81	90	87	353	83	69	85	237			
5	5	周蓓	16级1班	78	89	82	78	327	74	78	76	228			
6	6	夏慧	16级1班	92	90	95	91	368	95	91	81	267			
7	7	韩文	16级1班	84	87	85	77	333	78	80	94	252			
8	8	葛丽	16级1班	82	69	76	66	293	92	80	84	256			
9	9	张飞	16级1班	87	78	81	73	319	84	79	82	245			
10	10	刘江波	16级1班	96	91	94	90	371	82	88	87	257			
11	11	韩燕	16级1班	77	80	83	84	324	87	95	96	278			
12	12	王磊	16级1班	74	68	75	79	296	77	78	77	232			
13	13	郝艳艳	16级1班	69	78	63	83	293	80	92	75	247			
14	14	陶莉莉	16级1班	65	75	71	74	285	80	90	84	254			
18	合计值														
19	平均值														

图 4-48 使用公式计算专业课程成绩小计

三、计算总分

选中要输入公式的单元格 M4,在 M4 单元格中输入“=H4+L4”,按回车键完成计算,并使用填充
柄快速填充计算出所有学生的总分。计算结果如图 4-49 所示。

图 4-49 使用公式计算总分

相关知识

公式的使用

公式的作用在于计算。可以说，没有公式的 Excel 就没有使用价值。用公式可以进行简单的计算，如加、减、乘、除；也可以完成很复杂的计算，如财务、统计和科学计算等；还可以用公式进行比较或者操作文本和字符串。

（一）使用公式前的准备工作

简单地说，公式就是一个等式，或者说是连续的一组数据和运算符组成的序列。在介绍输入公式之前，首先来认识公式中的多种运算符以及这些运算符的优先级。

1. 公式中的多种运算符

在 Excel 中，运算符可以分为 4 类：算术运算符、比较运算符、文本运算符和引用运算符。

（1）算术运算符。用户通过算术运算符可以完成基本的数学运算，如加、减、乘、除、乘方和求百分数等，如表 4-1 所示。

表 4-1 算术运算符

公式中使用的符号和键盘符	含　义	示　例
＋	加	6＋6
－	减	6－6
－	负号	－6
＊	乘	6＊6
/	除	6/6
^	乘方	6^6
％	百分号	66％
（）	括号	（3＋3）＊3

（2）比较运算符。比较运算符是用来比较两个数值,并产生逻辑值 TRUE 和 FALSE,如表 4-2 列出了 Excel 公式中所有的运算符。

表 4-2　比较运算符

公式中使用的符号和键盘符	含　义	示　例
＝	等于	B1＝B2
＞	大于	B1＞B2
＜	小于	B1＜B2
＞＝	大于等于	B1＞＝B2
＜＝	小于等于	B1＜＝B2
＜＞	不等于	B1＜＞B2

（3）引用运算符。引用运算符可以将单元格区域合并运算,如表 4-3 列出了 Excel 公式中所有的引用运算符。

表 4-3　引用运算符

公式中使用的符号和键盘符	含　义	示　例
：（冒号）	区域运算符,对于两个引用之间,包括两个引用在内的所有单元格进行引用	A1：B3
，（逗号）	联合运算符,将多个引用合并为一个引用	SUM(A1：B2,A3：A4)
（空格）	交叉运算符,产生同时属于两个引用的单元格区域的引用	SUM(A4：H4 B3：B8)

2. 公式中运算符的优先级

当公式中既有加法,又有乘法、除法,也有乘方时,Excel 是怎样确定其运算先后顺序呢? 这里需要了解运算符的运算先后顺序,也就是运算符的优先级。对于同一级的运算,则按照从等号开始从左到右进行运算;对于不同一级的运算符,则按照运算符的优先级进行运算。表 4-4 列出了常用运算符的运算优先级。

表 4-4　运算符优先级

运　算　符	说　明	优　先　级
：（冒号）	区域运算符	1
，（逗号）	联合运算符	
（空格）	交叉运算符	
－（负号）	如：－5	2
％	百分号	3
^	乘方	4
*和/	乘和除	5
＋和－	加和减	6
&	文本运算符	7

（二）输入和编辑公式

输入公式的方法很简单，首先选中需要输入公式的单元格，然后首先输入"＝"，接着依次输入需要参加计算的单元格，单元格与单元格之间用运算符进行连接，输入完毕后，按 Enter 键确认输入即可得到计算结果。

🛠 任务总结

本任务利用公式对学生考核成绩表中的部分数据进行了计算，在使用公式的过程中学习了各运算符的优先级，掌握了公式使用的方法。

4-2-2
Rank

任务二　使用函数计算数据

🖥 任务描述

认识了公式的计算后，你会发现公式只能进行简单的计算，如果需要进行较复杂的计算，还需要使用函数对数据进行计算。本任务利用函数对学生考核成绩表中的数据进行计算，如图 4-50 所示。

学生考核成绩表

序号	姓名	班级	基础课程					专业课程				总分	排名	评定
			高数	英语	数字电路	模拟电路	小计	C语言	数据结构	计算机网络	小计			
1	王荣	16级1班	80	90	75	88	333	90	89	90	269	602	3	优秀
2	周国涛	16级1班	79	69	80	76	304	84	90	82	256	560	8	良好
3	陈怡	16级1班	65	77	78	63	283	79	87	95	261	544	11	良好
4	周淳	16级1班	95	81	90	87	353	83	69	85	237	590	5	良好
5	周蓓	16级1班	78	89	82	78	327	74	78	76	228	555	9	良好
6	夏慧	16级1班	92	90	95	91	368	95	91	81	267	635	1	优秀
7	韩文	16级1班	84	87	85	77	333	78	80	94	252	585	6	良好
8	葛丽	16级1班	82	69	76	66	293	92	80	84	256	549	10	良好
9	张飞	16级1班	87	78	81	73	319	84	79	82	245	564	7	良好
10	刘江波	16级1班	96	91	94	90	371	82	88	87	257	628	2	优秀
11	韩燕	16级1班	77	80	83	84	324	87	95	96	278	602	3	优秀
12	王磊	16级1班	74	68	75	79	296	77	78	77	232	528	14	一般
13	郝艳艳	16级1班	69	78	63	83	293	80	92	75	247	540	12	一般
14	陶莉莉	16级1班	65	75	71	74	285	80	90	84	254	539	13	一般
合计值			1123	1122	1128	1109	4482	1165	1186	1188	3539	8021		
平均值			80.21	80.14	80.57	79.21	320.14	83.21	84.71	84.86	252.79	572.93		

图 4-50　学生考核成绩表

✂ 任务目标

- 掌握单元格的引用方法；
- 掌握常用函数的应用。

📠 任务实现

一、使用 SUM( )函数计算合计值

（1）选中单元格 D18，在编辑栏中单击"插入函数"按钮 *f*，打开"插入函数"对话框，在"常用函数"下的列表框中选择"SUM"选项，单击"确定"按钮，如图 4-51 所示。

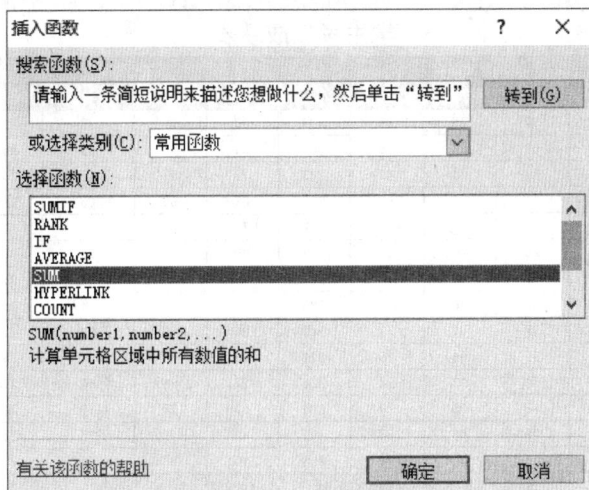

图 4-51　选择函数

（2）打开"函数参数"对话框，将光标置于"Number1"栏后的文本框中，使用鼠标在单元格中选择 D4:D17 单元格区域，单击"确定"按钮，如图 4-52 所示。

图 4-52　设置函数参数

（3）在 D18 单元格中即可查看计算的结果，使用填充柄快速填充至 M18 单元格，结果如图 4-53 所示。

二、使用 AVERAGE( )函数计算平均值

选中 D19 单元格，在"插入函数"对话框中选择"AVERAGE"函数，在"函数参数"对话框的"Number1"栏后的文本框中输入 D4:D17 单元格区域，即可计算出基本工资的平均值。然后使用填充柄快速填充至 M19 单元格，将 D19:M19 单元格数字格式设置为"数值型、保留 2 位小数"，如图 4-54 所示。

三、使用 RANK( )函数计算排名

（1）选中 N4 单元格，在"插入函数"对话框中选择"RANK"函数，打开"函数参数"对话框。如图 4-55 所示。

（2）在参数"Number"后的文本框中输入 M4，在参数"Ref"后的文本框中输入 M4:M17 单元格区域，选中输入的文字，按快捷键 F4 为这个区域添加绝对引用，参数"Order"忽略不写，如图 4-56 所示。

图 4-53 查看填充后的效果

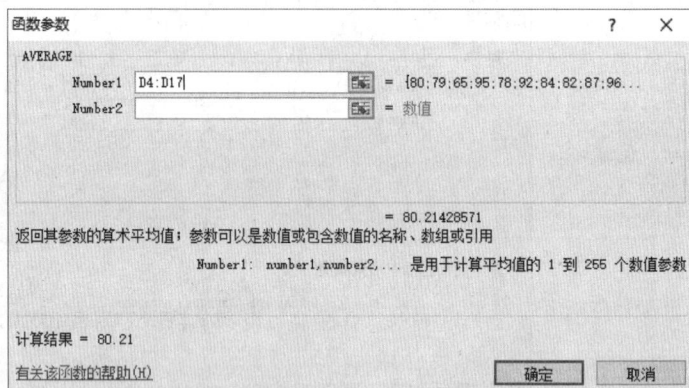

图 4-54 AVERAGE 函数计算平均值

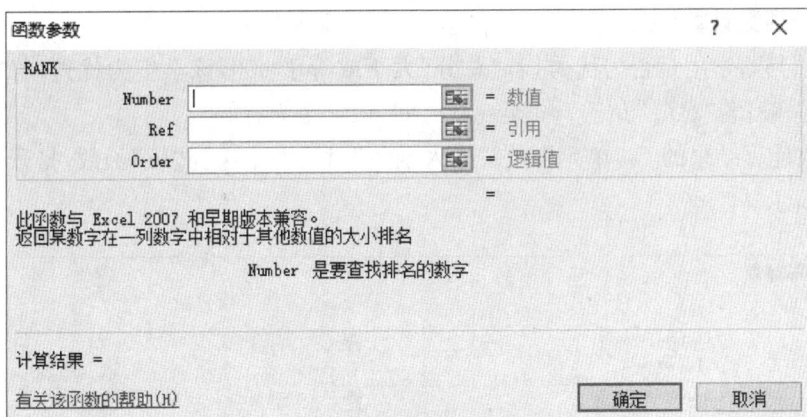

图 4 - 55 "函数参数"对话框

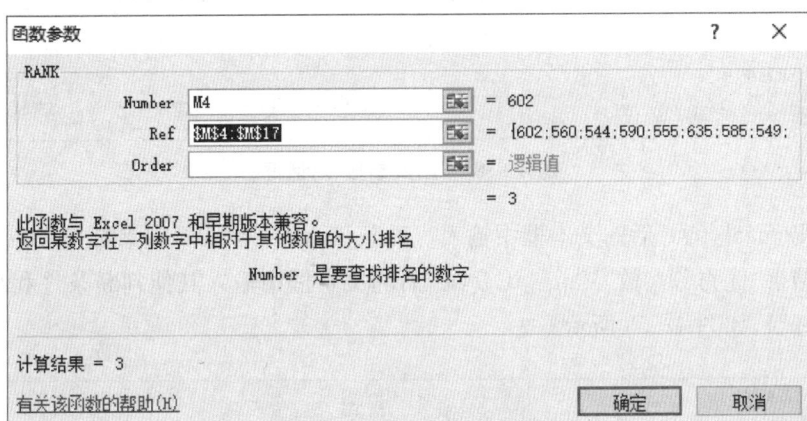

图 4 - 56 RANK 函数参数

（3）单击"确定"按钮，即可显示各学生总分的排名，然后使用填充柄快速填充至 N17 单元格，结果如图 4 - 57 所示。

序号	姓名	班级	基础课程					专业课程				总分	排名	评定
			高数	英语	数字电路	模拟电路	小计	C语言	数据结构	计算机网络	小计			
1	王荣	16级1班	80	90	75	88	333	90	89	90	269	602	3	
2	周国涛	16级1班	79	69	80	76	304	84	90	82	256	560	8	
3	陈怡	16级1班	65	77	78	63	283	79	87	95	261	544	11	
4	周淳	16级1班	95	81	90	87	353	83	69	85	237	590	5	
5	周蓓	16级1班	78	89	82	78	327	74	78	76	228	555	9	
6	贾慧	16级1班	92	90	95	91	368	95	91	81	267	635	1	
7	韩文	16级1班	84	87	85	77	333	78	80	94	252	585	6	
8	葛丽	16级1班	82	69	76	66	293	92	80	84	256	549	10	
9	张飞	16级1班	87	78	81	73	319	84	79	82	245	564	7	
10	刘江波	16级1班	96	91	94	90	371	82	88	87	257	628	2	
11	韩燕	16级1班	77	80	83	84	324	87	95	96	278	602	3	
12	王磊	16级1班	74	68	75	79	296	77	78	77	232	528	14	
13	郝艳艳	16级1班	69	78	63	83	293	92	80	75	247	540	12	
14	陶莉莉	16级1班	65	75	71	74	285	80	90	84	254	539	13	
	合计值		1123	1122	1128	1109	4482	1165	1186	1188	3539	8021		
	平均值		80.21	80.14	80.57	79.21	320.14	83.21	84.71	84.86	252.79	572.93		

图 4 - 57 RANK 函数计算排名

四、使用 IF( )函数计算评定

根据"总分"项判断学生是否为优秀,若"总分"大于或等于 600,该学生为优秀;若"总分"小于或等于 540,该学生为一般;若"总分"介于 540 至 600 之间,该学生为良好。

(1) 选中存放计算结果的 O4 单元格,在"插入函数"对话框中选择"IF"函数,打开"函数参数"对话框。如图 4-58 所示。

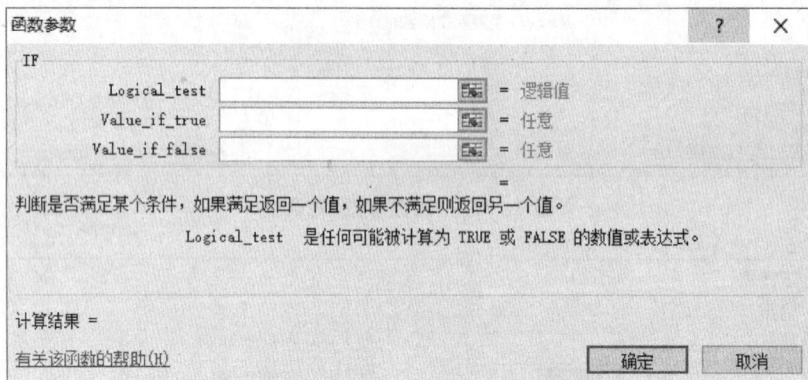

图 4-58 "函数参数"对话框

(2) 在参数"Logical_test"后的文本框中输入优秀条件 M4≥600,在参数"Value_if_true"后的文本框中输入评定结果"优秀",参数"Value_if_false"后的文本框中输入其他判断条件和结果 IF(M4≤540,"一般","良好"),如图 4-59 所示。

图 4-59 IF 函数参数

(3) 单击"确定"按钮,即可显示第一名学生的评定,然后使用填充柄快速填充至 O17 单元格,结果如图 4-60 所示。

相关知识

一、单元格的引用

通常情况下,我们可以根据单元格的地址表示来引用单个单元格或单元格区域。

(一)相对引用

单元格的相对引用是基于包含有公式的单元格于被引用的单元格之中的相对位置。如果公式所在的单元格的位置改变,引用也随之改变。在 Excel 中,默认情况下公式使用的是相对引用。

如果多行或多列地复制或填充公式,引用会自动调整。在本任务中,当把 H4 单元格中的数据填充

图 4-60　IF 函数计算评定

到 H5 单元格时其相应的单元格地址发生改变,数据结果也相对改变,H4 中的"=D4+E4+F4+G4"会转换为 H5"=D5+E5+F5+G5"。如图 4-61 所示。

图 4-61　相对引用

（二）绝对引用

与相对引用对应的是绝对引用,表示引用的单元格地址在工作表中是固定不变的,结果与包含公式的单元格地址无关。在相对引用的单元格的列号和行号前分别添加"$"冻结符号,表示冻结单元格地址,便可成为绝对引用。

当公式或函数复制到新位置时,公式中的单元格地址始终保持固定不变。当为 N4 中的单元格地址添加上"＄"冻结符号后,再把函数复制到工作表中的任何位置时,其单元格和数据结果都不会改变,如图 4-62 所示。

图 4-62 绝对引用

二、常用函数的运算

在数学理论中,函数表示一种关系,表示一个集合里的每一个元素对应到另一个集合里的唯一元素。其中,体现这种关系的核心就是函数表达式。而在 Excel 中,函数是预先定义的、执行计算或分析等数据处理任务的特殊公式。

以常用的求平均值函数"AVERAGE"为例,其函数表达式是"AVERAGE (number1,number2,…)"。

对于该表达式的具体分析如下:

- "AVERAGE"是函数名称,一个函数有且仅有一个名称,表示函数的功能和用途;
- 函数名称后紧跟小括号,括号内的数据是用逗号隔开的参与计算的各个参数;
- 参数是函数中最重要的部分,它确定函数的运算对象和顺序等。

在一般情况下,用户可以用两种方法来输入函数:一种是在编辑栏或单元格中输入;另一种是使用"插入函数"向导输入。其中,使用"插入函数"向导,可以让用户加深对函数的理解。在单元格中直接输入函数,这种方式比较快捷。

(一)输入函数

如果用户对函数比较熟悉,就可以选择直接输入函数的方法。当用户输入函数时,必须以"＝"开头,然后输入函数名称,接着输入左圆括号、参数和右圆括号。下面举例说明直接输入函数的步骤。

1. 直接输入函数

在单元格 D19 中输入函数名称,如图 4-63 所示。

2. 输入参数,并计算结果

在单元格 D19 中输入"＝ AVERAGE (D4:D17)",得出计算结果。

(二)用"插入函数"向导插入函数

如果用户对函数不熟悉的时候,可以选择使用"插入函数"对话框的方法输入函数。

	A	B	C	D	E	F	G	H	I	J	K
13	10	刘江波	16级1班	96	91	94	90	371	82	88	87
14	11	韩燕	16级1班	77	80	83	84	324	87	95	96
15	12	王磊	16级1班	74	68	75	79	296	77	78	77
16	13	郝艳艳	16级1班	69	78	63	83	293	80	92	75
17	14	陶莉莉	16级1班	65	75	71	74	285	80	90	84
18		合计值		1123	1122	1128	1109	4482	1165	1186	1188
19		平均值		=average							

图 4-63　直接输入函数

三、常用函数

（一）SUM()函数的使用

SUM()函数可以将用户指定为参数的所有数字相加,参数可以是区域、单元格引用、数组、常量、公式或另一个函数的结果。

语法：SUM(Number1,Number2,…)

其中 Number1 为必需的,是需要相加的第一个数值参数,Number2 为可选的,是需要相加的 2 到 255 个数值参数。

（二）AVERAGE()函数的使用

AVERAGE 函数的作用是返回参数的平均值,表示对选择的单元格或单元格区域进行算术平均值运算。

语法：AVERAGE(Number1,Number2,…)

其中 Number1,Number2,…为要计算平均值的 1 到 255 个参数。

（三）IF()函数的使用

IF()函数用于根据条件返回不同的值,即如果指定条件的计算结果为 TRUE,返回某一个值;如果指定条件的计算结果为 FALSE,返回另一个值。

语法：IF(logical_test,value_if_true,value_if_false)

其中,参数 logical_test 为必需参数,表示用于判断的条件;参数 value_if_true 为可选参数,表示计算结果为 TRUE 时所要返回的值,若该参数省略,则返回 0;参数 value_if_false 为可选参数,表示计算结果为 FALSE 时要返回的值,若该参数省略,则返回 0。当需要根据多个条件判断数据的取值时,经常用到 IF()函数。IF 函数最多可以嵌套 7 层,足以满足大多数工作的需求。

（四）RANK()函数

RANK()函数的作用是返回某一数据在一组数据中相对于其他数值的大小排名。表示让指定的数据在一组数据中进行比较,将比较的名次返回到目标单元格中。

RANK()函数的语法为：RANK(Number,Ref,Order)

其中 Number 是要在数据区域中进行比较的制订数据;Ref 是一组数或一个数据列表的引用;Order 是制定排名的方式,如果内容为 0 或不输入内容表示降序,非零值表示升序。

（五）MAX()与 MIN()函数计算科最高分和最低分

这两个函数的作用是计算一串数值中的最大值或最小值,表示对选择的单元格区域中的数据进行比较,找到其中最大的数值或者最小的数值并返回到目标单元格中。如果参数不包含数字,则返回值为"0"。

MAX()函数的语法为：MAX(Number1,Number2,…)

其中 Number1,Number2,…为要从中找出最大值的数值。

MIN()函数的语法为：MIN(Number1,Number2,…)

其中 Number1,Number2,…为要从中找出最小值的数值。

（六）COUNTIF()函数

COUNTIF()函数是属于统计类函数,表示计算满足给定条件的单元格数目。

COUNTIF()函数的语法为：COUNTIF(Range,Criteria)。

其中,Range 为需要计算满足条件的单元格区域,Criteria 确定哪些单元格将被计算在内的条件,其形式可以分为数字、表达式或文本。

任务总结

本任务利用函数对学生考核成绩表中的部分数据进行了计算,在使用函数的过程中要重点关注每个函数参数的设置,在使用自动填充快速计算多个数据时,需要注意单元格的相对引用和绝对引用的区别。

◉ 项目三　制作学生成绩分析表

手工对工作表中的数据进行排序、筛选和汇总,不但费时费力,而且还容易出错。Excel 图表是 Excel 应用的一个大类,它能洞悉数据背后的意义。由于人类对图像的理解力和记忆力远远胜于文字或数字,所以图表成为演示汇报中不可或缺的元素。利用 Excel 图表工具,可以建立多种类型的数据图表,实现数据直观化。本项目主要通过对学生成绩分析表中的数据进行统计处理,并建立数据图表。

◎ 项目目标

教学内容	学生成绩分析表制作
教学目标	● 掌握数据排序的方法； ● 掌握数据筛选的方法； ● 掌握创建分类汇总的方法； ● 会创建图表。

任务一　数　据　排　序

4-3-1
自定义排序

任务描述

数据排序主要对表格中内容进行排序操作,从而有助于快速直观地显示并理解所查找的数据。本任务对学生成绩分析表按"总分"从高到低进行排序。任务效果如图 4-64 所示。

任务目标

● 掌握数据简单排序的方法；

● 掌握多个关键字排序的方法。

学生成绩分析表

序号	姓名	班级	高数	英语	数字电路	模拟电路	总分
10	刘江波	16级3班	96	91	94	90	371
6	夏慧	16级3班	92	90	95	91	368
4	周淳	16级1班	95	81	90	87	353
1	王荣	16级1班	80	90	75	88	333
7	韩文	16级2班	84	87	85	77	333
5	周蓓	16级1班	78	89	82	78	327
11	韩燕	16级1班	77	80	83	84	324
9	张飞	16级3班	87	78	81	73	319
2	周国涛	16级3班	79	69	80	76	304
12	王磊	16级2班	74	68	75	79	296
8	葛丽	16级2班	82	69	76	66	293
13	郝艳艳	16级1班	69	78	63	83	293
14	陶莉莉	16级3班	65	75	71	74	285
3	陈怡	16级2班	65	77	78	63	283

图 4-64 任务效果图

任务实现

一、快速排序

快速排序是根据数据表中的相关数据或字段名,将表格数据按照升序或降序的方式进行排列。具体方法如下:

在图 4-65 中,选中 H2 单元格,打开"数据"选项卡,在"排序和筛选"选项组中,单击"降序"按钮 ，此时即可将工作表按照"总分"从高到低进行排序。

图 4-65 快速排序

二、组合排序

如果在排序字段里出现相同的内容,会保持它们的原始次序。如果我们还要对这些相同内容按照一定条件进行排序,就要用多个关键字进行组合排序了。具体方法如下:

(1)选中 H2 单元格,打开"数据"选项卡,在"排序和筛选"选项组中单击"排序"按钮 ,打开"排序"对话框,如图 4-66 所示。

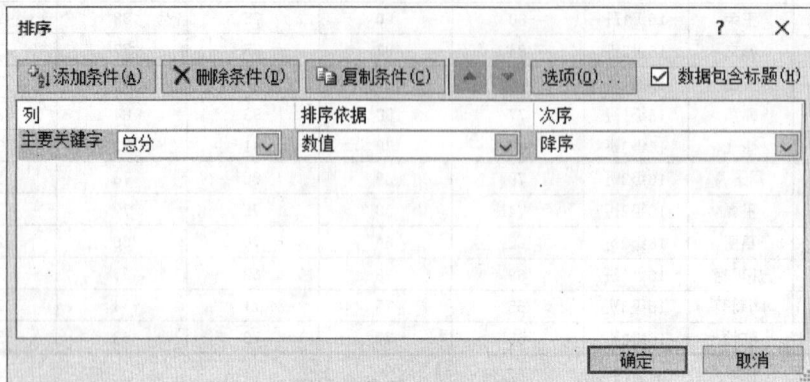

图 4-66 "排序"对话框

(2)在"主要关键字"下拉列表框中选择"总分"选项,在"排序依据"下拉列表框中选择"数值"选项,在"次序"下拉列表框中选择"降序"选项;单击"添加条件"按钮,在"次要关键字"下拉列表框中选择"高数"选项,在"排序依据"下拉列表框中选择"数值"选项,在"次序"下拉列表框中选择"降序"选项,如图 4-67 所示。

图 4-67 设置关键字

(3)单击"确定"按钮,即可看到排序结果,效果如图 4-68 所示。

相关知识

自定义排序

数据的排序方式除了按照数字大小和拼音字母顺序外,还会涉及一些特殊的顺序,比如"班级""学历"等,此时就可以用自定义排序。具体方法如下:

(1)选中单元格区域 D2,切换到"数据"选项卡,单击"排序和筛选"选项组中的"排序"按钮,弹出"排序"对话框,先选中对话框右上方的"数据包含标题"复选框,然后在第一个排序条件中的"次序"下拉列表中选择"自定义序列"选项,如图 4-69 所示。

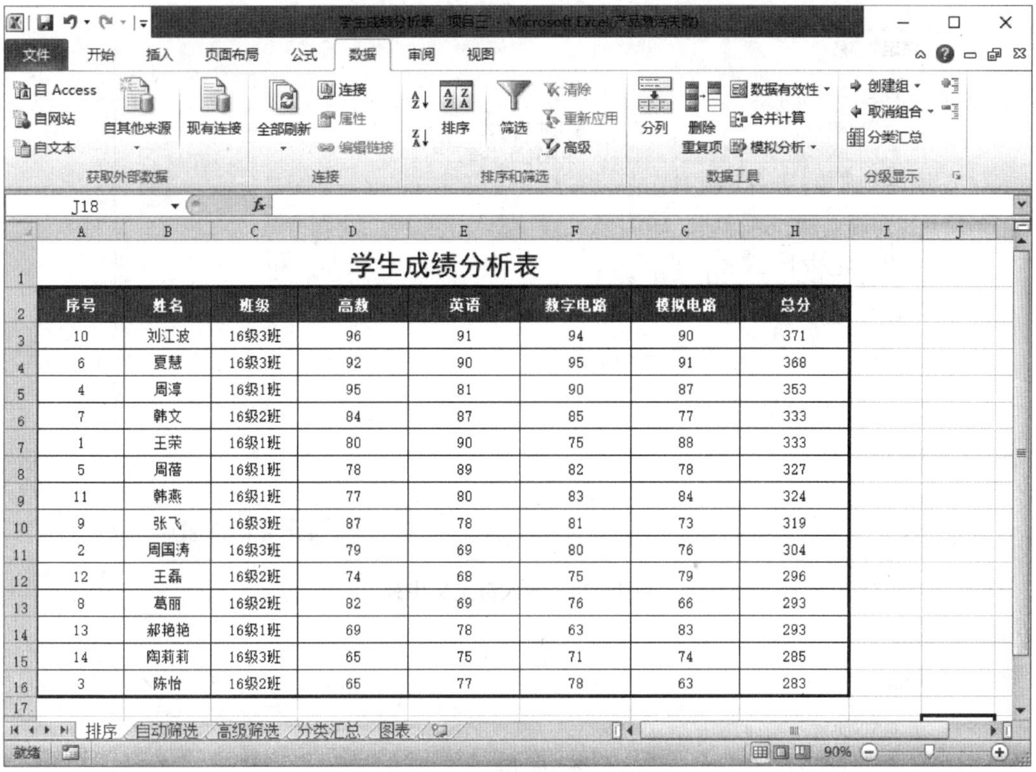

学生成绩分析表

序号	姓名	班级	高数	英语	数字电路	模拟电路	总分
10	刘江波	16级3班	96	91	94	90	371
6	夏慧	16级3班	92	90	95	91	368
4	周淳	16级1班	95	81	90	87	353
7	韩文	16级2班	84	87	85	77	333
1	王荣	16级1班	80	90	75	88	333
5	周蓓	16级1班	78	89	82	78	327
11	韩燕	16级1班	77	80	83	84	324
9	张飞	16级3班	87	78	81	73	319
2	周国涛	16级3班	79	69	80	76	304
12	王磊	16级2班	74	68	75	79	296
8	葛丽	16级2班	82	69	76	66	293
13	郝艳艳	16级1班	69	78	63	83	293
14	陶莉莉	16级3班	65	75	71	74	285
3	陈怡	16级2班	65	77	78	63	283

图 4－68　组合排序

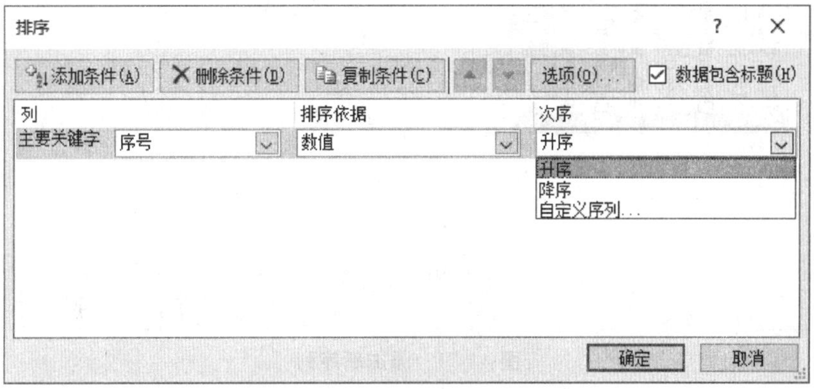

图 4－69　打开“排序”对话框

(2) 弹出“自定义序列”对话框，在“自定义序列”列表框中选择“新序列”选项，在“输入序列”文本框中输入“中共党员，共青团员，群众”，中间用英文半角状态下的逗号隔开，如图 4－70 所示。

(3) 单击“添加”按钮，此时新定义的序列就添加在了“自定义序列”列表框中，如图 4－71 所示。

(4) 单击“确定”按钮，返回“排序”对话框，此时，第一个排序条件中的“次序”下拉列表自动选择“中共党员，共青团员，群众”选项。如图 4－72 所示。

(5) 单击“确定”按钮，返回工作表，排序效果如图 4－73 所示。

任务总结

本任务通过对学生成绩分析表进行排序，从快速排序和组合排序两个方面完成了学习，重点要掌握组合排序时多个关键字的设置。

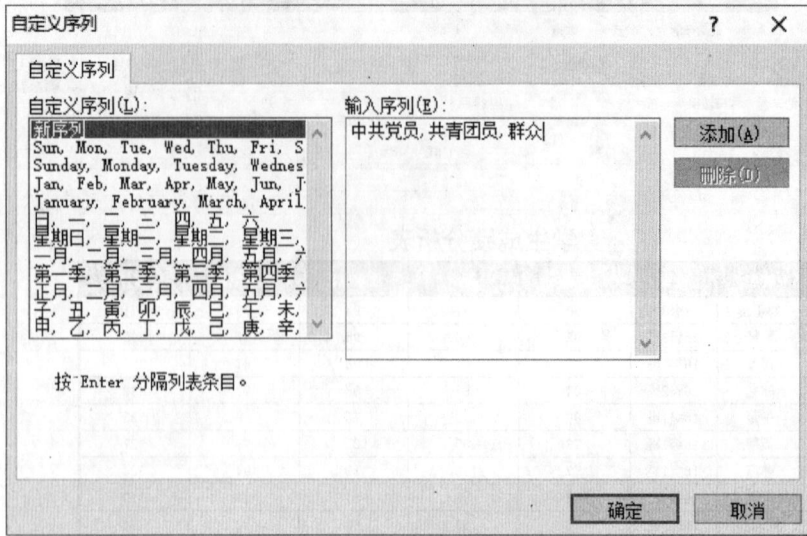

图 4-70 输入自定义序列

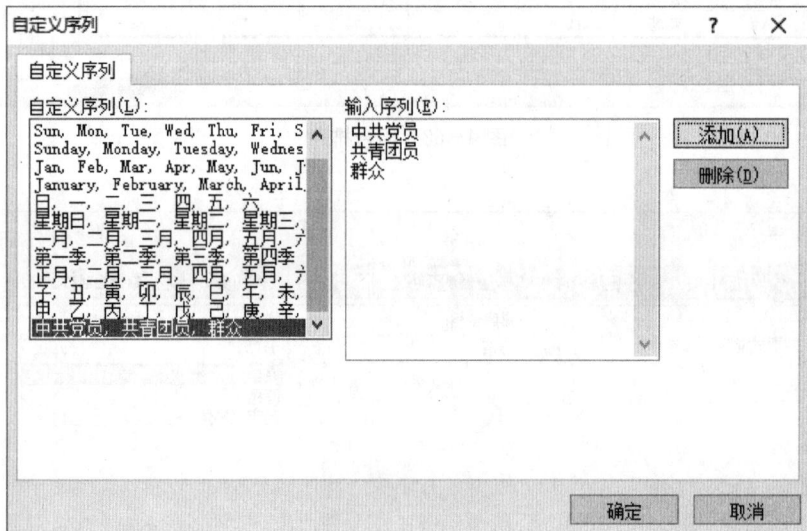

图 4-71 添加新序列

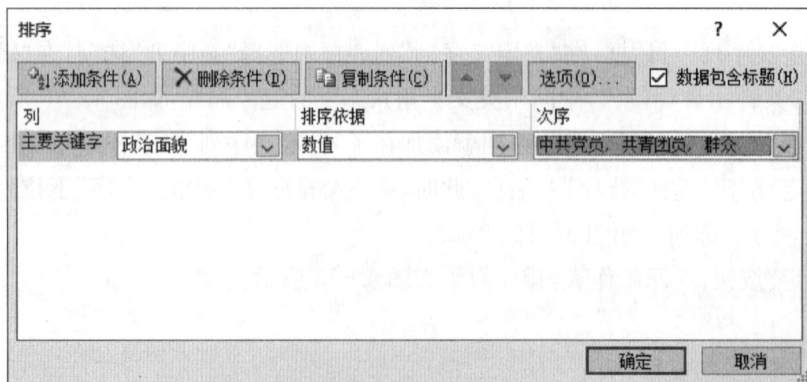

图 4-72 按新序列排序

学生成绩分析表

序号	姓名	班级	政治面貌	高数	英语	数字电路	模拟电路	总分
1	王荣	16级1班	中共党员	80	90	75	88	333
3	陈怡	16级2班	中共党员	65	77	78	63	283
5	周蓓	16级1班	中共党员	78	89	82	78	327
6	夏慧	16级3班	中共党员	92	90	95	91	368
11	韩燕	16级1班	中共党员	77	80	83	84	324
14	陶莉莉	16级3班	中共党员	65	75	71	74	285
7	韩文	16级2班	共青团员	84	87	85	77	333
8	葛丽	16级2班	共青团员	82	69	76	66	293
9	张飞	16级3班	共青团员	87	78	81	73	319
10	刘江波	16级3班	共青团员	96	91	94	90	371
2	周国涛	16级3班	群众	79	69	80	76	304
4	周淳	16级1班	群众	95	81	90	87	353
12	王磊	16级2班	群众	74	68	75	79	296
13	郝艳艳	16级1班	群众	69	78	63	83	293

图 4-73 排序完成效果图

任务二 数据筛选

任务描述

数据筛选与数据排序类似，也是数据分析中常用的操作。数据筛选通常分为自动筛选和高级筛选两种。本任务是对学生成绩分析表按照“班级”为 16 级 1 班、“总分”高于 330 分进行筛选。任务效果如图 4-74 所示。

学生成绩分析表

序号	姓名	班级	高数	英语	数字电路	模拟电路	总分
1	王荣	16级1班	80	90	75	88	333
4	周淳	16级1班	95	81	90	87	353
5	周蓓	16级1班	78	89	82	78	327
11	韩燕	16级1班	77	80	83	84	324
13	郝艳艳	16级1班	69	78	63	83	293

班级	总分
16级1班	>330

序号	姓名	班级	高数	英语	数字电路	模拟电路	总分
1	王荣	16级1班	80	90	75	88	333
4	周淳	16级1班	95	81	90	87	353

图 4-74 自动筛选和高级筛选效果图

任务目标

- 掌握自动筛选的方法；
- 掌握高级筛选的方法。

任务实现

一、自动筛选

自动筛选一般用于简单的条件筛选，筛选时将不满足条件的数据暂时隐藏起来，只显示符合条件的数据。这里使用自动筛选筛选出“班级”为 16 级 1 班的学生，具体方法如下：

（1）选中 C2 单元格，打开"数据"选项卡，单击"排序和筛选"选项组中的"筛选"按钮 ▽，即可看见各标题字段的右侧出现一个下拉按钮，进入筛选状态，如图 4 - 75 所示。

图 4 - 75 进入筛选状态

（2）单击 C2 单元格右侧的下拉按钮，在打开的下拉列表框中去掉"全选"，单击"16 级 1 班"复选框；或者单击"文本筛选"按钮，在打开的子列表中选择"等于"选项，如图 4 - 76 所示。

图 4 - 76 设置筛选条件

（3）打开"自定义自动筛选方式"对话框,在"等于"右侧的下拉列表框中输入 16 级 1 班,如图 4－77 所示。

（4）单击"确定"按钮,即可在数据表中显示出"班级"为 16 级 1 班的学生数据,其他数据被隐藏,如图 4－78 所示。

二、高级筛选

高级筛选一般用于条件较复杂的筛选操作,其筛选结果可以显示在原数据表格中,不符合条件的记录被隐藏起来;也可以在新的位置显示筛选结果,不符合条件的记录同时保留在数据表中而不会被隐藏起来,这样更加便于数据比对。

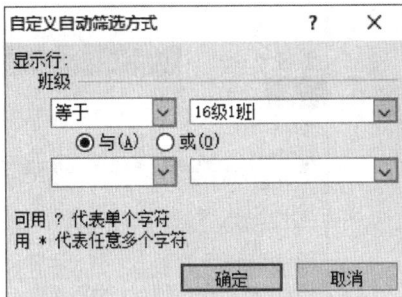

图 4－77　自定义自动筛选方式

图 4－78　查看筛选结果

这里使用高级筛选筛选出"班级"为 16 级 1 班、"总分"高于 330 分的学生,具体方法如下:

（1）在不包含数据的区域内输入筛选条件,将"班级"和"总分"两个标题分别复制粘贴到 D18、E18 单元格,在 D19 单元格中输入"16 级 1 班",在 E19 单元格中输入"＞330",如图 4－79 所示。

（2）选中数据区域的任意一个单元格,打开"数据"选项卡,单击"排序和筛选"选项组中的"高级"按钮 ,打开"高级筛选"对话框。如图 4－80 所示。

（3）选择"将筛选结果复制到其他位置"选项。"列表区域"自动设置为" $A$2:$H$16",单击"条件区域"后的文本框,用鼠标框选 D18:E19 单元格区域,用同样的方法设置"复制到"的区域为"高级筛选! $A$21",如图 4－81 所示。

（4）单击"确定"按钮,筛选结果如图 4－82 所示。

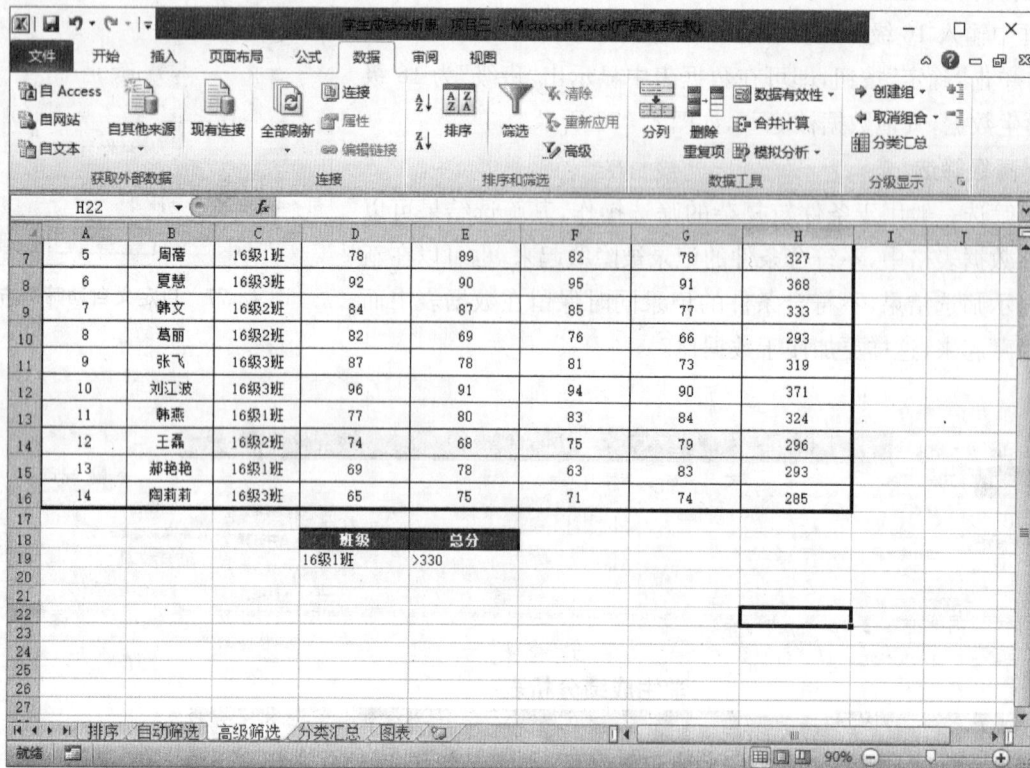

图 4-79 设置高级筛选条件

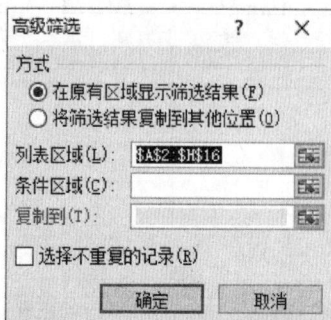

图 4-80 "高级筛选"对话框

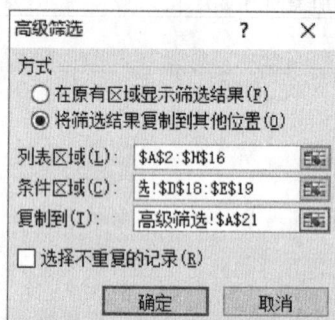

图 4-81 设置高级筛选条件

相关知识

高级筛选

当需要涉及多个筛选条件时,可使用高级筛选功能。操作方法如下:

(1) 指定一个条件区域。在数据区域以外的空白区域中输入要设置的条件。设置条件时在选定区域第一行输入行标题,在标题下方输入筛选条件,标题下方每一行代表一组条件,满足任意一组条件的数据将被筛选出来。

如果是要求两个或以上条件同时满足,则应将条件输入在同一行,如图 4-83 所示为筛选出满足班级为 16 级 1 班、高数成绩小于 80,总分大于 330 的数据。

如果要求两个或以上条件满足一个即可,则应将条件输入到不同的行,如图 4-84 所示为筛选出满

	A	B	C	D	E	F	G	H	I	J
12	10	刘江波	16级3班	96	91	94	90	371		
13	11	韩燕	16级1班	77	80	83	84	324		
14	12	王磊	16级2班	74	68	75	79	296		
15	13	郝艳艳	16级1班	69	78	63	83	293		
16	14	陶莉莉	16级3班	65	75	71	74	285		
17										
18				班级	总分					
19				16级1班	>330					
20										
21	序号	姓名	班级	高数	英语	数字电路	模拟电路	总分		
22	1	王荣	16级1班	80	90	75	88	333		
23	4	周淳	16级1班	95	81	90	87	353		

图 4-82　查看筛选结果

足班级为 16 级 1 班、或高数成绩小于 80、或总分大于 330 的数据;图 4-85 所示为筛选出满足班级为 16 级 1 班且总分大于 330,或高数成绩小于 80 的数据。

班级	高数	总分
16级1班	<80	>330

图 4-83　同时满足多个条件

班级	高数	总分
16级1班		
	<80	
		>330

图 4-84　多个条件中满足一个

班级	高数	总分
16级1班		>330
	<80	

图 4-85　混合设置

（2）单击要进行筛选的区域中的单元格,打开"数据"选项卡→"排序和筛选"选项组中的"高级"按钮,打开如图 4-86 所示的对话框。

（3）在"列表区域"内输入要筛选的数据所在的区域,在"条件区域"编辑框中输入条件区域,或单击[折叠]（折叠）按钮后用鼠标拖动选择。

（4）单击"确定"按钮后将显示出筛选结果(在高级筛选中可对筛选结果的位置进行选择)。

（5）若要通过隐藏不符合条件的数据行来筛选区域,选择"在原有区域显示筛选结果"选项。

图 4-86　设置筛选条件

（6）若要通过将符合条件的数据行复制到工作表的其他位置来筛选区域,选择"将筛选结果复制到其他位置"选项,然后在"复制到"编辑框中单击鼠标左键,再单击要在该处粘贴行的区域的左上角。

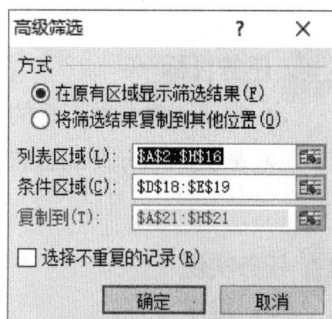

任务总结

本任务对学生成绩分析表进行筛选,筛选分为自动筛选和高级筛选两种,重点掌握高级筛选时条件区域筛选条件的编写。

任务三 分类汇总

任务描述

分类汇总是指将表格中同一类别的数据放在一起进行统计。分类汇总与数据排序不同,通过运用分类汇总功能可对表格中同一类数据进行统计运算,使工作表中的数据变得更加清晰直观。本任务是根据班级对学生成绩分析表中高数成绩进行平均分统计。任务效果如图4-87所示。

序号	姓名	班级	高数	英语	数字电路	模拟电路	总分
			学生成绩分析表				
1	王荣	16级1班	80	90	75	88	333
4	周淳	16级1班	95	81	90	87	353
5	周蓓	16级1班	78	89	82	78	327
11	韩燕	16级1班	77	80	83	84	324
13	郝艳艳	16级1班	69	78	63	83	293
		16级1班 平均值	79.8				
3	陈怡	16级2班	65	77	78	63	283
7	韩文	16级2班	84	87	85	77	333
8	葛丽	16级2班	82	69	76	66	293
12	王磊	16级2班	74	68	75	79	296
		16级2班 平均值	76.25				
2	周国涛	16级3班	79	69	80	76	304
6	夏慧	16级3班	92	90	95	91	368
9	张飞	16级3班	87	78	81	73	319
10	刘江波	16级3班	96	91	94	90	371
14	陶莉莉	16级3班	65	75	71	74	285
		16级3班 平均值	83.8				
		总计平均值	80.21428571				

图4-87 分类汇总效果图

任务目标

- 掌握创建分类汇总的方法;
- 掌握删除分类汇总的方法。

任务实现

一、排序

创建分类汇总前,首先要对表中数据进行排序。由于本任务是根据班级进行汇总,故单击选中C2单元格,打开"数据"选项卡,在"排序和筛选"选项组中单击"升序"按钮,效果如图4-88所示。

二、创建分类汇总

(1)选中数据区域的任意一个单元格,打开"数据"选项卡,单击"分级显示"选项组中的"分类汇总"

图 4-88 数据排序

按钮,打开"分类汇总"对话框,如图 4-89 所示。

（2）将"分类字段"设置为"班级","汇总方式"选择"平均值",在"选定汇总项"列表框中选中"高数",撤选"总分",选中"替换当前分类汇总"和"汇总结果显示在数据下方"复选框,如图 4-90所示。

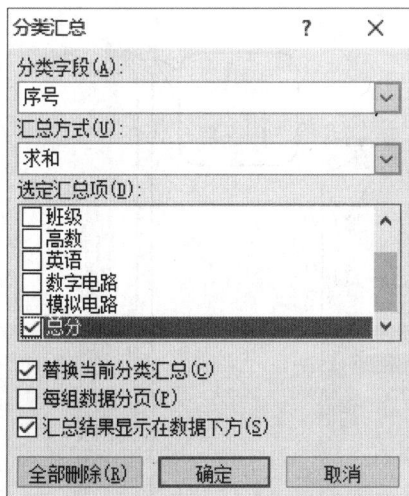

图 4-89 打开"分类汇总"对话框

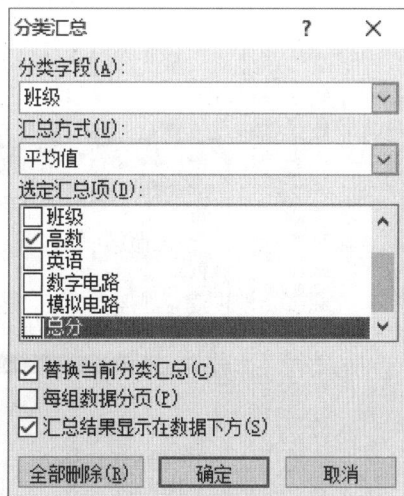

图 4-90 设置分类汇总

（3）单击"确定"按钮,汇总效果如图 4-91 所示。

	A	B	C	D	E	F	G	H
1	学生成绩分析表							
2	序号	姓名	班级	高数	英语	数字电路	模拟电路	总分
3	1	王荣	16级1班	80	90	75	88	333
4	4	周淳	16级1班	95	81	90	87	353
5	5	周蓓	16级1班	78	89	82	78	327
6	11	韩燕	16级1班	77	80	83	84	324
7	13	郝艳艳	16级1班	69	78	63	83	293
8			**16级1班 平均值**	79.8				
9	3	陈怡	16级2班	65	77	78	63	283
10	7	韩文	16级2班	84	87	85	77	333
11	8	葛丽	16级2班	82	69	76	66	293
12	12	王磊	16级2班	74	68	75	79	296
13			**16级2班 平均值**	76.25				
14	2	周国涛	16级3班	79	69	80	76	304
15	6	夏慧	16级3班	92	90	95	91	368
16	9	张飞	16级3班	87	78	81	73	319
17	10	刘江波	16级3班	96	91	94	90	371
18	14	陶莉莉	16级3班	65	75	71	74	285
19			**16级3班 平均值**	83.8				
20			**总计平均值**	80.21428571				

图 4-91 分类汇总效果

相关知识

分类汇总

在实际应用中经常用到分类汇总。分类汇总指的是按某一字段汇总有关数据,比如按部门汇总工资,按班级汇总成绩等。分类汇总必须先分类,即按某一字段排序,把同类别的数据放在一起,然后再进行求和、求平均等汇总计算,分类汇总一般在数据列表中进行。

如需在一份月度销售表(见图 4-92)中按周、星期记录销售金额,现在要将该表按周进行汇总统计,操作方法如下。

(1) 选择汇总字段,并进行升序或降序排序。此例为将同度销售表按“周数”进行排序。

(2) 在“数据”选项卡“分级显示”选项组中选择“分类汇总”命令,打开“分类汇总”对话框,如图 4-93 所示。

	A	B	C	D
1	周数	星期	数量	金额
2	1	一		82,500.00
3	1	二		91,500.00
4	1	三		85,500.00
5	1	四		63,500.00
6	1	五		63,500.00
7	1	六		92,500.00
8	1	日		86,000.00
9	2	一		78,000.00
10	2	二		76,000.00
11	2	三		96,000.00
12	2	四		83,000.00
13	2	五		64,500.00
14	2	六		77,000.00
15	2	日		90,500.00
16	3	一		67,500.00
17	3	二		9[illegible],500.00
18	3	三		75,500.00
19	3	四		93,500.00
20	3	五		81,000.00
21	3	六		97,000.00
22	3	日		98,500.00
23	4	一		98,000.00
24	4	二		78,000.00
25	4	三		99,000.00
26	4	四		94,000.00
27	4	五		71,000.00
28	4	六		96,500.00
29	4	日		92,500.00

图 4-92 月度销售表

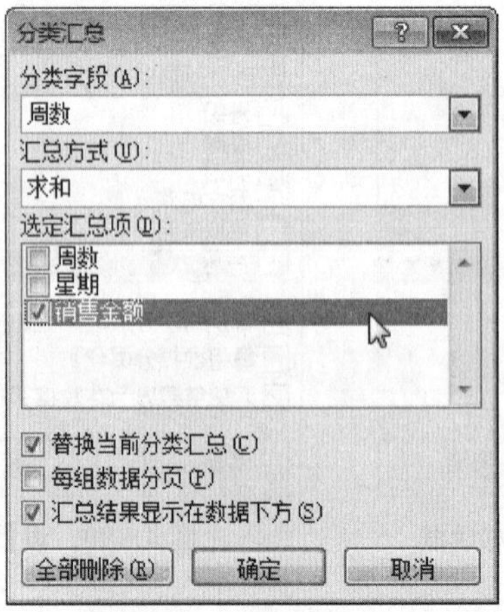

图 4-93 “分类汇总”对话框

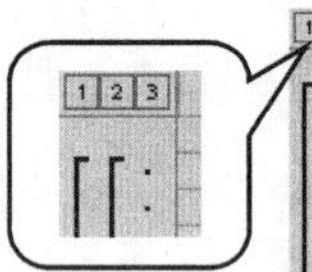

	A	B	C
1	周数	星期	销售金额
2	1	一	82,500.00
3	1	二	91,500.00
4	1	三	85,500.00
5	1	四	63,500.00
6	1	五	63,500.00
7	1	六	92,500.00
8	1	日	86,000.00
9	**1 汇总**		565,000.00
10	2	一	78,000.00
11	2	二	76,000.00
12	2	三	96,000.00
13	2	四	83,000.00
14	2	五	64,500.00
15	2	六	77,000.00
16	2	日	90,500.00
17	**2 汇总**		565,000.00
18	3	一	67,500.00
19	3	二	95,500.00
20	3	三	75,500.00
21	3	四	93,500.00
22	3	五	81,000.00
23	3	六	97,000.00
24	3	日	98,500.00
25	**3 汇总**		608,500.00
26	4	一	98,000.00
27	4	二	78,000.00
28	4	三	99,000.00
29	4	四	94,000.00
30	4	五	71,000.00
31	4	六	96,500.00
32	4	日	92,500.00
33	**4 汇总**		629,000.00
34	**总计**		2,367,500.00

图 4-94 各周销售金额求和结果

(3) 设置分类字段、汇总方式、汇总项、汇总结果的显示位置。

- 在"分类字段"框中选定分类的字段。此例选择"周数"。
- 在"汇总方式"框中指定汇总函数,如求和、平均值、计数、最大值等,此例选择"求和"。
- 在"选定汇总项"框中选定汇总函数进行汇总的字段项,此例选择"销售金额"字段。

(4) 单击"确定"按钮,分类汇总表的结果如图 4-94 所示。

(5) 分级显示汇总数据。在分类汇总表的左侧可以看到分级显示的"123"三个按钮标志。"1"代表总计,"2"代表分类合计,"3"代表明细数据。

- 单击按钮"1"将显示全部数据的汇总结果,不显示具体数据。
- 单击按钮"2"将显示总的汇总结果和分类汇总结果,不显示具体数据。
- 单击按钮"3"将显示全部汇总结果和明细数据。
- 单击"+"和"-"按钮可以打开或折叠某些数据。

分级显示也可以通过在"数据"选项卡"分级显示"选项组中单击"显示明细数据"按钮,如图 4-95 所示。

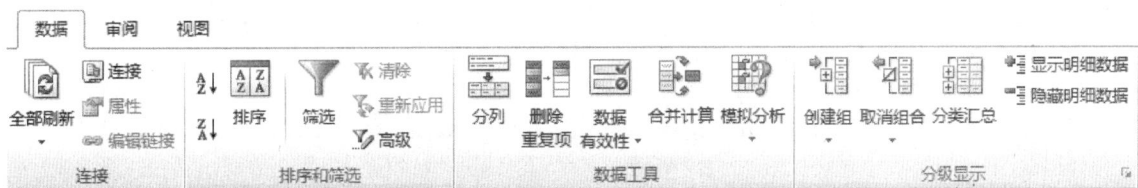

图 4-95 "显示明细数据"子菜单

任务总结

本任务学习了按班级对学生成绩分析表的高数成绩进行分类汇总,分类汇总需要注意在汇总之前要先对表格进行排序。

任务四 创建并编辑图表

任务描述

图表的功能在于将枯燥的数据通过图形化显示,方便查看。本任务要根据学生成绩分析表中的数据制作学生成绩分析图,任务效果如图 4-96 所示。

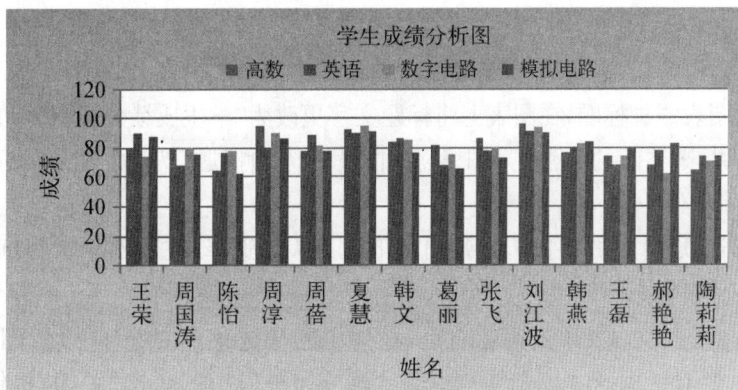

图 4-96 学生成绩分析图效果图

任务目标

- 会图表的创建；
- 会图表的编辑。

任务实现

一、创建图表

创建图表的方法如下：

（1）选择 B2：B16、D2：G16 单元格区域，打开"插入"选项卡，单击"图表"选项组中"柱形图"按钮，从弹出的下拉列表中选择"簇状柱形图"选项，如图 4-97 所示。

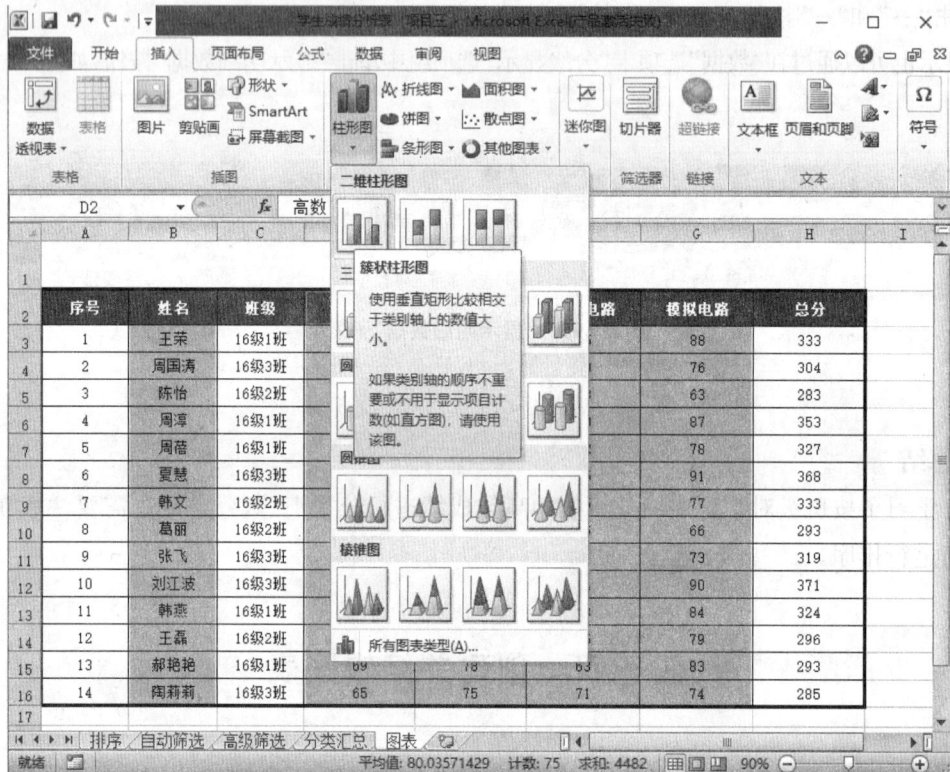

图 4-97　插入图表

（2）在工作表中插入一个簇状柱形图，如图 4-98 所示。

二、编辑图表

（1）选中图表，打开"布局"选项卡，单击"标签"选项组中的"图表标题"，在弹出的下拉列表中选择"图表上方"选项，即可给图表添加标题，在图表上将标题文字更改为"学生成绩分析图"，如图 4-99 所示。

（2）使用与上一步骤类似的方法，为图表添加"横坐标轴标题"为"姓名"，"纵坐标轴标题"为"成绩"，如图 4-100 所示。

（3）单击"标签"选项组中的"图例"，在弹出的下拉列表中选择"在顶部显示图例"选项，即可修改图例所在位置，如图 4-101 所示。

（4）选中图表，在图表空白处单击鼠标右键，在弹出的快捷菜单中选择"设置图表区域格式"选项，打开"设置图表区格式"对话框，在"填充"项中选择"渐变填充"选项，单击"关闭"按钮。如图 4-102 所示，结果如图 4-103 所示。

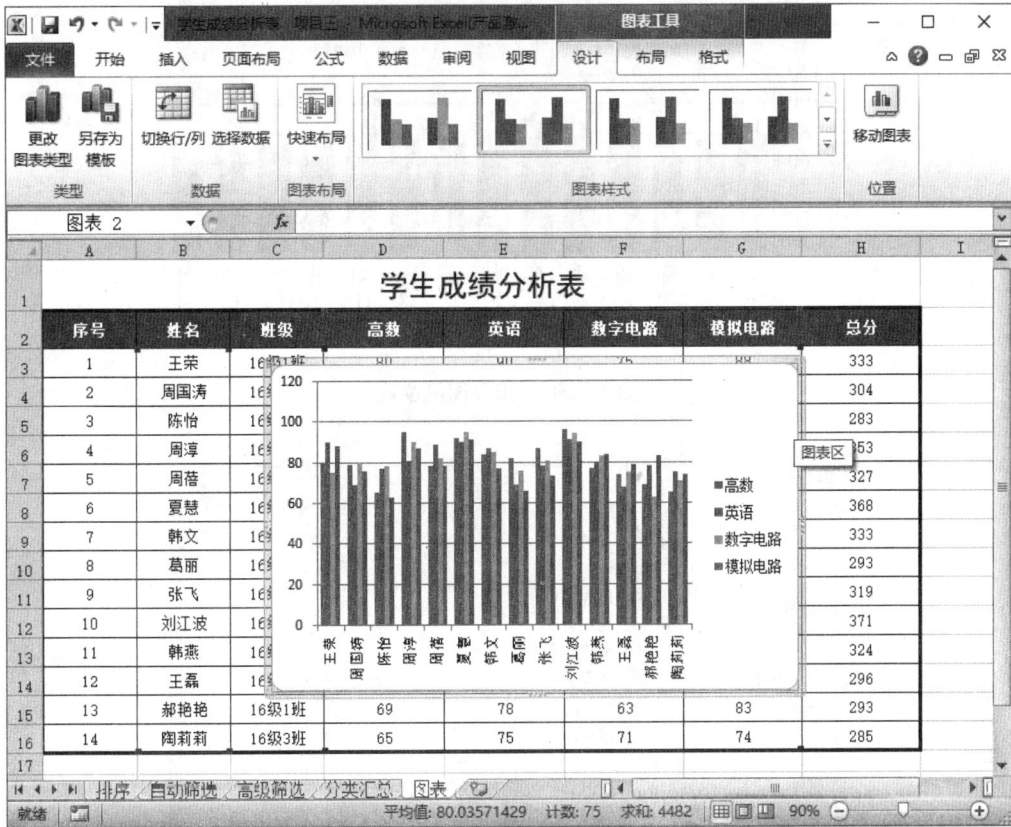

图 4 - 98 簇状柱形图

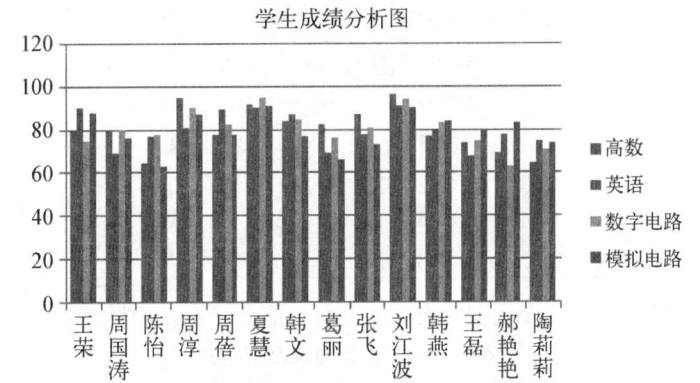

图 4 - 99 添加图表标题

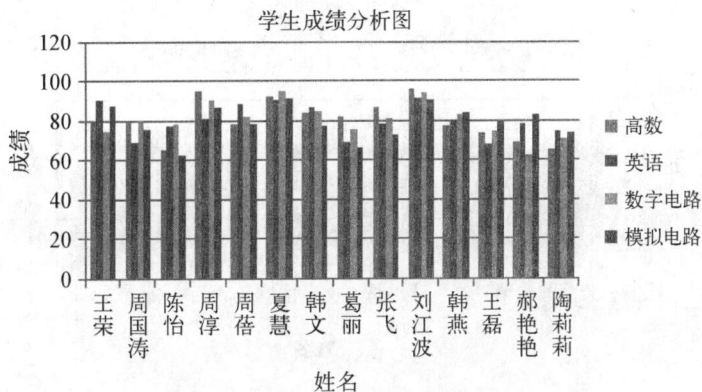

图 4 - 100 添加坐标轴标题

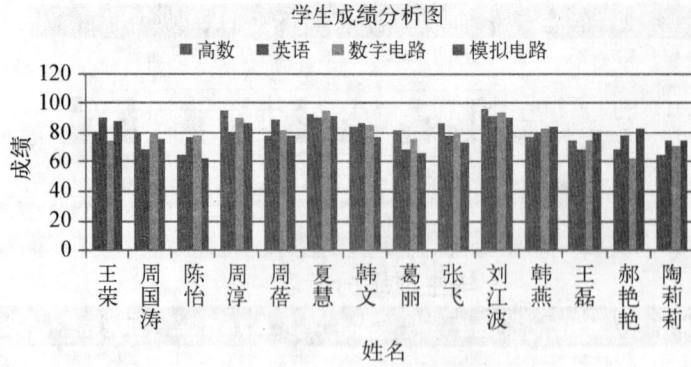

图 4－101　修改图例位置

图 4－102　设置图表区域格式

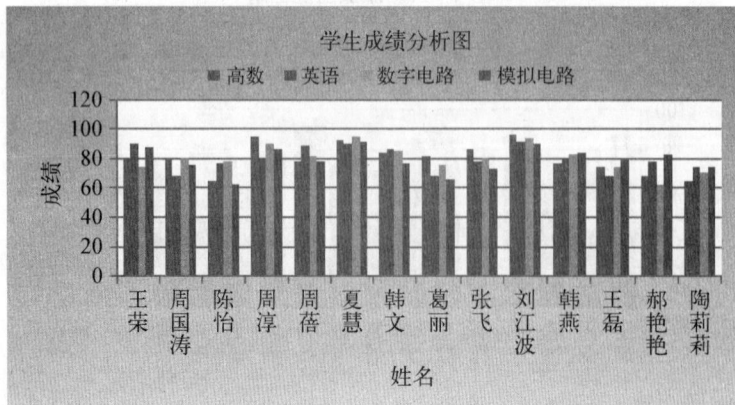

图 4－103　设置图表区域格式后呈现图

相关知识

图表

在工作表中,图表有良好的视觉效果,可以通过图表中数据系列的高低或长短来查看数据的差异、预测趋势等。在 Excel 中,用户可以很轻松地创建和编辑具有专业外观的图表。

(一)图表的组成

Excel 提供了 11 种标准的图表类型,每一种图表类型都分别有几种子类型,其中包括二维图表和三维图表。虽然图表的种类不同,但每一种图表的绝大部分组件是相同的。完整的图表包括图表区、绘图区、图表标题、数据系列、分类轴、数字轴、图例等,如图 4 - 104 所示。

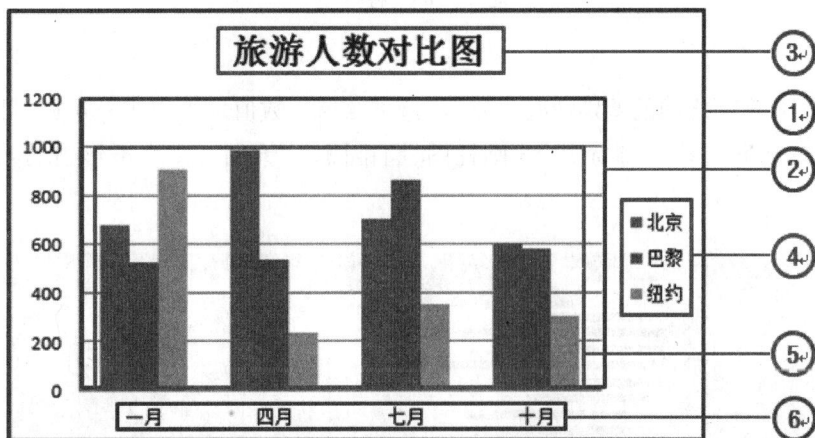

图 4 - 104　图表的组成

(1)图表区:图表中最大的白色区域,作为其他图表元素的容器。

(2)图形区:是图表区中的一部分,即显示图形的矩形区域。

(3)图表标题:用来说明图表内容的文字,它可以在图表中任意位置移动且可被修饰(例如设置字体、字形及字号等)。

(4)图例:图例指出图表中的符号、颜色或形状定义数据系列所代表的内容。图例由两部分构成:图例标识和图例项。图例标识,代表数据系列的图案,即不同颜色的小方块。图例项,与图例标识对应的数据系列名称,一种图例标识只能对应一种图例项。

(5)数据系列:在数据区域中,同一列(或同一行)数值数据的集合构成一组数据系列,也就是图表中相关数据点的集合。图表中可以有一组到多组数据系列,多组数据系列之间通常采用不同的图案、颜色或符号来区分。

(6)坐标轴和坐标轴标题:坐标轴是标识数值大小及分类的水平线和垂直线,上面有标定数据值的标志(刻度)。一般情况下,水平轴(X 轴)表示数据的分类。

(二)图表的类型

Excel 中的图表类型主要包括柱形图、折线图、饼图、条形图、面积图、XY 散点图、股价图、曲面图、圆环图、气泡图和雷达图,了解并熟悉这些图表类型,便于在创建图表时选择最合适的图表。

1. 柱形图

柱形图用来显示一段时间数据的变化或者描述各项之间的比较情况。柱形图分为二维柱形图、三维柱形图、圆柱图、圆锥图、棱锥图。二维柱形图的效果如图 4 - 105 所示。

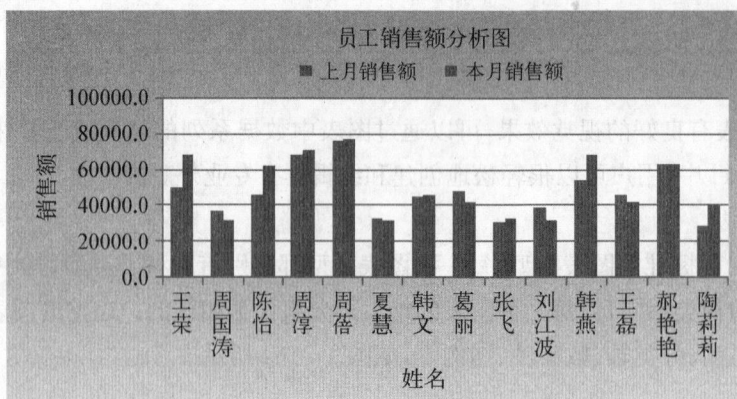

图 4 - 105 柱形图

2. 条形图

条形图描述了各个项之间的差别情况。分类项垂直组织、数值水平组织。这样可以突出数值的比较。条形图分为二维条形图、三维条形图、圆柱图、圆锥图、棱锥图。二维条形图的效果如图 4 - 106 所示。

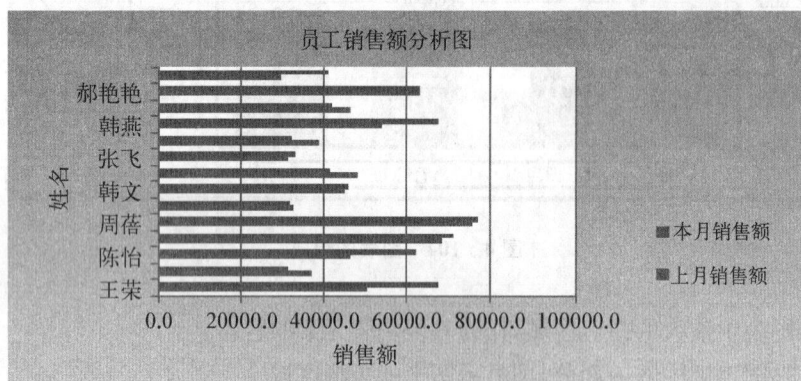

图 4 - 106 条形图

3. 折线图

折线图将同一数据系列的数据点在图上用直线连接起来,以相等间隔显示数据的变化趋势。折线图的效果如图 4 - 107 所示。

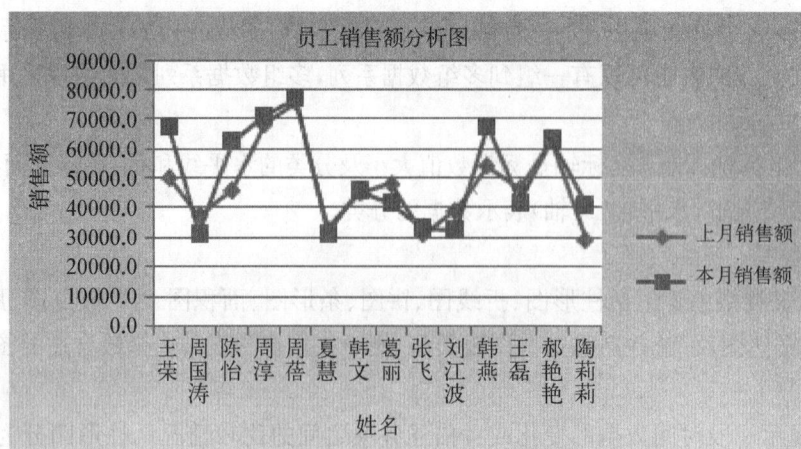

图 4 - 107 折线图

4.饼图

饼图是将某个数据系列中的单独数据转为占数据系列总和的百分比,然后依照百分比例绘制在一个圆形上,数据点之间用不同的图案填充,它只能显示一组数据系列。主要用来显示单独的数据点相对于整个数据系列的关系或比例,如图 4-108 所示。

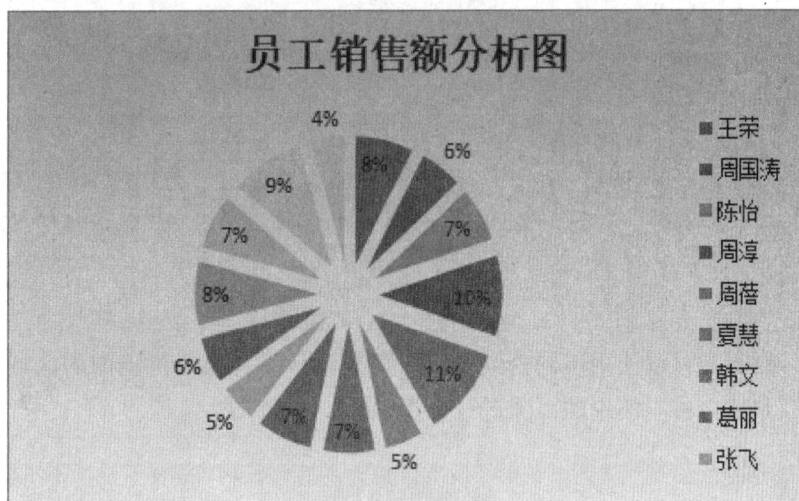

图 4-108　饼图

5.圆环图

圆环图类似于饼图,用来显示部分与整体的关系,但是圆环图可以含有多个数据系列。圆环图中的每个环代表一个数据系列。圆环图包括闭合式圆环图、分离式圆环图。闭合式圆环图效果如图 4-109 所示。

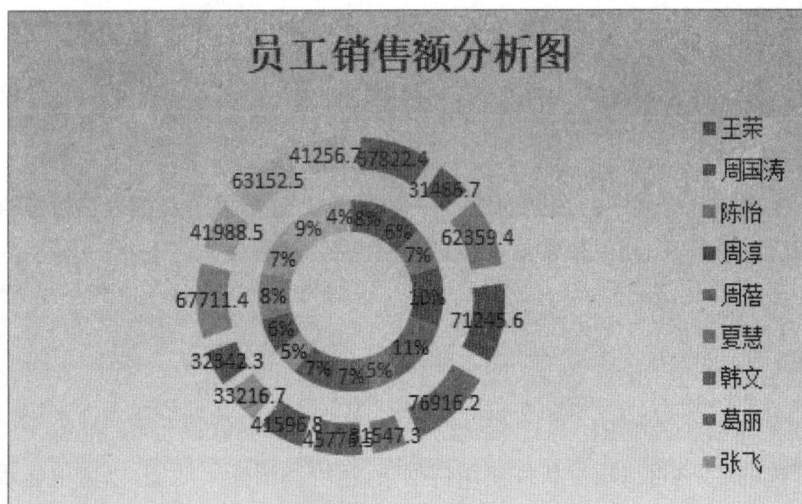

图 4-109　圆环图

6.面积图

面积图与折线图相似,只是将连线与分类轴之间用图案填充,可以显示多组数据系列。主要用来显示不同数据系列之间的关系,以及其中一个序列占总和的份额,但面积图强调的是数据的变动量,而不是时间的变动率,如图 4-110 所示。

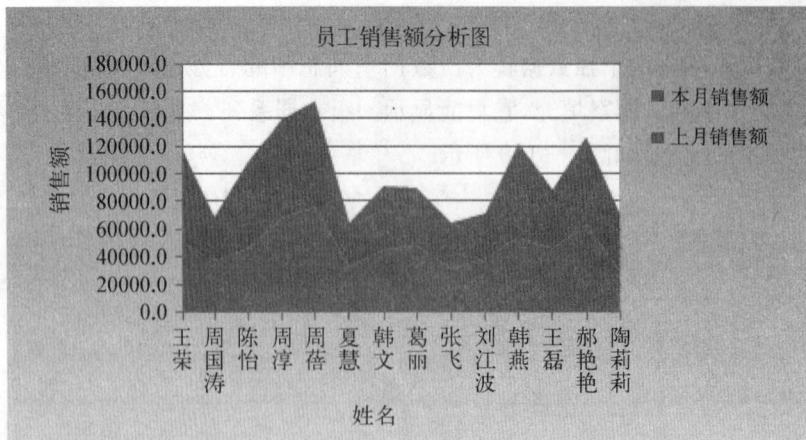

图 4 - 110　面积图

7. 曲面图

曲面图与条形图相似,可以使用不同的颜色和图案来显示同一取值范围内的区域。当需要寻找两组数据之间的最佳组合时,可以使用曲面图进行分析,如图 4 - 111 所示。

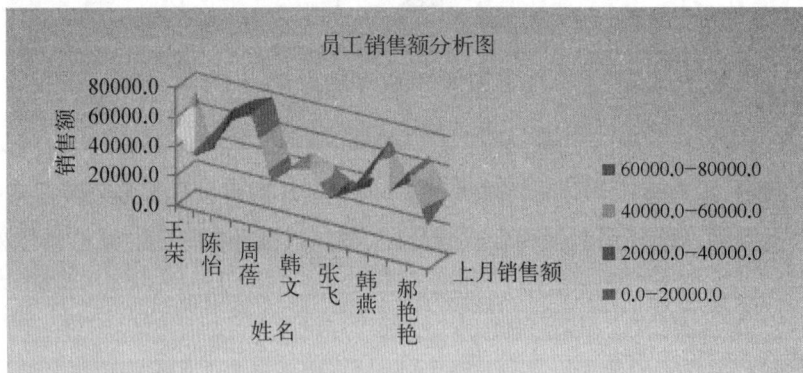

图 4 - 111　曲面图

任务总结

本任务根据学生成绩分析表中的数据创建了一个图表,并且学习了对图表进行编辑,除了本任务使用的柱形图之外,其他类型的图表也很常见,大家要做到融会贯通。

◉ 拓展与提高

一、条件格式

在"条件格式"选项卡中,可以根据条件使用数据条、色阶和图标集功能,以突出显示相关单元格,强调异常值,以及实现数据的可视化效果。

(一)添加数据条

使用数据条功能,可以快速为数组插入底纹颜色,并根据数值大小自动调整颜色的长度。添加数据条的具体步骤如下:

(1)选中单元格区域,切换到"开始"选项卡,单击"样式"组中的"条件格式"按钮。

(2)在弹出的下拉列表中依次选择"数据条""渐变填充""橙色数据条"选项,如图 4 - 112

所示。

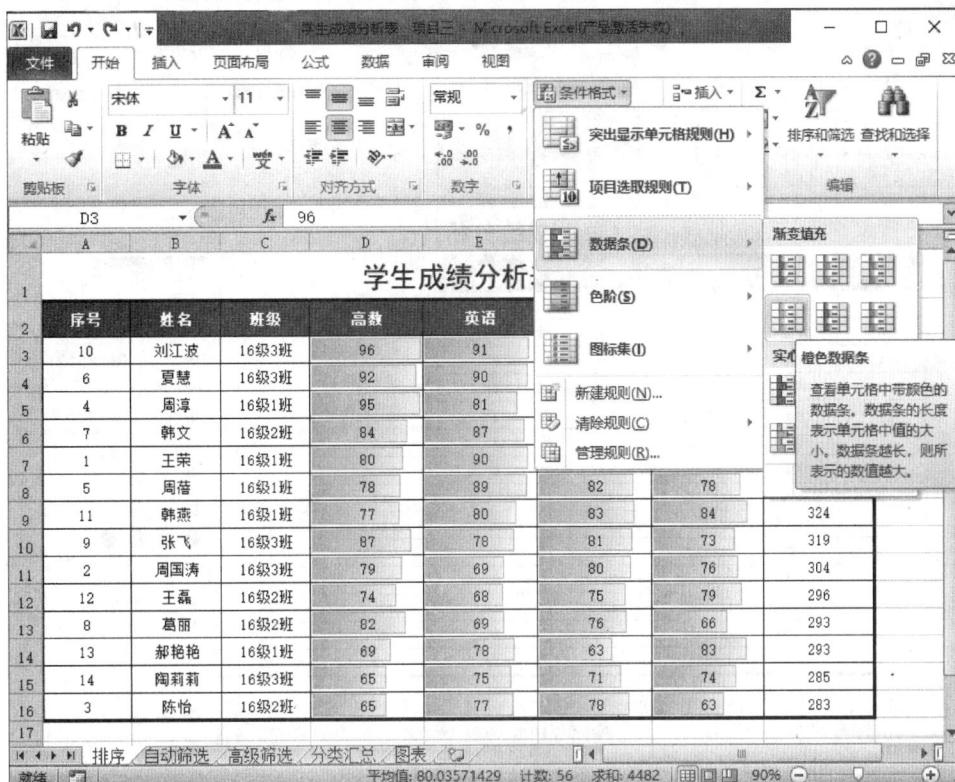

图 4 – 112　添加数据条

（二）添加图标

使用图标集功能，可以快速为数组插入图标，并根据数值自动调整图标的类型和方向。添加图标的具体步骤如下：

选中单元格区域，切换到"开始"选项卡，单击"样式"组中的"条件格式"按钮。在弹出的下拉列表中选择"图标集"→"方向"→"三向箭头（彩色）"选项，如图 4 – 113 所示。

（三）添加色阶

使用色阶功能，可以快速为数组插入色阶，以颜色的亮度强弱和渐变程度来显示不同的数值，如双色渐变、三色渐变等。添加色阶的具体步骤如下：

选中单元格区域，切换到"开始"选项卡，单击"样式"组中的"条件格式"按钮。在弹出的下拉列表中依次选择"色阶""白-绿色阶"选项，如图 4 – 114 所示。

二、数据透视表

数据透视表是自动生成分类汇总表的工具，可以根据原始数据表的数据内容及分类，按任意角度、任意多层次、不同的汇总方式，得到不同的汇总结果。

创建数据透视表的具体步骤如下：

（1）选中数据区域，切换到"插入"选项卡，单击"表格"选项组中的"数据透视表"按钮。打开"创建数据透视表"对话框，如图 4 – 115 所示。

（2）此时"表/区域"文本框中显示了所选的单元格区域，然后在"选择放置数据透视表的位置"组合框中选中"新工作表"按钮，单击"确定"按钮。此时系统会自动地在新的工作表中创建一个数据透视表的基本框架，并弹出"数据透视表字段"任务窗格，如图 4 – 116 所示。

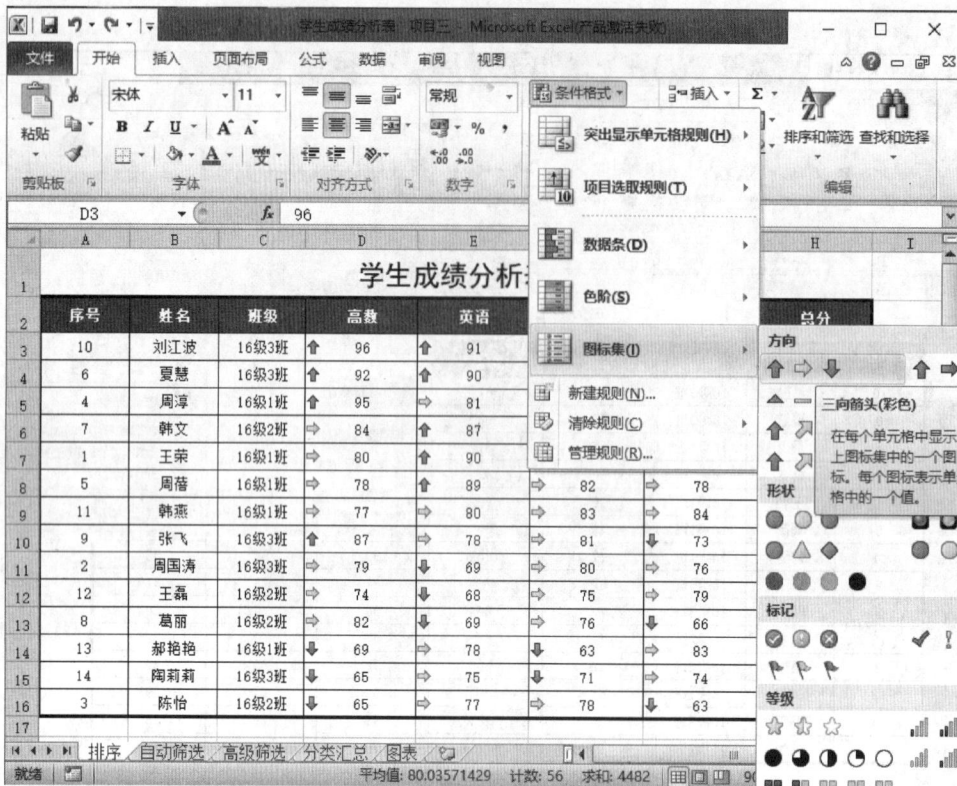

图 4-113　添加图标

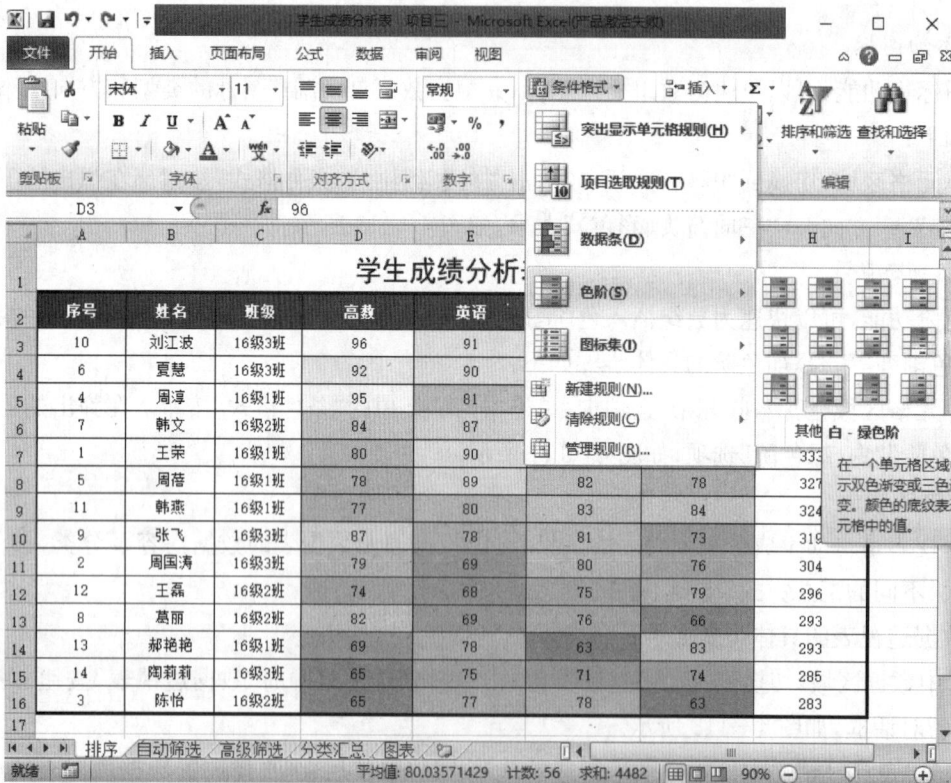

图 4-114　添加色阶

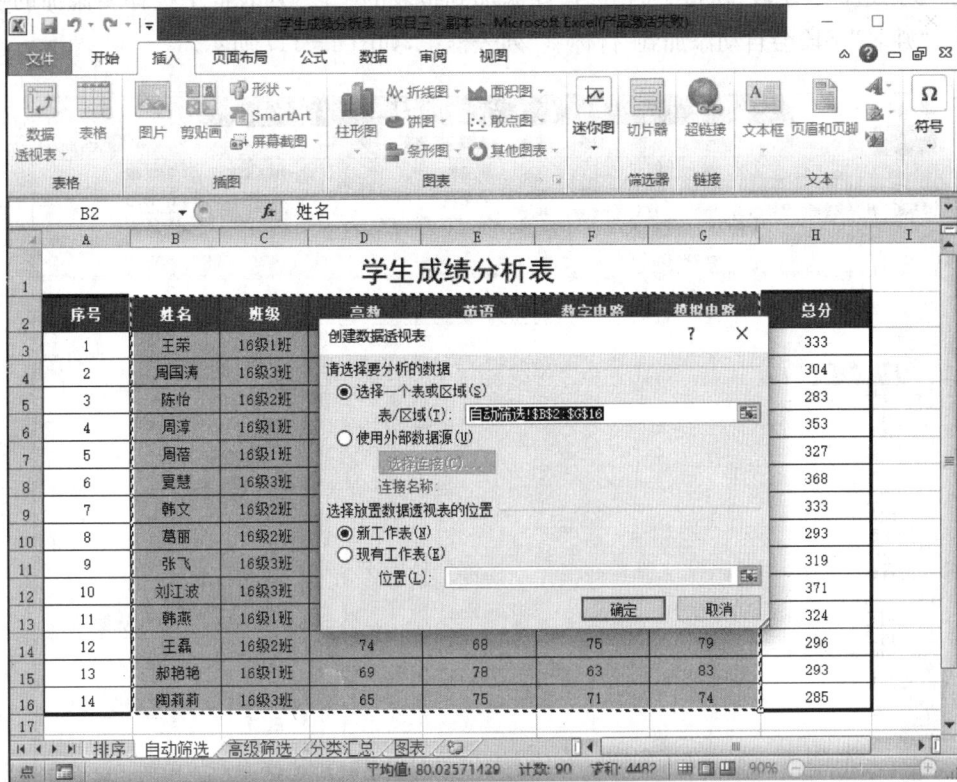

图 4 - 115　打开"创建数据透视表"对话框

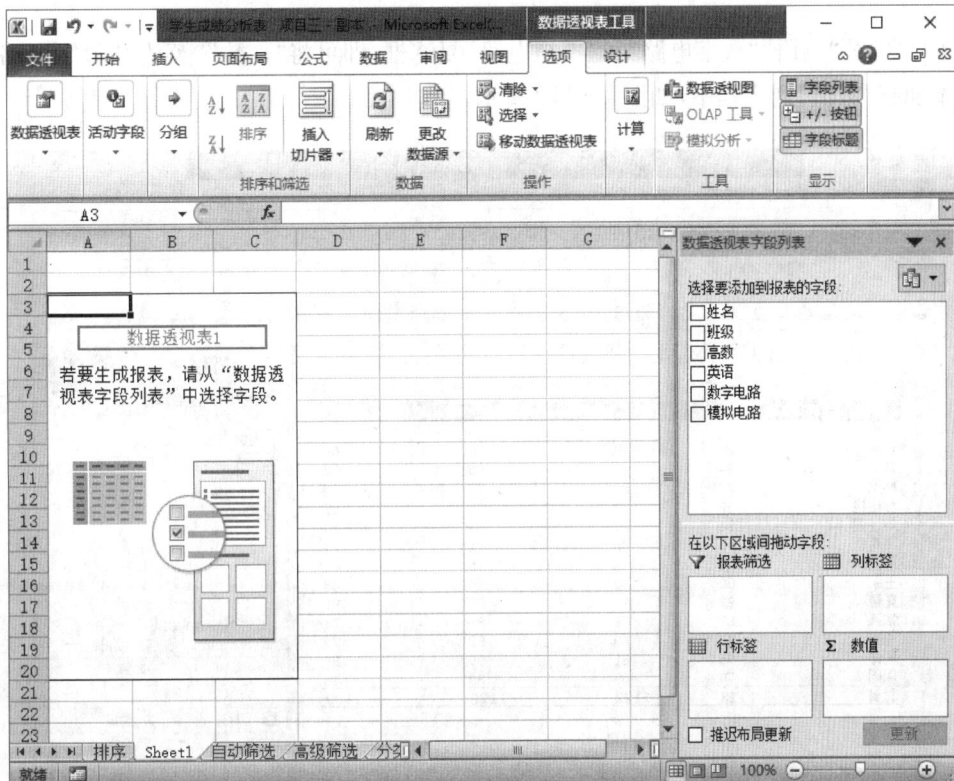

图 4 - 116　打开"数据透视表字段"任务窗格

（3）在"数据透视表字段"窗口中的"选择要添加到报表的字段"列表框中选择要添加的字段，例如选中"姓名"，"姓名"字段会自动添加到"行标签"列表框中，如图4-117所示。

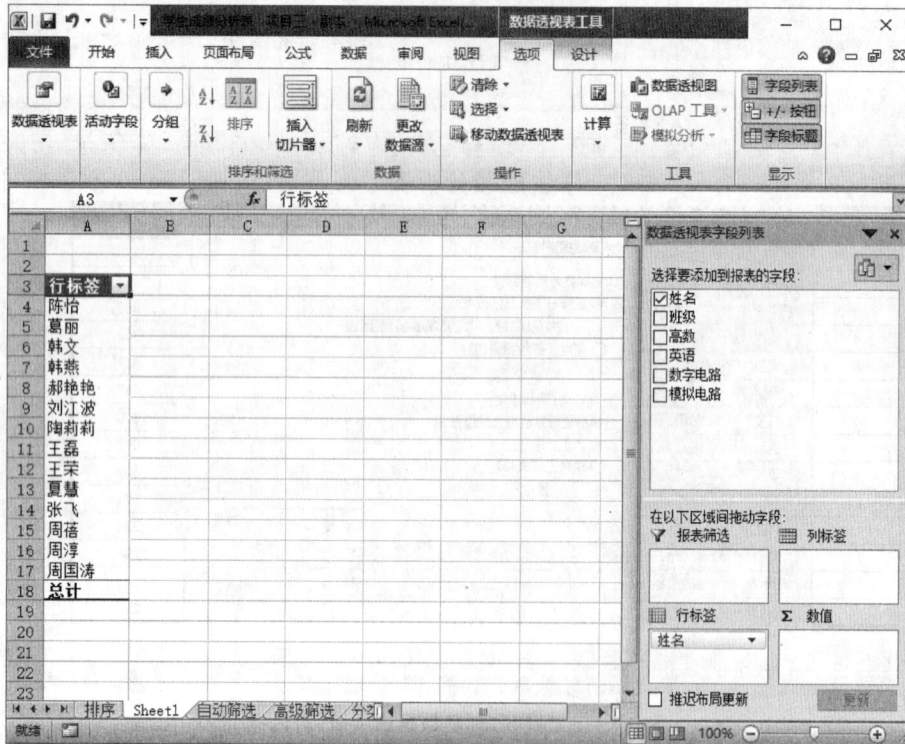

图4-117 添加"行标签"字段

（4）选中"高数""英语""数字电路"和"模拟电路"复选框，即可将"高数""英语""数字电路"和"模拟电路"字段添加到"数值"列表框中，如图4-118所示。

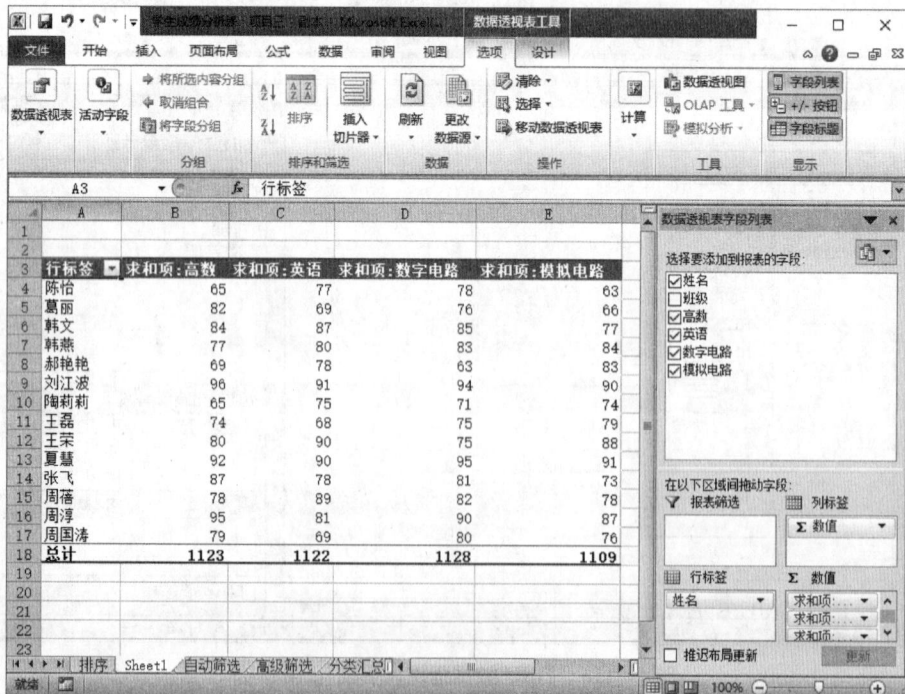

图4-118 添加"数值"字段

思考练习

思考练习
答案4

选择题

（1）系统默认每个工作簿有几张工作表（　　　）。

　　A. 10　　　　　　　　B. 5　　　　　　　　C. 7　　　　　　　　D. 3

（2）下面哪一个选项不属于"单元格格式"对话框中数字标签的内容（　　　）。

　　A. 字体　　　　　　　B. 货币　　　　　　　C. 日期　　　　　　　D. 分数

（3）以下 4～6 题所需的数据都基于下图所示工作表

	A	B	C	D
1	1	3	4	
2	2	5	4	
3	6	1	7	

　　在 D1 单元格中输入公式"＝B1＋C1"后按回车键，D1 单元格中将显示（　　　）。

　　A. 7　　　　　　　　　B. 9　　　　　　　　C. ＝B1＋C1　　　　D. B1＋C1

（4）将上一题 D1 单元格中的公式复制到 D2 单元格中，D2 单元格中将显示（　　　）。

　　A. 7　　　　　　　　　B. 9　　　　　　　　C. ＝B1＋C1　　　　D. ＝B2＋C2

（5）函数 AVERAGE(A1:A3)的值为（　　　）。

　　A. 2　　　　　　　　　B. 3　　　　　　　　C. 6　　　　　　　　D. 18

（6）函数 MAX(A1:B2,C2)的值为（　　　）。

　　A. 1　　　　　　　　　B. 2　　　　　　　　C. 3　　　　　　　　D. 5

（7）单元格中输入公式时，输入的第一个符号是＿＿＿＿＿。

（8）表示绝对引用地址符号是＿＿＿＿＿。

（9）在 Excel 中，已知某单元格的格式为 000.00，值为 23.785，则其显示内容为＿＿＿＿＿＿＿。

（10）如果在单元格中输入数据"2010－8－8"，Excel 将把它识别为＿＿＿＿＿＿＿数据。

（11）在 Excel 中，利用单元格数据格式化功能，可以对数据的许多方面进行设置，可以对 ＿＿＿＿＿＿＿，
　　　＿＿＿＿＿＿＿，＿＿＿＿＿＿＿，＿＿＿＿＿＿＿ 等进行设置。

学习情境五
演示文稿设计

PowerPoint 是微软公司出品的 Office 办公软件系列组件之一。专门用于制作演讲、报告、会议、产品演示、商业演示等所需的演示文稿,它能实现将文字、表格、图片、动画、多媒体文件等结合在一起,以放映的方式展示各种信息,用于辅助演讲者进行更生动形象、详实的演讲。PowerPoint 提供了许多制作图形的工具和背景的设计模板,快速制作流程图的工具和快捷的图表制作工具,使演示文稿制作更快捷方便。

本情境两个项目实例贯穿了 PowerPoint 的相关使用,通过这两个项目的学习,大家可以轻松熟悉这种带有图片、文字、表格、多媒体文件和动画效果的 PowerPoint 演示文稿的制作。

◉ 项目一　制作小说赏析演示文稿

本项目通过制作"金庸武侠小说赏析"演示文稿,来学习幻灯片的基本操作与动画设计。

项目目标

教学内容	制作一份赏析演示文稿
教学目标	● 掌握 PowerPoint 的基本操作; ● 掌握幻灯片中插入对象的方法与设置; ● 掌握幻灯片的动画设计。

任务一　主题与模板设计

任务描述

通过本任务,设计"金庸武侠小说赏析"演示文稿的主题和模板,确定演示文稿的风格,如图 5-1 所示。

任务目标

● 掌握如何在幻灯片中应用主题;
● 掌握如何在母版中修改布局。

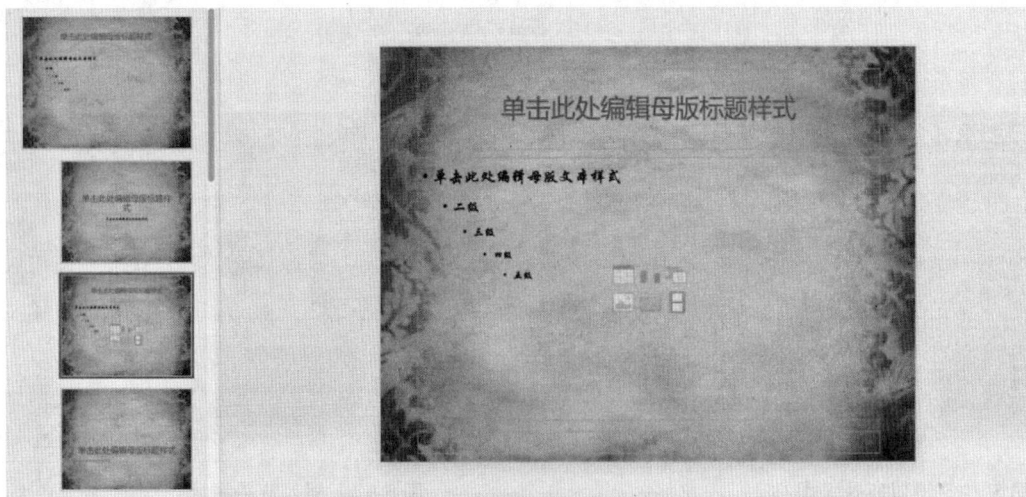

图 5-1　主题与模板设计效果

任务实现

一、创建空白演示文稿

打开 PowerPoint 软件，单击"文件"选项卡，单击"新建"按钮，选择"空白演示文稿"，即可创建一个新的空白演示义稿，如图 5-2 所示，其临时文件名为"演示文稿 1"。

图 5-2　创建空白演示文稿

二、设计幻灯片背景与主题

（1）选中标题幻灯片，切换到"设计"选项卡，单击"背景样式"按钮，在打开的下拉列表中选择"设置背景格式"选项，在弹出对话框中依次选择"填充""图片或纹理填充"，单击"文件"按钮，打开插入图片对话框，选择素材文件夹中的"背景"图片，然后单击"全部应用"，这样后面添加的幻灯片，都会默认使用此背景。如图 5-3 和图 5-4 所示。

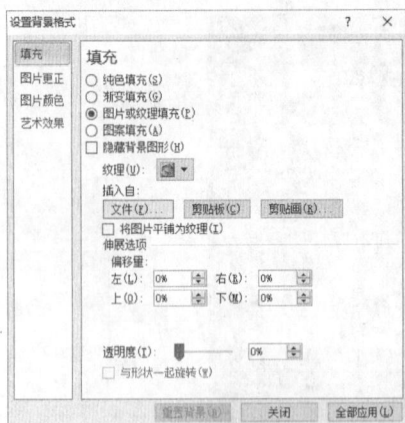

图 5-3 设置背景样式

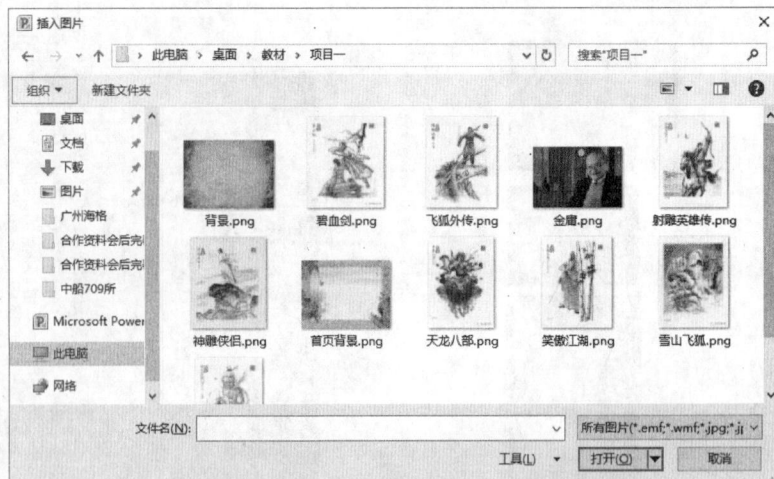

图 5-4 插入背景图片

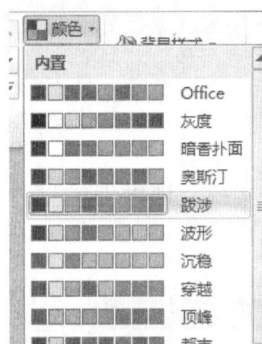

图 5-5 配色方案设置

(2) 切换至"设计"选项卡，单击"颜色"右侧黑色下拉菜单，单击选中"跋涉"配色方案，如图 5-5 所示。则该演示文稿中的所有幻灯片将全部应用新的配色方案。也可以自己设计配色方案，字体以及效果方案，返回幻灯片窗口，可查看设置主题后的效果。

三、设计幻灯片版式布局

(1) 切换至"视图"选项卡，单击"母版视图"选项区的"幻灯片母版"，进入母版编辑状态。进入"幻灯片母版视图"后，左侧大纲窗格中显示所有版式的幻灯片母版，其中第 1 张幻灯片母版为通用幻灯片母版（设置该幻灯片将应用于演示文稿中的所有幻灯片），第 2 张幻灯片母版为标题幻灯片母版，后面为对应不同版式的幻灯片母版。如图 5-6 所示。单击第 1 张幻灯片母版，将标题样式字体修改为"微软雅黑"，并加粗。

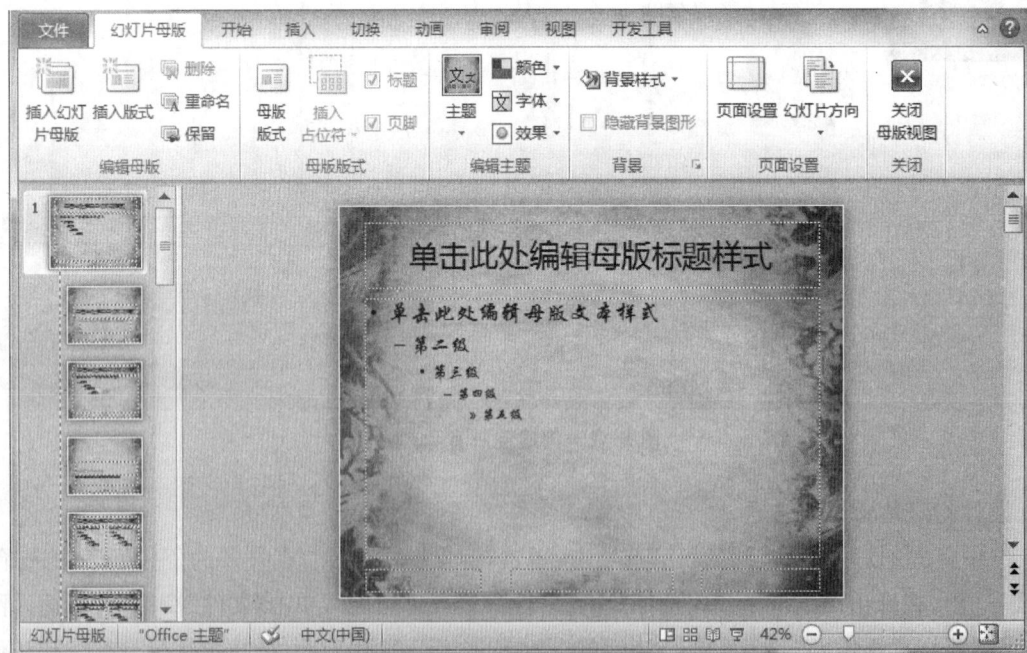

图 5-6 幻灯片母版设置

（2）选中大纲窗格中"两栏内容"母版,然后选中母版中文本"单击此处编辑母版标题样式",切换至"开始"选项卡,设置字体为"微软雅黑",36号,褐色,加粗,选中母版中右侧文本样式中文本,修改为"请插入图片",再选中母版左侧文本样式中文本,修改为"请输入标题文字",切换至"开始"选项卡,设置其字体为"华文行楷",24号,效果如图5-7所示。

（3）最后切换到"幻灯片母版"选项卡,单击"关闭母版视图"按钮,退出幻灯片母版视图。

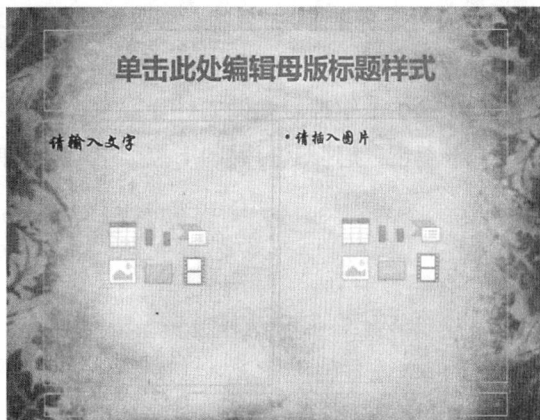

图5-7 版式设计

相关知识

一、PowerPoint 的启动、退出和对象及版式

（一）PowerPoint 的启动

单击桌面上的"Microsoft PowerPoint"快捷图标（如果桌面设置有的话）;或者单击"开始"→"程序"→"Microsoft PowerPoint"程序项,都可以启动 PowerPoint。

（二）PowerPoint 的退出

双击 PowerPoint 工作窗口左上角的控制菜单框或单击窗口"关闭"按钮;或者选择"文件"菜单的"退出"命令,都可以退出 PowerPoint。

如果在退出 PowerPoint 时,文件还没有保存,PowerPoint 会显示一个对话框,提示是否保存文件。

（三）对象及版式

对象是 PowerPoint 幻灯片的重要组成元素。当向幻灯片中插入文字、图表、结构图、图形、Word 表格以及任何其他元素时（见图5-8）,这些元素就是对象。每一个对象在幻灯片中都有一个占位符,根据提示单击或双击它可以填写、添加相应的内容。用户可以选择对象,修改对象的属性,还可以对对象进行移动、复制、删除等操作。

图5-8 插入文字、图形、表格和结构图

版式就是对象的布局。制作新的幻灯片时,我们可以根据需要从中任意选择一种。每种版式都包含多个对象,对象的位置也各不相同。在新建幻灯片时需先选择不同的版式,如果发现当初创建的幻灯片的版式不适合要求,那么就有必要将它的版式更改一下。当然,绝对不需要从头开始重新创建这张幻灯片。更改幻灯片的版式的方法是:

(1) 选中要更改版式的幻灯片;

(2) 单击"新建幻灯片"的下拉菜单,就会弹出"幻灯片版式"对话框,如图5-9所示。

图 5-9 幻灯片版式

(3) 选择新的幻灯片版式(如选择"垂直排列标题和文本"自动版式),然后单击"应用"按钮。这样,原来的幻灯片版式就被更改了。

二、PowerPoint 文稿创建

(一) 利用"空演示文稿"创建演示文稿

单击"文件"→"新建"菜单,选择"空白演示文稿",打开一个幻灯片工作窗口,用户可以自己对幻灯片操作即可,如图5-10所示。

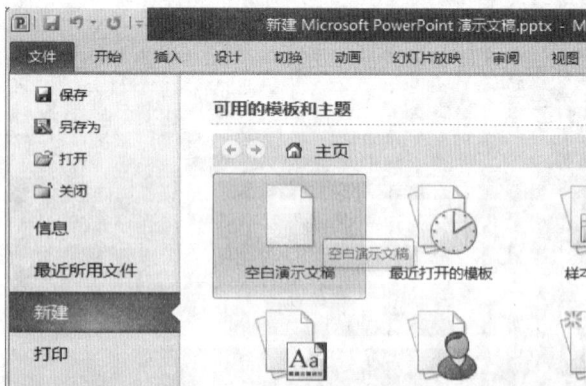

图 5-10 新建空白演示文稿

(二) 利用"样本模板"创建演示文稿

在 PowerPoint 中文版中,还可以利用"样本模板"创建演示文稿。

PowerPoint 提供多种可供选择的具备预设内容的样本模板,主要为演示文稿提供开始文字、格式、组织结构、意见等。这些模板的种类包罗万象,包含相册、培训、宣传手册、项目报告等。

PowerPoint 提供的各种各样的样本模板,可以在右边的窗口中预览模板的效果。每一种模板都包含配色方案,具有自定义格式的幻灯片和标题母版,以及可生成特殊外观的字体样式,可根据需要选择,如图5-11所示。

(三) 使用"主题"创建演示文稿的方法

(1) 单击"文件"→"新建"菜单,单击"主题"按钮,如图5-12所示。

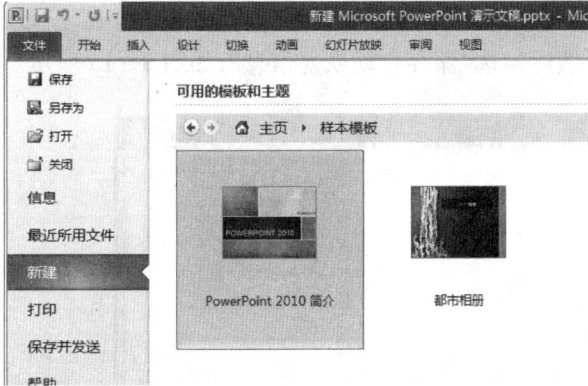

图 5-11　新建样本演示文稿

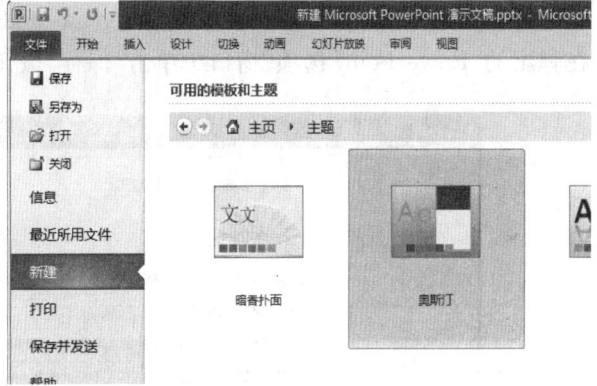

图 5-12　新建主题演示文稿

（2）在"主题"选项卡中,可通过右边的预览窗口在列表框中选择一种合适的主题。

（3）打开"新幻灯片"对话框,如图 5-13 所示。该对话框提供了 11 种不同版式的幻灯片,用户可根据需要选择其中一种,然后单击"确定"按钮。

如果需要改变当前使用的主题,单击"设计"选项卡,在"主题"选项区可以选择新的主题了。

（四）保存演示文稿

单击"文件"|"保存"按钮,即可保存演示文

图 5-13　幻灯片版式

稿,也可以将演示文稿另存为支持兼容的 PowerPoint 97-2003 演示文稿(*.ppt)或者 PDF 等格式,如图 5-14 所示。

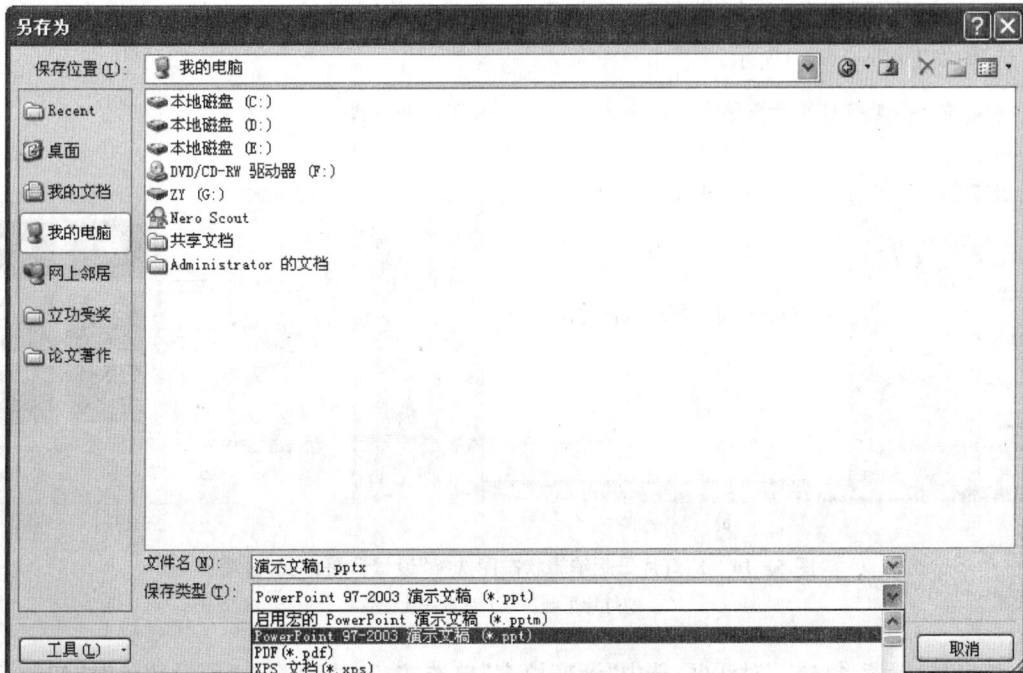

图 5-14　保存演示文稿

当保存为演示文稿时,可以设置自动恢复功能,操作过程为:单击"文件"选项卡中的"选项"按钮,在弹出的"PowerPoint 选项"窗口中单击"保存"按钮,然后勾选"保存自动恢复信息",如图 5-15 所示。

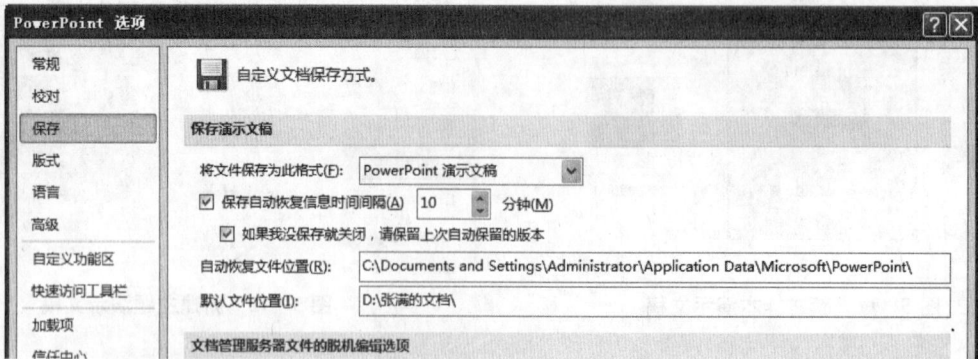

图 5-15　自动恢复设置

三、PowerPoint 基本操作

（一）设置幻灯片母版

我们知道逐页分别修改演示文稿的字体、背景图片等属性非常麻烦。其实,如果利用幻灯片母版视图,就可以对文稿进行全局修改。

为了使演示文稿具有统一风格的外观,经常会使用母版设置每张幻灯片的预设格式,这些格式包括每张幻灯片都会出现的文本或图形、标题文本的大小和位置,以及各个项目符合的样式等。

在母版设计幻灯片的背景、文本样式后,所有应用该母版样式的幻灯片都将快速应用相同的背景,从而提高工作效率。

创建幻灯片母版,具体操作步骤如下:

（1）启动 PowerPoint 程序,切换至"视图"面板,单击"母版视图"选项区中的"幻灯片母版"选项,幻灯片进入母版编辑状态,且在主视窗中出现"幻灯片母版"面板,如图 5-16(a)所示。

（2）在"幻灯片母版"中,单击"背景"选项板中的"背景样式"按钮,在弹出的列表框中选择"设置背景格式"选项,如图 5-16(b)所示。

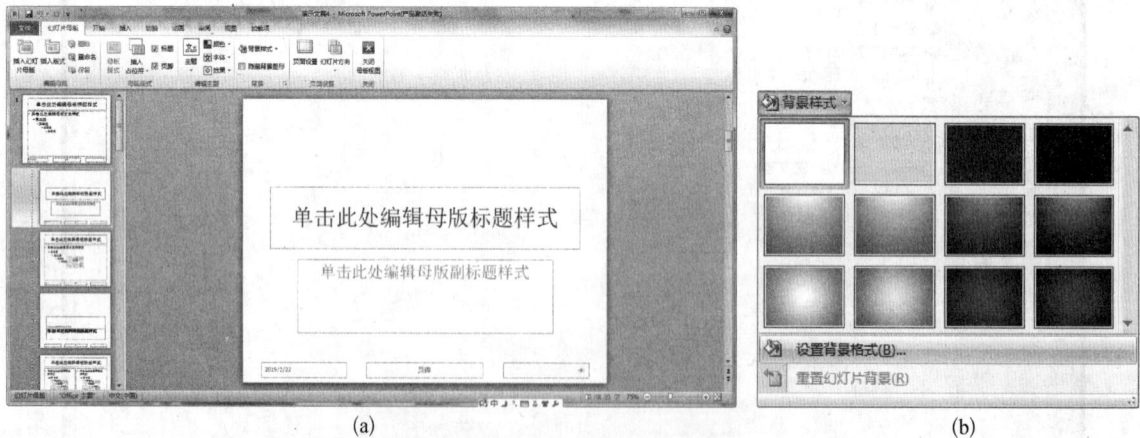

(a)　　　　　　　　　　　　　　　　　　(b)

图 5-16　幻灯片母版编辑状态图选择"设置背景格式"选项

（a）幻灯片母版　（b）背景样式设置

（3）弹出"设置背景格式"对话框,选中"渐变填充"单选按钮,然后单击"预设颜色"按钮,在弹出的列表框中选择"碧海青天"选项,如图 5-17 所示。

图 5‑17　选择"碧海青天"选项

（4）单击"关闭母版视图"按钮，即完成设置幻灯片母版的背景格式。如图 5‑18 所示。

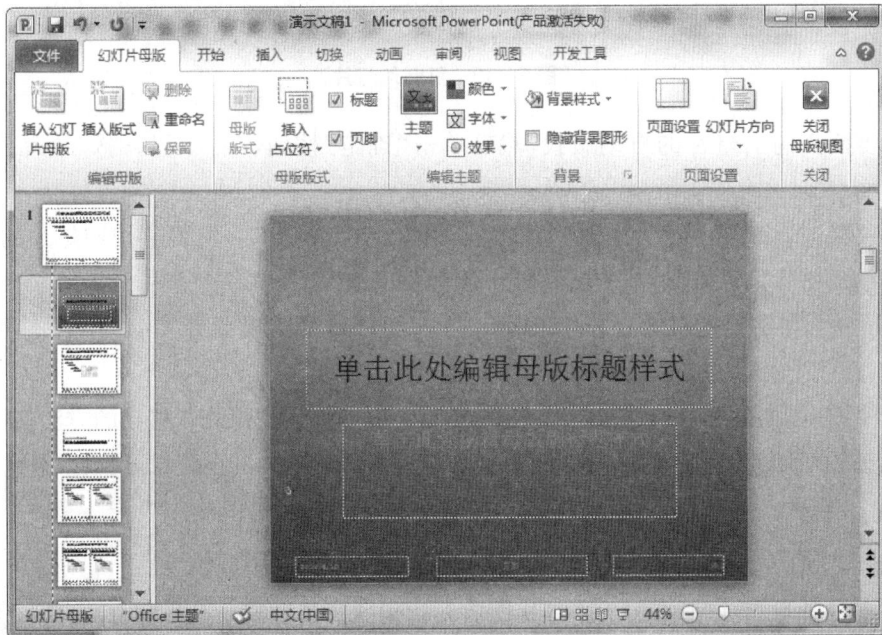

图 5‑18　选择"碧海青天"选项设置母版背景效果图

（二）幻灯片的插入与删除

一篇好的演示文稿，除了内容生动丰富外，每张幻灯片之间的内容连接也要紧密。可以根据需要在演示文稿中插入或删除幻灯片，使整篇演示文稿内容更加充实，连接更加紧密。向演示文稿中插入幻灯片的方法如下：

（1）切换到幻灯片浏览视图，确定要插入幻灯片的位置。

（2）单击"插入"菜单中的"新幻灯片"命令，这时会弹出"新幻灯片"对话框，如图 5-19 所示。

图 5-19　复制幻灯片

（3）选择要插入的幻灯片的自动版式，然后单击"确定"按钮，一张新的幻灯片就插入到演示文稿中。

制作演示文稿时，有时会需要两张内容基本相同的幻灯片。此时，可以利用幻灯片的复制功能，复制出一张相同的幻灯片，然后再对其进行适当的修改即可。

PowerPoint 中，如果要复制某一张幻灯片，一般在幻灯片浏览视图或大纲视图下使用复制与粘贴的方法复制幻灯片。

制作演示文稿时，如果要对幻灯片的顺序重新排列，可以移动幻灯片。移动的方法如下：

单击要移动的幻灯片，然后按住鼠标左键，拖动幻灯片到所需要的位置松开鼠标即可。

🔧 任务总结

通过本任务的学习，我们学会了为幻灯片快速创建相同背景和统一风格的方法，这将大大提高制作幻灯片的效率。

任务二　常用对象创建

🖥 任务描述

在演示文稿中添加多种对象，包括声音、图像和文字等，使演示文稿从画面到声音更具表现力。效果如图 5-20 所示。

图 5 - 20　创建对象效果

任务目标

- 掌握幻灯片中插入艺术字的方法；
- 掌握幻灯片中插入图片和 SmartArt 的方法；
- 掌握幻灯片中创建声音的方法。

任务实现

一、插入艺术字

（1）单击第 1 张幻灯片，按 delete 键删除标题文本框和副标题文本框，再切换至插入"艺术字"选项卡，选中第 6 行第 3 列艺术字样式，分两行输入文字"飞雪连天射白鹿 笑书神侠倚碧鸳"。如图 5 - 21 所示。

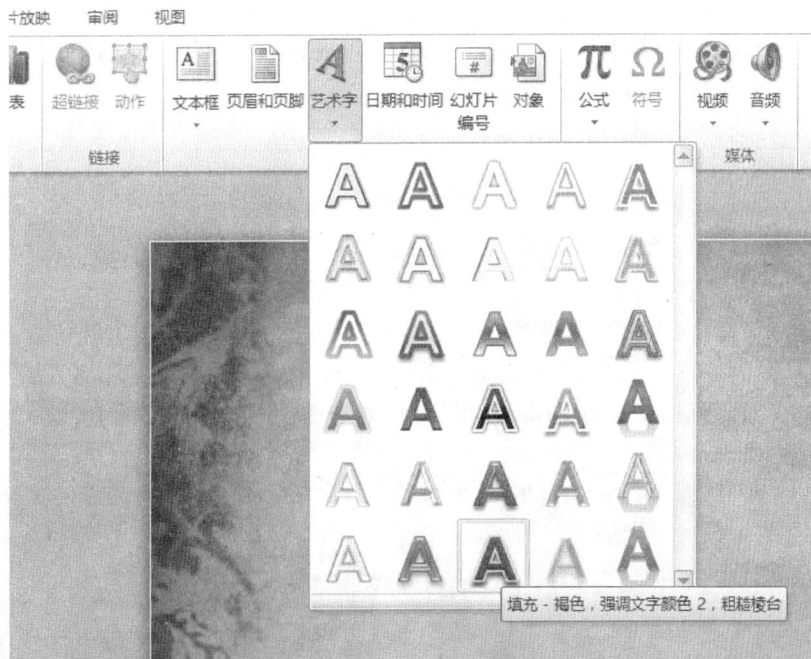

图 5 - 21　插入艺术字

（2）选中插入艺术字，切换回"开始"选项卡，设置字号为54，字体设置为华文行楷，加粗，加阴影。

（3）选中插入艺术字，切换回"绘图工具格式"选项卡，在艺术字样式中，单击"文本效果"按钮，选择"发光"选项，选中第3行第1列发光样式。如图5-22所示。

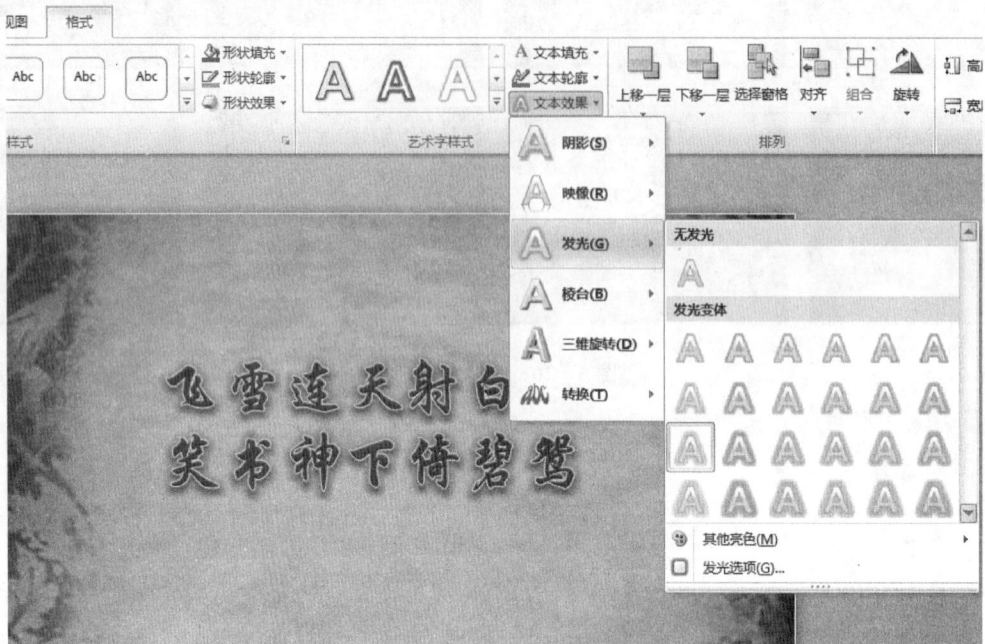

图5-22　艺术字样式设置

（4）按同样方式插入艺术字副标题"金庸武侠小说赏析"。

二、插入 SmartArt 图形

（1）SmartArt 图形是信息和观点的视觉表示形式。可以通过从不同布局中进行选择来创建 SmartArt 图形，从而快速、轻松、有效地传达信息，与文字相比，插图和图形更有助于读者理解和记住信息。

（2）单击第2张幻灯片，切换到"插入"选项卡，单击"SmartArt"按钮，弹出窗口中有多种形状可供选择，此案例中用到的是垂直框列表，如图5-23所示。

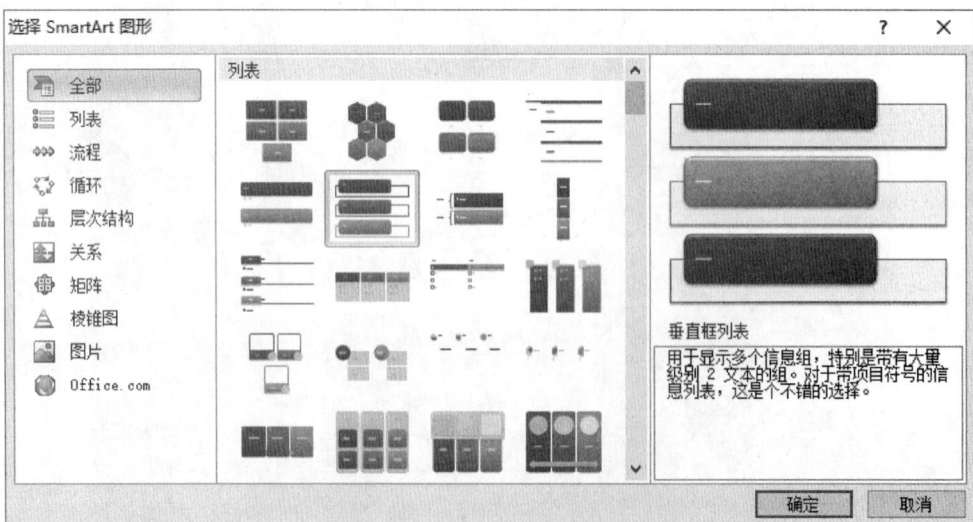

图5-23　插入 SmartArt 图形

（3）在左侧 SmartArt 文本中输入对应内容，切换到 SmartArt 选项卡，可以更改 SmartArt 图形的形状和配色效果等，如图 5 - 24 所示。

图 5 - 24　SmartArt 样式设置

三、插入图片

（1）单击第 3 张幻灯片，切换到"插入"选项卡，单击"图片"按钮，选中素材库中"金庸"的图片，单击"确定"。然后切换至"图片工具"格式，在图片样式中选择"矩形投影"。如图 5 - 25 和图 5 - 26 所示。

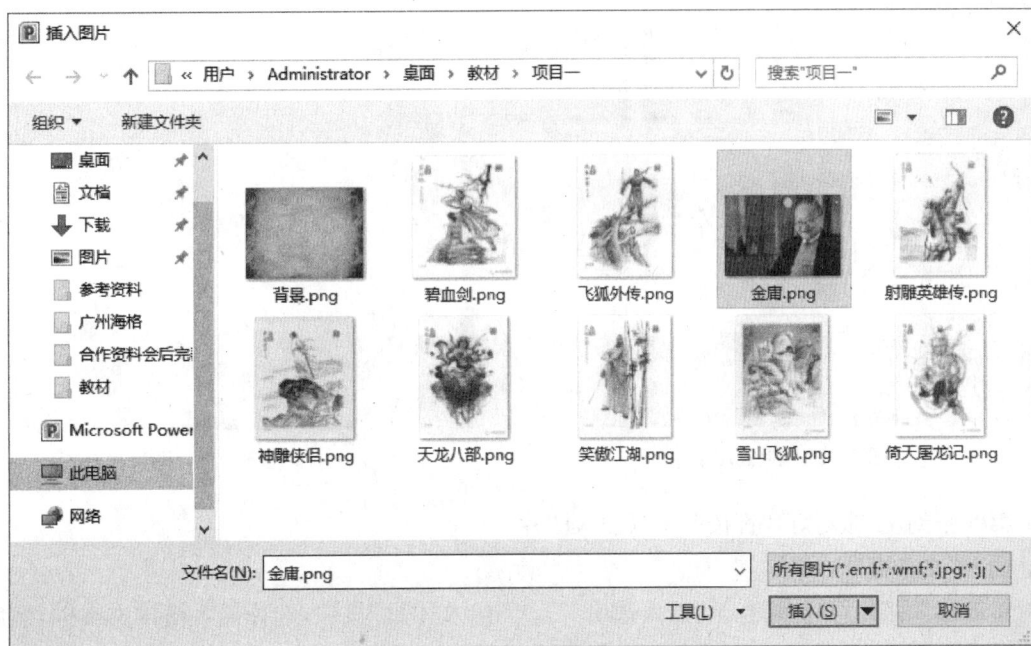

图 5 - 25　插入图片

（2）单击第 4 张幻灯片，在幻灯片板式中选择"两栏内容"，如图 5 - 27 所示。接下来在幻灯片右侧文本提示框中单击图片按钮，插入图片，如图 5 - 28 所示。选中图片，切换至"图片工具"格式，在图片样式中选择"映像圆角矩形"。

图 5 - 26 设置图片样式

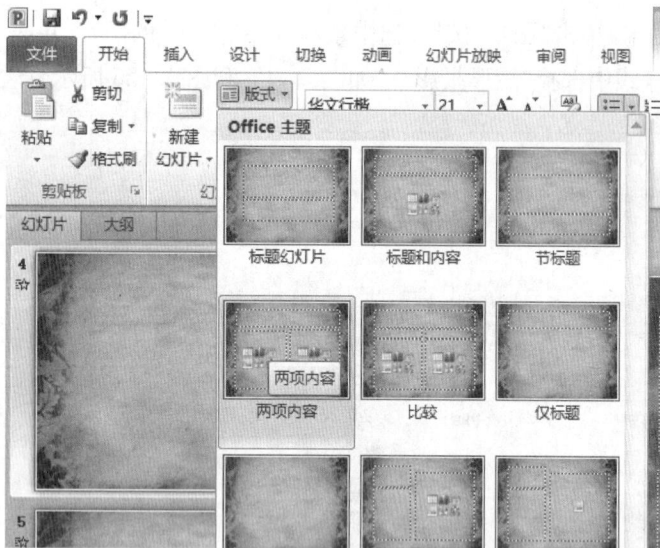

图 5 - 27 版式切换

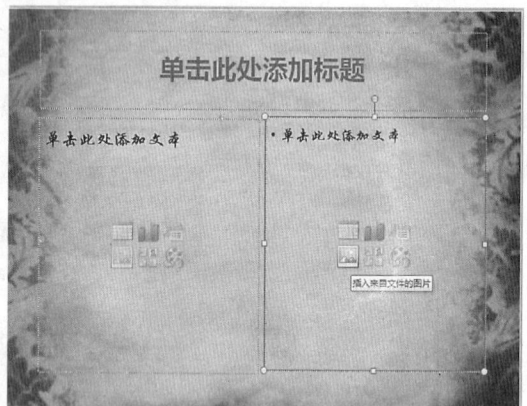

图 5 - 28 图片插入

（3）第 5 张到 11 张幻灯片都按此步骤插入图片。

四、插入"文本框"

（1）单击第 3 张幻灯片，切换至"插入选项卡"，单击"文本框"按钮，选择插入横排文本框，然后再文本框中输入相应内容，切换至"开始"选项卡，设置文本格式为"华文行楷"24 号。如图 5 - 29 所示。

（2）单击第 4 张幻灯片，在左侧提示文本框中输入图片对应文字，后续幻灯片文字按此步骤一一添加。

五、插入声音

（1）单击第 1 张幻灯片，切换到"插入"选项卡，单击"音频"按钮，在菜单中选择"文件中的音频"，如图 5 - 30 所示，弹出的对话框中选择需要插入的音频文件，声音即插入到幻灯片中。

图 5-29 插入文本框

（2）单击声音图标，在"播放"选项卡中的"开始"下拉列表中选择"跨幻灯片播放"选项，勾选"循环播放，直到停止"复选框，勾选"放映时隐藏"复选框，播放时声音图标不可见，如图 5-31 所示。

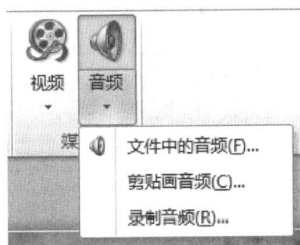

图 5-30 选择"文件中的音频"选项

图 5-31 设置声音播放方式

相关知识

一、插入图片

插入图片是在幻灯片中应用图片的基础操作。

（一）插入图片

（1）打开演示文稿，在"插入"插入选项卡的"图像"选项组中单击"图片"按钮。

（2）在弹出的"插入图片"对话框中，选择合适的图片，单击"插入"按钮，如图 5-32 所示。

（二）图片编辑

在演示文稿中，对插入幻灯片的图片进行编辑，是图片处理的重要环节，关系着图片的实际应用效果。

（1）在幻灯片中选中需要进行编辑的图片，用鼠标调整其大小和位置。

（2）同样还可以设置图片样式，在"格式"选项卡中"图片样式"选项组中单击下拉按钮，在下拉菜单中选择图片样式，例如选择"金属椭圆"，效果如图 5-33 所示。

（三）图片效果

在幻灯片中，有时对插入的图片进行效果处理会取得意想不到的效果。

（1）在幻灯片中选择需要进行效果处理的图片，在"格式"选项卡的"图片样式"选项组中选择"图片效果"命令。

（2）在其下拉菜单中进行设置，例如，设置发光效果，"紫色，15pt 发光，强调文字颜色 2"，如图 5-34 所示。

二、插入剪贴画

在幻灯片中插入剪贴画，可以通过以下步骤进行操作。

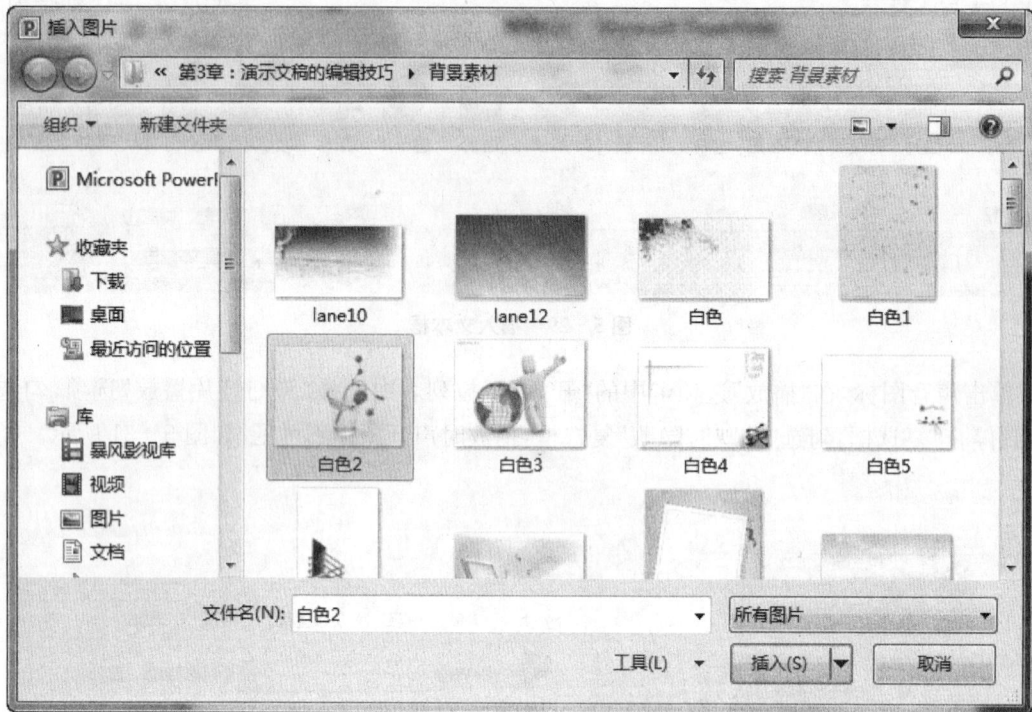

图 5-32　插入图片

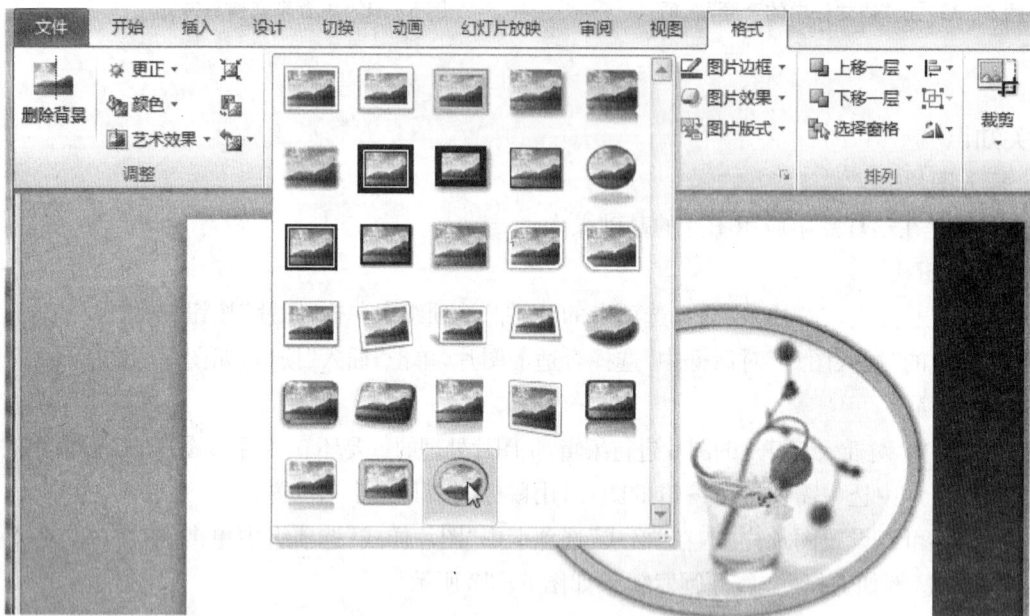

图 5-33　设置图片样式

（一）插入剪贴画

（1）在"插入"选项卡中"图像"选项组中单击"剪贴画"按钮，如图 5-35 所示。

（2）在演示文稿右侧弹出的剪贴画窗口中，输入文字，单击搜索，选择合适的剪贴画单击即可，如图 5-36 所示。

（二）预览剪贴画属性

用户可以对 Office 上的剪贴画查看其属性。

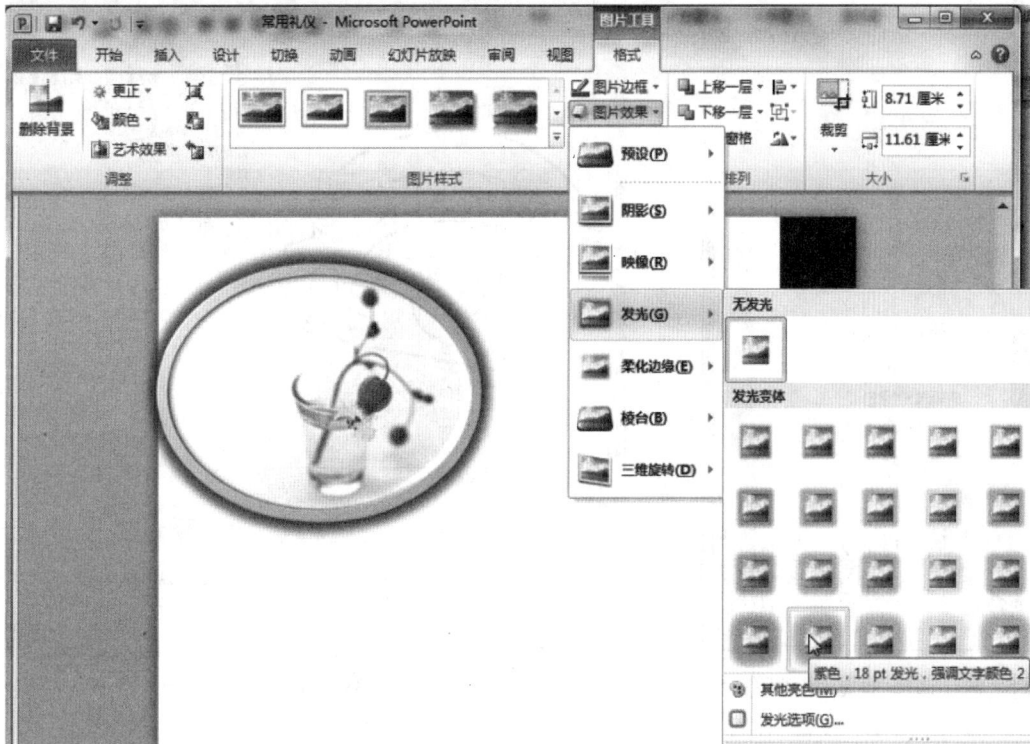

图 5－34 为图片添加发光效果

图 5－35 打开"剪贴画"窗格

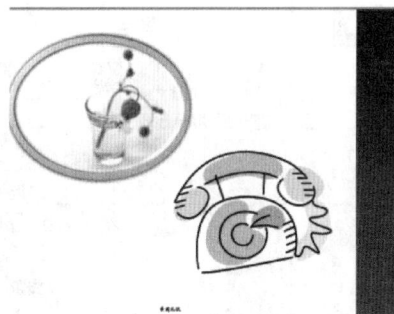

图 5－36 插入剪贴画

（1）选中剪贴画，在右键菜单中选择"预览/属性"命令，如图 5－37 所示。

（2）打开"预览/属性"对话框，即可查看选中剪贴画的属性，如图 5－38 所示。

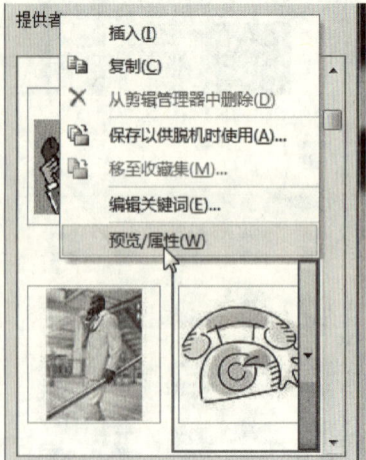

图 5‐37 选择"预览/属性"命令

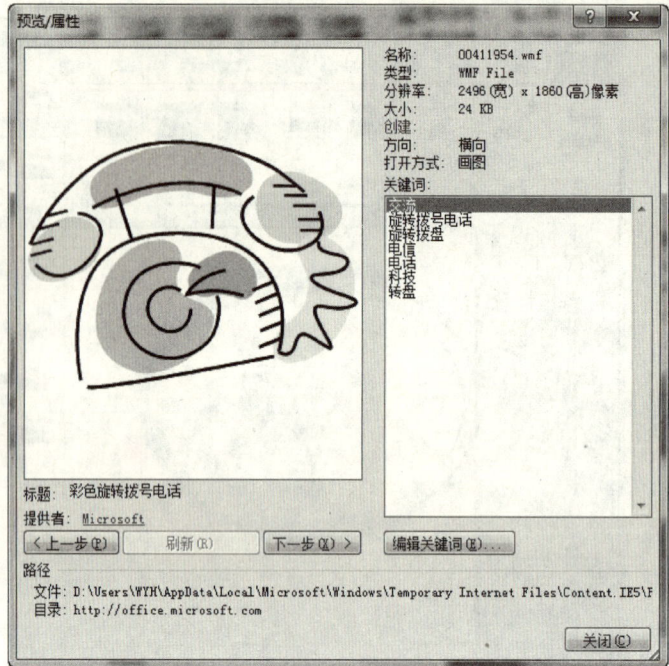

图 5‐38 查看剪贴画属性

三、插入图形

在幻灯片中,用户可以自行绘制图形,具体步骤如下。

(一)插入图形

(1)在"插入"选项卡"插图"选项组单击"形状"按钮,在其下拉菜单中,选择"云形",如图 5‐39 所示。

(2)待光标变成画笔型,绘制图形。

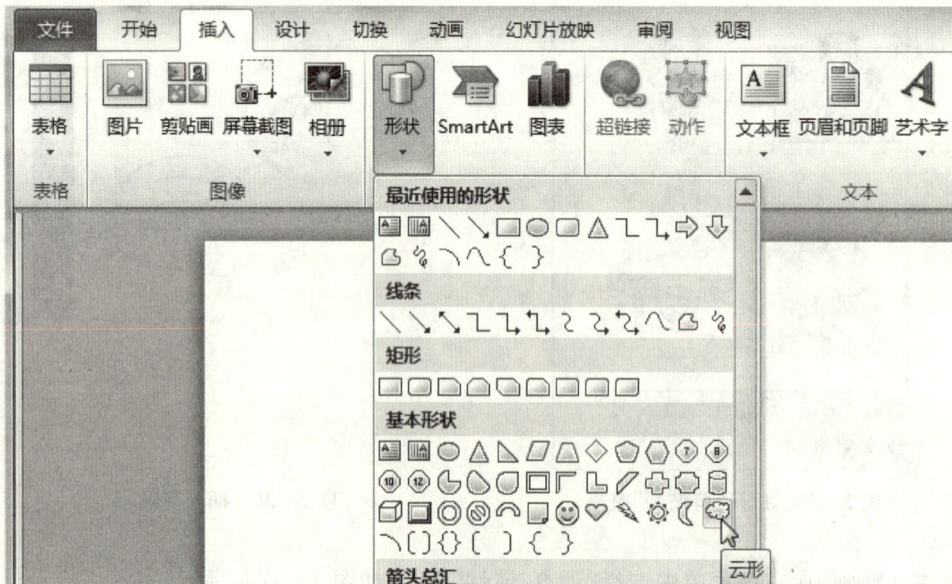

图 5‐39 选择要插入的形状

（二）在图形中添加文字

在设计幻灯片的过程中，用户可以在自选图形中添加文字，更好地发挥自选图形在演示文稿中的作用。

（1）选中图形，在右键菜单中选择"编辑文字"命令，如图 5-40 所示。

（2）此时可以在图形中看到光标，直接输入文字即可，输入后效果如图 5-41 所示。

图 5-40　选择"编辑文字"命令　　　　图 5-41　在图形中输入文字

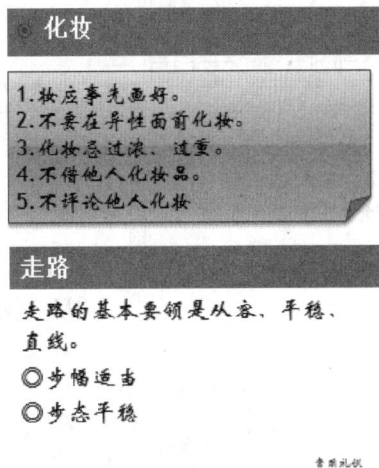

四、插入表格

在演示文稿的设计制作中，插入表格可以直观形象地表现数据与内容，此功能十分常用。因此，插入表格作为一项基本操作，必须掌握。

（一）通过占位符快速插入表格

（1）在幻灯片中插入占位符，单击占位符中的 ▦ 按钮，在弹出的"插入表格"对话框中输入行列数，如图 5-42 所示。

（2）输入行列数，例如 7 行 5 列，单击"确定"按钮即可插入表格，如图 5-43 所示。

图 5-42　选择"插入表格"图标　　　　图 5-43　设置表格行列数

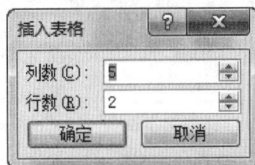

（二）通过插入菜单下的表格选项组插入表格

（1）在"插入"选项卡中"表格"选项组单击"表格"按钮，在其下拉菜单中选择合适的行列数或单击"插入表格"命令。

（2）选择合适的行列数，例如 4 行 6 列，单击即可插入表格，效果如图 5-44 所示。

五、插入艺术字

（1）在"插入"选项卡中"文本"选项组单击"艺术字"下拉按钮，在其下拉菜单中选择合适的艺术字样式，如图 5-45 所示。

（2）此时会在演示文稿中添加一个艺术字文本框，直接在文本框中输入文字即可，效果如图 5-46 所示。

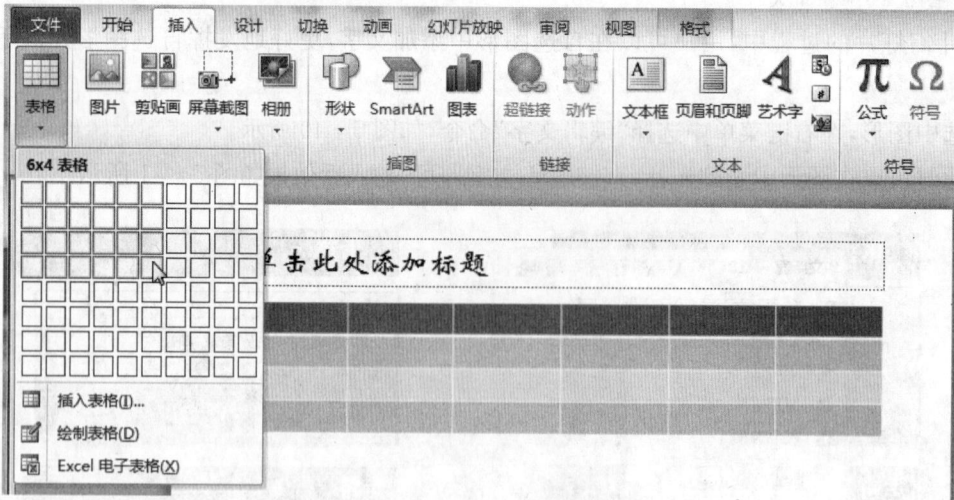

图 5-44　通过菜单栏插入表格

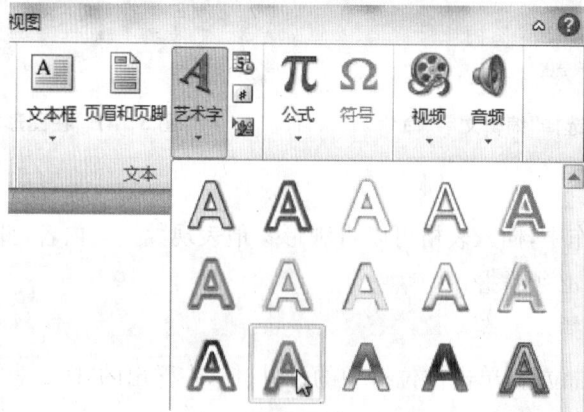

图 5-45　选择艺术字样式

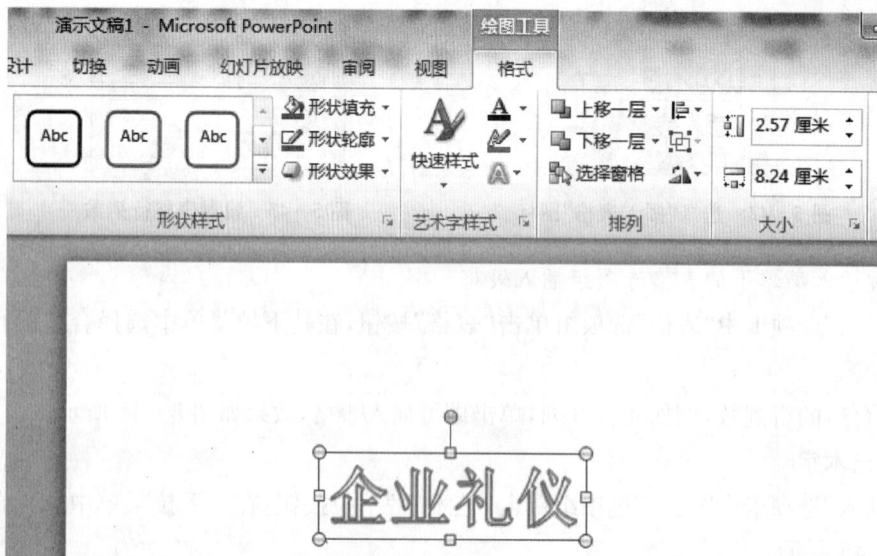

图 5-46　插入艺术字

任务总结

通过本任务的学习,我们掌握了如何在幻灯片中插入艺术字、SmartArt图形、图片、声音等对象,这不仅快捷直观的表现了层级、循环等常见的关系结构,而且大大丰富了幻灯片的内容。

任务三　动　画　设　计

任务描述

动画具有形象、生动和直观的特点,通过本任务,我们将学习为幻灯片中各类动画的设置方法和技巧。

任务目标

● 掌握创建"进入"动画效果的方法;
● 掌握为幻灯片添加切换效果的方法。

任务实现

一、为幻灯片添加进入动画

(1) 切换至"动画"面板,单击"动画"选项板中的"动画窗格"按钮,弹出"动画窗格"任务窗格,选中第1张幻灯片中标题艺术字,单击"添加动画"按钮,在弹出的列表框中选择"进入"▶"飞入"效果。如图5-47所示。

图5-47　设置进入动画

(2) 单击"动画窗格"按钮,在下拉列表上选"效果选项"按钮,如图5-48所示。

选择"飞入"→"效果"→"设置"→"方向"的"自顶部",如图5-49所示,在"计时"→"开始"后的下拉列表中选择"单击时",速度选择"中速",设置完毕单击"确定"按钮。如图5-50所示。

按照此步骤,对第1张幻灯片中副标题添加"浮入"的进入动画效果。

(3) 对第一张幻灯片设置完成的2个动画,可以通过"计时"选项栏中"开始",设置他们的播放顺序。如图5-51所示。

二、用动画刷复制动画

(1) 选中第4张幻灯片左侧"文本框",切换至"动画"选项卡,单击"添加动画"按钮,在弹出的列表框中选择"进入"→"出现"效果。在"动画窗格"中,单击动画对象下拉菜单,选择"效果选项"。如图5-52所示。

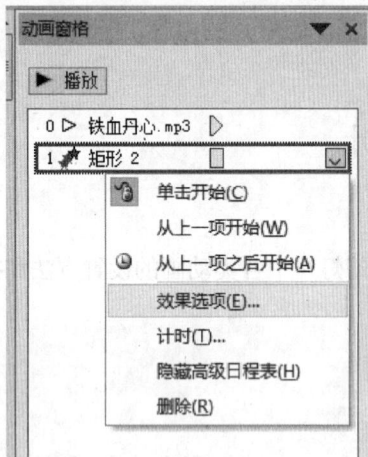

图 5‑48　设置动画窗格"效果选项"

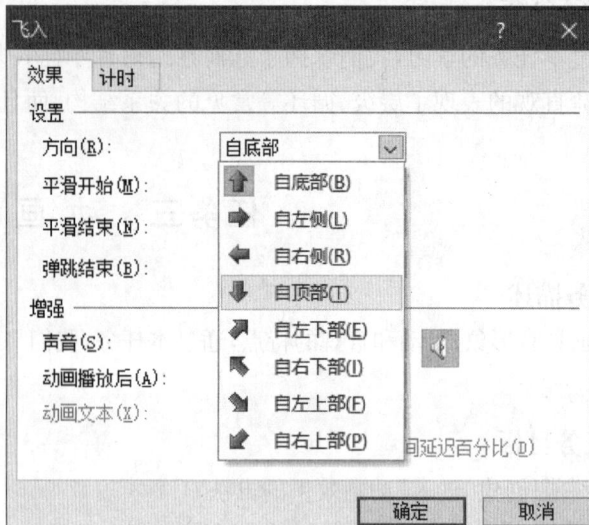

图 5‑49　飞入效果方向设置

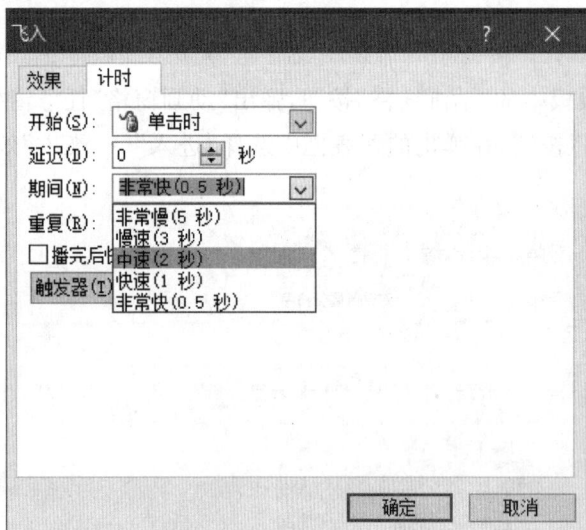

图 5‑50　飞入效果计时设置

图 5‑51　动画顺序设置

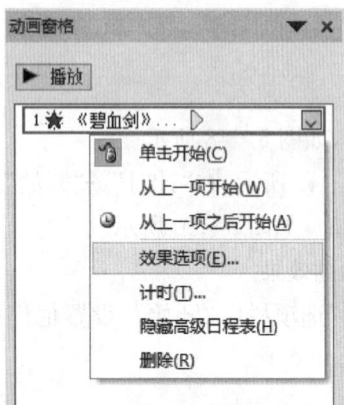

图 5‑52　动画效果选项

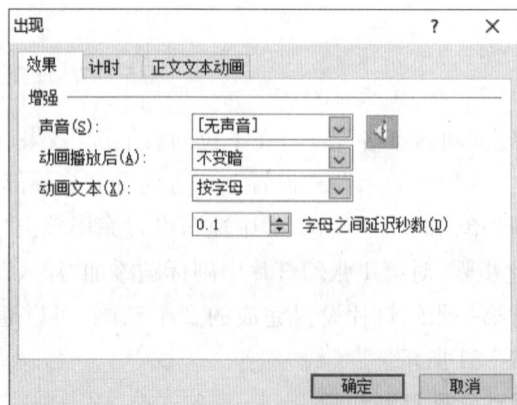

图 5‑53　设置动画效果

　　(2) 在弹出的"效果选项"中,将"动画文本"设置为"按字母",将"字母之间延迟秒数"设置为 0.1,如图 5-53 所示

　　(3) 在第 4 张幻灯片中选中左侧"文本框",然后单击"动画"选项卡中"动画刷",如图 5-54 所示,切换至第 5 张幻灯片,单击左侧"文本框",则此动画效果就复制到该文本框了,依照此方法,设置其他页面的文本框动画效果和批量设置图片效果。

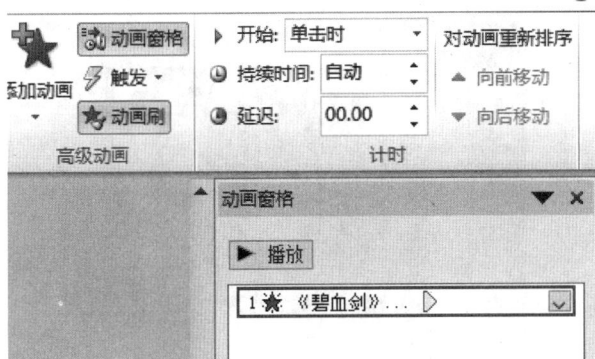

图 5-54　选择"动画刷"

图 5-55　切换效果设置

三、为幻灯片添加切换效果

　　(1) 单击"切换"选项卡,在"效果选项组"中选中"淡出"效果,在"效果选项"中选择"平滑"效果,如图 5-55 所示。

　　(2) 在"计时"选项组中勾选"单击鼠标时"复选框,最后单击"全部应用",如图 5-56 所示。在幻灯片播放时,单击鼠标可以达到切换幻灯片同时播放幻灯片切换动画。

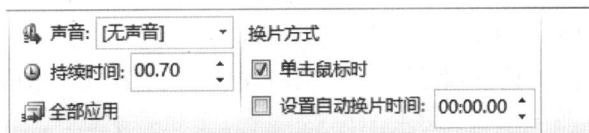

图 5-56　换片方式设置

相关知识

一、设置动画效果

　　使用动画可以让大家将注意力集中到要点和控制信息流上,还可以提高大家对演示文稿的兴趣,在 PowerPoint 中可以创建包括进入、强调、退出以及路径等不同类型的动画效果。

　　(一) 创建进入动画

　　(1) 打开演示文稿,选中要设置进入动画效果的文字或图片等。

　　(2) 在"动画"选项卡中单击"添加动画"按钮,在弹出的下拉列表中"进入"栏下选择进入动画,如"浮入",如图 5-57 所示。

　　(二) 创建强调动画

　　(1) 打开演示文稿,选中要设置强调动画效果

图 5-57　选择动画样式

的文字,接着在"动画"选项卡中单击"添加动画"按钮,在弹出的下拉列表中"强调"栏下选择强调动画,如"下划线",如图 5-58 所示。

(2) 添加动画效果后,在预览时可以看到在文字下添加下划线,如图 5-59 所示。

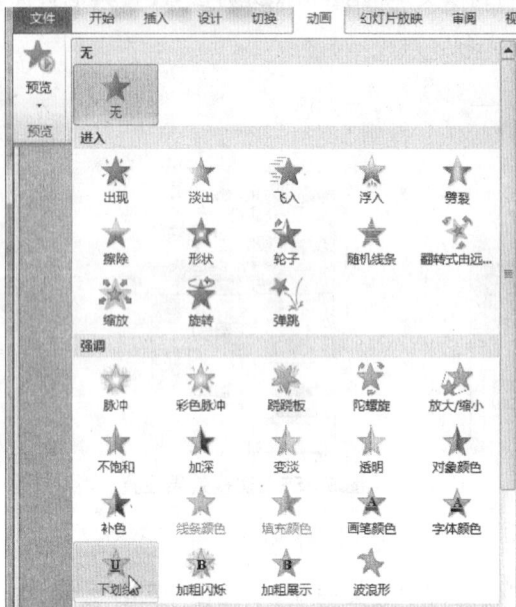

图 5-58　选择动画样式

图 5-59　创建强调动画

(三) 创建退出动画

(1) 打开演示文稿,选中要设置退出动画效果的文字,接着在"动画"选项卡中单击"添加动画"按钮,在弹出的下拉列表中"更多退出效果",如图 5-60 所示。

(2) 打开"更改退出效果"对话框,选择"消失"推出效果,单击"确定"按钮即可,如图 5-61 所示。

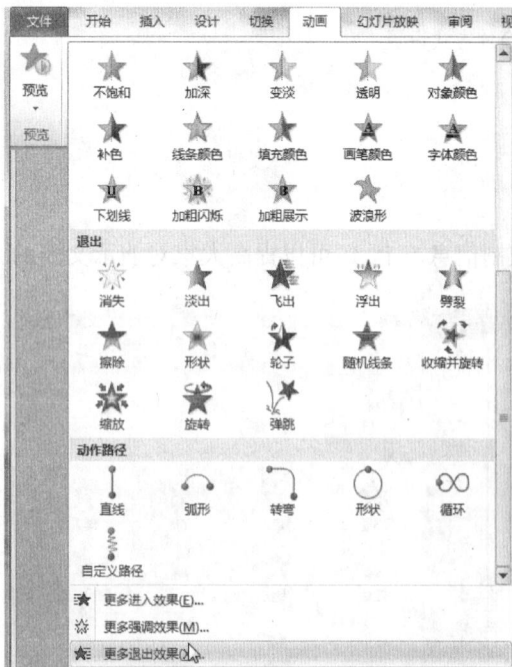

图 5-60　选择"更多退出效果"

图 5-61　选择要插入的效果

二、设置幻灯片的切换效果

放映幻灯片时,如果在一张幻灯片播放完毕后直接进入下一张幻灯片的播放,将显得僵硬、死板,因此有必要设置幻灯片切换效果使幻灯片放映生动。

(1)单击要设置切换效果的幻灯片的空白处,将其选中。

(2)在"切换"选项卡中"切换到此幻灯片"选项组单击下拉按钮,在下拉菜单中选择"百叶窗",如图 5 - 62 所示。

图 5 - 62　选择切换效果

(3)接着在"切换"选项卡"切换到此幻灯片"选项组单击"效果选项"下拉按钮,在下拉菜单中选择"水平"命令(见图 5 - 63),即可设置切换效果。

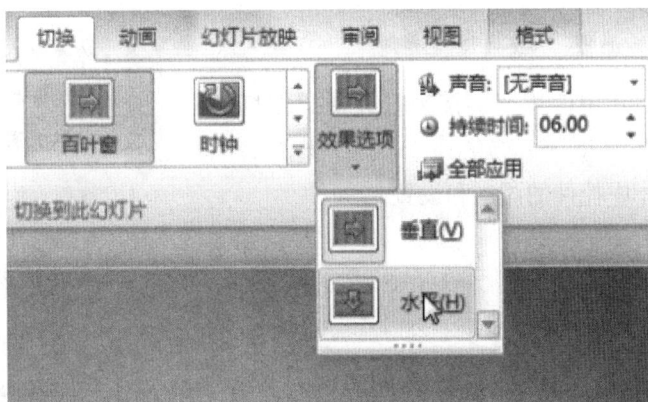

图 5 - 63　选择切换效果样式

任务总结

通过本任务学习,我们掌握了幻灯片中动画的创建以及幻灯片切换效果的设置,在进行PowerPoint 动画编排时,我们不必为所有的对象设计动画,只是在需要时使用。

● 项目二　制作教学课件

教学课件是指把需要讲述的教学内容通过计算机多媒体构成的课堂要件。它可以生动、形象地描述各种教学问题,通过交互增加课堂教学气氛,帮助学生增进对教学知识的理解。

相关知识

本项目将制作一份有关《茶馆》人物形象分析的课件,通过本项目的学习,我们将掌握如何在幻灯片中设计交互,以及实现对演示文稿的打包和发布。

项目目标

教学内容	制作一份教学课件
教学目标	● 掌握 PowerPoint 中超链接的使用; ● 了解 PowerPoint 中 VBA 的使用; ● 掌握课件的打包与放映设置。

任务一　课件的交互设计

5-2-1
超级链接

任务描述

交互性是衡量课件好坏的重要标准,课件的交互主要体现在两个方面,一是用户对课件的操作与使用,二是用户与课件之间的交流,如输入信息和课件即使提供反馈信息。本任务将介绍课件中实现交互的几种常用方法,其中设置超链接效果图如图 5-64 所示。

任务目标

● 掌握在 PowerPoint 中使用超链接来打开指定幻灯片的方法;

● 掌握 PowerPoint 中控件的添加和设置。

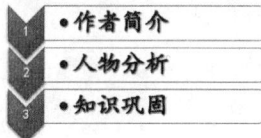

图 5-64　超级链接设置效果

任务实现

一、设置超级链接

(1) 打开"茶馆人物分析.ppt",单击第 2 张幻灯片,选中"作者简介"文本框,切换至"插入"选项卡,单击"超链接",在弹出"编辑超链接"对话框中选择"本文档中的位置",然后选择对应的页面"3.作者简介",如图 5-65 所示。"人物分析"和"知识巩固"的超链接按此步骤操作。

(2) 单击第 4 张幻灯片,选中第一张图片,切换至"插入"选项卡,单击"超链接",在弹出对话框中选择对应的链接页面,如图 5-66 所示。其他两张图片的操作按此步骤完成。

二、设置"动作按钮"

(1) 单击第 3 张幻灯片,单击"插入"选项卡中"形状"按钮,在下拉列表中的"动作按钮"栏单击"自

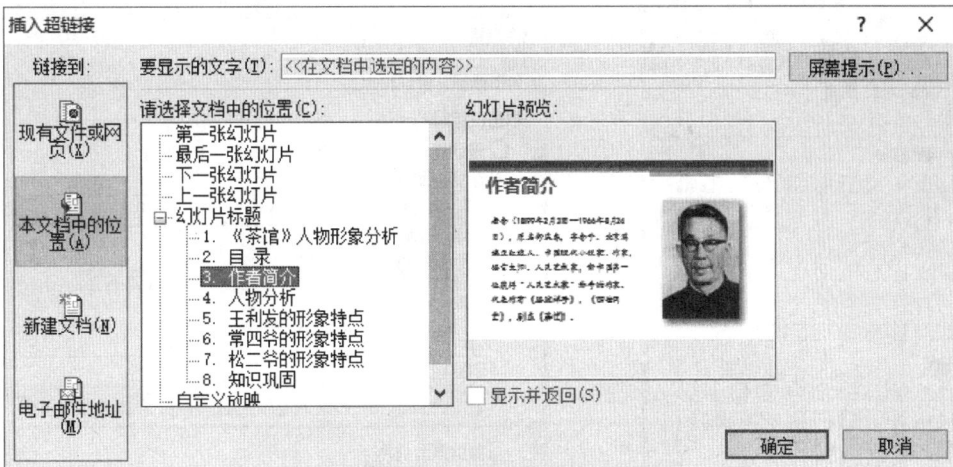

图 5 - 65　插入超链接

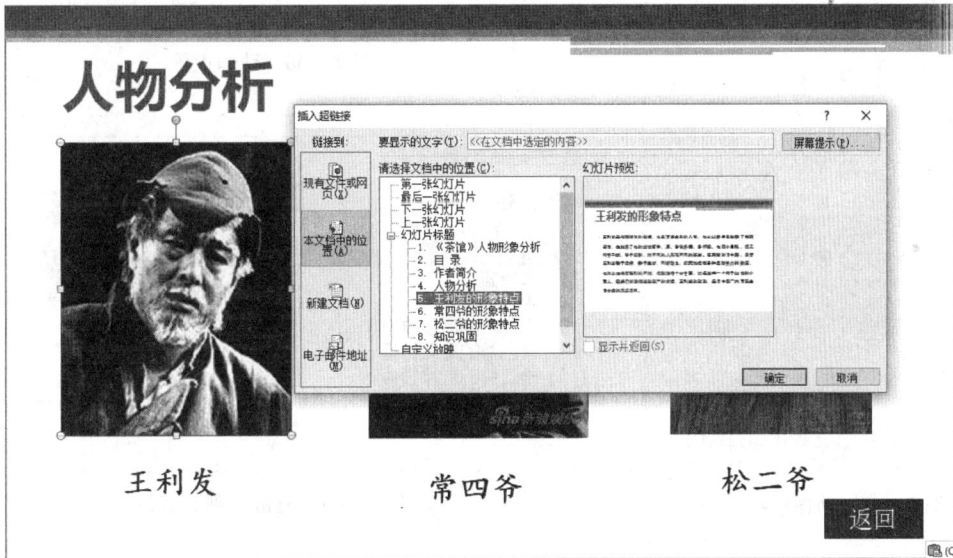

图 5 - 66　插入超链接

定义"按钮。如图 5 - 67 所示。拖拽鼠标在幻灯片右下角绘制动作按钮，释放鼠标完成绘制。

（2）在弹出的"动作设置"对话框中，选择"超链接"，在打开的下拉菜单中选中"幻灯片"，如图 5 - 68 所示。在弹出的对话框中选中对应链接的页面"2 目录"，单击"确定"按钮完成，如图 5 - 69 所示。

（3）选中动作按钮，如图 5 - 70 所示，单击右键，选择"编辑文字"，输入"目录"，如图 5 - 71 所示。选中设置好的动作按钮，复制粘贴到其他需要的页面，也可产生同样的链接效果。

三、使用 VBA 实现交互

（1）单击第 8 张幻灯片，切换到开发工具选项卡，选择"文本框"和"按钮"控件，分别插入到幻灯片相应的地方。如图 5 - 72 所示。

（2）选中"按钮"，单击"开发工具"中"属性"按钮，将 Caption 对应的名称修改为"判断"，如图 5 - 73 所示。

（3）双击"判断"按钮，在按钮的单击事件中输入以下命令，如图 5 - 74 所示。

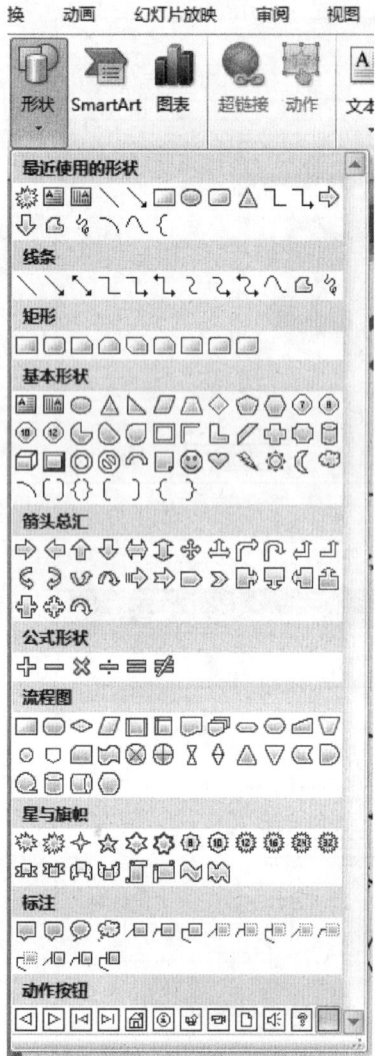

图 5‐67　动作按钮选择

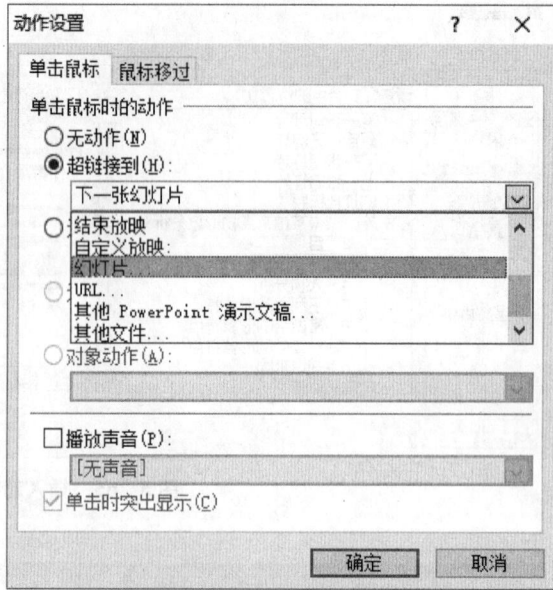

图 5‐68　动作设置

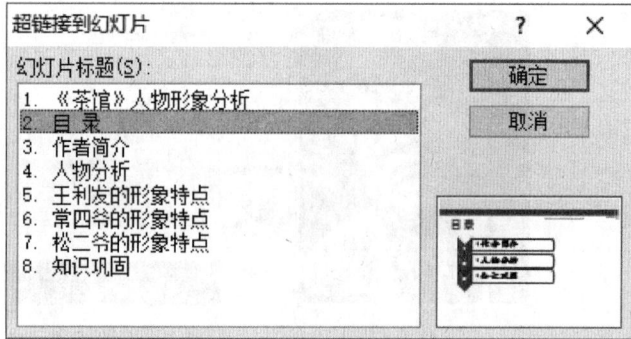

图 5‐69　超链接到幻灯片

图 5‐70　动作按钮编辑文字　图 5‐71　设置按钮名称　图 5‐72　插入"文本框"和"按钮"控件

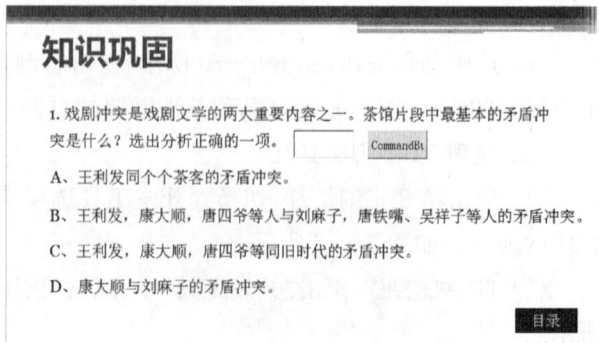

图 5-73　修改 Caption 对应名称　　　　图 5-74　命令输入　　　　图 5-75　结果提示

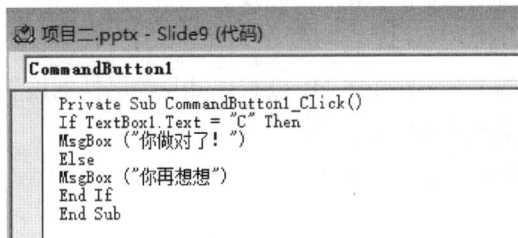

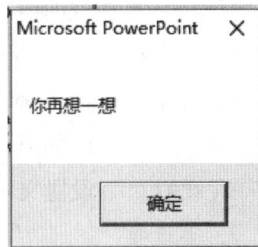

（4）当在文本框中输入答案时，单击"判断"按钮，可以弹出提示对话框。如图 5-75 所示。

相关知识

用 PPT 中的 VBA 实现交互功能

（一）显示控件工具箱

在 PowerPoint 中选择菜单"视图/工具栏/控件工具箱"。

（二）控件工具箱（见图 5-76）中常用按钮的介绍

（1）复选框（CheckBox）：可以选择多个选项，常用来设计多选题；

（2）文本框（TextBox）：可以输入文本，常用来设计填空题；

图 5-76　控件工具箱

（3）命令按钮（CommandButton）：用来确定选择或输入，也可设计超链接；

（4）单选框（OptionButton）：只能选中一个选项，常用来设计单选题或判断题；

（5）标签（Label）：用来显示文字信息。

（三）插入控件的方法

单击控件工具箱上对应的工具按钮，然后在幻灯片中拖动到适当大小即可。

（四）进入 VBA 的方法

双击幻灯片中的控件或用菜单命令"工具/宏/Visual basic 编辑器"即可进入 VBA 编程状态。

（五）控件的主要属性及设置方法

进入 VBA 后，需要在"属性"窗口中对控件的属性进行设置。如果没有出现"属性"窗口，按 F4 键即可调出该窗口。下面我们就不同的控件，来说明常用属性的设置方法。

1. 复选框

AutoSize：有两个值，True 表示根据字的多少调整复选框的大小，False 表示复选框为固定大小；

BackColor：设置复选框的背景颜色，单击该属性框出现下拉按钮，选择"调色板"选项卡后选择颜色；

Caption：控件的名称，把默认值删除再重新输入新名称；

Font：设置字体、字号及字形，单击该属性框出现按钮，单击该按钮出现字体对话框，再在对话框中设置；

Forecolor：设置字的颜色，设置方法同 BackColor；

Height：复选框的高度，直接输入数字即可；

Width：复选框的宽度，直接输入数字即可；

Value：复选框的值，True 为选中，False 则相反。

2. 文本框

AutoSize、BackColor、Font、ForeColor、Height、Width 等属性的设置方法同复选框；

Value：文本框的值，用来保存输入的文本；

TextAlign：设置文本的对齐方式。

3. 单选框

属性设置同复选框。

4. 标签

除 Value 外，其他属性设置同复选框。

5. 命令按钮

属性设置同标签。

（六）消息框 MsgBox 的功能

我们常用消息框显示一些交互的信息，如图 5－77 所示的消息框用下面的语句可实现：

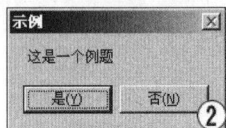

图 5－77 消息框

Msgbox（"这是一个例题"，VbYesNo，"示例"）

任务总结

通过本任务的学习，我们掌握了超链接的设置以及 VBA 技术，这让我们的幻灯片获得了更好的交互效果。

任务二 课件的发布与放映

任务描述

制作课件的最终目的是为了放映课件，将其应用到教学中。这个任务中我们将为《茶馆》人物分析的课件设置保护，以及学习在实际授课时的课件放映技巧。

任务目标

- 掌握为 PowerPoint 添加权限密码的方法；
- 掌握 PowerPoint 打包的设置方式；
- 掌握 PowerPoint 放映的方式。

任务实现

一、课件的保护

（1）打开"另存为对话框"，在对话框中单击"工具"按钮，在打开的菜单中选择"常规选项"命令。在打开的"常规选项"对话框中，根据需要输入打开权限密码和修改权限密码。单击"确定"按钮，关闭"常规选项"对话框。如图 5－78 所示。

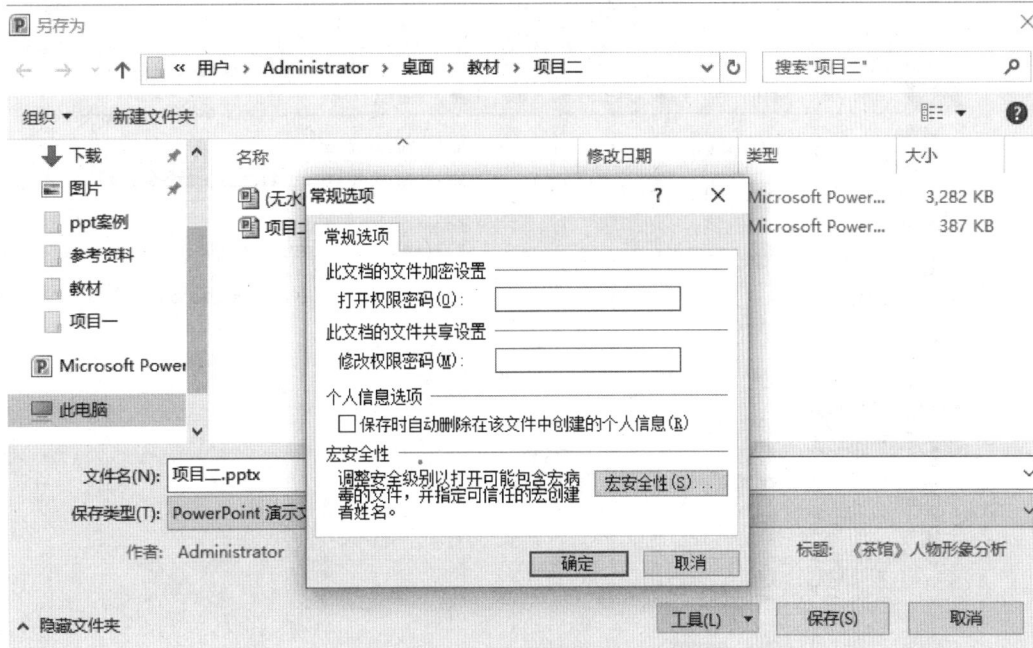

图 5-78　"选择常规选项"命令

（2）弹出"确认密码"提示对话框，如图 5-79 所示。要求确认打开权限密码和修改权限密码，分别在对话框中重新输入密码后，单击"确定"按钮，关闭对话框。

（3）添加了密码的课件，当试图打开该演示文稿时，首先会要求输入文档打开密码，如图 5-80 所示。如果此时密码输入错误，文档将无法打开；当打开密码输入正确后，会继续要求输入文档的权限密码，如图 5-81 所示。此时如果无法输入正确密码，将只能以只读形式打开文档，只能浏览文档页面，而不能进行编辑修改。

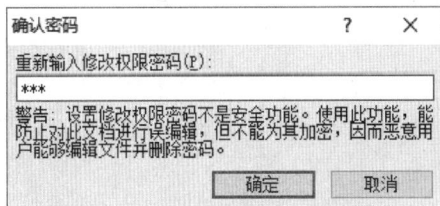

图 5-79　"确认"密码对话框

图 5-80　输入打开密码

图 5-81　输入权限密

二、课件的发布

（1）打开需要打包的课件，在"文件"选项卡左侧列表中，选择"保存并发送"选项，在中间的"文件类型"栏中选择"将演示文稿打包成 CD"选项，单击右侧出现的"将演示文稿打包成 CD"栏中的"打包成 CD"按钮，如图 5-82 所示。此时打开"打包成 CD"对话框，在对话框中，将 CD 命名为"课件打包演示"，如图 5-83 所示。

（2）在"打包成 CD"对话框中，单击"选项"按钮打开"选项"对话框，如图 5-84 所示。在其中可以对演示文稿打包内容进行设置。

（3）在"打包成 CD"对话框中单击"复制到文件夹"按钮，打开"复制到文件夹"对话框，在其中单击"浏览"按钮，打开"选择位置"对话框，选择"复制到目标文件夹"，如图 5-85 所示。打开位置浏览对话框，如图 5-86 所示。

图 5‑82　单击"打包成 CD"按钮

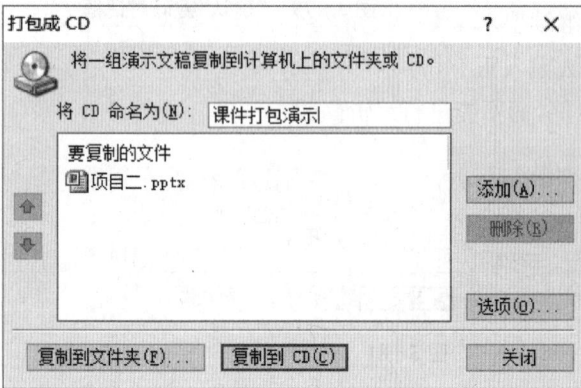

图 5‑83　输入 CD 光盘名称

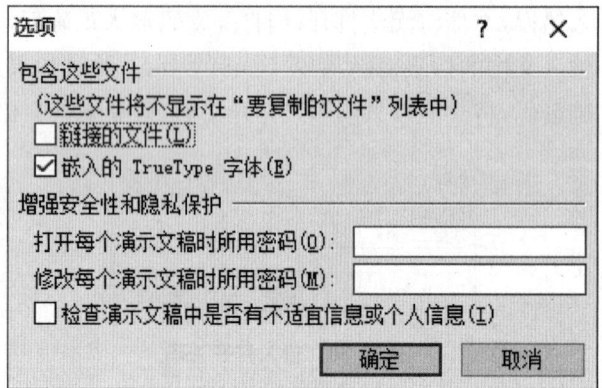

图 5‑84　"选项"对话框

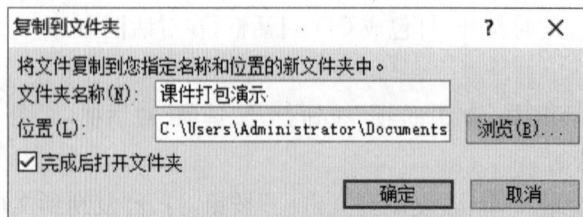

图 5‑85　复制到文件夹

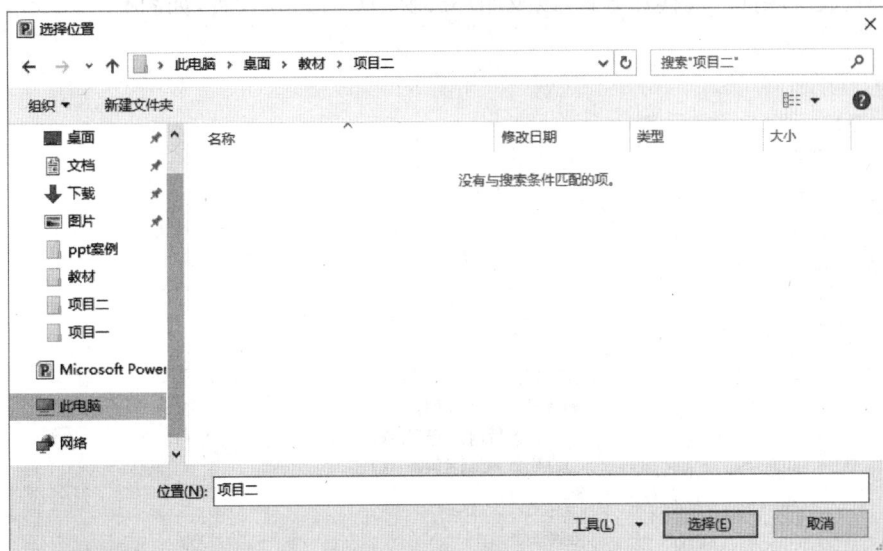

图 5 - 86　打开"选择位置"对话框

（4）单击"选择"按钮，选择的文件夹路径将输入到"位置"文本框中，单击"确定"按钮，弹出提示信息"是否存在打包时包含链接内容"，单击"是"按钮，如图 5 - 87 所示。PowerPoint 即开始对选择演示文稿进行打包操作。打包后生成的文件如图 5 - 88 所示。

图 5 - 87　PowerPoint 提示对话框

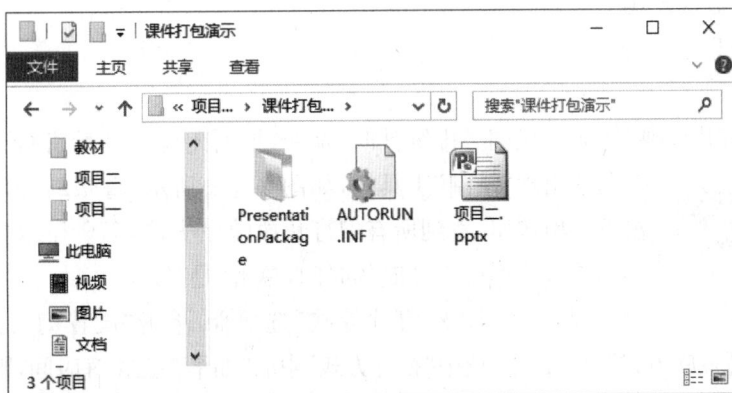

图 5 - 88　打包生成的文件

三、课件放映方式的设置

（1）在"幻灯片"窗格中选择需要隐藏的幻灯片，在"幻灯片放映"选项卡中，单击"隐藏幻灯片"按钮，此时该幻灯片的编号将会添加一个带斜线的黑框，如图 5 - 89 所示。在播放课件时，这些被隐藏的幻灯片将不会播放。

（2）在"幻灯片放映"选项卡中，单击"设置幻灯片放映"按钮，打开"设置放映方式"对话框，可以对幻灯片播放类型、放映课件时的换片方式,以及循环放映幻灯片进行设置,如图 5-90 所示。

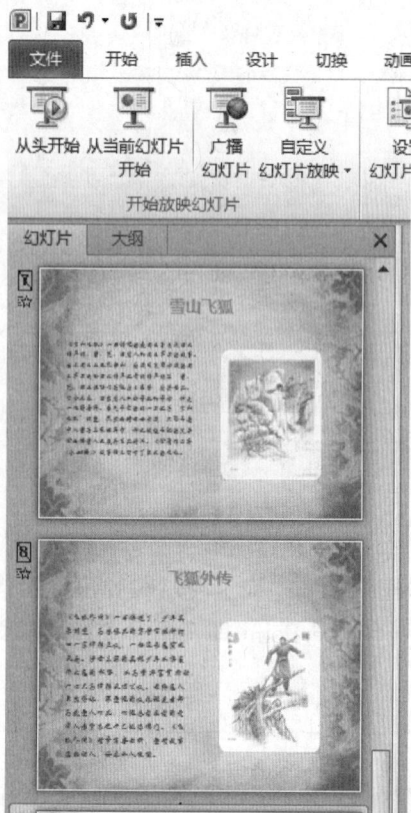

图 5-89　隐藏幻灯片

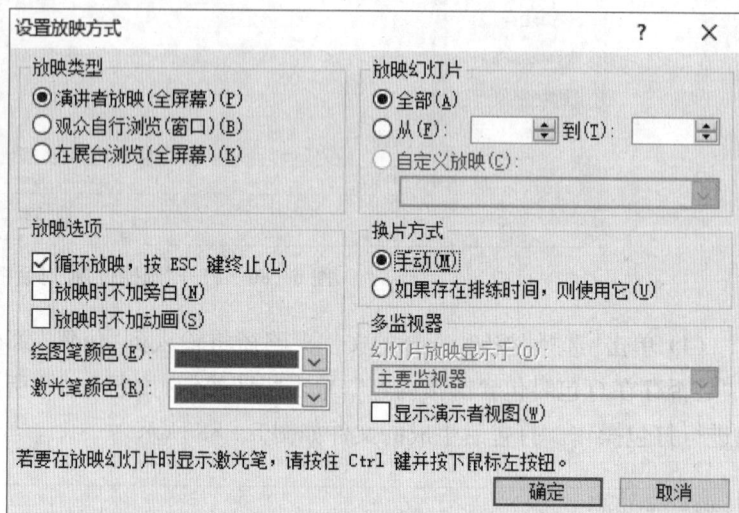

图 5-90　"设置放映方式"对话框

相关知识

一、设置幻灯片放映方式

幻灯片的放映有以下三种方式。

（一）排练计时

（1）切换至"幻灯片放映"选项卡,单击"排练计时"命令,此时幻灯片开始进行预演计时,在屏幕左上角会出现"录制"工具栏,如图 5-91 所示,每张幻灯片演讲时间一到,单击下一项按钮,直到所有幻灯片放映完毕,屏幕会显示排练计时的时间,并询问是否使用排练计时的时间,单击"是"按钮。

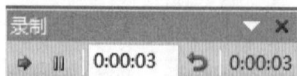

图 5-91　录制对话框

（2）切换至"幻灯片放映"选项卡,单击"设置幻灯片放映"命令,在如图 5-92 所示的"设置放映方式"对话框中,选中"换片方式"中的"如果存在排练时间,则使用它"单选按钮。

（二）在展台浏览全屏幕

在"设置放映方式"对话框中选中"在展台浏览（全屏幕）"单选按钮。如图 5-92 所示。

（三）自定义浏览方式

切换至"幻灯片放映"选项卡,单击"自定义幻灯片放映"命令,单击"自定义放映",在打开的对话框中,单击"新建"按钮,在名称框中输入"经常性管理工作",在左边的"在演示文稿的幻灯片"列表框中,按 Ctrl 键选定,1 357 张幻灯片,单击"添加"按钮,添加到右边的列表框中,单击"确定"按钮,如图 5-93 所示,单击"放映"按钮,即可播放选定的四张幻灯片。

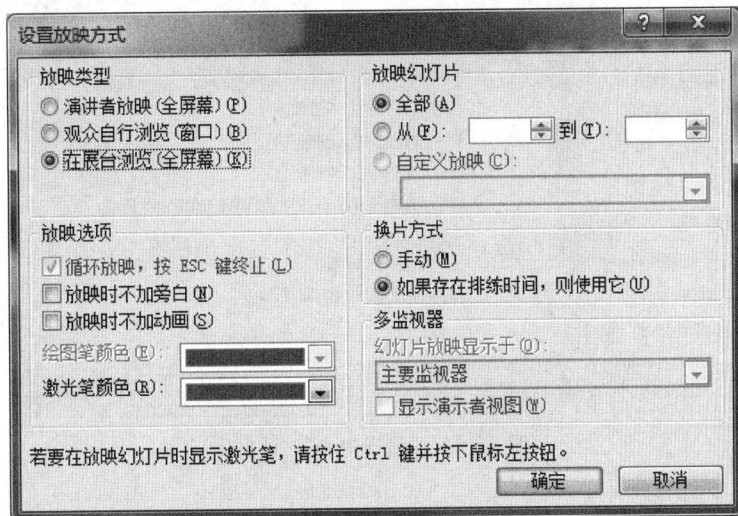

图 5－92　设置放映方式对话框

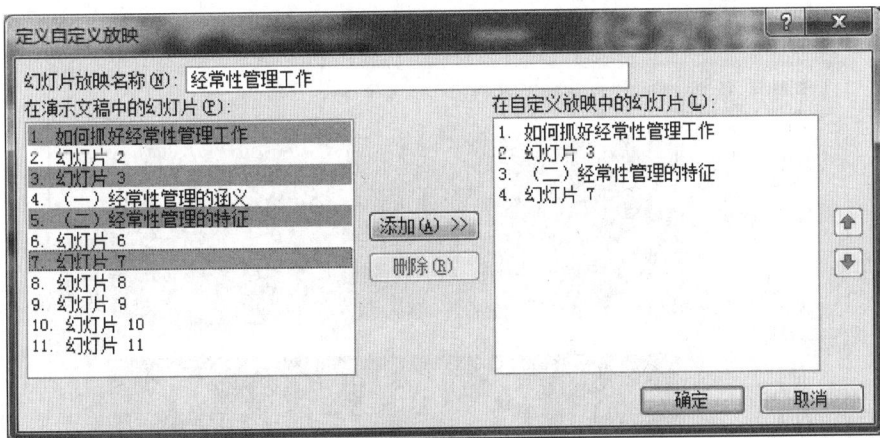

图 5－93　定义自定义放映对话框

二、宏的安全设置

宏实际上是一段 VB 程序代码,在计算机日益普及的今天,基于宏的宏病毒是一种非常常见的病毒。为了预防宏病毒带来的危害,可以通过对宏的启用进行限制,来确保系统的安全。

在"开发工具"选项卡中,单击"宏安全"按钮,打开"信任中心"对话框,通过单击相应单选按钮,可对演示文稿中启用宏的方式进行设置,如图 5－94 所示,例如,选择"启用所有宏",则所有的宏将都能够运行,如果不希望运行演示文稿中的宏,可选择"禁用宏,并且不通知"。

在"信任中心"的"宏设置"栏中选择"禁用所有的宏,并发出通知"选项时,被打开的演示文稿中的宏将被禁止。但此时在功能区的下方将显示安全警告,单击提示栏中的"启用内容"按钮,宏将被启用,如图 5－95 所示。

⚒ **任务总结**

通过本任务的学习,我们掌握了幻灯片的权限保护方法、打包技巧及放映方式,这使我们能更好地保护 PPT 课件的版权以及共享 PPT 课件资源。

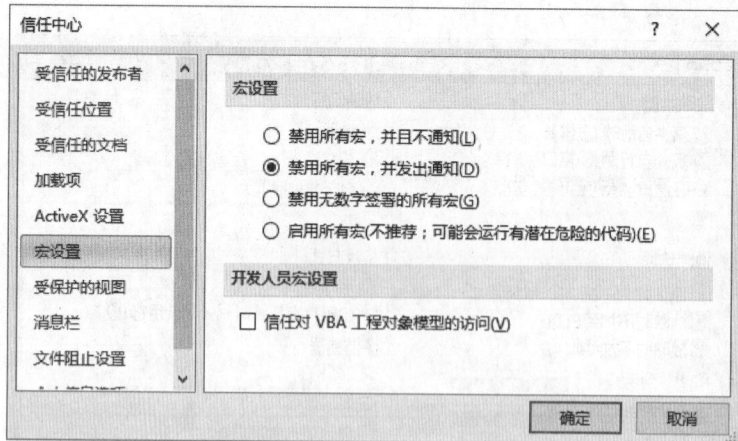

图 5-94 "信任中心"对话框

图 5-95 显示安全警告

拓展与提高

一、创建演示文稿的步骤

（1）确定主题；

（2）撰写演讲的大纲；

（3）搜集相关资料；

（4）根据演讲大纲，撰写出文字的演讲稿，再根据演讲大纲和演讲稿，规划出 PPT 的设计大纲；

（5）对照 PPT 的设计大纲，开始进行 PPT 创建；

（6）试演讲（试运行），发现 PPT 中存在的各种问题，并记录详情；

（7）根据问题详单进行 PPT 演示文稿的修改和修饰；

（8）再反复运行 PPT 试演讲,并进行多次修改和修饰;

（9）打包备份重要的数据及 PPT。

二、PPT 的设计原则

（1）一个目标的原则:一个演示文稿,只为一类人服务,针对不同层次的人,应该设计不同的 PPT,PPT 是辅助演讲者的,切勿用长篇的文字描述。

（2）总分总的原则:PPT 的开头部分为总的主题说明;PPT 的中间部分用来逐一分述各部分主题,PPT 的最后部分总结今天的演讲。

（3）三不原则:一个 PPT 不要超过三种字体,三种色系,三种动画。

（4）1-10-30 原则:一个小时内容的 PPT,页数不超过 10 页,字号不小于 30。

（5）八字箴言,文不如表,表不如图。

（6）听众原则:设计制作的 PPT,不仅能让听众听懂演讲者的内容,更能看懂显示出来的内容。

（7）恶心原则:在 PPT 中切记不要出现错字。

（8）傻瓜原则:保持简单简洁。

注意:一定要记住在 PPT 最后一页加上感谢的相关说明。

三、PPT 涉及的各学科

（1）专业学科:演讲涉及的专业知识,这是最重要的部分,涉及 PPT 的灵魂,一个成功的演讲,一定是对演讲内容有专业的、独到的见解。

（2）美学:好的色彩搭配和页面的布局,可以吸引听众的注意力。

（3）心理学:演讲过程中,对于标题副标题的设计等,应该做到吸引听众注意,但不干扰听众,对于后续还没有讲到的内容,如文字图片等,不要放到当前的演示文稿中,可以在文本处使用进入和退出动画进行设计。

四、向 PPT 自己的老师学习——学会应用 PowerPoint 帮助

对于 PPT 程序中的各种不熟悉的功能,可以按 F1 键,弹出 PowerPoint 帮助,如图 5-96 所示。

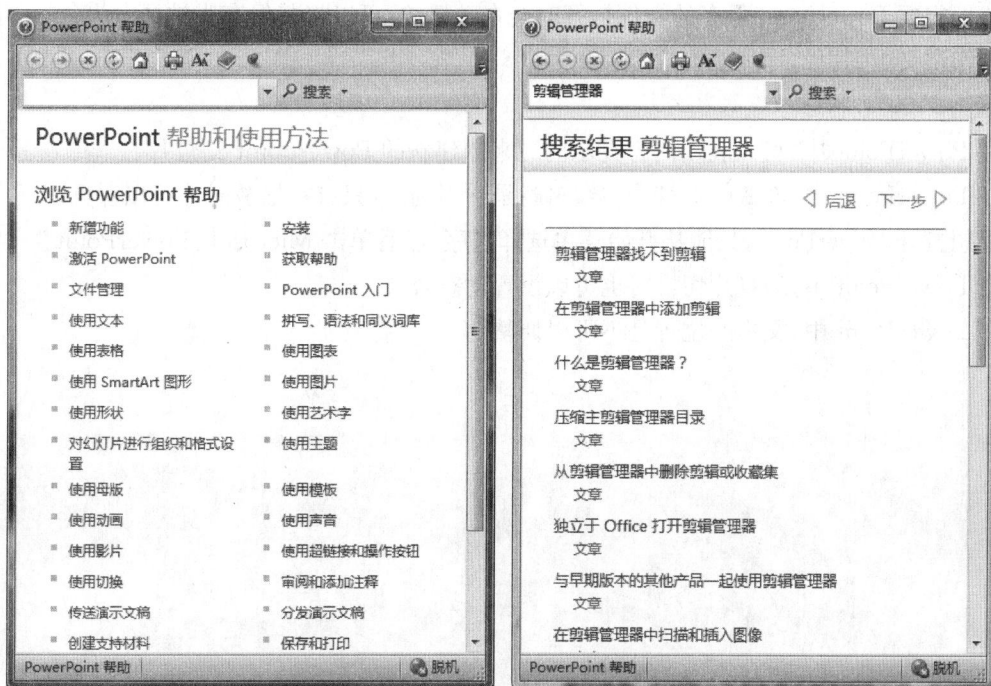

图 5-96　PowerPoint 帮助窗口

例如,输入"剪辑管理器"并单击搜索,即可自动搜索到所有关于"剪辑管理器"的帮助文章,单击相应的文章标题,可自行进行新功能的学习,这也是学习任何一种新的软件的最快捷、最准确的方法。

思考练习

思考练习答案5

一、选择题

(1) PowerPoint 中( )视图模式用于查看幻灯片的播放效果。

A. 幻灯片模式　　　　　　　　　　B. 大纲模式

C. 幻灯片放映模式　　　　　　　　D. 幻灯片浏览模式

(2) 在 PowerPoint 中,幻灯片内的动画效果可通过"幻灯片放映"菜单的( )命令来设置。

A. 自定义动画　　　B. 动画预览　　　C. 动作设置　　　D. 幻灯片切换

(3) 在 PowerPoint 中,已设置了幻灯片的动画,如果要看到动画效果,应切换到( )。

A. 幻灯片浏览视图　　　　　　　　B. 幻灯片视图

C. 幻灯片放映视图　　　　　　　　D. 大纲视图

(4) PowerPoint 中,( )模式可以实现在其他视图中可实现的一切编辑功能。

A. 普通视图　　　　　　　　　　　B. 幻灯片浏览视图

C. 备注视图　　　　　　　　　　　D. 大纲视图

(5) 在 PowerPoint 中,启动幻灯片放映的快捷键是( )。

A. F1　　　　　　　B. F9　　　　　　　C. F5　　　　　　　D. F4

二、填空题

(1) 在 powerpoint 中,一般一个演示文稿会包含多张( )。

(2) 要预览幻灯片中的动画和切换效果我们应单击( )菜单中的"自定义动画"或"幻灯片切换"命令中的相关"自动预览"命令。

(3) 在放映时,若要中途退出播放状态,应按( )键。

(4) 我们想要 Powerpoint 保存的文件打开时会自动播放,可以将其保存为扩展名为( )的文件。

(5) 打印讲义中每页幻灯片最大数为( )。

三、判断题

(1) 在 PowerPoint 中,可以利用内容提示向导来创建新的 PowerPoint 幻灯片。

(2) 在 PowerPoint 中,隐藏的幻灯片在编辑时是看不到的,只有在播放时才可以看见。

(3) 要想打开 PowerPoint,只能从开始菜单选择程序,然后单击 Microsoft PowerPoint。

(4) 在 PowerPoint 中,幻灯片切换时也可以设置动态效果。

(5) 在 PowerPoint 中,文本的位置是不可以调整的。

学习情境六
网络基础知识与维护

人类社会早已迈入网络时代，互联网的发展带给了我们全新的生活理念和形式，网络已经成为我们生活、工作、学习不可或缺的工具，凭借其方便、快捷、跨越时间和空间的优势，给人们提供丰富的信息资源，同时也为人们的生活带来了无限的精彩。如今，我们的生活已离不开网络。

◉ 项目 网络基础知识与维护

互联网丰富的信息资源和便利的传播方式，为我们的生活、学习、工作创造了极为有利的条件，它已经在不知不觉中成为人们生产生活中的一大重要工具。身处网络时代的我们，要想使网络更好地为我所用，掌握必备的网络基础知识和使用维护技能显得尤为重要。

项目目标

教学内容	● 计算机网络基础知识； ● 网络维护基础知识； ● 网络安全常见威胁及防范措施； ● 网络常见故障排除； ● 网络常用命令。
教学目标	● 了解计算机网络基础知识； ● 掌握相关网络维护基础知识； ● 知道网络安全常见威胁及防范措施； ● 了解网络常见故障排除； ● 掌握网络常用命令使用方法。

任务一 认识计算机网络

🖥 任务描述

随着信息技术的发展，计算机网络已经成为人们生活、学习、工作中不可或缺的工具。网络的应用渗透到了各个领域，无论是军事领域的信息战，还是身边的网购、聊天等，都体现了计算机网络的强大魔力和给人们带来的巨大方便。它正在前所未有地改变着人们的生产、生活、学习方式，冲击着人们的消费观、价值观、人生观。本任务将带领大家学习网络的基础理论知识。

6-1 计算机
网络分类

任务目标

- 了解网络的定义、功能及分类；
- 知道网络设备及其功能；
- 掌握 IP 地址及其应用。

任务实现

一、计算机网络的定义

计算机网络，是指将地理位置不同的具有独立功能的多台计算机及其外部设备，通过通信线路连接起来，在网络操作系统、网络管理软件及网络通信协议的管理和协调下，实现资源共享和信息传递的计算机系统。在计算机网络中，每台计算机都是独立工作的，相互之间不能干预其他计算机工作。

二、计算机网络的功能

计算机网络的功能很多，其中最重要的三个功能为信息交换、资源共享和分布处理。

1. 信息交换

信息交换是计算机网络最基本的功能。计算机网络中的计算机之间或计算机与终端之间，可以快速可靠地相互传递数据、程序或文件。例如，用户可以在网上传送电子邮件、交换数据，可以实现在商业部门或公司之间进行订单、发票等商业文件安全准确的交换。

2. 资源共享

资源共享包括计算机硬件资源、软件资源和数据资源的共享。硬件资源的共享提高了计算机硬件资源的利用率，由于受经济和其他因素的制约，这些硬件资源不可能所有用户都有，所以使用计算机网络不仅可以使用自身的硬件资源，也可共享网络上的资源。软件资源和数据资源的共享可以充分利用已有的信息资源减少软件开发过程中的劳动，避免大型数据库的重复建设。

3. 分布处理

对于大型的任务或课题，如果都集中在一台计算机上操作，负荷太重，这时可以将任务分散到不同的计算机分别完成，或由网络中比较空闲的计算机分担负荷，单个计算机互联成网络有利于共同协作进行重大科研课题的开发和研究。利用网络技术还可以将许多小型机或巨型机连成具有高性能的分布式计算机系统，使它具有解决复杂问题的能力，从而大大降低整机费用。

三、计算机网络的发展

随着计算机技术及通信技术的不断发展，计算机网络也经历了不同时期的发展。其发展可以划分为以下五个阶段：

第一阶段：20 世纪 60 年代，互联网起源；

第二阶段：20 世纪 70 年代，TCP/IP 协议出现，互联网随之发展起来；

第三阶段：20 世纪 80 年代，NSFnet(美国国家科学基金会)出现，成为当今互联网的基础；

第四阶段：20 世纪 90 年代，互联网高速发展期，全世界开始普及；

第五阶段：2007 年开始，移动互联时代。

四、计算机网络的分类

计算机网络按照不同的划分依据，可有多种分类方式，在此主要介绍按网络覆盖范围、网络传输介质、网络拓扑结构三种分类方式。

(一) 按网络覆盖范围分类

按照网络覆盖范围大小进行分类如表 6-1。

表 6-1　按网络覆盖范围分类

比较项 ＼ 分类内容	局 域 网	城 域 网	广 域 网
缩写	LAN	MAN	WAN
覆盖范围	小于 10 km	10 km～100 km	几百到几千千米
例子	企业网、校园网等	如连接政府机构的 LAN、医院的 LAN、电信的 LAN、公司企业的 LAN 等	Internet 等大型网络

（二）按网络传输介质分类

计算机网络的传输介质有双绞线、光纤、红外线、微波等几种，其中通过双绞线和光纤所连接的网络称为有线网络；而通过红外线、微波等连接的网络，称为无线网络。

1. 双绞线

（1）双绞线的概念。双绞线是综合布线工程中最常用的一种传输介质，是由一对或者一对以上的相互绝缘的导线按照一定的规格互相缠绕（一般以逆时针缠绕）在一起而制成的一种传输介质，属于信息通信网络传输介质。双绞线过去主要是用来传输模拟信号，但现在同样适用于数字信号的传输，是一种常用的布线材料。采用这种方式，不仅可以抵御一部分来自外界的电磁波干扰，也可以降低多对绞线之间的相互干扰。双绞线由多对铜线组包在一个电缆套管里，有 1 对的，也有 4 对的，典型的双绞线是由四对铜线组成，也有 16 对、25 对的双绞线。双绞线分为屏蔽双绞线与非屏蔽双绞线，如图 6-1 所示。屏蔽双绞线在双绞线与外层绝缘封套之间有一个金属屏蔽层，屏蔽层可减少辐射，防止信息被窃听，也可阻止外部电磁干扰的进入。非屏蔽双绞线是一种数据传输线，由四对不同颜色的传输线组成，广泛用于以太网路和电话线中。

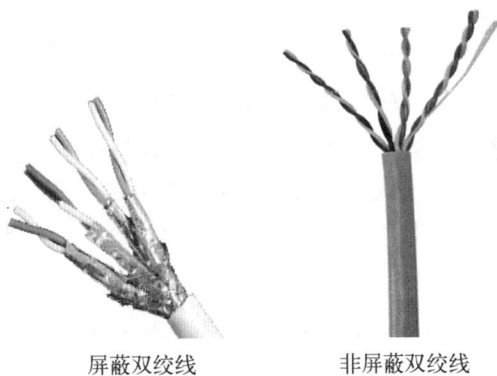

屏蔽双绞线　　非屏蔽双绞线

图 6-1　双绞线

（2）双绞线分类。EIA/TIA 568 规定了用于室内数据传输的双绞线 1 类到 7 类，前者线径细而后者线径粗，类别号越大，版本型号越新，质量越好，价格越贵。

国际上常用的制作双绞线的标准包括 EIA/TIA 568A 和 EIA/TIA 568B 两种。

2. 光纤

光纤是光导纤维的简写，是一种由玻璃或塑料制成的纤维，可作为光传导工具，如图 6-2 所示。传输原理是光的全反射。光纤具有传输带宽高、传输损耗低、抗干扰能力强等优点。

3. 同轴电缆

同轴电缆是指有两个同心导体，而导体和屏蔽层又共用同一轴心的电缆，如图 6-3 所示。同轴电缆从用途上分可分为基带同轴电缆和宽带同轴电缆。

同轴电缆的优点是可以在相对长的无中继器的线路上支持高带宽通信，而其缺点也是显而易见的：一是体积大，细缆的直径就有 3/8 英寸粗，要占用电缆管道的大量空间；二是不能承受缠结、压力和严重的弯曲，这些都会损坏电缆结构，阻止信号的传输；三是成本高。而同轴电缆所有这些缺点正是双绞线能克服的，因此在现在的局域网环境中，同轴电缆基本已被基于双绞线的以太网物理层规范所取代。

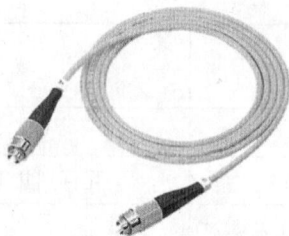

图6-2 光纤

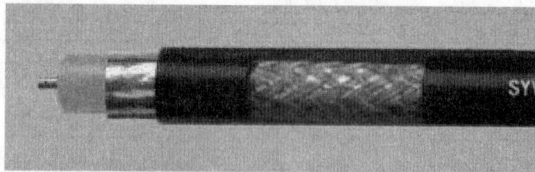

图6-3 同轴电缆

4. 无线传输介质

可以在自由空间利用电磁波发送和接收信号进行通信就是无线传输。无线通信的方法有无线电波、微波、蓝牙和红外线。

（1）无线电波。无线电波是指在自由空间（包括空气和真空）传播的射频频段的电磁波。无线电技术是通过无线电波传播声音或其他信号的技术。无线电技术是导体中电流强弱的改变会产生无线电波。通过调制可将信息加载于无线电波之上。当电波通过空间传播到达收信端，电波引起的电磁场变化又会在导体中产生电流。通过解调将信息从电流变化中提取出来，就达到了信息传递的目的。

（2）微波。微波是指频率为300 MHz～300 GHz的电磁波，是无线电波中一个有限频带的简称，即波长在1 m（不含1 m）到1 mm之间的电磁波，是分米波、厘米波、毫米波的统称。微波频率比一般的无线电波频率高，通常也称为"超高频电磁波"。

（3）红外线。红外线是太阳光线中众多不可见光线中的一种，波长介乎微波与可见光之间的电磁波，波长在760 nm至1 mm之间，是比红光长的非可见光。高于绝对零度（－273.15℃）的物质都可以产生红外线。现代物理学称之为热射线。医用红外线可分为两类：近红外线与远红外线。含热能，太阳的热量主要通过红外线传到地球。太阳光谱中，红光的外侧必定存在看不见的光线，这就是红外线。也可以作为传输的媒介。

（4）蓝牙。蓝牙是一种支持设备短距离通信（一般在10 m内）的无线电技术。能在包括移动电话、PDA、无线耳机、笔记本计算机、相关外设等之间进行无线信息交换。能够有效地简化移动通信终端设备之间的通信，也能够简化设备与互联网之间的通信，从而数据传输变得更加迅速高效。

（三）按网络拓扑结构分类

计算机网络的拓扑结构是指网上计算机或设备与传输媒介所形成的结点与线的物理构成模式，主要由通信子网决定。网络的结点有两类：一类是转换和交换信息的转接结点，包括结点交换机、集线器和终端控制器等；另一类是访问结点，包括计算机主机和终端等。拓扑结构主要分类及其优缺点如表6-2所示。

表6-2 拓扑结构主要分类及其优缺点

拓扑结构	描　　述	优　　点	缺　　点	拓扑结构例图
总线型拓扑	由一条高速公用主干电缆即总线连接若干个结点构成，所有的结点通过总线进行信息的传输，是使用最普遍的一种网络	结构简单灵活，建网容易，使用方便，性能好	一次仅能一个端用户发送数据，其他端用户必须等待获得发送权。媒体访问获取机制较复杂；主干总线对网络起决定性作用，总线故障将影响整个网络	

续　表

拓扑结构	描　述	优　点	缺　点	拓扑结构例图
星型拓扑	由中央结点集线器与各个结点连接组成,各结点必须通过中央结点才能实现通信	结构简单、建网容易,便于控制和管理	中央结点负担较重,容易形成系统的"瓶颈",线路的利用率也不高	
环型拓扑	由各结点首尾相连形成一个闭合环型线路。信息传送是单向的,即沿一个方向从一个结点传到另一个结点;每个结点需安装中继器,以接收、放大、发送信号	结构简单,建网容易,便于管理	当结点过多时,将影响传输效率,不利于扩充	
树型拓扑	这是一种分级结构,任意两个结点之间不产生回路,每条通路都支持双向传输	扩充方便、灵活,成本低,易推广,适合于分主次或分等级的层次型管理系统	由于结点之间有多条线路相连,所以网络的可靠性较高。由于结构比较复杂,建设成本较高	

五、常用网络连接设备

网络连接设备是把网络中的通信线路连接起来的各种设备的总称,这些设备包括中继器、集线器、交换机和路由器等。由于传输介质不同,连接线缆的接口也不相同,下面将介绍目前常用的网设备和使用的接口。

（一）常见网络设备

1. 中继器

中继器（repeater）是一种放大模拟信号或数字信号的网络连接设备,如图6-4所示。它接收传输介质中的信号,将其复制、调整和放大后再发送出去,从而使信号能传输得更远,延长信号传输的距离。中继器不具备检查和纠正错误信号的功能,只是转发信号。

2. 集线器

集线器（hub）的主要功能是对接收到的信号进行再生整形放大,以扩大网络的传输距离,同时把所有节点集中在以集线器为中心的节点上,如图6-5所示。

图6-4　中继器

图6-5　集线器

集线器工作于 OSI(开放系统互联)参考模型第一层,即"物理层"。集线器与网卡、网线等传输介质一样,属于局域网中的基础设备。集线器可以视作多端口的中继器,若侦测到碰撞,会提交阻塞信号。

3. 交换机

交换机(switch)又称交换式集线器,如图 6-6 所示,在网络中用于完成与其相连的线路之间的数据单元的交换,是一种基于 MAC(网卡的硬件地址)识别,完成封装、转发数据包功能的网络设备。在局域网中可以用交换机来代替集线器,其数据交换速度比集线器快得多。

交换机工作于 OSI 参考模型的第二层,即数据链路层。交换机内部的 CPU 会在每个端口成功连接时,通过将 MAC 地址和端口对应,形成一张 MAC 表。在今后的通信中,发往该 MAC 地址的数据包将仅送往其对应的端口,而不是所有的端口。因此,交换机可用于划分数据链路层广播,即冲突域;但交换机不能用于划分网络层广播,即广播域。

4. 路由器

路由器(router)是连接因特网中各局域网、广域网的设备,如图 6-7 所示,会根据信道的情况自动选择和设定路由,以最佳路径,按前后顺序发送信号。路由器是互联网络的枢纽,"交通警察"。目前路由器已经广泛应用于各行各业,各种不同档次的产品已成为实现各种骨干网内部连接、骨干网间互联和骨干网与互联网互联互通业务的主力军。路由和交换机之间的主要区别就是交换机发生在 OSI 参考模型第二层(数据链路层),而路由发生在第三层,即网络层。这一区别决定了路由和交换机在移动信息的过程中需使用不同的控制信息,所以说两者实现各自功能的方式是不同的。

图 6-6　交换机

图 6-7　路由器

随着无线网络的发展,无线路由器应运而生,也就是带有无线覆盖功能的路由器,主要应用于用户上网和无线覆盖。市场上流行的无线路由器一般都支持专线 XDSL、CABLE、动态 XDSL、PPTP 四种接入方式,无线路由器还具有其他一些网络管理的功能,如 DHCP 服务、NAT 防火墙、MAC 地址过滤等功能。

相关知识

一、IP 地址及应用

(一)IP 地址概述

IP 是英文 Internet protocol 的缩写,意思是"网络之间互连的协议",也就是为计算机网络相互连接进行通信而设计的协议。在因特网中,它是能使连接到网上的所有计算机网络实现相互通信的一套规则,规定了计算机在因特网上进行通信时应当遵守的规则。任何厂家生产的计算机系统,只要遵守 IP 协议就可以与因特网互连互通。正是因为有了 IP 协议,因特网才得以迅速发展成为世界上最大的、开放的计算机通信网络。因此,IP 协议也可以称为"因特网协议"。

IP 地址被用来给 Internet 上的计算机一个网络编号。大家日常见到的情况是每台联网的 PC 上都需要有 IP 地址,才能正常通信。我们可以把"个人计算机"比作"一台电话",那么"IP 地址"就相当于"电话号码",而 Internet 中的路由器,就相当于电信局的"程控式交换机"。

　　IP地址是一个32位的二进制数,通常被分割为4个"8位二进制数"(也就是4个字节)。IP地址通常用"点分十进制"表示成(a. b. c. d)的形式,其中,a、b、c、d都是0~255之间的十进制整数。例如,点分十进IP地址(100.4.5.6),实际上是32位二进制数(01100100.00000100.00000101.00000110)。

　　(二)IP地址类型

　　IP地址的分类如表6-3所示。

表6-3　IP地址的分类

类别	最大网络数	公有IP地址范围	最大主机数	私有IP地址范围
A	$126(2^7-2)$	0.0.0.0~127.255.255.255	16 777 214	10.0.0.0~10.255.255.255
B	$16\,384(2^{14})$	128.0.0.0~191.255.255.255	65 534	172.16.0.0~172.31.255.255
C	$2\,097\,152(2^{21})$	192.0.0.0~223.255.255.255	254	192.168.0.0~192.168.255.255

　　1. 公有地址

　　公有地址由Internet NIC(因特网信息中心)负责。这些IP地址分配给注册并向Internet NIC提出申请的组织机构。通过它直接访问因特网。每个IP地址包括两个标识码(ID),即网络ID和主机ID。同一个物理网络上的所有主机都使用同一个网络ID,网络上的一个主机(包括网络上工作站、服务器和路由器等)有一个主机ID与其对应。Internet委员会定义了5种IP地址类型以适合不同容量的网络,即A~E类。

　　其中A、B、C三类由Internet NIC在全球范围内统一分配,D、E类为特殊地址。

　　2. 私有地址

　　私有地址属于非注册地址,专门为组织机构内部使用。

　　以下列出留用的内部私有地址范围:

　　A类:10.0.0.0~10.255.255.255;

　　B类:172.16.0.0~172.31.255.255;

　　C类:192.168.0.0~192.168.255.255。

　　3. 特殊的网址

　　(1) 每一个字节都为0的地址("0.0.0.0")对应于当前主机;

　　(2) IP地址中的每一个字节都为1的IP地址("255.255.255.255")是当前子网的广播地址;

　　(3) IP地址中凡是以"11110"开头的E类IP地址都保留用于将来和实验使用;

　　(4) IP地址中不能以十进制"127"作为开头,该类地址中数字127.0.0.1~127.255.255.255用于回路测试,例如,127.0.0.1可以代表本机IP地址,用"http://127.0.0.1"就可以测试本机中配置的Web服务器;

　　(5) 网络ID的第一个8位组不能全置为"0",全"0"表示本地网络。

　　4. 设置本机IP方法

　　开始→运行→cmd→ipconfig/all,可以查询本机的IP地址,以及子网掩码、网关、物理地址(Mac地址)、DNS等详细情况。

　　设置本机的IP地址可以通过网上邻居→本地连接→属性→TCP/IP,即可进行本机IP设置。

　　5. IPv6

　　随着信息技术的发展,网络IP地址不足,严重地制约了中国及其他国家互联网的应用和发展。IPv6应运而生,单从数量级上来说,IPv6所拥有的地址容量是IPv4的约8×10^{28}倍,达到2^{128}(算上全零的)个。这不但解决了网络地址资源数量的问题,同时也为除计算机外的设备连入互联网在数量限制上扫清了障碍。

二、OSI 参考模型

1. OSI 参考模型的含义

OSI(open system interconnect)即开放系统互联,一般称作 OSI 参考模型,是 ISO(国际标准化组织)组织在 1985 年研究的网络互联模型。该体系结构标准定义了网络互连的七层框架(物理层、链路层、网络层、传输层、会话层、表示层和应用层),即 ISO 开放系统互连参考模型。在这一框架下进一步详细规定了每一层的功能,以实现开放系统环境中的互连性、互操作性和应用的可移植性。

2. OSI 参考模型及每层功能

OSI 参考模型及每层功能如图 6-8 所示。

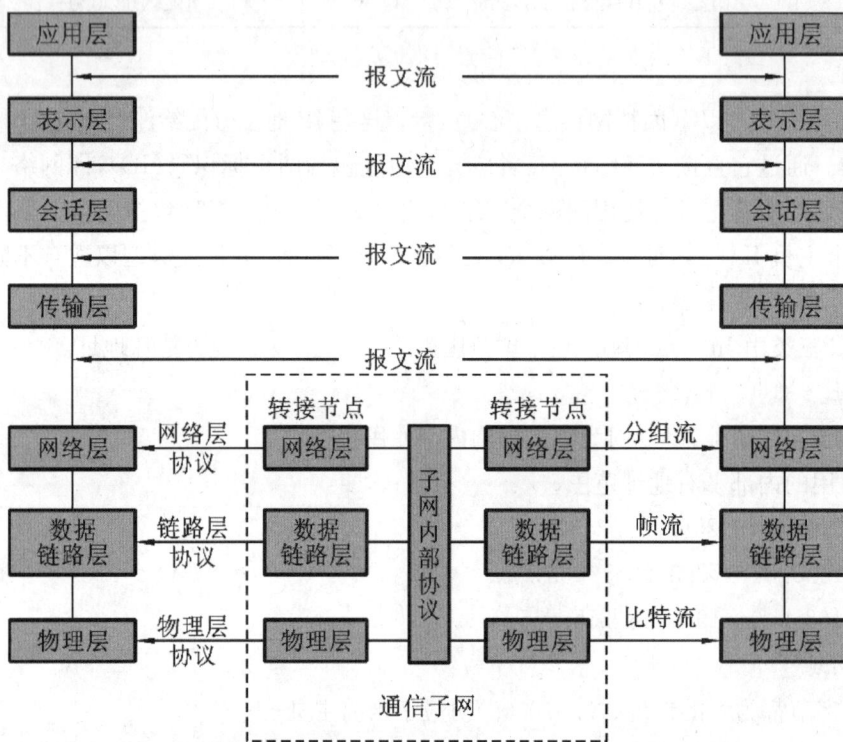

图 6-8 OSI 参考模型及每层功能

(1) 物理层(physical layer)。物理层是 OSI 参考模型的最底层,它利用传输介质为数据链路层提供物理连接。主要作用是通过物理链路从一个节点向另一个节点传送比特流,物理链路可能是铜线、卫星、微波或其他的通信媒介。物理层关心的是链路的机械、电气、功能和规程特性。还涉及通信工程领域内的一些问题。物理层的主要设备是中继器、集线器。

(2) 数据链路层(data link layer)。数据链路层通过物理网络链路提供可靠的数据传输。将上层数据封装成固定格式,数据帧中包含物理地址(MAC 地址)、控制码、数据及校验码等信息。该层的主要作用是通过校验、确认和反馈重发等手段,将不可靠的物理链路转换成对网络层来说无差错的数据链路。数据链路层主要设备是二层交换机、网桥。

(3) 网络层(network layer)。网络层主要实现为数据传送的目的地寻址,再选择出传送资料的最佳路线。网络层是为传输层提供服务的,传送的协议数据单元称为数据包或分组。该层的主要作用是解决如何使数据包通过各结点传送的问题,即通过路径选择算法(路由)将数据包送到目的地。另外,为避免通信子网中出现过多的数据包而造成网络阻塞,需要对流入的数据包数量进行控制(拥塞控制)。当数据包要跨越多个通信子网才能到达目的地时,还需要解决网际互联的问题。网络层主要设备是路由器。

(4)传输层(transport layer)。传输层的作用是为上层协议提供端到端的可靠和透明的数据传输服务,包括处理差错控制和流量控制等问题。该层向高层屏蔽了下层数据通信的细节,使高层用户看到的只是在两个传输实体间的一条主机到主机的、可由用户控制和设定的、可靠的数据通路。传输层传送的协议数据单元称为段或报文。

(5)会话层(session layer)。会话层主要功能是管理和协调不同主机上各种进程之间的通信(对话),即负责建立、管理和终止应用程序之间的会话。会话层得名的原因是它类似于两个实体间的会话概念。例如,一个交互的用户会话以登录到计算机开始,以注销结束。

(6)表示层(presentation layer)。表示层处理流经结点的数据编码的表示方式问题,以保证一个系统应用层发出的信息可被另一系统的应用层读出。如果必要,该层可提供一种标准表示形式,用于将计算机内部的多种数据表示格式转换成网络通信中采用的标准表示形式。数据压缩和加密也是表示层可提供的转换功能之一。

(7)应用层(application layer)。应用层是 OSI 参考模型的最高层,是用户与网络的接口。该层通过应用程序来完成网络用户的应用需求,如文件传输、收发电子邮件等。

🛠 任务小结

通过本任务的学习,了解了网络的基础理论知识,进一步明确了网络是什么,网络的来龙去脉,网络的分类,网络中的各种设备,网络中 IP 地址相关知识。为我们接下来的操作任务打下了理论基础。

任务二　网络安全与防护

💻 任务描述

网络以其信息实时、更新快、内容丰富等特点给用户带来极大的便利,但是网络安全问题日益凸显,如信息泄露、病毒、木马或僵尸网络控制等,对国家的安全、社会的稳定以及政府的形象、个人隐私具有重要作用,因此,了解网络面临的安全威胁和防护措施显得尤为重要和迫切。

📏 任务目标

- 了解网络面临的安全威胁;
- 掌握基本的网络安全防范措施。

📋 任务实现

一、人为失误威胁及防范

(一)人为失误威胁表现

人为失误指的是用户自己无意中操作失误而引发的网络不安全。如网络管理员安全配置不当造成安全漏洞,用户安全意识淡薄,口令选择不慎,将自己的账户随意转借他人或与别人共享,密码泄露等。

（二）人为失误威胁防范措施

针对人为无意造成的网络安全威胁,要从提高技术和增强安全意识两方面做好防范。在技术上做好用户账户安全信息管理。在用户使用网络时,各种账号的密码等设置成较为复杂的密码,尽量采用数字、字母、特殊符号相结合的密码组合方式。同时各个账号,尤其是涉及金融信息的账户尽量密码不要一样,且定期更换密码等。同时,在思想上要绷紧安全这根弦,勿将账号转借或分享他人使用,以防密码泄露。

二、恶意攻击威胁及防范

人为恶意攻击是目前网络所面临的最大威胁,下面介绍几种常见的网络攻击方式及防范策略。

（一）口令入侵及其防范方法

所谓口令入侵,就是指用一些软件解开已经得到但被人加密的口令文档,不过许多黑客已大量采用一种可以绕开或屏蔽口令保护的程序来完成这项工作。对于那些可以解开或屏蔽口令保护的程序通常被称为"Crack"。由于这些软件的广为流传,使得入侵计算机网络系统有时变得相当简单,一般不需要很深入了解系统的内部结构,黑客初学者经常采用这种方法。

以电子邮箱的密码为案例讲解,全密码保护,包括动态密保、邮件密码、文件夹单独密码、锁屏密码、网盘密码,从不同的保护强度、不同的保护方式、不同的应用场景等多方面保护邮箱密码安全。

1. 动态密保

采用基于时间同步的双因素动态密码技术,支持每 60 秒自动更新密码,针对网络监听等黑客现象,能够最大限度地保卫用户账户信息安全。此外,邮箱的动态密保应用,需要邮箱管理员进行绑定后方可使用,也就是说一个密保对应一个账号,杜绝动态密保冒用和用户假冒。

2. 邮件密码

在发送重要或涉密邮件时,邮箱的用户可以添加独立邮件密码,那么,收件人只有进行密码解锁才能读取邮件正文和附件内容。这样在邮件传输过程中,就算被黑客跟踪,黑客也无法直接看到邮件内容,从而确保邮件信息的安全。

3. 文件夹单独密码

针对外部来信,用户可以采用邮箱的邮件过滤器,自动将重要文件归入一个自定义文件夹。

4. 锁屏密码

在写信的过程中,临时有事需要离开座位,不想把邮箱页面关掉,又不希望被别人看到邮件内容,怎么办? 很简单,邮箱的用户可以使用锁屏功能。锁屏后,邮箱保持在线,需输入正确的邮箱密码后才能再次操作。

5. 网盘密码

邮箱的网络硬盘应用是企业存放和分享文件的重要工具。邮箱的用户可以为整个网盘或者网盘内的某个文件夹进行密码加锁,这样既可以放心共享文件给同事,又可以保护私人文件。

（二）网络扫描及其防范方法

"常在网上漂,肯定被扫描"。网络扫描无处不在。对于服务器来说,被扫描是危险的开始。

1. 地址扫描

运用 ping 这样的程序探测目标地址,对此作出响应的表示其存在。

防御：在防火墙上过滤掉 ICMP 应答消息。

2. 端口扫描

通常使用一些软件,向大范围的主机连接一系列的 TCP 端口,扫描软件报告它成功地建立了连接的主机所开的端口。

防御：许多防火墙能检测到是否被扫描，并自动阻断扫描企图。

3. 反向映射

黑客向主机发送虚假消息，然后根据返回"host unreachable"这一消息特征判断出哪些主机是存在的。目前由于正常的扫描活动容易被防火墙侦测到，黑客转而使用不会触发防火墙规则的常见消息类型，这些类型包括：RESET 消息、SYN - ACK 消息、DNS 响应包。

防御：NAT 和非路由代理服务器能够自动抵御此类攻击，也可以在防火墙上过滤"host unreachable" ICMP 应答。

4. 慢速扫描

由于一般扫描侦测器的实现是通过监视某个时间桢里一台特定主机发起的连接的数目（如每秒 10 次）来决定是否在被扫描，这样黑客可以通过使用扫描速度慢一些的扫描软件进行扫描。

防御：通过引诱服务来对慢速扫描进行侦测。

实例：禁用 NetBIOS。

步骤 1：打开 Internet 协议版本 4（TCP/IP）属性，单击"高级"按钮，如图 6 - 9 所示。

步骤 2：打开 WINS 选项卡，在"NetBIOS 设置"中选择"禁用 TCP/IP 上的 NetBIOS"，如图 6 - 10 所示。

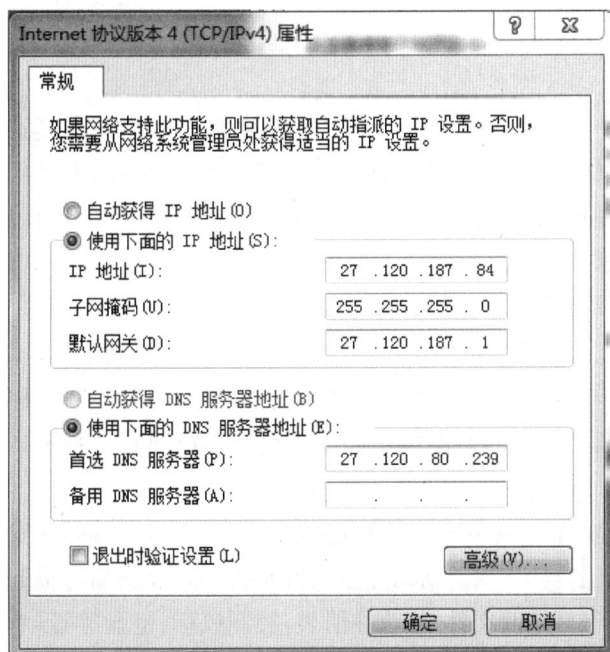

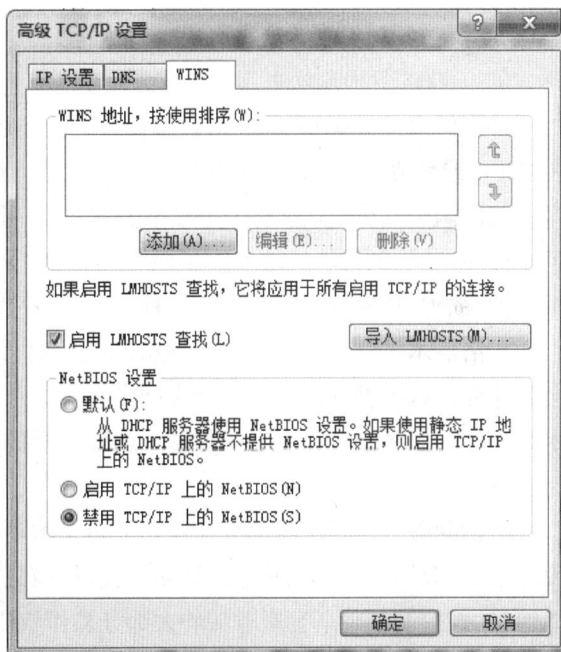

图 6 - 9　高级属性设置　　　　　　　图 6 - 10　禁用 NetBIOS 设置

（三）拒绝服务攻击及其防范方法

拒绝服务（denial of service），也就是我们常说的 DoS。

拒绝服务就是用超出被攻击目标处理能力的海量数据包消耗可用系统、带宽资源，致使网络服务瘫痪的一种攻击手段，如图 6 - 11 所示。在早期，拒绝服务攻击主要是针对处理能力比较弱的单机，如个人 PC，或是窄带宽连接的网站，对拥有高带宽连接，高性能设备的网站影响不大。

在 1999 年底，伴随着分布式拒绝服务（DDoS）的出现，高端网站高枕无忧的局面不复存在。DDoS 的实现是借助数百，甚至数千台被植入攻击守护进程的攻击主机对目标同时发起的集团作战行为。因此，分布式拒绝服务也被称为"洪水攻击"。常见的 DDoS 攻击手法有 UDP Flood、SYN Flood、ICMP

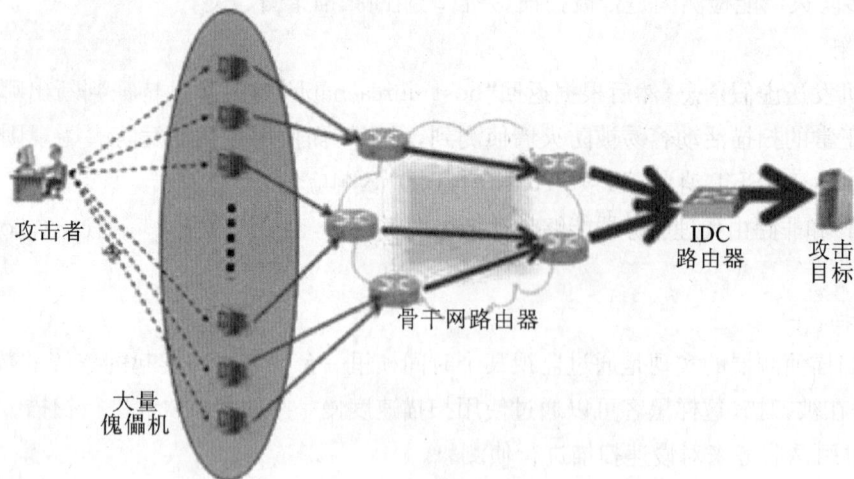

图 6 - 11　拒绝服务攻击

Flood、TCP Flood、Proxy Foold 等。

要使系统免受 DoS 攻击,管理员需要积极谨慎地维护系统,确保无安全隐患和漏洞;而针对恶意攻击方式则需要安装 UTM(统一威胁管理)等安全设备,过滤 DoS 攻击,同时应当定期查看安全设备的日志,以便及时发现对系统安全造成威胁的行为。

（四）特洛伊木马攻击及其防范方法

特洛伊木马没有复制能力,它的特点是伪装成一个实用工具或者一个可爱的游戏,诱使用户将其安装在 PC 或者服务器上。如今黑客程序借用特洛伊木马,有"一经潜入,后患无穷"之意。完整的木马程序一般由两个部分组成:一个是服务器程序,一个是控制器程序。"中了木马"就是指安装了木马的服务器程序,若你的计算机被安装了服务器程序,则拥有控制器程序的人就可以通过网络控制你的计算机,为所欲为,这时你计算机上的各种文件、程序以及在你计算机上使用的账号、密码就无安全可言了。

特洛伊木马程序不能算是一种病毒,程序本身在无人操控的情况下不会像蠕虫病毒般复制感染,不会破坏操作系统及硬件。随着越来越多新版的杀毒软件,开始可以查杀一些木马了,所以也有不少人称木马程序为黑客病毒。它是一种基于远程控制的黑客工具,具有隐蔽性和非授权性和迅速感染系统文件的特点。

所谓隐蔽性是指木马的设计者为了防止木马被发现,会采用多种手段隐藏木马,这样服务端即使发现感染了木马,由于不能确定其具体位置,往往只能望"马"兴叹。所谓非授权性是指一旦控制端与服务端连接后,控制端将享有服务端的大部分操作权限,包括修改文件,修改注册表,控制鼠标、键盘等等,而这些权力并不是服务端赋予的,而是通过木马程序窃取的。

防范:传统的木马一般都要求用户运行某一文件,如 *. exe, *. com, *. bat 等,所以对于这类木马的防范就是尽量不要点击、运行不知名和不确定的文件,特别是通过邮件和网上下载的文件,对于可疑的下载文件要直接删除。对于下载的 ZIP 与自解压文件,应先解开再杀毒,以防止杀毒软件漏报,解压并不能发动木马程序,及时升级杀毒软件,有条件的可以加装桌面防火墙。不要使用过于简单的口令。有些解码程序是可以读出写入 Windows 的 PWL 文件的开机口令、联入网络的用户名、口令、密码不要用与用户名相同、纯数字、由英文单词组成、6 位以内的密码,好的密码应该有 8 位或以上,且为数字、字母及特殊符号的组合。

（五）DNS 欺骗攻击及其防范方法

DNS 欺骗就是攻击者冒充域名服务器的一种欺骗行为。

一旦冒充域名服务器成功,便可把用户查询的 IP 地址设为攻击者的 IP 地址,这样的话,用户上网就只能看到攻击者的主页,而不是用户想要取得的网站的主页了,这就是 DNS 欺骗的基本原理。DNS 欺骗其实并不是真的"黑掉"了对方的网站,而是冒名顶替、招摇撞骗罢了。

防范:DNS 欺骗攻击是很难防御的,因为这种攻击大多数本质上都是被动的。通常情况下,除非发生欺骗攻击,当你打开的网页与你想要看到的网页有所不同,否则你不可能知道你的 DNS 已经被欺骗。在很多针对性的攻击中,用户都无法知道自己已经将网上银行账号信息输入到错误的网址,直到接到银行的电话告知其账号已购买某某高价商品时用户才会知道。这就是说,在抵御这种类型攻击方面还是有迹可循。

保护内部设备:DNS 欺骗攻击大多数都是从网络内部执行攻击的,如果你的网络设备很安全,那么那些感染的主机就很难向你的设备发动欺骗攻击。

不要依赖 DNS:在高度敏感和安全的系统,你通常不会在这些系统上浏览网页,最后不要使用 DNS。如果你有软件依赖于主机名来运行,那么可以在设备主机文件里手动指定。

使用入侵检测系统:只要正确部署和配置,使用入侵检测系统就可以检测出大部分形式的 ARP 缓存中毒攻击和 DNS 欺骗攻击。

(六)IP 欺骗攻击与防护

IP 欺骗技术起源于 1985 年美国罗伯特·T. 莫里斯(Robert T. Morris)的一篇关于 Unix 中 TCP/IP 缺陷的文章:攻击者可以利用 TCP/IP 协议本身的漏洞来进行攻击,以达到入侵目标主机的目的。因为罗伯特·T. 莫里斯的这一行为,成了第一个被 1986 年计算机欺诈和滥用法令起诉的人。

1. IP 欺骗的定义

IP 欺骗就是伪造他人的 IP 地址与入侵主机联系,通过另外一台机器来代替自己的方式借以达到蒙混过关的目的。

按照 Internet Protocal(IP)网络互联协议,数据包包头包含来源地和目的地信息。而 IP 地址欺骗,就是通过伪造数据包包头,使显示的信息源不是实际的来源,其实这个数据包是从另一台计算机上发送的。单从 IP 地址来看,你会认为那只是你邻居、对门、室友的计算机,或者是你在公司、学校的服务器等。而一旦骗取用户的信任,黑客就会把数据或命令注入客户/服务应用之间或对等网络连接之间传送已存在的数据流中。

2. IP 欺骗的原理

攻击者 B 首先要对受信任者 C 进行 Flood 以免它对目标 A 的 TCP 产生 RST 回应而影响效果(这步不算难),然后攻击者 B 伪装成 C 的 IP 对目标 A 发起 SYN,目标 A 会向受信任者 C 回应 SYN＋ACK,所以 C 这个时候必须无响应,作为攻击者 B 收不到 A 给 C 的 SYN＋ACK,所以必须对 A 的 TCP ISN 进行预测,然后以正确的 ACK 值(A 的 ISN＋1)和要发送的数据回复给目标 A 完成一次攻击。

3. IP 欺骗的防护

IP 地址欺骗常见于拒绝服务攻击(DoS attack),大量伪造来源的信息被发送到目标计算机或系统。攻击者制造大量的,伪造成来自不同 IP 的数据请求,这些 IP 地址任选自服务器可以提供的 IP 段,同时隐藏真实 IP,如同一个面具杀手。现在一般将 IP 地址欺骗作为其他攻击方法的辅助方法,使得依靠禁用特定 IP 的防御方法失效。有时这种方法用于突破网络安全防御而侵入系统,不过需要一次制造大量数据包,因此这种侵入手段显得笨拙费劲。安全措施不完备的网络内,比如互相信任的企业局域网,是这种攻击的高发地。

网关过滤源地址在内网的外网数据包或者源地址在外网的内网数据包,前者可能攻击内网计算机,后者则攻击外网。

识别 IP 欺骗的方式主要可以通过查看 Mac 地址来做到。防止欺骗的最好方法是在相互通信的两台服务器上做双向的 Mac 地址绑定。

也有人提议修改网络协议，不依赖 IP 认证，使 IP 地址欺骗失效。

有些高层协议拥有独特的防御方法，比如 TCP（传输控制协议）通过回复序列号来保证数据包来自已建立的连接。由于攻击者通常收不到回复信息，因此无从得知序列号。不过有些老机器和旧系统的 TCP 序列号可以被探得。

应用程序服务器和网络设备用 IP 地址标识客户端。应用程序服务器经常缓存来自同一台计算机的客户端信息。网络路由器则尝试缓存源信息和目标信息来优化吞吐量。如果许多用户使用同一个 IP 地址，服务器和路由器都将尝试优化处理。由于同一台负载发生器计算机上的 Vuser 具有相同的 IP 地址，因此服务器和路由器优化不反映真实情况。在场景运行时，每台负载发生器计算机上的 Vuser 都使用其计算机的固定 IP 地址，这样就不能模拟用户使用不同计算机的真实情况。

使用 LoadRunner 的多 IP 地址功能，可以用许多 IP 地址来标识在一台计算机上运行的多个 Vuser。这样，服务器和路由器将认为 Vuser 来自不同的计算机，因此测试环境更加真实。LoadRunner 在设计的时候就想到这个问题了，这就是 IP 欺骗技术。但是在使用 IP 欺骗时需要注意 IP Spoofer 要在连接 Load Generator 之前启用，并且各负载发生器计算机必须使用固定 IP，不能使用动态 IP（即 DHCP）。

三、软件漏洞与后门威胁与防范

任何一款软件都或多或少存在漏洞，这些漏洞和缺陷恰恰给攻击者可乘之机。绝大部分网络入侵事件都是因为安全措施不完善，没有及时补上系统漏洞造成的。此外，软件公司的编程人员为便于维护而设置的软件"后门"也是不容忽视的巨大威胁，一旦"后门"遭到攻击而洞开，别人就能随意进入系统，后果不堪设想。

防范：及时关注软件厂商发布的补丁，同时在使用互联网时，必须及时安装补丁，从而有效避免漏洞程序所带来的威胁，要及时完善安装漏洞及补丁等程序，实现及时对计算机网络信息的监管。

四、其他防范措施

网络时刻面临各种威胁，各种病毒、木马等层出不穷，除以上常见防御措施外，我们还要做到以下几点：

（1）增强防范意识，加强安全技能培训及管理；

（2）安装杀毒软件，定期升级并经常杀毒；

（3）合理设置防火墙；

（4）及时对系统、软件进行更新，打补丁；

（5）加强对网络物理设备的安全管理。

相关知识

一、计算机病毒

（一）计算机病毒的定义

计算机病毒在《中华人民共和国计算机信息系统安全保护条例》中有明确定义，病毒指"编制者在计算机程序中插入的破坏计算机功能或者破坏数据，影响计算机使用并且能够自我复制的一组计算机指令或者程序代码"。

与医学上的"病毒"不同，计算机病毒不是天然存在的，是某些人利用计算机软件和硬件所固有的脆弱性编制的一组指令集或程序代码。它能通过某种途径潜伏在计算机的存储介质(或程序)里,当达到某种条件时即被激活,通过修改其他程序的方法将自己的精确拷贝或者以可能演化的形式放入其他程序中。从而感染其他程序,对计算机资源进行破坏,所谓的病毒就是人为造成的,对其他用户的危害性很大。

(二)计算机病毒的特征

1. 繁殖性

计算机病毒可以像生物病毒一样进行繁殖,当正常程序运行的时候,它也进行运行自身复制。是否具有繁殖、感染的特征是判断某段程序为计算机病毒的首要条件。

2. 破坏性

计算机中毒后,可能会导致正常的程序无法运行,计算机内的文件会被删除或受到不同程度的损坏。通常表现为增、删、改、移。

3. 传染性

计算机病毒不但本身具有破坏性,更可怕的是具有传染性,一旦病毒被复制或产生变种,其速度之快令人难以预防。传染性是病毒的基本特征。只要一台计算机感染病毒,如不及时处理,那么病毒会在这台计算机上迅速扩散,计算机病毒可通过各种可能的渠道,如软盘、硬盘、移动硬盘、计算机网络去传染其他的计算机。当您在一台机器上发现病毒时,往往曾在这台计算机上用过的软盘已感染上了病毒,而与这台机器相联网的其他计算机也许已经被该病毒传染了。是否具有传染性是判别一个程序是否为计算机病毒的最重要条件。

4. 潜伏性

有些病毒像定时炸弹一样,什么时间发作是预先设定好的。比如黑色星期五病毒,不到预定时间一点都不会被觉察出来,等到条件具备的时候一下子就爆炸开来,对系统进行破坏。一个编制精巧的计算机病毒程序,进入系统之后一般不会马上发作,病毒可以静静地躲在磁盘或磁带里待上几天,甚至几年,一旦时机成熟,得到运行机会,便四处繁殖、扩散,继续危害。潜伏性的第二种表现是指,计算机病毒的内部往往有一种触发机制,不满足触发条件时,计算机病毒除了传染外不做别的破坏。触发条件一旦得到满足,有的在屏幕上显示信息、图形或特殊标识,有的则执行破坏系统的操作,如格式化磁盘、删除磁盘文件、对数据文件做加密、封锁键盘以及使系统死锁等。

5. 隐蔽性

计算机病毒具有很强的隐蔽性,有的可以通过病毒软件检查出来,有的根本就查不出来,有的时隐时现、变化无常,这类病毒处理起来通常很困难。

6. 可触发性

病毒因某个事件或数值的出现,病毒被诱使实施感染或进行攻击的特性称为可触发性。为了隐蔽自己,病毒必须潜伏,少做动作。如果完全不动,一直潜伏的话,病毒既不能感染也不能进行破坏,便失去了杀伤力。病毒既要隐蔽又要维持杀伤力,它必须具有可触发性。病毒的触发机制就是用来控制感染和破坏动作的频率的。病毒具有预定的触发条件,这些条件可能是时间、日期、文件类型或某些特定数据等。病毒运行时,触发机制检查预定条件是否满足,如果满足,启动感染或破坏动作,使病毒进行感染或攻击;如果不满足,则病毒继续潜伏。

(三)计算机病毒的分类

计算机病毒可以根据下面的属性进行分类。

1. 存在媒体

根据病毒存在的媒体,病毒可以划分为网络病毒、文件病毒、引导型病毒。网络病毒通过计算机网络传播感染网络中的可执行文件,文件病毒感染计算机中的文件(如 COM、EXE、DOC 等),引导型病毒感染启动扇区(Boot)和硬盘的系统引导扇区(MBR),还有这三种情况的混合型,例如,多型病毒(文件和引导型)感染文件和引导扇区两种目标,这样的病毒通常都具有复杂的算法,它们使用非常规的办法侵入系统,同时使用加密和变形算法。

2. 传染渠道

根据病毒传染的方法可把病毒分为驻留型病毒和非驻留型病毒。驻留型病毒感染计算机后,把自身的内存驻留部分放在内存(RAM)中,这一部分程序挂接系统调用并合并到操作系统中去,它处于激活状态,一直到关机或重新启动。非驻留型病毒在得到机会激活时并不感染计算机内存,一些病毒在内存中留有小部分,但是并不通过这一部分进行传染。

3. 破坏能力

无害型:除了传染时减少磁盘的可用空间外,对系统没有其他影响。

无危险型:这类病毒仅仅是减少内存、显示图像、发出声音及同类音响。

危险型:这类病毒在计算机系统操作中造成严重的错误。

非常危险型:这类病毒删除程序、破坏数据、清除系统内存区和操作系统中重要的信息。这些病毒对系统造成的危害,并不是本身的算法中存在危险的调用,而是当它们传染时会引起计算机无法预料的和灾难性的破坏。由病毒引起其他的程序产生的错误也会破坏文件和扇区,这些病毒也按照他们引起的破坏能力划分。

(四)计算机病毒的症状

(1)在特定情况下屏幕上出现某些异常字符或特定画面;

(2)文件长度异常增减或莫名产生新文件;

(3)一些文件打开异常或突然丢失;

(4)系统无故进行大量磁盘读写或未经用户允许进行格式化操作;

(5)系统出现异常的重启现象,经常死机,或者蓝屏无法进入系统;

(6)可用的内存或硬盘空间变小;

(7)打印机等外部设备出现工作异常;

(8)在汉字库正常的情况下,无法调用和打印汉字或汉字库无故损坏;

(9)磁盘上无故出现扇区损坏;

(10)程序或数据的神秘消失了,文件名不能辨认等。

(五)计算机病毒的预防

根据计算机病毒的传播特点,防治计算机病毒关键是要注意以下几点:

(1)提高对计算机病毒危害的认识;

(2)养成使用计算机的良好习惯;

(3)大力普及杀毒软件,充分利用和正确使用现有的杀毒软件,定期查杀计算机病毒,并及时升级杀毒软件;

(4)及时了解特定计算机病毒的发作时间,及时采取措施;

(5)开启计算机病毒查杀软件的实时监测功能,特别是有利于及时防范利用网络传播的病毒;

(6)加强对网络流量等异常情况的监测,做好异常情况的技术分析;

(7)有规律的备份系统关键数据,建立应对灾难的数据安全策略和灾难恢复计划,保证备份的数据能够正确、迅速地恢复。

二、关于黑客

（一）黑客的起源

黑客（hacker）源于英语动词 hack，引申为"干了一件非常漂亮的工作"。它起源于 20 世纪 50 年代麻省理工学院的实验室，用于指代那些独立思考、精力充沛、非常聪明并富有创造力，热衷于解决问题的程序员和设计人员。他们智力超群，对计算机全身心投入，从事黑客活动意味着对计算机的最大潜力进行智力上的自由探索，他们为计算机技术的发展做出了巨大贡献。

20 世纪 70 年代，出现了更多的"黑客"，这些"黑客"同样具有高超的技术，但以侵入别人的系统为乐，利用网络漏洞破坏网络，随意修改别人的资料，做出有损他人权益的事情，这就是"骇客"（cracxe，破坏者）。随之，"黑客"的含义也发生了很大变化，更多人把它当作网络入侵者的代名词。

（二）黑客的特征

（1）热衷挑战。如果能发现大公司机构或安全公司的问题，就能证明自己的能力。

（2）崇尚自由。这是从国外黑客的角度来说的。这种自由是一种无限的自由，可以说是自由主义者、无政府主义的理念，是在美国 20 世纪 60 年代的反主流的文化中形成的。

（3）主张信息的共享。

（4）反叛精神。年轻人的最大特点之一就是富有反叛精神，藐视传统与权威，有热情，有冲劲。

（5）由于黑客进入的是他们权限以外的计算机系统，因此，常常表现为程度不同的破坏性行为。

（三）黑客的攻击步骤

一次成功的入侵，一般需要五个步骤：① 隐藏 IP；② 信息搜集（探测、扫描、监听）；③ 实施入侵（获得管理员权限）；④ 保持访问（种植后门等）；⑤ 隐藏踪迹（清除日志）。

三、关于木马

（一）木马

木马（Trojan）这个名字来源于古希腊传说（荷马史诗中木马计的故事，Trojan 一词的本意是特洛伊的，即代指特洛伊木马，也就是木马计的故事）。

木马会想尽一切办法隐藏自己，主要途径有：在任务栏中隐藏自己，这是最基本的办法。只要把 Form 的 Visible 属性设为 False，ShowInTaskBar 设为 False，程序运行时就不会出现在任务栏中了。在任务管理器中隐形：将程序设为"系统服务"可以很轻松地伪装自己。当然它也会悄无声息地启动，黑客当然不会指望用户每次启动后单击"木马"图标来运行服务端，"木马"会在每次用户启动时自动装载。Windows 系统启动时自动加载应用程序的方法，"木马"都会利用上，如启动组、Win. ini、System. ini、注册表等都是"木马"藏身的好地方。

（二）特征

1. 隐蔽性

木马的隐蔽性主要体现在：一是不产生图标；二是木马程序自动在任务管理器中隐藏，并以"系统服务"的方式欺骗操作系统。

2. 自动运行性

木马是一个当系统启动时即自动运行的程序，所以它必须潜入在你的启动配置文件中，如 win. ini、system. ini、winstart. bat 以及启动组等文件之中。

3. 欺骗性

木马程序要达到其长期隐蔽的目的，就必须借助系统中已有的文件，以防被你发现，它经常利用的是常见的文件名或扩展名，如"dll、win、sys、explorer"等字样，或者仿制一些不易被人区别的文件名，如字母"l"与数字"1"、字母"o"与数字"0"，常常修改文件中这些难以分辨的字符，更有甚者干脆就借用系统文件中已有的文件名,只不过它保存在不同路径下。还有的木马程序为了隐藏自己,也常把自己设置成一个 ZIP 文件式图标,当你一不小心打开它时,它就马上运行,如此等等。那些编制木马程序的人还在不断地研究、发掘,总之是越来越隐蔽,越来越专业,所以有人称木马程序为"骗子程序"。

4. 自动恢复功能

很多木马程序中的功能模块已不再是由单一的文件组成,而是具有多重备份,可以相互恢复。

5. 自动打开端口

木马程序潜入计算机中的主要目的不是为了破坏系统,而是为了获取系统中有用的信息,当计算机上网与远端客户进行通信时,这样木马程序就会用服务器/客户端的通信手段把信息告诉黑客们,以便黑客们控制,或实施更进一步的入侵企图。

6. 特殊性

通常木马的功能都是十分特殊的,除了普通的文件操作以外,还有些木马具有搜索 cache 中的口令、设置口令、扫描目标机器人的 IP 地址、进行键盘记录、远程注册等操作,以及锁定鼠标等功能。

(三)传播方式

(1)通过邮件附件、程序下载等形式传播。不要随意使用来历不明的程序,因为它们可能被修改过从而含有木马。

(2)通过伪装网页登录过程,骗取用户信息进而传播木马。

(3)通过攻击系统安全漏洞传播木马。大量黑客使用专门的黑客工具来传播木马。

四、网络犯罪

(一)网络犯罪

网络犯罪,是指行为人运用计算机技术,借助于网络对系统或信息进行攻击,破坏或利用网络进行其他犯罪的总称。既包括行为人运用其编程、加密、解码技术或工具在网络上实施的犯罪,也包括行为人利用软件指令,网络系统或产品加密等技术及法律规定上的漏洞在网络内外交互实施的犯罪,还包括行为人借助于其居于网络服务提供者特定地位或其他方法在网络系统实施的犯罪。简而言之,网络犯罪是针对和利用网络进行的犯罪,网络犯罪的本质特征是危害网络及其信息的安全与秩序。

(二)网络犯罪特点

同传统的犯罪相比,网络犯罪具有一些独特的特点:成本低,传播迅速,传播范围广;互动性、隐蔽性高,取证困难;严重的社会危害性;网络犯罪是典型的计算机犯罪。

(三)种类形式

在计算机网络上实施的犯罪种类:非法侵入计算机信息系统罪,破坏计算机信息系统罪。表现形式有:袭击网站,在线传播计算机病毒。

利用计算机网络实施的犯罪种类:利用计算机实施金融诈骗罪,利用计算机实施盗窃罪,利用计算机实施贪污、挪用公款罪,利用计算机窃取国家秘密罪,利用计算机实施其他犯罪:电子讹诈,网上走私,网上非法交易,电子色情服务、虚假广告,网上洗钱,网上诈骗,电子盗窃,网上毁损商誉,在线侮辱、毁谤,网上侵犯商业秘密,网上组织邪教组织,在线间谍,网上刺探、提供国家机密的犯罪。

(四)对策

1. 以技术治网

网络犯罪是利用计算机技术和网络技术实施的高科技犯罪,因此,防范网络犯罪首先应当依靠技术手段,以技术治网。主要措施有防火墙技术、数据加密技术、掌上指纹扫描仪、通信协议等。

2. 依法治网

如果仅从技术层面来防范网络犯罪,这是不够的,因为再先进的技术,总有破解的方法,而一旦陷入攻防循环之中,就有可能造成社会财富的极大浪费,而且达不到预防犯罪的目的。所以,要更有效地防范网络犯罪,还得靠法律,实行依法治网。

3. 以德治网

网络交往的虚拟性,淡化了人们的道德观念,削弱了人们的道德意识,甚至导致人格虚伪。加强网络伦理道德教育,提倡网络文明,培养人们明辨是非的能力,使其形成正确的道德观,是预防网络犯罪的重要手段之一。当前,开展网络行为道德宣传教育活动,就是要把公民道德建设纲要的内容作为网上道德宣传教育的主要内容,利用声、光、电等多种现代化手段,把"爱国守法、明礼诚信、团结友善、勤俭自强、敬业奉献"的基本道德规范灌输给广大网民,从而提高网民的道德素质,使网民能识别和抵制网上的黑色、黄色和灰色信息,主动选择有积极意义的信息,形成良好的上网习惯,坚决抵制网络色情等不良信息的诱惑,自觉地遵守有关网络规则,不做违法犯罪的事情,不断推动网民的道德自律。

任务小结

网络面临的各种安全威胁远远不止上述所讲,通过本任务的学习,用户要提高网络安全意识,养成安全上网的习惯,多学习网络安全防范的相关技能,为安全使用网络保驾护航。

任务三　网络常见故障排除

任务描述

随着网络技术的迅猛发展,在社会生活中网络的应用也越来越广泛,规模不断扩大,结构越来越复杂,网络安全性与运行状况也被越来越重视,网络管理成为网络管理和维护中重要的一部分。本任务将介绍几个常见的网络故障排除方法。

任务目标

- 了解网络故障排除方法及流程;
- 了解网络管理的基本内容;
- 会使用相关工具对网络故障进行排除;
- 知道网络常见故障的排除方法。

任务实现

一、案例一

1. 故障现象

用户在登录网络时提示 IP 地址冲突。

2. 分析处理

(1) 这种故障一般是由于手动为局域网用户分配 IP 地址时发生重复而导致的。

(2) 解决此问题一般有两种方法。一种是将局域网中的 IP 地址重新进行规划,为所有的资源分配 IP 地址。但此方法是静态划分 IP 地址,不能够适应局域网中资源的动态变化,当局域网中增加设备时,可能还会引发冲突。另外一种解决方法是动态划分 IP 地址。在域控制器上架设 DHCP(动态主机配置协议)。DHCP 服务器为局域网中的各种设备动态地分配 IP 地址,并对已经分配的地址进行保留,可有效地避免了资源冲突。

二、案例二

1. 故障现象

在安装网卡后通过"控制面板→系统→设备管理器"查看时,报告"可能没有该设备,也可能此设备未正常运行,或是没有安装此设备的所有驱动程序的错误信息"。

2. 分析处理

(1) 没有安装正确的驱动程序,或者驱动程序版本不对。

(2) 中断号与 I/O 地址没有设置好。有一些网卡通过跳线开关设置;另外一些是通过随网卡携带的软盘中的 Setup 程序进行设置。

三、案例三

1. 故障现象

不能共享网络打印机。

2. 分析处理

(1) 不能共享网络打印机的原因大致有网络连接有问题、没有正确安装及设置文件和打印机共享服务、没有正确安装网络打印机驱动程序、网络管理权限等。

(2) 解决此问题时,首先检查用户端是否安装了网络打印机的驱动程序,方法是双击桌面上的"网上邻居"图标,在打开的"网上邻居"窗口中,单击左侧的"打印机和传真"选项,然后在打开的"打印机和传真"窗口中检查有没有安装好的网络打印机。如果没有请安装网络打印机;如果安装好了,将它激活,设置为"默认首选打印机",方法是右击网络打印机,在弹出的菜单中选择"设为默认打印机"选项即可。

(3) 如果打印机驱动程序已安装且设置正常,接下来要检查有没有正确安装和配置文件和打印机共享服务。如果以上都没有查出问题,接下来要检查网络连接状况,查看网络打印机是否打开,是否连接在网络上,打印服务器是否打开,工作是否正常。

四、案例四

1. 故障现象

查看网络邻居时提示"无法访问网络"。

2. 分析处理

(1) 一般出现这种故障现象的原因有这几种情况:网线不良或者没有插好;网卡安装不正确;网络属性没有设置好。

(2) 首先检查网线是否良好,接头是否安插到位。检查网线的接触状况,主要指的是网线和计算机网卡的接触情况以及网线和集线器接口的接触状况。

五、案例五

1. 故障现象

上网时经常出现"非法操作"的提示。

2. 分析处理

上网时经常出现"非法操作"的提示,只有关闭重新打开才能消除。

故障原因和排除方法:一是可能是数据在传输过程中发生错误,当传过来的信息在内存中错误积累太多时便会影响正常浏览,只能重新调用或重启机器;二是清除硬盘缓存;三是升级浏览器版本;四是网卡硬件兼容性差,可与商家提出更换的要求。

相关知识

一、网络管理

（一）网络管理概念

网络管理包括对硬件、软件和人力的使用、综合与协调，以便对网络资源进行监视、测试、配置、分析、评价和控制，这样就能以合理的架构满足网络的一些需求，如实时运行性能、服务质量等。网络管理常简称为网管。

（二）网络管理功能

1. 配置管理

初始化网络并配置网络，以使其提供网络服务。

2. 性能管理

性能管理估价系统资源的运行状况及通信效率等系统性能。

3. 计费管理

计费管理记录网络资源的使用，目的是控制和监测网络操作的费用和代价。

4. 安全管理

安全性一直是网络的薄弱环节之一，而用户对网络安全的要求又相当高，因此网络安全管理非常重要。

5. 故障管理

故障管理是网络管理中最基本的功能之一。包括故障检测、隔离和纠正三个方面。

二、网络维护主要内容

（一）网络维护工作的主要内容

（1）硬件测试、软件测试、系统测试、可靠性测试；

（2）网络状态监测和系统管理；

（3）网络性能监测及认证测试；

（4）网络故障诊断和排除；

（5）定期测试和文档备案；

（6）网络性能分析、预测；

（7）故障预防、故障早期发现；

（8）维护计划、工具配备等。

（二）网络维护工作的重要方法

（1）常规检测/监测和专项检测/监测；

（2）定期维护和不定期维护；

（3）事前维护和事后维护；

（4）现场认证测试；

（5）视情维护和定量/定期维护；

（6）分级维护。

三、网络故障的分类

根据网络故障的性质可把网络故障分为物理故障与逻辑故障，也可以根据网络故障的对象把网络故障分为线路故障、路由故障和主机故障。

网络故障按性质分类，如表 6-4 所示。

表6-4 按故障的性质分类

网络故障分类	说　　明	举　　例
物理故障	是指设备或线路损坏、插头松动、线路受到严重电磁干扰等情况	插头松动、交换机连接错误等
逻辑故障	一种常见情况就是配置错误,就是指因为网络设备的配置原因而导致的网络异常或故障	发现该线路没有流量,但又可以 Ping 通线路两端的端口,这时很可能就是路由配置错误导致循环

网络故障按对象分类,如表6-5所示。

表6-5 按故障的对象分类

网络故障分类	说　　明	举　　例
线路故障	最常见的情况是线路不通,诊断这种故障可用 ping 检查线路远端的路由器端口是否还能响应,或检测该线路上的流量是否存在	路由器配置出错,比如路由循环
主机故障	常见的现象就是主机的配置不当	比如,主机配置的 IP 地址与其他主机冲突,或 IP 地址根本就不在子网范围内,导致该主机不能连通

四、排除网络故障的思路和流程

在使用网络过程中,出现故障在所难免,故障出现后,需要正确的排除故障思路。具体排除思路是:先询问、观察故障现象,然后动手检查硬件和软件设置,动手(观察和检查)则要遵循先外(网间连线)后内(单机内部),先硬(硬件)后软(软件)。把握正确的排除方法,才能更有效地排除故障。

一般故障诊断流程如图6-12所示。

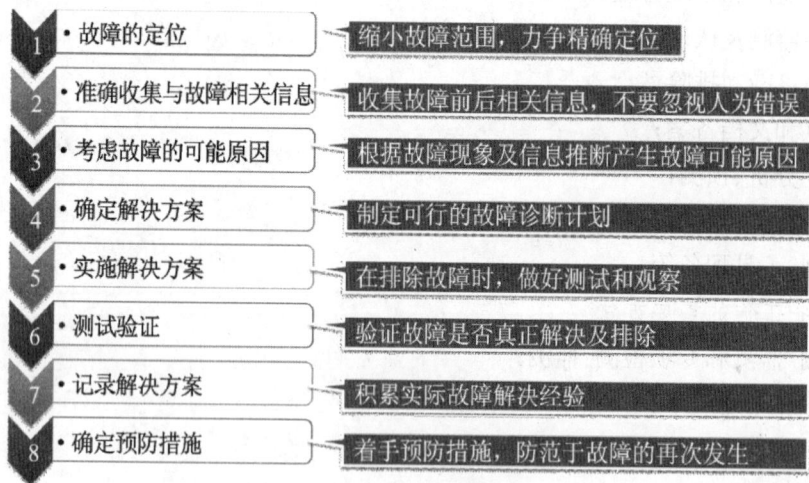

1 · 故障的定位	缩小故障范围,力争精确定位
2 · 准确收集与故障相关信息	收集故障前后相关信息,不要忽视人为错误
3 · 考虑故障的可能原因	根据故障现象及信息推断产生故障可能原因
4 · 确定解决方案	制定可行的故障诊断计划
5 · 实施解决方案	在排除故障时,做好测试和观察
6 · 测试验证	验证故障是否真正解决及排除
7 · 记录解决方案	积累实际故障解决经验
8 · 确定预防措施	着手预防措施,防范于故障的再次发生

图6-12 一般故障诊断流程

五、常用故障诊断工具

1. 网络故障诊断工具

(1)软件形式故障诊断工具:比如操作系统提供的网络诊断命令及专业管理软件。使用简单、方便、成本低,但诊断不能深入网络内部,不能具体反映各项网络参数,功能有限。

(2)硬件形式故障诊断工具:比如各种网络万用表、网络协议分析仪等。功能强大,能够对网络进行系统全面深入的诊断,但使用较复杂,成本较高。

2. 网络故障诊断常用命令

(1) ping 命令。ping(packet Internet groper),因特网包探索器,用于测试网络连接量的程序。ping 发送一个 ICMP(Internet control messages protocol)即因特网信报控制协议;回声请求消息给目的地并报告是否收到所希望的 ICMP echo(ICMP 回声应答)。ping 是用来检查网络是否通畅或者网络连接速度的命令。ping 也属于一个通信协议,是 TCP/IP 协议的一部分。

(2) tracert 命令。tracert 命令是路由跟踪实用程序,用于确定 IP 数据包访问目标所采取的路径。tracert 命令使用 IP 生存时间(TTL)字段和 ICMP 错误消息来确定从一个主机到网络上其他主机的路由。

(3) arp 命令。用于查询本机 arp 缓存中 IP 地址和 MAC 地址的对应关系、添加或删除静态对应关系等。ARP 欺骗。

(4) route 命令。在本地 IP 路由表中显示和修改条目命令。排除网络故障时常会用到。

🔧 任务总结

通过本任务的学习,了解了网络管理的功能、内容、分类及其重要性,知道了网络故障的分类和故障诊断的思路及排除流程,希望在日常网络使用维护和管理中能有所帮助与提高。

◉ 拓展与提高

一、网络常用 ping 命令详解与使用

1. ping 命令功能

功能:在网络中 ping 是一个十分强大的 TCP/IP 工具。ping 主要的作用是用来检测网络的连通情况和分析网络速度,也是网络出现故障时,第一个要用到的工具。ping 只有在安装了 TCP/IP 协议以后才可以使用。

2. ping 的用法及参数详解

用法格式:

ping [-t] [-a] [-n count] [-l length] [-f] [-i ttl] [-v tos] [-r count] [-s count] [-j computer-list] | [-k computer-list] [-w timeout] destination-list

常用参数意义:

-t—— 有这个参数时,当你 ping 一个主机系统就无限运行 ping 这个命令。

-a——解析主机的 NETBIOS 主机名。

-n count——定义用来测试所发出的测试包的个数,缺省值为 4。

-i ttl—— 指定 TTL 值在对方的系统里停留的时间,此参数同样是帮助你检查网络运转情况的。

-w timeout——指定超时间隔,单位为毫秒。

destination-list ——指要测试的主机名或 IP 地址。

3. 操作实例

测试本机与淘宝网的连通性。

在 CMD 窗口中执行:ping　www.taobao.com

执行结果如图 6-13。

从图 6-13 执行结果看,向 www.taobao.com 发送 4 个数据包,4 个得到了正常响应,发送数据包

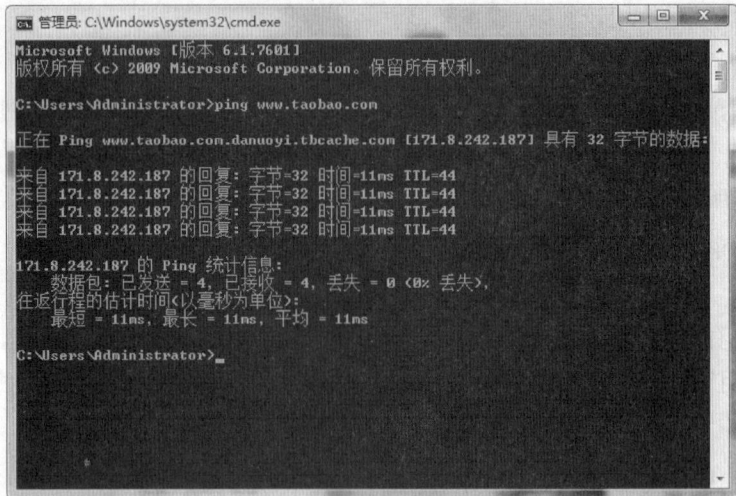

图 6 - 13　ping 命令执行结果图

到收到响应平均时间为 11 ms,这一结果显示,本机到 www. taobao. com 网络是通的,且网速较快。

4. 网络不通的情况

使用 ping 命令,若测试网络不通时,则显示结果为: 请求超时,如下图 6 - 14。

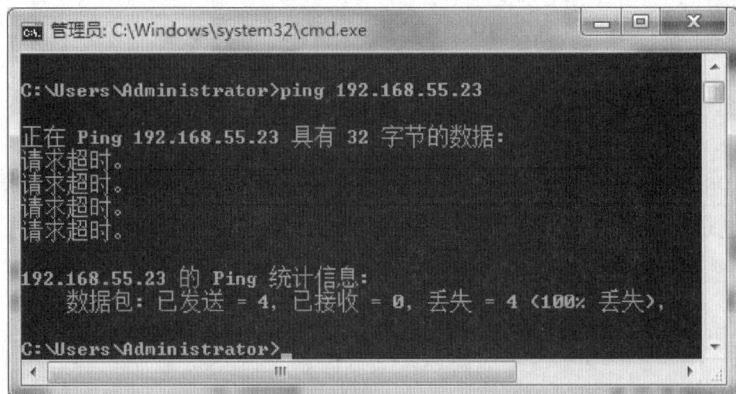

图 6 - 14　网络不通时显示结果

执行 ping 命令,网络不通主要有以下几个原因:

(1) 对方服务器(IP)确实与网断开连接;

(2) 对方服务器拒绝 ping 入;

(3) 对方服务器拒绝 ping 出;

(4) 自己计算机与外网已经断开连接;

(5) 网络适配器连接不正确;

(6) IP 地址不可以等。

网络常用命令还有 ipconfig、arp、route、tracert 等,在此不一一列举了。

二、制作网线

(一)任务准备

1. 材料:双绞线、水晶头

本任务使用的双绞线为超 5 类非屏蔽双绞线,水晶头为 RJ - 45 水晶头详见表 6 - 6。

表 6-6　制作网线所需材料表

非屏蔽双绞线	水　晶　头

2. 工具与仪器

制作网线时，所需主要工具为压线钳和测线仪，详见表表 6-7。

表 6-7　制作网线所需工具与仪器表

工具：压线钳	仪器：测线仪

3. 制作网线步骤

制作网线步骤、动作要领、注意事项及示范图例如表 6-8。

表 6-8　制作网线过程表

步　骤	动 作 要 领	示 范 图 片	注 意 事 项
剥　线	用压线钳的剥线口，在距离网线端头大约 2 厘米的位置稍微握紧旋转一周		注意钳口力度，只需要割破网线外皮，不要割到线芯，然后把外皮去掉

步 骤	动 作 要 领	示 范 图 片	注 意 事 项
排 线	按照橙白、橙、绿白、蓝、蓝白、绿、棕白、棕的顺序将这八根线排列整齐,并且捋直		捋线时,不可太用力,以免将网线扯断
剪 齐	用压线钳的剪线口,将排好的八根线剪齐		使得露在保护层皮外的网线长度为 1.5 cm 左右,一定要剪整齐。不要剥开每根导线的绝缘外层
插 线	一手捏住线芯,另一手拿水晶头,将网线保持原有线序慢慢插入到水晶头内部,将网线表皮插入到水晶头卡线销子里		水晶头带有金属触头的一面朝上,检查一下线序是否正确。确保每一根线芯都顶到了水晶头的最前端
压 线	将水晶头放入压线钳的压线口压紧。听见"咔嚓"一声,说明压线到位了		可以重复压,但经压过水晶头不可拔下来重复使用
测 试	把两端都做好的网线一头插在主机上,另一头插在分机上,打开电源开关,可以看到,八个灯依次同步点亮,说明这根网线制作成功		测线仪分两个部分,主机和分机

补充：

（1）剥线后，可以看到外层保护套管内有八根线，分四组，两两缠绕在一起。每一组是由一根单色线和一根同色与白色相间的线组成。

（2）国际综合布线标准规定了超 5 类双绞线的两种线序，T568A 和 T568B。T568A 标准线序是绿白、绿、橙白、蓝、蓝白、橙、棕白、棕，T568B 标准的线序是橙白、橙、绿白、蓝、蓝白、绿、棕白、棕。一根网线有两端，如果两端统一标准，这根线就是直通线。如果两端标准不同，就是交叉线。直通线主要用于不同设备的连接，比如计算机与交换机连接，而交叉线主要用于同类设备的连接，比如计算机与计算机连接，交换机与交换机连接。现在的设备都比较智能，可以自适应，同类设备之间用直通线就可以连通，所以交叉线也很少用了。而直通线中，目前更多采用的是 T568B 标准，所以我们今天任务做的就是T568B 标准的直通线。

🌐 思考练习

思考练习
答案 6

一、选择题

（1）目前的计算机网络是根据（　　）的观点来定义的。

　　A. 广义　　　　　　　　B. 资源共享　　　　　　C. 狭义　　　　　　　D. 用户透明

（2）计算机网络分为广域网、城域网、局域网，其划分的主要依据是网络的（　　）。

　　A. 数据传输所使用的介质　　　　　　　　B. 网络覆盖的地理范围

　　C. 网络的控制方式　　　　　　　　　　　D. 网络的拓扑结构

（3）一座大楼内的一个计算机网络系统属于（　　）。

　　A. LAN　　　　　　　　B. MAN　　　　　　　　C. WAN　　　　　　　D. PAN

（4）随着计算机应用的普及，计算机系统面临的威胁（　　）。

　　A. 越来越少　　　　　B. 几乎没有　　　　　　C. 绝对没有　　　　　D. 越来越多

（5）计算机安全是指（　　），即计算机信息系统资源和信息资源不受自然和人为有害因素的威胁和危害。

　　A. 计算机资产安全　　　　　　　　　　　B. 网络与信息安全

　　C. 操作系统　　　　　　　　　　　　　　D. 软件安全

（6）关于黑客的描述，下列说法合适的是（　　）。

　　A. 黑客是在网上行侠仗义的人

　　B. 黑客是网上合法的编程高手

　　C. 黑客是指未经授权而侵入他人计算机系统的人

　　D. 黑客是打字高手

（7）下列行为不属于攻击的是（　　）。

　　A. 对一段互联网 IP 进行扫描　　　　　　B. 发送带病毒和木马的电子邮件

　　C. 用字典猜解服务器密码　　　　　　　　D. 从 FTP 服务器下载一个 10 GB 的文件

（8）下面不属于良好的计算机使用习惯的是（　　）。

　　A. 不要随意打开不明网站　　　　　　　　B. 尽量到知名网站下载软件

　　C. 随意打开来路不明的邮件　　　　　　　D. 禁用或限制使用 Java 程序及 AchveX 控件

（9）在缺省配置下，交换机的所有端口（　　）。

　　A. 处于直通状态　　　　　　　　　　　　B. 属于同一 VLAN

    C. 属于不同一 VLAN   D. 地址都相同

（10）如果计算机可以 ping 到 IP 地址 192.168.1.1,但是不能实现远程登录,可能的原因是（   ）。

    A. 网卡不能正常工作   B. IP 地址不正确

    C. 子网配置错误   D. 上层功能没有作用

二、填空题

（1）双绞线可分为两种类型：＿＿＿＿和＿＿＿＿。

（2）OSI 参考模型中的七个层次是：＿＿＿＿、表示层、会话层、运输层、网络层、数据链路层、＿＿＿＿。

（3）在局域网中常见的有线网络传输介质有＿＿＿＿、＿＿＿＿和光缆三种。

（4）局域网中使用最广泛的网络接入设备是＿＿＿＿。

（5）根据网络故障的性质可把网络故障分为＿＿＿＿和＿＿＿＿。

（6）根据网络故障的对象把网络故障＿＿＿＿、＿＿＿＿、＿＿＿＿。

（7）使用 ipconfig/all 命令时,将执行的功能是＿＿＿＿。

（8）标准＿＿＿＿的线序是绿白、绿、橙白、蓝、蓝白、橙、棕白、棕。

三、简答题

（1）计算机网络的功能是什么？

（2）简述各种拓扑结构的优缺点。

（3）网络安全面临的威胁有哪些？

（4）什么是计算机病毒？

（5）简述 ping 命令的参数及其作用。

（6）简述网络故障诊断的流程。

参 考 文 献

[1] 何乐,崔艳萍. 信息技术基础[M]. 武汉：华中科技大学出版社,2015.

[2] 何乐,彭媛. 信息技术应用[M]. 武汉：华中科技大学出版社,2015.

[3] 吕延杰,王元杰,迟永生,张解放. 信息技术简史[M]. 北京：电子工业出版社,2018.

[4] 张思卿,王海文,王丽君. 计算机网络技术[M]. 武汉：华中科技大学出版社,2013.

[5] 刘永华,张秀洁. 局域网组建、管理与维护[M]. 第 3 版. 北京：清华大学出版社,2018.

[6] 高秀峰,齐剑锋. 军事信息技术基础[M]. 北京：电子工业出版社,2017.

[7] 百度百科. 军事高技术[EB/OL]. https://baike. baidu. com/item/%E5%86%9B%E4%BA
%8B%F9%AB%98%E6%8A%80%E6%9C%AF/674581? fr=Aladdin

[8] 百度文库. 论述信息技术对社会发展的正面和负面影响[EB/OL]. https://wenku. baidu.
com/view/3a292a09581b6bd97f19eac1. html

[9] 百度百科. 云计算[EB/OL]. https://baike. baidu. com/item/%E4%BA%91%E8%AE%A1%
E7%E%97/9969353? fr=Aladdin

[10] 百度百科. 物联网[EB/OL]. https://baike. baidu. com/item/%E7%89%A9%E8%81%94%
E7%BD%91

[11] 百度百科. 区块链[EB/OL]. https://baike. baidu. com/item/%E5%8C%BA%E5%9D%97%
E9%93%BE/13465666

[12] 百度文库. 网络安全威胁及防范措施[EB/OL]. https://wenku. baidu. com/view/
a6283a84f71fb7360b4c2e3f5727a5e9846a2731. html

[13] 神龙工作室. Word/Excel/PPT2013 办公应用从入门到精通[M]. 北京：人民邮电出版社,2015.

[14] 夏帮贵,刘凡馨. Word Excel PowerPoint2010 三合一办公自动化综合教程[M]. 北京：人民邮电
出版社,2016.

[15] 侯冬梅. 计算机应用基础[M]. 第 2 版. 北京：中国铁道出版社,2014.

[16] 位元科技. Windows 完全使用详解[M]. 北京：电子工业出版社,2011.

[17] 凤舞科技. Windows 系统安装、重装、数据备份、还原与急救[M]. 北京：清华大学出版社,2012.

[18] 趣听耳机评测. 兆芯比肩八代 i3? 看国产 CPU 的艰难发展史[EB/OL]. https://baijiahao.
baidu. com/s? id=1592094694868167986&wfr=spider&for=pc

[19] 毛毛. 教你对比和选择各类 CPU 散热器[EB/OL]. https://www. win7zhijia. net/xtjc/
2978. html

[20] 百度百科. 成都大熊猫繁育基地[EB/OL]. https://baike. baidu. com/item/%E6%88%
90%E9%83%BD%E5%A4%A7%E7%86%8A%E7%8C%AB%E7%B9%81%E8%82%B2%

E7％A0％94％E7％A9％B6％E5％9F％BA％E5％9C％B0/2420578？fromtitle＝％E7％86％8A％E7％8C％AB％E5％9F％BA％E5％9C％B0＆fromid＝17502720＆fr＝aladdin

[21] 360 问答[EB/OL]. http://wenda. so. com/q/1470610221720776

[22] 360 问答[EB/OL]. http://wenda. so. com/q/1504894512216838

[23] 搜狗问问[EB/OL]. https://wenwen. sogou. com/z/q351690992. htm

[24] 19 游戏网[EB/OL]. http://wenwen. 19yxw. com/c/2464311. html

[25] 李倩,邓堃. Office2010 办公应用案例教程[M]. 北京：清华大学出版社,2016.

[26] 罗兴荣,徐晓,王仕勋. 计算机应用基础教程(Windows 7＋Office2010)——基于工作过程[M]. 北京：科学出版社,2018.

[27] 胡增顺,王玉华. PowerPoint 多媒体课件制作实验与实践[M]. 北京：清华大学出版社,2013.